利部　修　著

出羽の古代土器

同成社

序

　律令体制下における東北地方北半の歴史的環境とその実態をめぐる考古学的研究は、古来、多くの先学によって進められ、それぞれ注目すべき所見が披瀝されてきた。それは、日本海岸の出羽国、太平洋岸の陸奥国を包括した古代東北史の編成を目指したものであったが、他方、城柵の設置、国府の経営、官道の敷設などを目指した律令国家の経略の軌跡を考古学的視点から明らかにすることでもあった。

　出羽の地は、西に日本海を隔てて大陸と対峙し、陸奥とは異なった立地を有しているため、ときとして独自の視角をもった研究方法が求められるが、出羽・陸奥両国に共通した基底としての古代土器のあり方の把握は、考古学にとって土器編年を主軸とする年代編成の確立に不可欠な作業と言えるであろう。

　本書は、出羽における古代の土師器と須恵器の分析を志した著者の実証的な研究成果の一端が盛られた意欲的な労作である。在地性の強い土師器と律令体制の枠内で発展した須恵器の分析を主眼にして、「器種・分類」「年代・編年」「文様・擬似文様」「技術・技法」「系譜・流通」の諸論を展開したものであるが、そこには著者にとっての愛着の地・出羽の歴史に対する想いが底流となっている。それは、まさに土器の研究を通して出羽国の特性を論じた著作と称することが出来よう。

　利部修氏は、駒澤大学で故倉田芳郎先生の講筵に列し、先生の学識と人柄に魅せられ終生の師と仰いでいた。その師の急逝は、利部氏にとって哀惜の念にたえないこと察するにあまりあるが、いま、ここに一書を編んで界を異にした師に捧げることになった。

　教え方の成長を喜ぶ倉田先生に代わって拙文を草し、先生とご一緒に「利部君ご苦労さん、さらなる発展を期待してるよ」と申し上げたいと思う。

　　　　平成20年2月

　　　　　　　　　　　　　　　　　　　立正大学名誉教授　坂詰秀一

目　　次

序 ……………………………………………………………………………（坂詰秀一）
まえがき

第1章　器種・分類論 …………………………………………………………3
　　第1節　出羽北半の須恵器器種　3
　　第2節　出羽庄内地方の須恵器器種　17
　　第3節　出羽南半山形盆地の須恵器器種　28

第2章　年代・編年論 …………………………………………………………43
　　第1節　秋田の古墳時代土器とその遺跡　43
　　第2節　下藤根遺跡出土土師器の再検討　54
　　　　　　──東北地方北部における位置づけを中心に──
　　第3節　竹原窯跡の須恵器編年　80
　　第4節　虚空蔵大台滝遺跡のかわらけ　104
　　　　　　──北奥羽における編年学的位置づけ──

第3章　文様・擬似文様論 ……………………………………………………117
　　第1節　払田柵跡の平瓦渦巻文考　117
　　第2節　出羽北半・横手盆地の装飾を施した須恵器　128
　　　　　　──竹原窯跡と富ヶ沢窯跡群を中心に──
　　第3節　北日本の須恵器についての一考察　145

第4章　技術・技法論 …………………………………………………………163
　　第1節　出羽北半の土師器焼成遺構　163
　　第2節　竹原窯跡における杯蓋の変化　182
　　第3節　平安時代の砂底土器と東北北部型長頸瓶　200
　　第4節　長頸瓶の製作技術とロクロの性能　209
　　　　　　──平安時代の北日本における技術推移──

第 5 章　系譜・流通論 …………………………………………………… 223
　　第 1 節　出羽地方の丸底長胴甕をめぐって　223
　　第 2 節　平安時代東北の長頸瓶　245
　　第 3 節　東北以北の双耳杯と環状凸帯付長頸瓶　255
　　第 4 節　長頸瓶の系譜と流通　269
　　　　　　──北日本における特質──

引用・参考文献一覧 ……………………………………………………… 289
初出一覧 …………………………………………………………………… 305
あとがき …………………………………………………………………… 307

まえがき

　古代社会を考古学的に具体化する方法の一つに土器の研究がある。土器は、人間生活に密着して多量に見つかることから当時の生活が身近に実感できる素材として、また生産地の把握から工人組織や生産・流通関係を把握する手段として、古代史の解明には欠かせない研究対象である。

　本書は出羽、特に北半の秋田県域の土器を中心に記述している。この地は、古代史上で中央集権国家と対峙し戦闘の繰り返された地域であり、中央からは陸奥と共に城柵の設置に象徴される辺境域と見なされていた。また、大陸および北方域の監視や文化の出入り口としての重要な地域でもあり、地方史の構築を目指す筆者にとって恰好のフィールドである。扱う土器は、在地色の強い土師器と律令的土器様式に則った広域性に富む須恵器が中心であるが、特に須恵器の中央と地方における比較論は筆者の目指している課題の一つである。

　本書は古代土器の考古学的研究領域によって、第1章「器種・分類論」、第2章「年代・編年論」、第3章「文様・擬似文様論」、第4章「技術・技法論」、第5章「系譜・流通論」で構成しており、各々の節に公表してきた論文を掲載したものである。ただし、第3章には瓦の論文を一つ加えてある。

　第1章第1節では、秋田県の奈良・平安時代の須恵器器種を分類し、中央のそれと比較検討を行った。地方域での分類基準を模索し、窯跡資料を一覧で示して在地産須恵器の確実な器種を確定した。第2節では、山形県庄内地方を対象に器種の把握に努め、秋田県との比較検討を行った。両地域に共通して、出土頻度の低い器種の存在が確認できた。第3節では、同様に山形盆地の器種を拾い上げ、庄内地方との比較検討を行った。ここでは、現状で一方の地域でしか認められない器種の存在、同じ器種であっても地域ごとに偏って出土する傾向性を捉えることができた。

　第1章では、器種組成を整理することで各地域の律令的土器様式の展開状況が把握でき、新たなアプローチの方法が実践できたものと考えている。

第2章第1節では、秋田県の古墳時代土器の研究史を整理して、4世紀から7世紀までの編年を行い須恵器を基に年代を推定した。続縄文などの北方系土器にも言及している。第2節では、下藤根遺跡の土師器資料を取り上げ、奈良時代に考えられていた年代を7世紀中葉まで遡らせた。共伴した蓋の観察から年代根拠を示し、同時に岩手県・青森県や関東との比較から栗囲式杯の系譜を論じた。第3節では、奈良・平安時代の竹原窯跡の発掘調査成果から同須恵器窯跡資料の編年を作成し、下野国府・秋田城跡・多賀城跡などの資料から年代を導いた。秋田県の須恵器編年史の方法論に触れて研究の推移を述べてある。第4節では、平安時代後半から中世の虚空蔵大台滝遺跡の発掘成果から、遺構の変遷と土器の関連より11世紀後葉のかわらけの年代を導き出した。

　第2章では、古墳～平安時代の秋田県土器編年に対する理解が深まったものと確信しているが、その中の10世紀～11世紀前半については不透明であり、今後の課題としたい。

　第3章第1節では、国指定史跡払田柵跡から出土した平瓦の渦巻き文の意味を解釈した。凸面に施された原体文様を復元し、Ｓ字型渦巻文を弥生時代以来の呪術的文様と比較して、律令期の辺境域で特別に採用された文様と評価したものである。第2節では、横手盆地の竹原窯跡と富ヶ沢窯跡群を中心に取り上げ、秋田県の装飾を施した須恵器資料を概観した。特に9世紀後葉以降、装飾が長頸瓶の頸部凸帯に一元化されたことを指摘している。第3節では、秋田県も含む北海道・青森県・岩手県の長頸瓶底部に放射状痕跡をもつ資料から、大半が高台作出手法であることを提示した。列島最北端の五所川原窯跡群に多く出土するが、技術的に城柵設置地域の出土品と無関係でないことを検証している。

　第3章では、瓦の文様や長頸瓶の製作痕跡が、辺境域であるが故の独特なスタイルとして生み出されてきたことを、提言できたものと思う。

　第4章第1節は、秋田県の土師器焼成遺構について類例の把握と分布状況を述べた。とりわけ還元状態における問題点と可能性を指摘し、大半の焼成坑に対して構造窯の類例も提示している。第2節では、竹原窯跡出土の杯蓋の蓋を

取り上げ、その製作技法の特に端部のつくりに注目した。生産地と消費地における須恵器の同定に備えたものであり、形態認定とそれを一歩進めた製作手法による基礎的作業である。第3節では、主として城柵設置地域以北に存在する砂底土器と東北北部型長頸瓶（本書第5章第2節）の製作技術に言及し、汎列島的視野から平安時代の律令国家と蝦夷社会の相違を鳥瞰したものである。第4節では、長頸瓶の製作技術論について述べ、それを基にしてロクロの性能に関する論を発展した。製作面での律令的土器様式と、蝦夷社会におけるそれとの違いを明確にしている。

　第4章では、在地の土師器焼成坑の不確実性を指摘し、併せて焼成技術の問題に触れることができた。また土器製作技法の追求が、技術文化の相違のみならず社会構造論にまで到達できることを実践できたものと考えている。

　第5章第1節は、出羽地方の丸底長胴甕の製作技術を分類した上で、北陸地方からの技術伝播を追認し、北方域での広がりを探究する基礎を固めた。第2節では、長頸瓶の胴部調整手法をロクロ回転と非ロクロ回転の2視点で捉え、後者が城柵設置地域で発生しより北に拡散したことを述べた。これを汎列島的視点から東北北部型長頸瓶と呼称することを提案した。第3節では、やはり汎列島的視点に立って双耳杯と環凸状帯付長頸瓶を取り上げ、両器種が東北地方に偏った分布を示すことを確認した。さらに、両器種は律令国家の系譜を引き城柵・官衙地域を中心に分布するが、後者は北海道を含むより北方域まで継続して流通する点を明らかにした。第4節では、長頸瓶を列島の中で分類し北日本での在り方を概観した。さらに、先の環状凸帯付長頸を東北北部型長頸の調整手法による特徴で3分類し分布域の特徴を指摘した上で、長頸瓶が官人層から一般庶民層まで質的変化を遂げた経緯を追求した。

　第5章では、中央政府の征夷政策による土器の流通が地方に定着し変容していく状況を、土器の製作手法の相違と分布領域からその系譜を辿って論じたものである。特に長頸瓶の系譜からは、律令的土器様式の在地化傾向が指摘できるし、国家による9世紀征夷政策の変換と蝦夷社会の変質が読みとれる。

　以上の構成によって、出羽地方における中央と在地の関係が、律令体制以前

から8・9世紀の城柵設置時代そしてその後と、大きく変容してきた様子を知ることができる。そして、そのことが、ひとり出羽に限らない北日本に共通した歴史認識として読みとることができるものと私考している。標題に「出羽の古代土器」と題したのは、奈良時代の城柵と須恵器窯跡が安定して存在する出羽地方が、中央政府と対峙した北方域の考古学的な歴史解明に欠かせない地域と感じたからである。それは中央政府が大陸をも視野に入れて、征夷の足掛かりを、出羽北半の秋田城に求めた政策と重なる。

　本書では、考古学的研究領域ごとの章立てを行っているが、これ以外に三辻利一氏と共に「竹原窯跡出土須恵器の胎土分析」を著しており、本書の型式論・層位論の研究手法も含んで主たる考古学的研究領域は、一応網羅できたものと考えている。また、本書は過去の論文をまとめたものであり問題点も多々指摘されているが、各々の論文はその時々の研究段階を踏まえた軌跡であり、筆者の思考過程の記憶として留めたいことから、敢えて改訂は行っていない。標題も体裁を整えるために、第4章第1節だけを改題しているだけである。ただし、冗長な表現や誤字・脱字は訂正し、用語もなるべく統一した。なお、本文中の敬称や論文末尾のあとがきは、省略させていただいたことを付け加えておきたい。

出羽の古代土器

第1章　器種・分類論

第1節　出羽北半の須恵器器種

1　はじめに

　出羽国は、和銅5年（712）それまで陸奥国に属した置賜と最上の2郡と、越後国に属した出羽郡があわさったことにはじまる。この時点の出羽国はほぼ山形県域を指すが、天平5年（733）出羽柵が沿岸北部の秋田村に移され、秋田県内陸部の雄勝村に建郡計画のある記事から、この頃は秋田県南部まで国域が拡大した（工藤2000）。さらに中央政府は、8世紀中葉の雄勝城や9世紀初頭の払田柵の設置により、蝦夷と境界を接しながらも秋田県北域まで強い影響を与えるようになった。出羽北半とは、蝦夷と境をなす辺境域を含んだ秋田県域を指している。

　出羽北半の須恵器を窯跡の分布から見れば、能代市・秋田市・本荘市などの日本海沿岸部と大曲市・横手市・羽後町などの横手盆地内陸部に分けられ、現在45ヵ所の遺跡が知られる。このうち奈良時代の窯跡は秋田市・雄物川町・平鹿町の県南部に限られ、平安時代の窯跡は県南部と沿岸北部に分布している（利部2004）。また、古墳時代の窯跡は確認されず、出羽北半における須恵器窯の初現は中央政府が進出する奈良時代前半と考えられる。

　近年、出羽北半の発掘調査が増加し須恵器に関する情報も徐々に蓄積されてきた。特に、昭和47年（1972）以来継続調査が実施されてきている秋田市秋田城跡や、翌昭和48年（1973）以来やはり調査が継続されてきた仙北町払田柵跡

からは、多くの須恵器が出土した[(1)]。また、昭和63年（1988）奈良時代を中心とした平鹿町竹原窯跡や平成2年（1990）平安時代の横手市富ヶ沢窯跡群の調査では、まとまった資料が得られた（秋田県教育委員会1991b・1992b）。これら窯跡資料の多くは、城柵官衙遺跡に供給されたと考えられる。出羽北半の須恵器は、城柵設置地域のみならず、東北最大の窯跡群を誇る福島県会津大戸古窯跡群資料と対比されるなど（利部1992b）、列島における広域圏での検討も指向されてきた（本書第5章第2節）。

一方、列島最北端の青森県五所川原窯跡群は、北海道や秋田県までの広域流通圏をもち全国的にも注目される（三浦1991）。東北北部（青森県・岩手県・秋田県）や北海道を含む北日本地域は、文献上古代国家形成期から中央政府によって辺境域と見なされてきた地域である。中央政府に対する蝦夷の抵抗が、結果として、五所川原窯跡群の開窯を平安時代9世紀末葉まで遅らせることになった（藤原2003）。この辺境域における須恵器の実態を把握するには、東北北部で唯一奈良時代の窯跡を擁する出羽北半地域の解明は必要であり、列島各地との比較においても重要性を増している。

本論では、これら広域的な須恵器の流通を検討する前提として、出羽北半における須恵器器種の分類を行いその実態を把握することを目的とした。また、出羽北半地域では古墳時代の須恵器が極端に少ないことや出羽建国の時代性から、須恵器分類の対象を8世紀初頭からその生産が終息する10世紀代までの奈良・平安時代とする。

2 分類の類例

須恵器器種の分類は、時代や遺跡・地域などの違いによって、また分類基準の相違によって異なる。一般に、杯・鉢・甕などの器形の相違に基づく大別分類は各地で多くの研究者に多用されている。例えば、奈良・平安時代の窯跡で前述大戸古窯跡群における石田明夫の分類（石田1998）では、杯・深杯・高台杯・蓋・椀・佐波理・双耳椀・盤・高杯・長頸瓶・広口瓶・水瓶・横瓶・平瓶・双耳瓶・短頸壺・鉢・擂鉢・大平鉢・瓶・壺・大甕・焼台・ミニチュアと

24種類に分け、さらに細かく椀B・椀C・足高高台・壺Cを付加している。

この大別分類した器種（大別器種）を、さらに器種ごとの個々の特徴で細分した分類法が細別分類である。細別分類した器種（細別器種）は、地域間相互の細かな比較検討に役立ち、全国各地で試みられてきている。このうち最も代表的な分類には、律令国家の中心である平城宮および平城京における分類（玉田 1992）がある(2)（図1）。

平城宮および平城京から出土した須恵器の器種分類は、主として奈良時代の代表的な器種を取り上げ、主に形態の特徴から細別分類を行い、大別器種ごとの個々の相違をアルファベットの大文字で表し細別器種として表記した。細別分類できないものは大別分類表記とし、類例の乏しい器種はXの細目名で表記している（奈良国立文化財研究所 1982a）。ここでは、杯A・杯B・杯B蓋・杯C・杯E・杯F・杯L・杯L蓋・皿A・皿B・皿B蓋・皿C・皿D・皿E・椀A・椀B・椀C・鉢A・鉢D・鉢E・鉢F・鉢X・托・高杯・盤A・壺A・壺A蓋・壺B・壺C・壺D・壺E・壺G・壺H・壺K・壺L・壺M・壺N・壺P・壺Q・壺X・平瓶・水瓶・浄瓶・多嘴壺・横瓶・甕A・甕B・甕C・甕Eの49種類に分けている。大まかにいえば、約50種類以上の器種が存在する。

次に地域の視点で、細別分類を試みた例を2つ紹介する。一つ目は北陸地方の加賀地域における田嶋明人の編年表による分類(3)（田嶋 1988）、二つ目は関東地方を代表する埼玉県鳩山窯跡における渡辺一の分類（渡辺一 1992）である。

田嶋の分類は、7世紀古墳時代から奈良・平安時代に及ぶ須恵器・土師器の編年表のうち、奈良・平安時代の須恵器に関するものである。分類では、杯A・杯B・杯D・皿A・皿B・皿C・椀A・椀B・椀G・椀S・椀X・椀・稜椀・鉄鉢・鉢A・鉢B・鉢C・鉢D・鉢E・鉢G・高杯A・高杯C・高杯F・高杯G・盤A・盤B・壺A・壺B・壺C・壺D・壺E・壺F・壺G・壺H・瓶A（双耳瓶）・瓶B・瓶C・瓶D（台付長頸瓶）・瓶E・瓶F・瓶・平瓶・横瓶・提瓶B・甕A・甕B・鍋A・甑A・甑B・円面硯・風字硯の51種類に分けている。

渡辺による奈良・平安時代鳩山窯跡における分類では、無台杯A・無台杯

6　第1章　器種・分類論

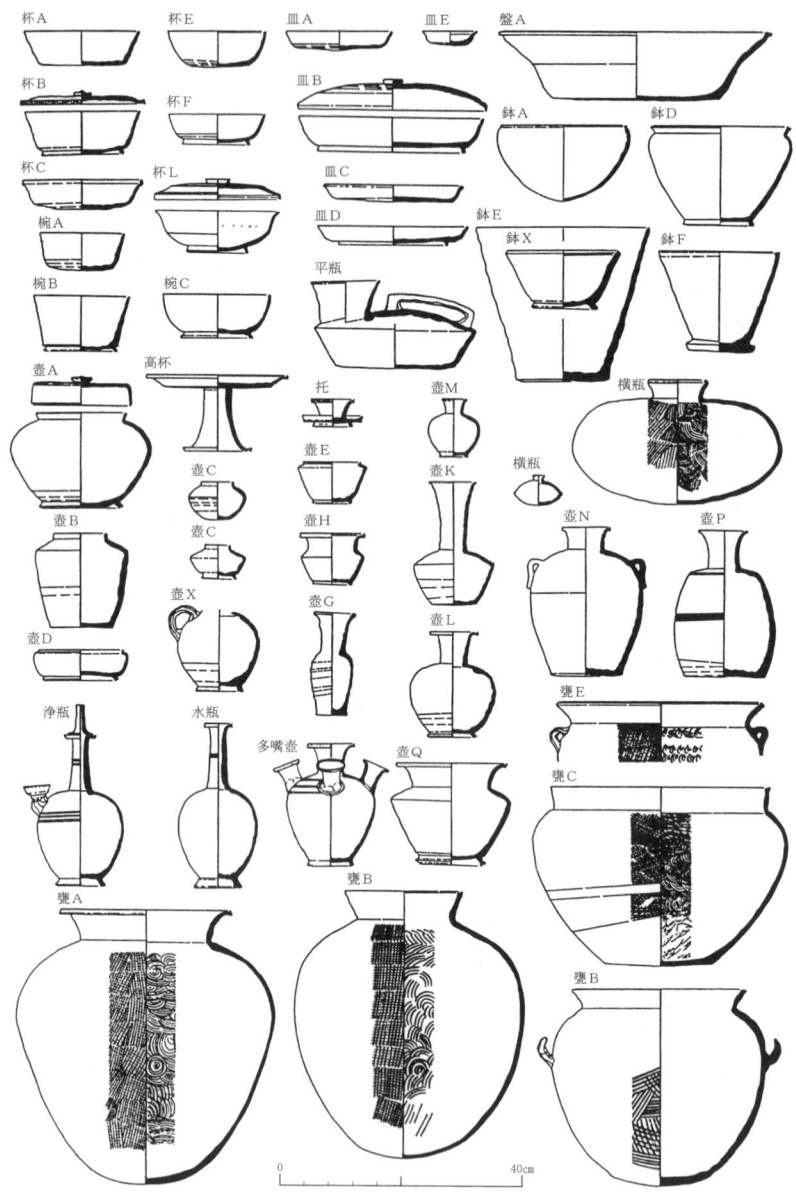

図1　平城宮・京の器種（玉田1992）

第1節　出羽北半の須恵器器種

B・高台杯A・高台杯B・杯蓋・半椀・浅椀・深椀・椀蓋・佐波理模倣椀・佐波理模倣蓋・皿A・皿B・高台皿・盤A・盤B・高台盤A・高台盤B・コップ形・高盤A・高盤B・高盤C・長頸瓶A・長頸瓶B・水瓶・壺A・壺B・壺C・短頸壺A・短頸壺B・短頸壺C・短頸壺D・短頸壺E・短頸壺蓋・甑・擂鉢・片口鉢・鉄鉢形・鉢A・鉢B・鉢C・鉢D・甕A・甕B・甕C・甕Dの46種類に分けているが、円面硯・横瓶・平瓶・ミニチュア・陶錘・紡錘車なども出土しており（鳩山町教育委員会1990）、これらを加えれば52種類を上回る。

　以上3つの細別分類で特徴的なのは、渡辺分類が大別器種項目を多用するのに対して、平城分類・田嶋分類では細別器種項目を多用している点である。例えば前者渡辺分類の大別器種項目は、無台杯・高台杯・杯蓋・半椀・浅椀・深椀・椀蓋・佐波理模倣椀・佐波理模倣蓋・皿・高台皿・盤・高台盤・コップ形・高盤・長頸瓶・水瓶・壺・短頸壺・短頸壺蓋・甑・擂鉢・片口鉢・鉄鉢形・鉢・甕の26種類を数える。対する後者の平城分類では、杯・皿・椀・鉢・托・高杯・盤・壺・平瓶・水瓶・浄瓶・多嘴壺・横瓶・甕の14種類を数える。ちなみに田嶋分類では18種類である。また、後者の細別器種項目は前者に比較して、逆に多用されている。壺類を例に挙げれば、前者渡辺分類には短頸壺・長頸瓶・壺などがあり個々の細別器種項目は多くとも6つである。対する後者平城分類の壺は、A・A蓋・B・C・D・E・G・H・K・L・M・N・P・Q・Xに分けられ、新種の多嘴壺を加えた16種類がある。仮に、前者の大別器種に重点を置く分類指向を大別器種多用型、後者の分類指向を細別器種多用型と分類しておきたい。

　この大別器種多用型と細別器種多用型の生まれる理由はどうしてであろう。律令国家の中心である平城京には、地方から多くの種類の須恵器が集まる。このことの前提以外に、平城京では継続調査が保証されており、新器種の増加に伴う一部の修正を大別分類で行うことに慎重にならざるを得なかった。また、須恵器器種研究の中央依存指向から地方での自立指向の変化に伴い、地方では時間をかけて集成した上で細別分類を行うよりも、大別器種を多用した方が利便性が高まる、などの点が影響したものではないかと思われる。田嶋分類では、

北陸地方が畿内の影響が強いため、平城分類を踏襲しつつも稜椀・瓶・甑・硯などの大別器種も盛り込んだ形を採っている。

3　出羽北半の須恵器

（1）器種分類

　出羽北半において須恵器器種のまとまった分類を示したのは、筆者が奈良・平安時代の竹原窯跡出土資料で行った大別分類（利部2001a）と、高橋学が平安時代富ヶ沢窯跡群（富ヶ沢A～C窯跡、田久保下遺跡…窯跡を含む）出土資料で行った細別分類（秋田県教育委員会1992b）がある。

　筆者の分類では、杯・双耳杯・椀・稜椀・有台盤・高杯・円面硯・風字硯・鉢・鉄鉢・広口壺・短頸壺・四耳壺・小型短頸壺・平瓶・横瓶・長頸瓶・水瓶・平底甕・丸底甕と20種類に分け、陶邑窯跡出土器種と比較して奈良・平安時代にあってはそれと遜色のないことを指摘した。高橋の分類は、無台の杯・高台付杯・双耳杯・杯蓋・壺蓋・長頸壺・短頸壺・広口壺・小壺・瓶・横瓶・手づくね土器・風字二面硯と13の大別器種を示した上で、形態・技法・法量を適宜用いいくつかの器種に分類しているが、全器種に関わる細別器種分類までには至っていない。

　一般的に分類基準は目的によって異なるし、大別分類や細別分類にも個性がある。したがって、須恵器器種分類の過多は煩雑化を招く恐れがあるが、同時に分類項目が多いほど、比較対照を有利に導き易い利点もある。以上を念頭においた上で以下に細別分類を行うが、大別分類では器形の大きな特徴や把手の有無などでなるべく細分化し、細別分類では高台やつまみの有無などなるべく単純な特徴で分類する、大別分類指向型を目指したい。大別器種は従来の器種を踏襲したものがほとんどで、以下に細別分類の基準を簡潔に示す（図2～4）。

　杯A…高台がない[(4)]（1）。杯B…高台がある（2）。双耳杯…二つの耳が付く杯（3）。皿A…高台がない（4）。皿B…高台がある（5）。台付皿（6）。椀A…高台がない（7）。椀B…高台がある（8）。稜椀（9）。台付稜椀（10）。コップA…高台がない（11）。コップB…高台がある（12）。盤A…高台がない（13）。

第1節 出羽北半の須恵器器種 9

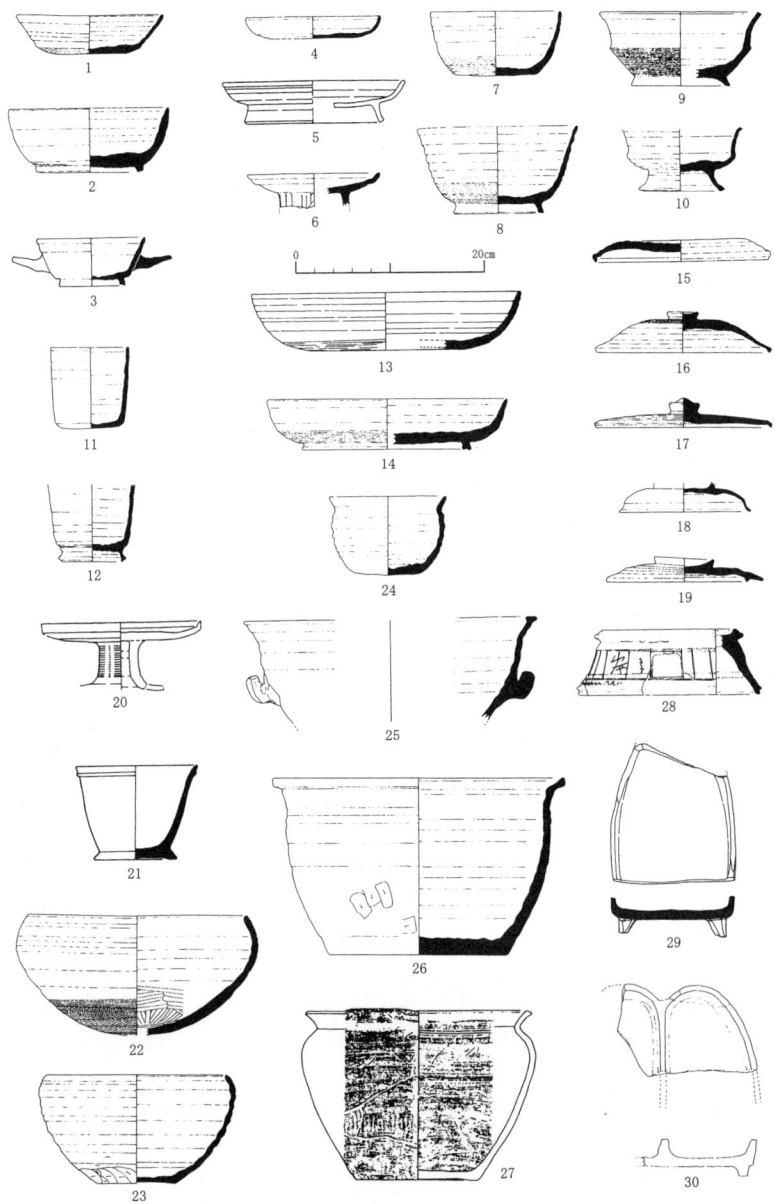

図2 出羽北半の器種(1)

10　第1章　器種・分類論

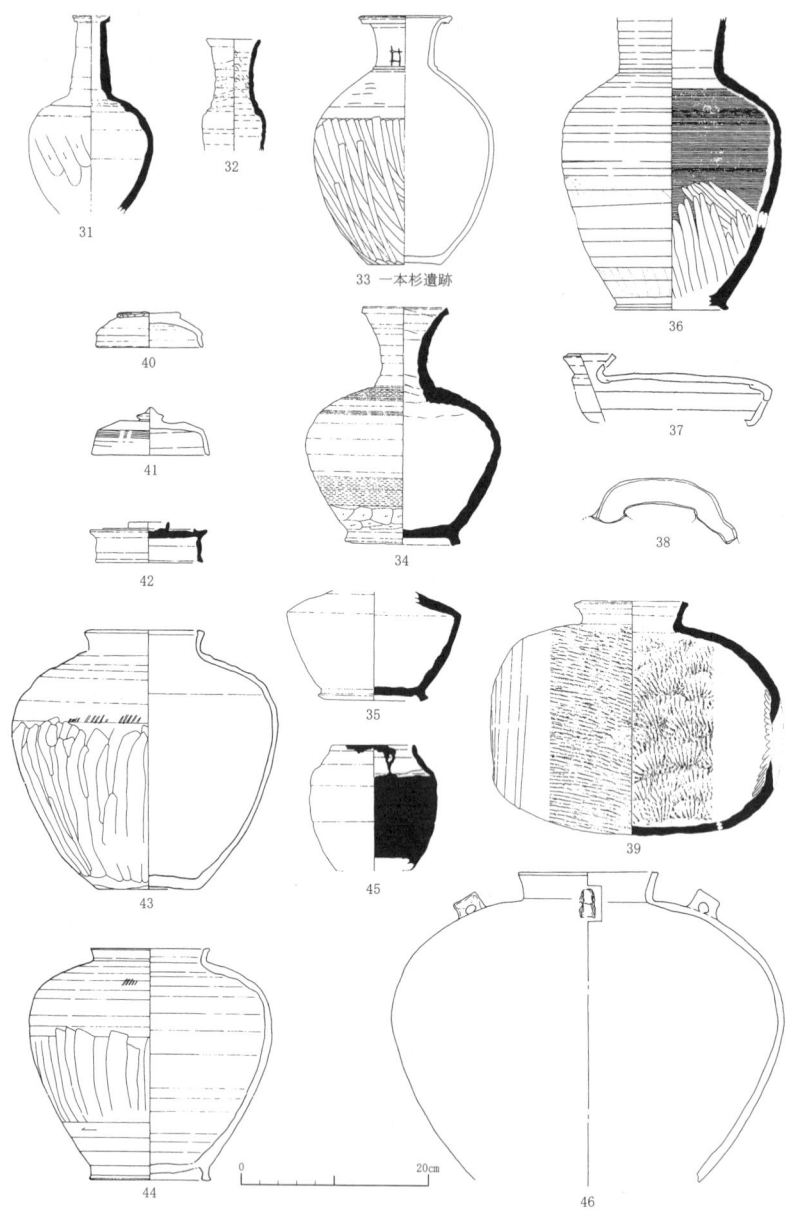

図3　出羽北半の器種(2)

第1節 出羽北半の須恵器器種 11

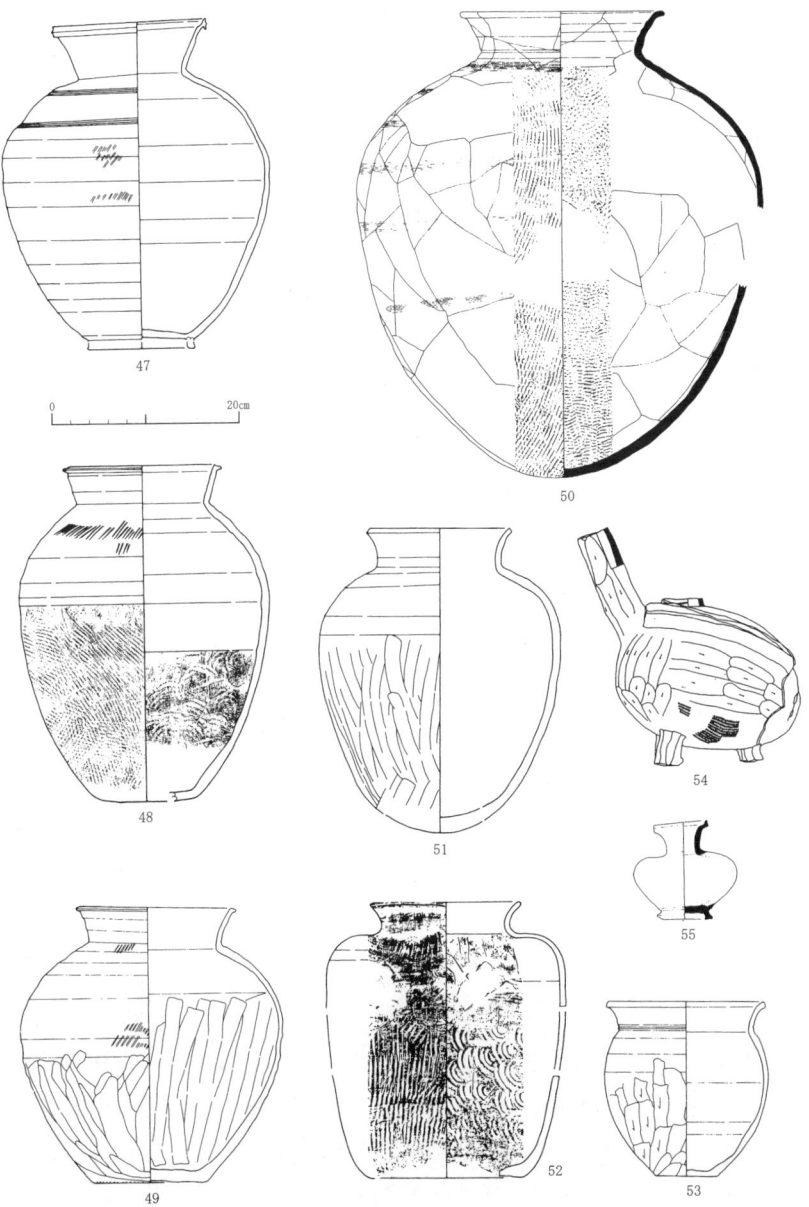

図4 出羽北半の器種(3)

盤B…高台がある（14）。蓋A…つまみがない（15）。蓋B…つまみがあり天井がある（16）。蓋C…つまみがあり天井がない（17）。蓋D…リング状のつまみがある（18）。蓋E…内面にかえりがある（19）。高杯（20）。擂鉢（21）。鉄鉢A…丸底（22）。鉄鉢B…平底（23）。小鉢…口径が広く頸部が屈曲して肩があまり張らない。器高が約13cm以下の小型（24）。把手付鉢（25）。鉢A…口縁部が外傾し肩部がない（26）。鉢B…頸部が「く」の字状で肩が強く張る（27）。円面硯（28）。風字硯（29）。風字二面硯（30）。水瓶（31）。長胴長頸瓶（32）。長頸瓶A…高台がない（33）。長頸瓶B…高台がある（34）。肩衝長頸瓶（35）。広口長頸瓶（36）。平瓶（37）。把手付平瓶（38）。横瓶（39）。短頸壺蓋A…つまみがない（40）。短頸壺蓋B…つまみがある（41）。短頸壺蓋C…鍔がある（42）。短頸壺A…高台がない（43）。短頸壺B…高台がある（44）。肩衝短頸壺（45）。四耳壺（46）。広口壺（47）。直口壺A…長胴である（48）。直口壺B…球胴である（49）。丸底甕A…球胴である（50）。丸底甕B…長胴である（51）。平底甕A…長胴である（52）。平底甕B…球胴である（53）。鳥形（54）。ミニチュア（55）。

　以上55種類の分類を行ったが、あくまでも現状における集成の中での分類である[5]。器種名には、長胴長頸瓶・広口長頸瓶・肩衝短頸壺のように従来使用されていない名称も付したが、他の器種との相違を明瞭に表現できればよしとすべきではないであろうか。また、ミニチュアについては今回一括表現としたが今後検討を加えたい。器種分類は、新器種が出土すれば順次大別器種が追加されるが、細別されるべき要素をもつ器種が出土すれば、細別器種の一部に名称変更をもたらすことになる。

（2）分布概要

　出羽北半における須恵器器種を55種類に分類したが、その出土状況を表したのが表1である。本論では器種分類を行うに当たって、多くの器種が出土している秋田城跡出土須恵器を基礎に置いたが、秋田城跡で見られない器種は他の遺跡資料で補った。また、比較的多くの器種が出土している払田柵跡と竹原窯跡・富ヶ沢窯跡支群の2生産遺跡を項目に加え、器種出土状況の参考にした[6]。さらに、その他窯跡の項目を設けることで、出羽北半での生産が確実視で

第1節　出羽北半の須恵器器種

表1　出羽北半の器種出土状況

番号	器　類	秋田城跡	払田柵跡	竹原窯跡	富ヶ沢窯跡支群	その他窯跡
1	杯A	◎	○	○	○	成沢窯跡
2	杯B	◎	○	○	○	成沢窯跡
3	双耳杯	◎	○	○	○	末館窯跡
4	皿A	◎	○	×	(○)	末館窯跡
5	皿B	○	○	◎	○	末館窯跡
6	台付皿	◎	×	×	×	西海老沢窯跡
7	椀A	◎	○	○	○	海老沢窯跡
8	椀B	◎	○	○	○	海老沢窯跡
9	稜椀	◎	○	○	×	―
10	台付稜椀	◎	×	×	×	―
11	コップA	◎	×	×	×	―
12	コップB	◎	×	×	×	―
13	盤A	◎	×	×	×	―
14	盤B	◎	×	×	×	手形山窯跡
15	蓋A	◎	×	×	○	手形山窯跡
16	蓋B	◎	○	○	○	手形山窯跡
17	蓋C	◎	×	○	○	末館窯跡
18	蓋D	◎	×	×	○	末館窯跡
19	蓋E	◎	×	×	×	―
20	高杯	○	×	◎	×	大沢窯跡
21	擂鉢	×	×	△	×	末館窯跡◎
22	鉄鉢A	◎	×	×	×	―
23	鉄鉢B	◎	×	×	×	―
24	小鉢	◎	○	○	○	―
25	把手付鉢	◎	×	×	×	―
26	鉢A	◎	×	×	×	―
27	鉢B	○	×	◎	×	―
28	円面硯	◎	×	○	○	末沢窯跡
29	風字硯	◎	○	○	○	古城廻窯跡
30	風字二面硯	◎	○	×	(○)	―
31	水瓶	◎	×	○	○	―
32	長胴長頸瓶	◎	○	×	×	―
33	長頸瓶A	×	×	△	×	西海老沢窯跡
34	長頸瓶B	◎	×	×	×	末館窯跡
35	肩衝長頸瓶	◎	×	×	×	―
36	広口長頸瓶	◎	○	○	○	七窪窯跡
37	平瓶	×	×	◎	×	―
38	把手付平瓶	◎	×	×	×	―
39	横瓶	◎	○	○	○	古城廻窯跡
40	短頸壺蓋A	×	×	×	◎	―
41	短頸壺蓋B	○	×	◎	○	手形山窯跡
42	短頸壺蓋C	◎	×	×	×	手形山窯跡
43	短頸壺A	×	×	×	◎	―
44	短頸壺B	○	×	○	◎	海老沢窯跡
45	肩衝短頸壺	◎	×	×	×	―
46	四耳壺	△	△	◎	○	―
47	広口壺	○	○	×	◎	七窪窯跡
48	直口壺A	○	×	△	◎	―
49	直口壺B	×	×	×	◎	―
50	丸底甕A	◎	×	○	○	大沼沢窯跡
51	丸底甕B	×	×	×	◎	―
52	平底甕A	×	×	◎	○	―
53	平底甕B	○	○	○	◎	七窪窯跡
54	鳥形	×	×	×	×	馬之丞窯跡◎
55	ミニチュア	◎	×	×	○	大沼沢窯跡

きない器種を明確にしている。表の記号は、◎が本論掲載遺物、○が器種が出土していることを、×は器種が出土していないこと、△は可能性のあるものを各々表す。その他窯跡には、器種が出土した遺跡を掲載した。以下に大きな特色を2つ示す。

　一点目は、出羽北半の須恵器器種は秋田城跡で多くを占めている点である。秋田城の成立事情やその機能から器種の多さは予想されたが、出羽北半の他の遺跡と比較することでより鮮明に秋田城跡の突出性を見出すことができる。中央政府との結びつきの強さが窺える。これと関連して、出羽北半の城柵で秋田城跡と並び資料を蓄積している払田柵跡では、秋田城跡出土器種の半分以下しか見出すことができない。払田柵跡の成立は9世紀初頭に考えられており、平安時代を代表している払田柵跡の器種構成に対して、秋田城跡では奈良時代の器種がより多く存在していることの反映と見られる。

　二点目は、窯跡資料に43種類の器種が認められる点である。杯A・杯B・双耳杯・皿A・皿B・台付皿・椀A・椀B・稜椀・盤B・蓋A・蓋B・蓋C・蓋D・高杯・擂鉢・鉄鉢A・小鉢・鉢B・円面硯・風字硯・風字二面硯・水瓶・長頸瓶A・長頸瓶B・広口長頸瓶・平瓶・横瓶・短頸壺蓋A・短頸壺蓋B・短頸壺蓋C・短頸壺A・短頸壺B・四耳壺・広口壺・直口壺A・直口壺B・丸底甕A・丸底甕B・平底甕A・平底甕B・鳥形・ミニチュアが窯跡から出土している。以上の器種が在地産須恵器として確認できる。消費地で確認できて生産地で確認できていない器種は、台付稜椀・コップA・コップB・盤A・蓋E・鉄鉢B・把手付鉢・鉢A・長胴長頸瓶・肩衝長頸瓶・把手付平瓶・肩衝短頸壺の12種類である。今後窯跡から出土するか否かの動向が注目される。

　以上のように出羽北半における須恵器器種は、秋田城跡を中心にして多くの器種が出土している。それは出羽柵が移されて以来の歴史事情を物語るが、食器を中心とする器種の多様さは、中央政府による律令制規制下の一端を反映したものにほかならない。払田柵跡や横手盆地・沿岸諸窯の須恵器器種によって、8・9世紀に律令制が出羽北半南域に定着している様子が窺える。

4 おわりに

　奈良・平安時代の出羽北半、言い換えれば畿内から遠く離れた辺境域において、須恵器器種が 55 種類存在していることを述べた。器種を多く出土する秋田城跡は、陸奥国の多賀城と並んで律令制推進の前線にあり、北方の交易品を中央にもたらす玄関口でもある。仮に、出羽北半須恵器器種と先に掲載した平城分類の器種（図1）を、一括したミニチュアを除いて対比してみる。

　出羽北半須恵器器種の杯 A（平城分類の杯 A・杯 C・杯 E…以下同一表記）、杯 B（杯 B・杯 F・椀 C）、皿 A（皿 A・皿 C）、皿 B（皿 D）、椀 A（椀 A）、椀 B（椀 B）、稜椀（杯 L）、盤 B（皿 B）、蓋 D（杯 L 蓋）、高杯（高杯）、擂鉢（鉢 F）、鉄鉢 A（鉢 A）、水瓶（水瓶）、長胴長頸瓶（壺 G）、長頸瓶 B（壺 L）、把手付平瓶（平瓶）、横瓶（横瓶）、壺蓋 B（壺 A 蓋）、短頸壺 B（壺 A）、肩衝短頸壺（壺 B）、丸底甕 A（甕 A・甕 B）と各々の対応関係が認められる。出羽北半と平城京出土器種にはかなりの数で共通性が指摘できる。この対応関係は、西弘海が「律令制に基く国家体制の整備とともに、畿内を中心とする広範な地域に、広い斉一性をもつ土器様式を成立させることになった。」と指摘した「律令的土器様式」を表徴している（西1982）が、同時に、対応しない器種も互いの地域で多く存在することも改めて注意すべき点であろう。

　本論では、律令制下の辺境域を代表する地域として出羽北半を取り上げ、須恵器器種の分類を行った。その際、列島域での斉一性と逆に地域における特色ある器種の存在を、器種名の細別分類を通して再確認できたと考えている。地域独自の器種は、地域の特色を顕現する上での基礎的な資料であり、そこに地域の実情に合わせた器種分類が必要になる理由がある。今後は、隣接する出羽北半、さらに陸奥国の岩手・青森県域での器種組成を比較して、律令制下の地域間の関係や中央政府と北日本の関係を、生産・流通面から検討していきたい。

註
（1）　両遺跡では、毎年のように詳しい概報や年報が刊行されてきたが、近年、払田柵

跡では『払田柵跡Ⅰ—政庁跡—』(秋田県教育委員会 1985a) と『払田柵跡Ⅱ—区画施設—』(秋田県教育委員会 1999)、秋田城跡では『秋田城跡—政庁跡—』(秋田市教育委員会 2002) の本報告が刊行されている。
（2）　玉田芳英の分類図は、後述する奈良国立文化財研究所で蓄積・検討されてきた成果の分類図 (奈良国立文化財研究所 1978b・1982a) に、一部新知見を加えて修正したものである。これらを平城分類と仮称する。平城分類には硯などの掲載はないが、食器や貯蔵具を対象にしたためと思われる。
（3）　この後田嶋は、大戸古窯跡群の「会津シンポジウム」において、同一編年表を参考にして北陸古代土器編年にまで内容を深化させた (田嶋 1992)。
（4）　杯と椀の分類では、いわゆる腰が張る箱形と腰が弯曲する椀形で区分するのではなく、半径が深さを上回れば杯、下回れば椀と、深さの基準によって表記した。この基準を用いているのは、南多摩窯跡群の例がある (服部 1997)。
（5）　秋田城跡の北に位置する秋田市待入Ⅲ遺跡からは、灰釉陶器としている浄瓶が出土している (秋田県教育委員会 1992a) が、作りが稚拙である点から須恵器の可能性が指摘される。
（6）　富ヶ沢窯跡支群は、富ヶ沢Ａ窯跡・同Ｂ窯跡・同Ｃ窯跡・田久保下遺跡・郷士館窯跡・大沼沢窯跡の計 9 基の窯跡が、100〜200m で近接している状況を、中山丘陵窯跡群の一支群として筆者が呼称したものである。
（7）　表のうち、富ヶ沢窯跡支群からは皿Ａ・風字二面硯・水瓶が出土しているが、土坑や堅穴住居跡・遺構外の出土であるため、(○) で表記した。また、33 は一本杉遺跡のものを掲載した。
（8）　払田柵跡が 8 世紀中葉の雄勝城跡であることは、従来からの説で、最近では前掲工藤雅樹の著書でも述べられている (工藤 2000・123 頁)。しかし、内郭線Ⅰ期の年輪年代測定が 9 世紀初頭であること、最も古い土器でも 8 世紀末を遡らないことから、9 世紀初頭の創建と考えられる (本書第 2 章第 3 節)。器種組成から見ても 8 世紀中葉説には従えない。

第2節　出羽庄内地方の須恵器器種

1　はじめに

　山形県庄内地方は日本海に面する穀倉地帯で、北は秋田県の秋田・由利地方と南は新潟県頸城地方と海岸づたいに隣接する。和銅5年（712）建国の出羽国は、陸奥国から割かれた置賜郡・最上郡と、和銅元年（708）建郡の越後国出羽郡があわさった国である。建国後の出羽南半内陸部は、陸奥国の影響下にあると想定される。日本海沿岸部の庄内平野と秋田平野には、北陸地方に特有の丸底長胴甕が、奈良・平安時代に集中して認められることから、考古学的にも庄内地方は北陸地方の強い影響下にあった（本書第5章第1節）。

　筆者は先に出羽北半の須恵器器種について、分類基準を畿内・北陸・関東の研究成果と比較しながら述べ、出羽北半の須恵器を55種類に分類した（本書第1章第1節）（図5）。そこでは、代表的な遺跡の器種の有無を整理して、奈良・平安時代律令制下の辺境域における特徴を見出そうとした。結果、出羽北半には畿内平城宮・京における多くの器種が存在し（玉田1992）、辺境域でありながら律令制土器様式の斉一性（西1986）が実感された。

　天平5年（733）、庄内地方の出羽柵が秋田村高清水岡に遷置されたのは、律令制域の延伸を狙ったものである。この記事によって、出羽北半沿岸部と庄内地方における互いの影響力の強さが推し量られる。本論では、以上を念頭に置いて庄内地方の須恵器器種を整理しその多くを出羽北半のものと比較するが、この作業を出羽国における律令的土器様式の具体的な様相を把握していく過程として位置づけたい。

2　庄内地方の須恵器器種

　庄内地方の須恵器器種の分類は、前述したように出羽北半須恵器器種の分類

18 第1章 器種・分類論

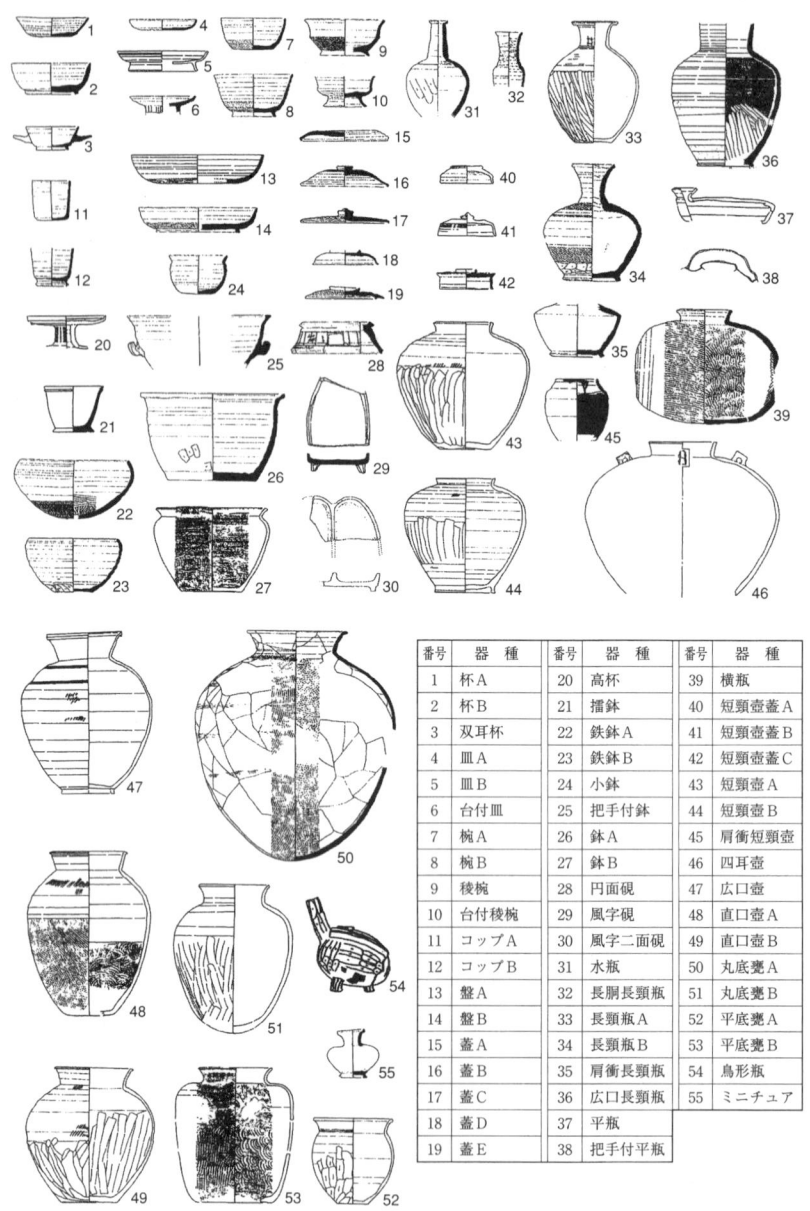

番号	器種	番号	器種	番号	器種
1	杯A	20	高杯	39	横瓶
2	杯B	21	擂鉢	40	短頸壺蓋A
3	双耳杯	22	鉄鉢A	41	短頸壺蓋B
4	皿A	23	鉄鉢B	42	短頸壺蓋C
5	皿B	24	小鉢	43	短頸壺A
6	台付皿	25	把手付鉢	44	短頸壺B
7	椀A	26	鉢A	45	肩衝短頸壺
8	椀B	27	鉢B	46	四耳壺
9	稜椀	28	円面硯	47	広口壺
10	台付稜椀	29	風字硯	48	直口壺A
11	コップA	30	風字二面硯	49	直口壺B
12	コップB	31	水瓶	50	丸底甕A
13	盤A	32	長胴長頸瓶	51	丸底甕B
14	盤B	33	長頸瓶A	52	平底甕A
15	蓋A	34	長頸瓶B	53	平底甕B
16	蓋B	35	肩衝長頸瓶	54	鳥形瓶
17	蓋C	36	広口長頸瓶	55	ミニチュア
18	蓋D	37	平瓶		
19	蓋E	38	把手付平瓶		

図5 出羽北半の器種

第 2 節　出羽庄内地方の須恵器器種　19

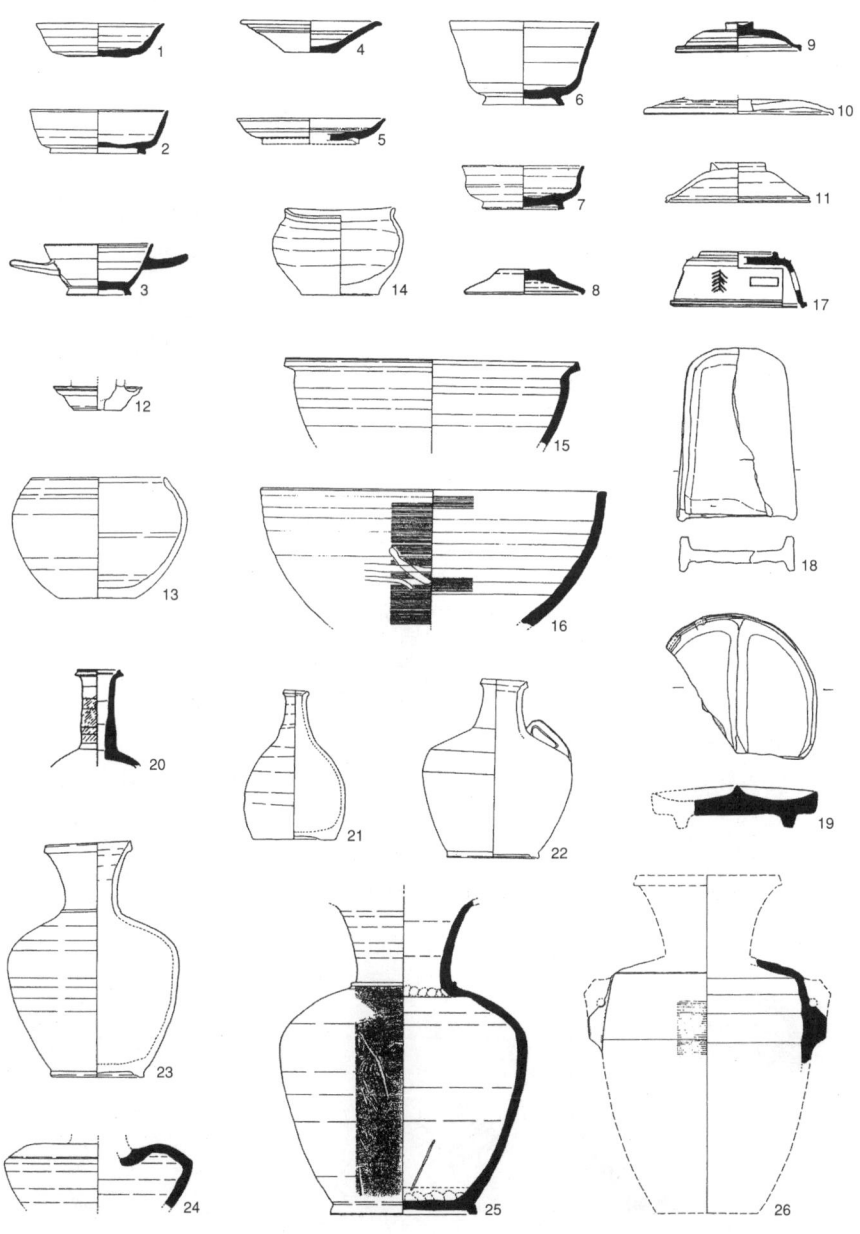

図 6　庄内地方の器種 (1)

20　第1章　器種・分類論

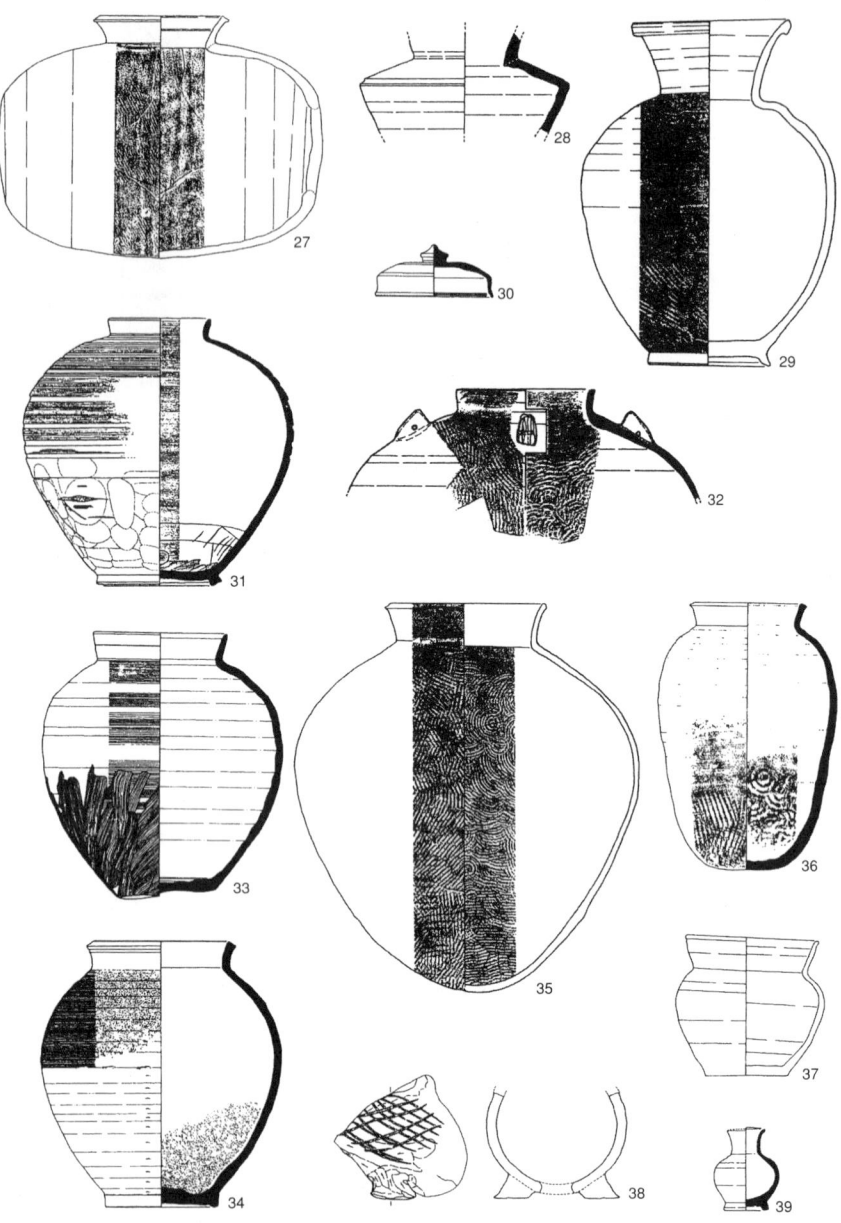

図7　庄内地方の器種(2)

第 2 節　出羽庄内地方の須恵器器種

　基準で示した分類法に則って行う。器種を代表する実測図を図6・7に掲載した。
(1)

　1は高台のない杯A（沼田遺跡）。2は高台のある杯B（沼田遺跡）。3は耳が付く双耳杯（山楯5遺跡）。4は高台のない皿A（小深田遺跡）。5は高台のある皿B（地正面遺跡）。6は高台のある椀B（沼田遺跡）。7は稜椀（下長橋遺跡）。8はつまみのない蓋A（北目長田遺跡）。9はつまみと天井のある蓋B（山楯5遺跡）。10はつまみがあり天井のない蓋C（西谷地遺跡）。11はリング状のつまみがある蓋D（山海窯跡群）。12は托（山海窯跡群）。13は平底の鉄鉢B（山海窯跡群）。14は器高に対して最大径が長い小鉢（山海窯跡群）。15は口縁部が外傾し肩部がない鉢A（手蔵田2遺跡）。16は直立する口縁から弯曲する椀形鉢（上ノ田遺跡）。17は円面硯（山楯5遺跡）。18は風字硯（山海窯跡群）。19は風字二面硯（熊手島遺跡）。20は水瓶（山楯5遺跡）。21は鐸形細頸瓶（山海窯跡群）。22は把手付長頸瓶（山海窯跡群）。23は高台のある長頸瓶B（山海窯跡群）。24は肩衝長頸瓶（西谷地遺跡）。25は広口長頸瓶（上高田遺跡）。26は双耳瓶（地正面遺跡）。27は横瓶（山海窯跡群）。28は肩衝広口瓶（北目長田遺跡）。29は広口壺（山海窯跡群）。30はつまみのある短頸壺蓋B（山楯5遺跡）。31は高台のある短頸壺B（茅針谷地遺跡）。32は四耳壺（北目長田遺跡）。33は高台のない直口壺A（北田遺跡）。34は高台のある直口壺B（生石2遺跡）。35は球胴の丸底甕A（山海窯跡群）。36は長胴の丸底甕B（宮ノ下遺跡）。37は球胴の平底甕A（山海窯跡群）。38は鳥形瓶（山海窯跡群）。39はミニチュア（熊野田遺跡）である。ミニチュアは、本来の器種を小さくしたものなので、ミニチュアの頭文字の次に器種名を付して、他の器種と並列させて扱う。したがってミニチュアには、M小鉢（沼田遺跡）・M鉢A（北目長田遺跡）・M長頸瓶A（山海窯跡群）・M長頸瓶B（北田遺跡）・M肩衝長頸瓶（新青渡遺跡）・M広口長頸瓶（土崎遺跡）・M短頸壺蓋（小深田遺跡）・M短頸壺B（山海窯跡群）の各器種がある。以上の46種類が確認できる。

　次に庄内地方における器種について、出土遺跡名を示すことなどで概観してみたい。

杯A・杯B・皿B・椀B・蓋Bと丸底甕Aは、一般に多くの遺跡で認められる。ただし皿Bは底面の大きいタイプと、それの小さい回転糸切りのタイプがあり、後者は9世紀に多用され前者は唯一地正面遺跡で確認できる。皿Aは土師器に多く認められるが、須恵器では唯一小深田遺跡で出土している。杯A・杯B・椀Bは日常什器として、丸底甕Aは貯蔵具としての普遍性がある。

双耳杯は山楯5遺跡以外に、後田遺跡・北目長田遺跡・関B遺跡・中田浦遺跡・西谷地遺跡・沼田遺跡で確認できる。特に西谷地遺跡では、少なくとも11個体が出土している。

稜椀は、稜が丸みのあるタイプと鋭いタイプがあり、前者は唯一下長橋遺跡で出土したもので、後者は北目長田遺跡・カノウ壇遺跡で確認できる。

蓋Aは北目長田遺跡以外では山海窯跡群で確認できる。蓋Cは唯一西谷地遺跡で、蓋Dは唯一山海窯跡群で出土した。蓋Bが普遍的に出土するのは、主として杯Bや椀Bに伴うためである。蓋Cは西谷地遺跡、蓋Dは山海窯跡群以外には確認できない。

托は唯一山海窯跡群で出土した。

鉄鉢Aは唯一山海窯跡群で確認できるが、口縁部から鉄鉢と推定されるものは上高田遺跡から出土している。小鉢は山海窯跡群以外には認め難い。鉢Aや椀形鉢は、各々手蔵田2遺跡や上ノ田遺跡で唯一確認できる。鉢の出土例は全般に少ない。

円面硯は俵田遺跡・南興野遺跡で確認できる。風字硯は山海窯跡群以外に、東田遺跡・八森遺跡・山楯8遺跡で、風字二面硯は熊手島遺跡以外に東田遺跡・山海窯跡群で確認できる。

水瓶・鐸形細頸瓶・把手付長頸瓶は、水瓶が山楯5遺跡で鐸形細頸瓶と把手付長頸瓶は山海窯跡群で唯一確認できる。鐸形細頸瓶や把手付長頸瓶は全国的にも類例が少ない。

長頸瓶Bは山海窯跡群以外に、上ノ田遺跡・浮橋遺跡・上高田遺跡・北田遺跡・熊野田遺跡・筋田遺跡・手蔵田12遺跡・堂田遺跡・東田遺跡・山田遺跡・山楯5遺跡など多くの遺跡で出土している。頸部付け根に環状凸帯をもつ

例も、上高田遺跡・上ノ田遺跡・高阿弥陀遺跡・堂田遺跡など比較的多くの遺跡で確認できる。また、胴部に非ロクロ削りの調整をもつ東北北部型長頸瓶（本書第5章第2節）は、北田遺跡・北目長田遺跡・熊野田遺跡・東田遺跡で確認できる。

　肩衝長頸瓶・双耳瓶は、各々西谷地遺跡・地正面遺跡で唯一確認できる。

　広口長頸瓶は、上高田遺跡以外に塔の腰遺跡・山海窯跡群などで確認できるが類例は少ない。

　横瓶は山海窯跡群以外に、上ノ田遺跡・上高田遺跡・北目長田遺跡・筋田遺跡・手蔵田2遺跡・中田浦遺跡・中谷地遺跡・西谷地遺跡・宮ノ下遺跡・山楯5遺跡など比較的多くの遺跡で出土している。体部には樽形や楕円形のものが見られ、その外面に叩きの痕跡を残す例がほとんどである。

　肩衝広口瓶は、唯一北田長田遺跡で確認できる。

　広口壺は山海窯跡群以外に、大坪遺跡・上高田遺跡・向田遺跡などで確認できる。

　短頸壺蓋Bは山楯5遺跡以外に、木原遺跡・小深田遺跡・桜林興野遺跡・山海窯跡群・手蔵田5遺跡・西谷地遺跡・山田遺跡など比較的多くの遺跡で出土している。口縁部が垂直に降りるものや、外傾するもの内傾するものがある。

　短頸壺Bは茅針谷地遺跡のほかに、小深田遺跡・東田遺跡で確認できる。高台の有無が確認できない例は、山海窯跡群・筋田遺跡・中田浦遺跡・中谷地遺跡・三田遺跡・向田遺跡・山楯5遺跡など比較的多くの遺跡にのぼる。肩部が強く張るものや、緩やかなものがある。

　四耳壺は、唯一北田長田遺跡で確認できる。

　直口壺Aと直口壺Bは、出羽北半における分類では長胴・球胴の相違で表記したが、生石2遺跡で高台の付く例が認められたことから、高台のない直口壺Aと高台のある直口壺Bに内容を変更したい。[2] 直口壺Aは北田遺跡のほかに、北目長田遺跡・山海窯跡群・手蔵田5遺跡で出土している。直口壺Bは生石2遺跡の例が唯一である。

　丸底甕Aは、上高田遺跡・山海窯跡群・下長橋遺跡・山楯5遺跡などで確

認できる。

　丸底甕Bは、唯一宮ノ板遺跡で確認できる。

　平底甕Bは、山海窯跡群などで出土している。

　鳥形瓶は山海窯跡群以外に、堂田遺跡・北目長田遺跡で確認できる[3]。

　M小鉢は沼田遺跡以外に大坪遺跡で確認できる。M鉢Aは唯一北目長田遺跡で確認できる。M長頸瓶Aも唯一山海窯跡群で確認できる。M長頸瓶Bは北田遺跡以外に、熊野田遺跡・東田遺跡などで確認できる。M肩衝長頸瓶は唯一新青渡遺跡で確認できるが、西ノ川遺跡の例はその可能性がある。土崎遺跡出土のM広口長頸瓶は、高台の有無が不明であるが唯一その可能性がある。M短頸壺蓋は唯一小深田遺跡で確認できる。M短頸壺Bは山海窯跡群以外に、手蔵田5遺跡・東田遺跡などで確認できる。

3　出羽北半と庄内地方の比較

　出羽北半の須恵器器種は図5に掲載してある。これを基に、庄内地方の須恵器器種を対比させたのが表2である。ただし、直口壺Aと直口壺Bの分類基準を訂正したこと、ミニチュア土器を本表では一括してあることを、あらかじめ断っておきたい。

　図5における出羽北半の器種は54種類、庄内地方では39種類（ミニチュア分類を加えれば46種類）である。出羽北半と比較して庄内地方で出土していない器種は、台付皿・椀A・台付稜椀・コップA・コップB・盤A・盤B・蓋E・高杯・擂鉢・鉄鉢A・把手付鉢・鉢B・長胴長頸瓶・長頸瓶A・平瓶・把手付平瓶・短頸壺蓋A・短頸壺蓋C・短頸壺A・肩衝短頸壺・平底甕Bの22種類である。ただし、全体が把握できないが上高田遺跡と後田遺跡の資料は、各々鉄鉢A・長胴長頸瓶になる可能性があるし、前述した器種として把握できる可能性のある破片もいくつか認められる。

　逆に庄内地方と比較して出羽北半で出土していない器種には、托・椀形鉢・鐸形細頸瓶・把手付長頸瓶・双耳瓶・有衝広口壺があり、6種類と少ない。出羽北半から出土する器種が多いのは、出羽北半では広い範囲を対象としたのに

表2 出羽北半器種との対応

番号	器種	出羽北半	庄内地方	番号	器種	出羽北半	庄内地方
1	杯A	○	○	29	風字硯	○	○
2	杯B	○	○	30	風字二面硯	○	○
3	双耳杯	○	○	31	水瓶	○	○
4	皿A	○	○	32	長胴長頸瓶	○	×
5	皿B	○	○	33	長頸瓶A	○	×
6	台付皿	○	×	34	長頸瓶B	○	○
7	椀A	○	×	35	肩衝長頸瓶	○	○
8	椀B	○	○	36	広口長頸瓶	○	○
9	稜椀	○	○	37	平瓶	○	×
10	台付稜椀	○	×	38	把手付平瓶	○	×
11	コップA	○	×	39	横瓶	○	○
12	コップB	○	×	40	短頸壺蓋A	○	×
13	盤A	○	×	41	短頸壺蓋B	○	○
14	盤B	○	×	42	短頸壺蓋C	○	×
15	蓋A	○	○	43	短頸壺A	○	×
16	蓋B	○	○	44	短頸壺B	○	○
17	蓋C	○	○	45	肩衝短頸壺	○	×
18	蓋D	○	○	46	四耳壺	○	○
19	蓋E	○	×	47	広口壺	○	○
20	高杯	○	×	48	直口壺A	○	○
21	擂鉢	○	×	49	直口壺B	○	○
22	鉄鉢A	○	×	50	丸底甕A	○	○
23	鉄鉢B	○	○	51	丸底甕B	○	○
24	小鉢	○	○	52	平底甕A	○	○
25	把手付鉢	○	×	53	平底甕B	○	×
26	鉢A	○	○	54	鳥形瓶	○	○
27	鉢B	○	×	55	ミニチュア	○	○
28	円面硯	○	○				

対して、狭い範囲の庄内地方に限定した結果ともいえる。このうち、庄内地方から出土した托・把手付長頸瓶・双耳瓶・肩衝広口瓶は、各々平城宮・京出土器種の托・壺X・壺N・壺Qと対比される資料であり注目される。

以上より出羽北半と庄内地方を加えた須恵器器種は、杯A・杯B・双耳杯・皿A・皿B・台付皿・椀A・椀B・稜椀・台付稜椀・コップA・コップB・盤A・盤B・蓋A・蓋B・蓋C・蓋D・蓋E・高杯・托・擂鉢・椀形鉢・鉄鉢A・鉄鉢B・小鉢・把手付鉢・鉢A・鉢B・円面硯・風字硯・風字二面硯・水

瓶・鐔形細頸瓶・長胴長頸瓶・長頸瓶A・長頸瓶B・把手付長頸瓶・肩衝長頸瓶・広口長頸瓶・双耳瓶・平瓶・把手付平瓶・横瓶・短頸壺蓋A・短頸壺蓋B・短頸壺蓋C・短頸壺A・短頸壺B・肩衝短頸壺・四耳壺・広口壺・肩衝広口壺・直口壺A・直口壺B・丸底甕A・丸底甕B・平底甕A・平底甕B・鳥形瓶となり、これにミニチュア器種が上回る庄内地方のM小鉢・M鉢A・M長頸瓶A・M長頸瓶B・M肩衝長頸瓶・M広口長頸瓶・M短頸壺蓋・M短頸壺Bと、これに出羽北半における富ヶ沢B窯跡のM短頸壺A・秋田城跡出土のM肩衝短頸壺を加えれば、70種類になる。

　出羽庄内地方の須恵器器種を出羽北半のものと比較したとき、両地方で出土例の希薄な器種のあることは前述の通りである。それでは、両地方で出土する同一器種の特徴はどうであろうか。

　杯A・杯B・皿B・椀B・蓋B・丸底甕Aの器種は、両地方の多くの遺跡で見られる。また、長頸瓶B・横瓶・短頸壺蓋B・短頸壺B・風字硯・直口壺Aなども、両地方で一定量確認できる。

　一方、共通に認められる器種で、両地方で出土頻度の低いものには、蓋A・蓋C・水瓶・肩衝長頸瓶・鉄鉢B・小鉢・四耳壺・鳥形瓶などが挙げられる。両地方に存在していて、どちらかに出土例が偏る傾向は、遺跡数の少なさから現状では断定しにくい状況である。今後の増加する資料の検討で、より傾向性が明確になるはずである。

4　おわりに

　東北北半の青森県・秋田県・岩手県や南半の山形県・宮城県の一部は、8世紀以降の律令制下に中央政府から辺境域と見なされていた地域である。このうち本論では、山形県の一部庄内地方を取り上げ、須恵器器種の種類を整理し、大まかな特徴を海岸部も含んで隣接する出羽北半秋田県域の資料と比較した。

　両地域を比較したときに、各々の地域にだけに出土した器種の存在がある。これらは極端に数量が少なく、極度に限定された使用目的や所有者が想起される。これらの器種も含んで一定量しか出土しない器種は、律令国家側で見れば

日常什器とは異なる限定品であり、限定的な役人の所持品、儀式、会合・宴会などでの必需品、また有力な蝦夷への贈与品として用いられたものであろう。運搬具として移入されたものも想定される。

　極端に数少ない器種と一定量出土する器種は、調査遺跡の多少に関連する相対的なものなので境界を引き難いのが現状である。一定量出土する器種であっても加飾や製作方法の優れたものは希少価値が高く（本書第3章第2節）、やはり極度に限定された使用目的や所有者を想定せざるをえない。

　両地域の比較を通した大局的なこととして、平城宮・京出土器種と同器種が多く出土している出羽北半器種に加えて、托・把手付長頸瓶・双耳瓶・肩衝広口壺が加えられたことは、律令的土器様式の出羽地方への浸透度をさらに補強するものである。

　本論では出羽北半と出羽庄内地方を関連させて、庄内地方の器種とその出土状況を中心に述べてきた。今後は、出羽内陸部の様相を庄内地方と比較して出羽南半律令制下の器種を確認し、出羽国で出土する器種を確定させていきたい。またその成果を陸奥国と対比することで、辺境域における律令的土器様式の具体相を展望していきたい。

註
（1）　以下に掲載資料を簡単に説明し遺跡名を提示するが出典は煩雑になるため省略。
（2）　限定された範囲で分類を行う際は、その中での分類基準で分類を行わざるをえない。対象範囲が広がり新たな資料が追加されれば、包括的なより完成度の高い分類に近づき得る。
（3）　鳥形瓶は全国的にも類例が少ないので、出典を明らかにしておく。
　　　山海窯跡群；山形県教育委員会『山海窯跡群第2次　山楯7・8遺跡　山楯楯跡』（山形県埋蔵文化財調査報告書第172集）1992
　　　堂田遺跡；山形県埋蔵文化財センター『北目長田遺跡・橇待遺跡・堂田遺跡発掘調査報告書』（山形県埋蔵文化財センター調査報告書第24集）1995
　　　北目長田遺跡；山形県埋蔵文化財センター『北目長田遺跡・橇待遺跡発掘調査報告書』（山形県埋蔵文化財センター調査報告書第31集）1996、山形県埋蔵文化財センター『北目長田遺跡第3次発掘調査報告書』（山形県埋蔵文化財センター調査報告書第56集）1998

第3節　出羽南半山形盆地の須恵器器種

1　はじめに

　奈良・平安時代の出羽国は、ほぼ山形県と秋田県域を合わせた地域に当たり出羽南半は山形県域を指す。庄内平野を貫いて日本海に流入する最上川が、内陸部中流域で沖積地を形成したのが新庄盆地と南北に細長い山形盆地である。
　多くの古墳が知られる山形盆地の北域は、内陸部古墳分布域の北限地域に当たっており（川崎2004）、山形盆地に奈良・平安時代の遺跡が多く認められる必然性があった。和銅5年（712）建国の出羽国は、陸奥国から割かれた置賜郡と最上郡、越後国出羽郡で構成されたもので、律令制による政治支配が遺跡の増加に拍車をかけた。対する新庄盆地では、奈良・平安時代の遺跡がほとんど認められず、山形盆地が最上郡の中心地域であったことと対称的である。
　律令制の地方展開に当たって、その浸透度を推し量る上で一つの目安になるのが須恵器である。中央で多分に様式化された須恵器が、地方域で存在するかしないか、個別器種がどれほど存在するか、その生産基盤が整っているか否かなど、須恵器を取り巻く状況を把握することが律令制の地方支配関係を解明する手段として有効である。
　今日までの、出羽国における広域的な視点での器種の把握は十分とはいえない。遺跡ごとに器種の把握は行っているものの、地域を広げて関係を読みとる作業が欠落していた。筆者は先に、出羽北半の須恵器器種を瞥見し、器種の大枠を提示して新種の増加を伴いながら完成度の高い器種の把握を志すべきことを提案した（本書第1章第2節）。本論もその思考に基づくもので、ここでは8世紀以降の山形盆地における器種の把握と、先の庄内地方における器種との比較検討を行いたい。

第3節　出羽南半山形盆地の須恵器器種　29

1	西原C遺跡
2	四ツ塚遺跡
3	熊野台遺跡
4	不動木遺跡
5	平野山窯跡群
6	富山2遺跡
7	高松Ⅲ遺跡
8	高松Ⅱ遺跡
9	落衣長者屋敷遺跡
10	高瀬山遺跡
11	三条遺跡
12	漆山長表遺跡
13	押切遺跡
14	蔵増押切遺跡
15	中袋遺跡
16	荒谷原遺跡
17	永源寺跡遺跡
18	一ノ坪遺跡
19	梅ノ木遺跡
20	達磨寺遺跡
21	向河原遺跡
22	境田遺跡
23	今塚遺跡
24	志戸田縄遺跡
25	城南一丁目遺跡
26	二位田遺跡
27	山形元屋敷遺跡
28	谷柏J遺跡
29	石田遺跡

1：200,000

図8　本文関連遺跡位置図

2 山形盆地の器種と特徴

　山形盆地における器種の分類は、遺跡ごとに多く試みられている。その中でも、多量の須恵器が出土し器種も豊富な平野山窯跡群は古代最上郡を代表する窯跡群で、平成10年（1998）佐藤庄一らによる分類は精緻をきわめたものであった（山形県埋蔵文化財センター 1998）。その器種分類についてはじめに検討する。

（1）平野山窯跡群第12地点遺跡

　図9・10は佐藤らによって行われた須恵器の分類図である。A～Nのアルファベット大文字が器種分類で、さらに器種ごとに算用数字を用いて特徴や技法を加味した分類を行っている。器種はA（無台杯）、B（有台杯）、C（双耳杯）、D（段皿）、E（高杯）、F（蓋）、G（硯）、H（鉢）、I（短頸壺）、J（長頸壺）、K（甕）、L（大型甕）、M（横瓶）、N（鍋）の14種類に分類されている。

　器種の分類では、佐藤らの包括した形での大別分類の扱いに対して、ある程度細かな細別分類を行うことが筆者の立場である。その大枠は「出羽北半の須恵器器種」で提示し、「出羽庄内地方の須恵器器種」の中に器種名の分類表記と共に一覧表にしてある（本書第1章第1・2節）（図11・14）。

　図11に基づいて、平野山窯跡群出土須恵器を分類すれば以下のようになる。1のA—1は杯A、29のB—3は杯B、36のC—1は双耳杯、25のD—1は皿B、39のE—2は台付皿、28のB—2は稜椀、43のF—3は蓋B、41のF—1は蓋D、38のE—1は高杯、59のH—2はおそらく擂鉢、56のG—1は円面硯、57のG—2は風字硯、71のJ—3は長頸瓶B、70のJ—1は広口長頸瓶、74のM—1は横瓶、53のF—9は短頸壺蓋B、63のI—1は短頸壺、76のK—2は直口壺A、82のL—3は丸底甕であり、他にミニチュアがある。ミニチュアの55のF—11はM蓋A（ミニチュアの蓋A）である。

　他に、一覧表以外の追加器種として60のH—3がある。口縁部付近に突帯が付く器形で、米沢市太夫小屋1遺跡（山形県埋蔵文化財センター 2001）では口縁部から胴部にかけて突帯の付く擂鉢が数個体出土しており、突帯付擂鉢とし

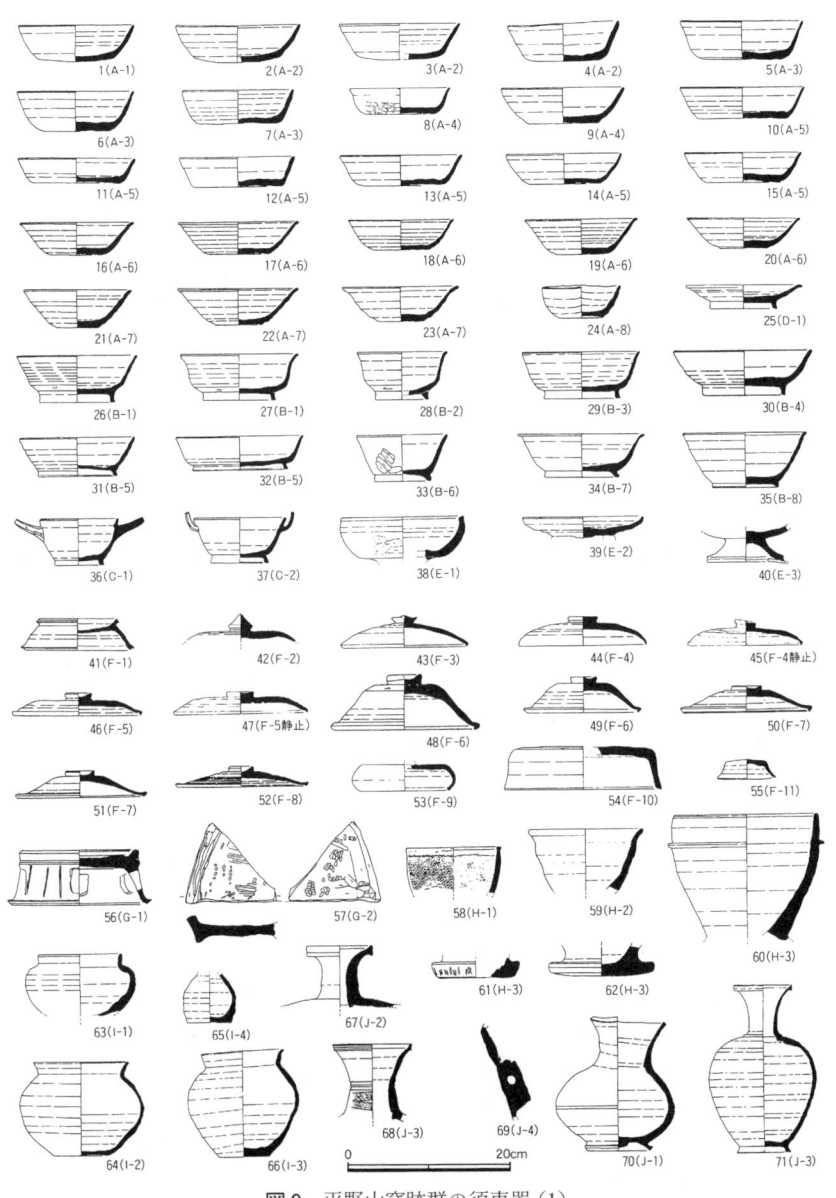

第3節　出羽南半山形盆地の須恵器器種　31

図9　平野山窯跡群の須恵器（1）

32　第1章　器種・分類論

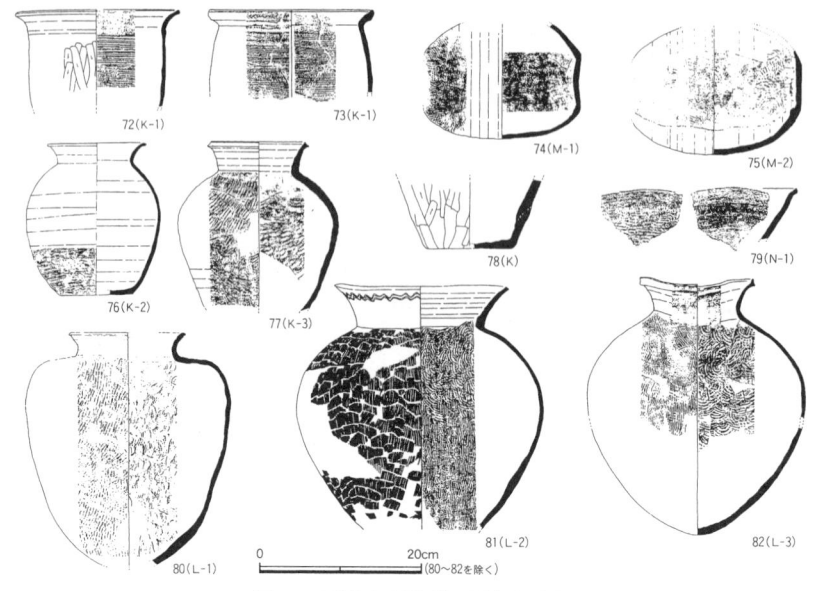

図10　平野山窯跡群の須恵器（2）

ておきたい。また、69のJ—4は「壺の体部上半分に2個1対の有孔突起をもつ」としてあるが実測図からは双耳壺までとは言い切れないので、耳付壺の分類に留めたい。

　一方65のI—4は、酒田市山海窯跡群で出土したもので（山形県教育委員会1992）鐸形細頸瓶の可能性があるが、多賀城市多賀城跡からは把手付小瓶（徳利形瓶）が出土しており（多賀城跡調査研究所1973）どちらとも断定し難い。67のJ—2は肩の張りから肩衝長頸瓶の可能性もあるが、これも確定しにくい。また、須恵器にしてある72・73のK—1と79のN—1は本来煮沸具で、須恵質に仕上がったと理解され、須恵器器種の分類からは除外しておきたい。

　以上筆者の分類基準では、杯A・杯B・双耳杯・皿B・台付皿・稜椀・蓋B・蓋D・高杯・擂鉢・突帯付擂鉢・円面硯・風字硯・長頸瓶B・広口長頸瓶・横瓶・短頸壺蓋B・短頸壺・耳付壺・直口壺A・丸底甕・M蓋Aと、保留したものを除いた22種類に分類できる。

第3節　出羽南半山形盆地の須恵器器種　33

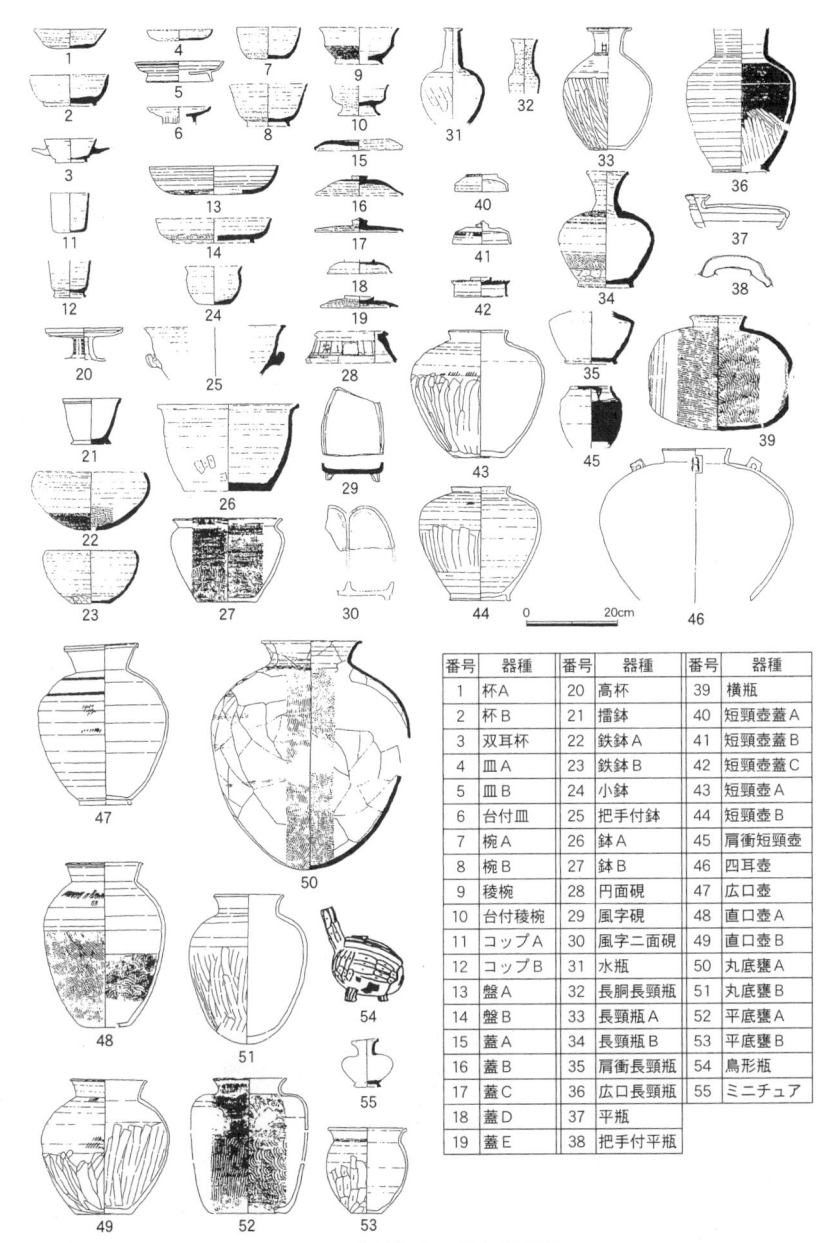

番号	器種	番号	器種	番号	器種
1	杯A	20	高杯	39	横瓶
2	杯B	21	擂鉢	40	短頸壺蓋A
3	双耳杯	22	鉄鉢A	41	短頸壺蓋B
4	皿A	23	鉄鉢B	42	短頸壺蓋C
5	皿B	24	小鉢	43	短頸壺A
6	台付皿	25	把手付鉢	44	短頸壺B
7	椀A	26	鉢A	45	肩衝短頸壺
8	椀B	27	鉢B	46	四耳壺
9	稜椀	28	円面硯	47	広口壺
10	台付稜椀	29	風字硯	48	直口壺A
11	コップA	30	風字二面硯	49	直口壺B
12	コップB	31	水瓶	50	丸底甕A
13	盤A	32	長胴長頸瓶	51	丸底甕B
14	盤B	33	長頸瓶A	52	平底甕A
15	蓋A	34	長頸瓶B	53	平底甕B
16	蓋B	35	肩衝長頸瓶	54	鳥形瓶
17	蓋C	36	広口長頸瓶	55	ミニチュア
18	蓋D	37	平瓶		
19	蓋E	38	把手付平瓶		

図11　出羽北半の須恵器器種

（2）集落遺跡

次に、やはり図11に基づいて集落遺跡の資料を検討する（図12・13）。掲載した実測図は報告書からの転載であるが、参考文献の記載は、煩雑さを避けるため注目される遺跡になるべく絞ってある。

1は高台のない杯A（山形西高敷地内）。口縁半径が深さより長いものを杯、短いものを椀とした。2は高台が付く杯B（三条遺跡）。3は二つの耳が付く双耳杯（三条遺跡）。同遺跡から深い椀形の破片が出土しているが、今のところ双耳杯の分類に留めておきたい。4は高台が付く皿B（高瀬山遺跡）。5は高台が付く椀B（高瀬山遺跡）。6は稜が付き口縁部が外反する稜椀（不動木遺跡）。

7はつまみが付かない蓋A（向河原遺跡）。8はつまみが付き天井のある蓋B（高瀬山遺跡）。9はつまみがあり天井のない蓋C（荒谷原遺跡）。10はリング状のつまみが付く蓋D（達磨寺遺跡）。

11は高杯（高瀬山遺跡）。12は突帯が付く突帯付高杯（高瀬山遺跡）。

13は底部が突出する擂鉢（高瀬山遺跡）。14は擂鉢の深さが減じた器形で浅型擂鉢（高松Ⅱ遺跡）としておく。15は突帯が付く突帯付擂鉢（高瀬山遺跡）。16は器高に対して口径が長い小鉢（不動木遺跡）。17は把手が付く把手付鉢（高瀬山遺跡）。18は頸部が弱い「く」の字状の鉢A（高瀬山遺跡）。19は頸部が強い「く」の字状の鉢B（高瀬山遺跡）。20は底部から口縁まで内弯する鉢C（富山2遺跡）、と分類しておく。[(4)]

21は円面硯（不動木遺跡）。22は風字硯（中袋遺跡）。23は擦り面が2面ある風字二面硯（一ノ坪遺跡）。

24は頸部がないものの水瓶（高瀬山遺跡）と判断される。25は高台が付く長頸瓶B（向河原遺跡）。26は肩が張る肩衝長頸瓶（熊野台遺跡）。27は広口長頸瓶（一ノ坪遺跡）。28・29は横瓶であるが、前者が一般的で胴部が横に長い横瓶A（高瀬山遺跡）、後者は胴部が球形の横瓶B（高瀬山遺跡）、と分類しておく。[(5)]

30はつまみが付かない短頸壺蓋A（高瀬山遺跡）。31はつまみが付く短頸壺蓋B（高瀬山遺跡）。32は高台が付かない短頸壺A（高瀬山遺跡）。33は高台が付く短頸壺B（蔵増押切遺跡）。34は頸のない無頸壺（富山2遺跡）[(6)]。35は耳が

第3節　出羽南半山形盆地の須恵器器種　35

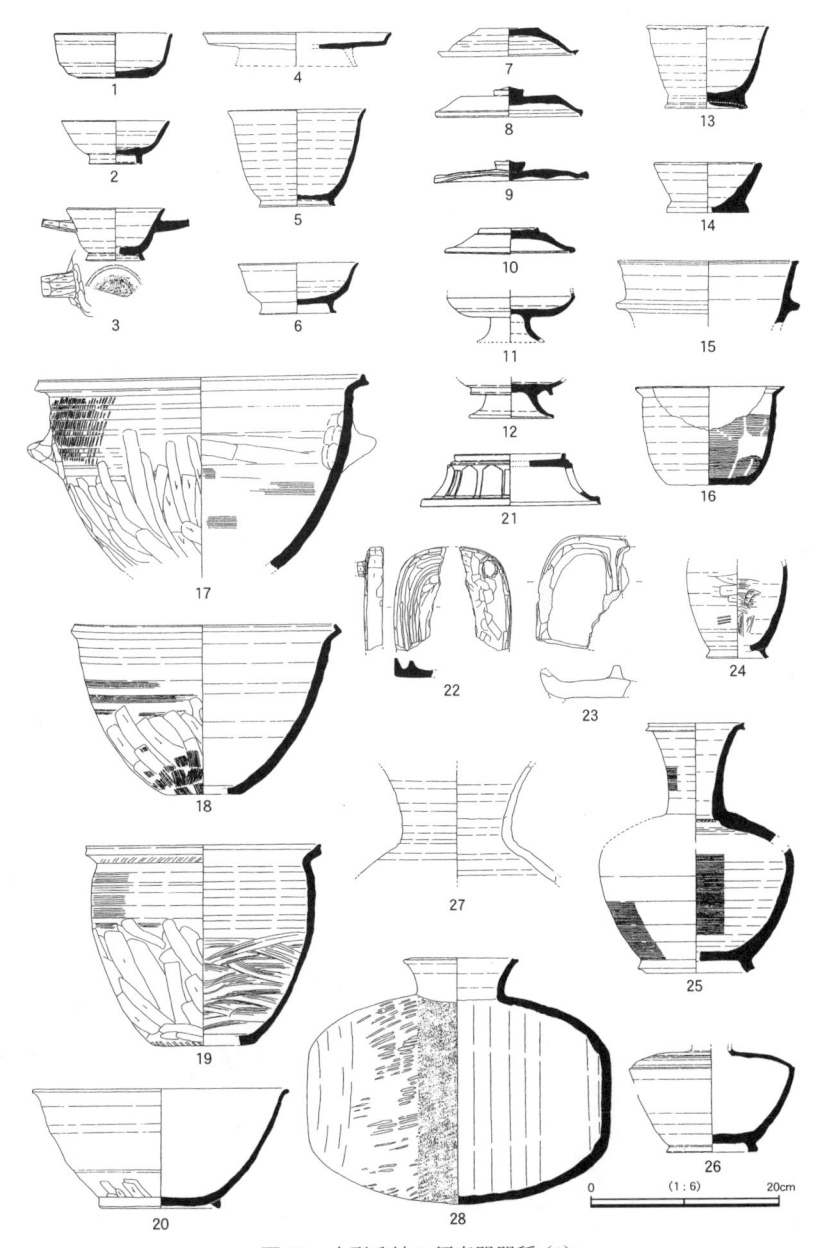

図12　山形盆地の須恵器器種(1)

36 第1章 器種・分類論

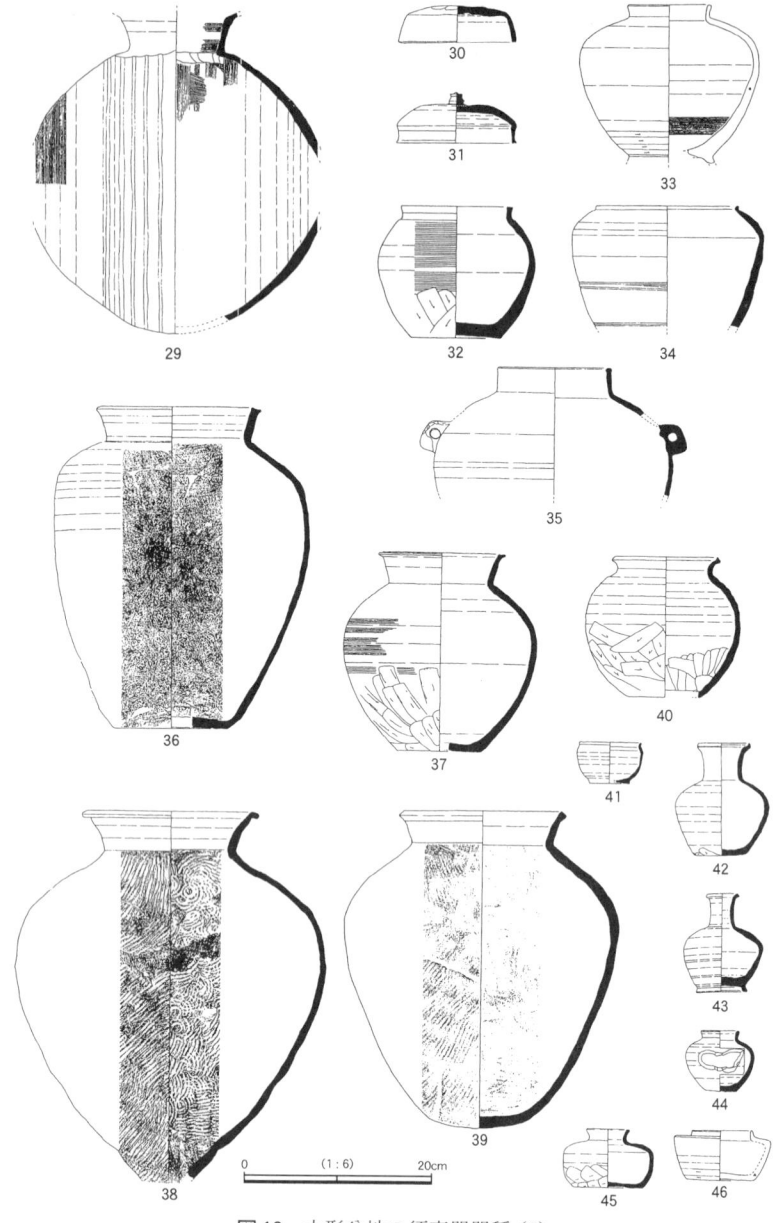

図13 山形盆地の須恵器器種（2）

付く耳付壺（富山 2 遺跡）。36 と 37 は高台のない直口壺 A（永源寺跡遺跡・高瀬山遺跡）で、前者が長胴タイプ後者が球胴タイプである。

38 と 39 は丸底甕（永源寺跡遺跡・高瀬山遺跡）で、前者が球胴タイプ後者が長胴に近いタイプである。40 は平底甕（山形元屋敷遺跡）で球胴タイプである。

41 は小鉢のミニチュアで M 小鉢（三条遺跡）。42 は長頸瓶 A のミニチュアで M 長頸瓶 A（永源寺跡遺跡）。43 は長頸瓶 B のミニチュアで M 長頸瓶 B（三条遺跡）。44 は短頸壺 A のミニチュアで M 短頸壺 B（三条遺跡）。45 は横瓶 A のミニチュアで M 横瓶 A（高瀬山遺跡）。46 は肩が角張る肩衝短頸壺のミニチュアで M 肩衝短頸壺（城南一丁目遺跡）である。

以上、集落遺跡では杯 A・杯 B・双耳杯・皿 B・椀 B・稜椀・蓋 A・蓋 B・蓋 C・蓋 D・高杯・突帯付高杯・擂鉢・浅型擂鉢・突帯付擂鉢・小鉢・把手付鉢・鉢 A・鉢 B・鉢 C・円面硯・風字硯・風字二面硯・水瓶・長頸瓶 B・肩衝長頸瓶・広口長頸瓶・横瓶 A・横瓶 B・短頸壺蓋 A・短頸壺蓋 B・短頸壺 A・短頸壺 B・無頸壺・耳付壺・直口壺 A・丸底甕・平底甕・M 小鉢・M 長頸瓶 A・M 長頸瓶 B・M 短頸壺 B・M 横瓶 A・M 肩衝短頸壺の 44 種類の器種が確認できる。集落遺跡からは出土していない平野山窯跡群の台付皿・M 蓋 A を加えれば、山形盆地の須恵器器種は 46 種類になる。

（3）出土器種の概観

前述の山形盆地から出土した器種を、他の遺跡名を示すことなどで出土状況を中心に概観してみたい。

杯 A・杯 B・皿 B・蓋 B・丸底甕は多くの遺跡で確認できる。しかし皿 B は、底面が小さく外に大きく開くタイプが一般的で底が大きく短く外反するタイプは高瀬山遺跡でしか確認できていない。台付皿も平野窯跡群 12 地点のみに確認できる。双耳杯は、高瀬山遺跡・向河原遺跡・城南一丁目遺跡・谷柏 J 遺跡・西原 C 遺跡・境田 D 遺跡など三条遺跡を含めて 17 遺跡と高い比率で分布している。ちなみに高瀬山遺跡では 20 個体以上が確認できる。椀 B は城南一丁目遺跡から出土しているがきわめて少ない。稜椀とした平野山窯跡群 12 地点・不動木遺跡の例を含め、典型的な稜椀は見られない。[7] 蓋 A は、高瀬山遺

跡・三条遺跡・富山2遺跡・向河原遺跡などで出土している。蓋Cは荒谷原遺跡、蓋Dは達磨寺遺跡からしか出土していない。高杯は高瀬山遺跡と平野山窯跡群だけに見られ、突帯付高杯は高瀬山遺跡だけから出土している。

擂鉢・浅型擂鉢は高瀬山遺跡だけから出土し、突帯付擂鉢は平野山窯跡群12地点遺跡からも出土している。小鉢は三条遺跡にあり、把手付鉢は高瀬山遺跡以外では出土していない。鉢Aは三条遺跡・熊野台遺跡、鉢Bは不動木遺跡・富山2遺跡・向河原遺跡、鉢Cは境田D遺跡で確認できる。

円面硯は漆山長表遺跡・高瀬山遺跡・風字硯は中袋遺跡、風字二面硯は一ノ坪遺跡でそれぞれ出土している。

水瓶は高瀬山遺跡のみの出土である。長頸瓶Bは高瀬山遺跡のほか高台の確認できない例では、三条遺跡・境田C遺跡・長源寺遺跡・今塚遺跡など比較的多くの遺跡で出土している。肩衝長頸瓶は熊野台遺跡のみの出土であるが、高台の有無が確認できない三条遺跡の例もある。広口長頸瓶は高瀬山遺跡で確認できる。横瓶は、永源寺跡遺跡・押切遺跡・三条遺跡・落衣長者屋敷遺跡・富山2遺跡・山形西高敷地内遺跡で出土しているが、高瀬山遺跡と三条遺跡では10個体前後が出土しており、他の遺跡で1・2個体程度の出土状況に比べて出土量が多い。横瓶Bは高瀬山遺跡のみの出土である。

短頸壺蓋Aは高瀬山遺跡以外には見当たらない。短頸壺蓋Bは、永源寺跡遺跡・三条遺跡・二位田遺跡・不動木遺跡・廻り屋遺跡で出土している。短頸壺Aは三条遺跡で確認できる。短頸壺Bの確実な出土例は蔵増押切遺跡のみであるが、高台の確認できない例に高瀬山遺跡・三条遺跡がある。無頸壺は富山2遺跡のみの出土である。耳付壺は富山2遺跡から出土している。直口壺Aは三条遺跡・高瀬山遺跡で確認できる。平底甕は山形元屋敷遺跡以外に確認できない。

ミニチュア土器は、M小鉢が三条遺跡、M長頸瓶Aが永源寺跡遺跡、M短頸壺Bが三条遺跡、M横瓶Aが高瀬山遺跡、M肩衝短頸壺が城南一丁目遺跡のみの出土で、M長頸瓶Bは境田D遺跡・高瀬山遺跡で出土している。

以上の分布状況などから、きわめて希な器種・数量の少ない器種のほか豊富

な種類の器種が、平野山窯跡群第12地点遺跡とこれに近接する高瀬山遺跡・三条遺跡・富山2遺跡一帯に集中し、須恵器生産と流通・消費の強い結びつきが理解される。

　落衣長者屋敷遺跡を含む三条遺跡・高瀬山遺跡の集落一帯は、その東側に条里制も存在し「律令国家の方針に沿って計画的に造られた」集落とする佐藤らの見解（山形県埋蔵文化財センター 1998）が知られる。また、ロクロピットのある竪穴建物跡の存在から工人集落と考えられている富山2遺跡では、猿投窯跡産の灰釉陶器（水瓶）が出土している。[(8)] これらのことから、平野山窯跡群は官窯としての性格をもつことは明らかである。

3　庄内地方の須恵器器種との比較

　図14の庄内地方の須恵器器種と山形盆地の器種を、共通する器種を除いて比較するとおよそ次のようである。

　山形盆地にあり庄内平野で確認できない器種には、高杯・突帯付高杯・擂鉢・浅型擂鉢・突帯付擂鉢・把手付擂鉢・擂鉢B・擂鉢C・横瓶B・短頸壺蓋A・短頸壺A・無頸壺・横瓶B・肩衝短頸壺・M小鉢・M短頸壺Aがある。

　逆に庄内地方にあり山形盆地で確認できない器種には、皿A・托・平底の鉄鉢B・鐸形細頸瓶・把手付長頸瓶・双耳瓶・肩衝広口瓶・高台の付く直口壺B・鳥形瓶・M鉢A・M肩衝長頸瓶・M広口長頸瓶・M短頸壺蓋・M短頸壺Bがある。

　地域ごとに見られるこれら多くの器種が、互いの地域に存在しない理由には発掘調査した遺跡が少ないとする前提があるにせよ、現時点の両地域における希な器種として把握されよう。出土量の極端に少ない器種は、土師器で多用される皿Aを除けば相対的に希少価値が高く特定の条件や規制の下で使用されていた可能性がある。

　一方、両地域に共通して見られる器種であっても、出土量に極端な差異が見受けられる場合がある。例えば短頸壺・長頸瓶は、庄内地方で多く出土し山形盆地では少ない傾向がある。逆に擂鉢・鉢の調理具は、種類・量とも山形盆地

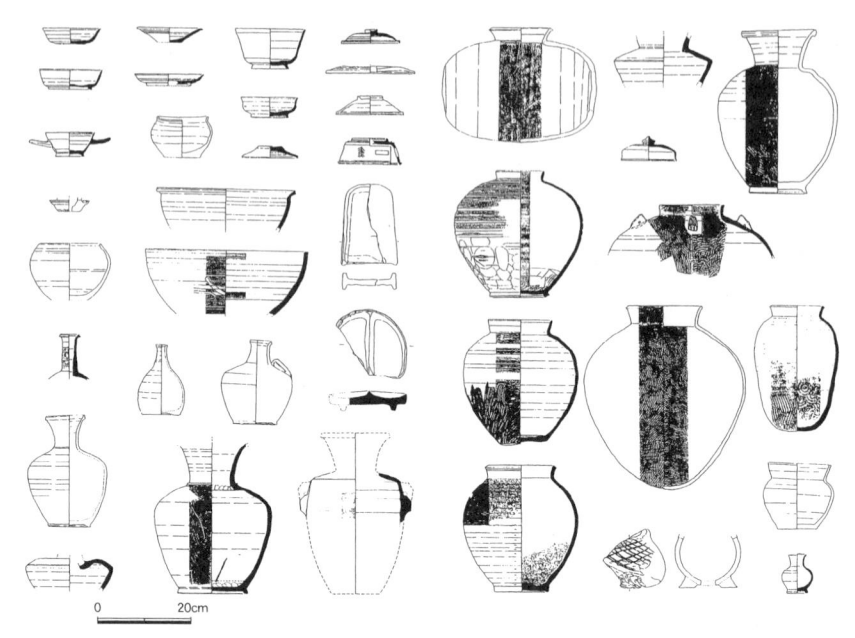

図14　庄内地方の須恵器器種

に多く庄内地方に少ない傾向がある。山形盆地では鉢類の須恵器調理具が卓越していたようである。また、一般集落ではあまり見られない双耳杯や横瓶Aが、両地域で安定して認められるなどの特徴もある。これらの傾向が真に認められれば、律令制支配の在り方を追求する糸口になる。

　また細部にわたる比較資料の検討では、稜をもつ杯Bと双耳杯を取り上げたい。前者は庄内地方では極端に少ないが山形盆地では安定して出土し、後者では方形に近い耳をもつ形態が山形盆地では主流をなし、庄内地方ではわずかしか出土しない。これらの分布状況は、山形盆地から庄内地方への影響を示唆するものである。また、庄内地方出土の双耳瓶は、北陸地方の影響を暗示している。

　山形盆地の中央にある高瀬山遺跡では、希な器種も含んで山形盆地から出土した器種の多くを占め、双耳杯・長頸瓶B・横瓶など出土量の少ない器種であっても他の遺跡に比べて安定した出土量を示している。それは隣接する三条遺跡でも類似した状況であり、ここでは多量の墨書土器・転用硯も出土した。

連続しているこれら2遺跡は、官窯と考えられる平野山窯跡群の消費地であり、器種の在り方から見ても官衙と想定するのが妥当である。

　山形盆地と庄内地方の関係は、山形盆地の南にある米沢盆地、庄内地方の北にある出羽北半沿岸地方の器種の在り方を検討することでより具体的になると考える。

4　おわりに

　本論では、出羽南半の山形盆地から出土した須恵器の器種を把握し、窯跡群と集落の関係にも一部触れ、律令国家による地方支配の在り方を須恵器を通して垣間見たものである。

　出羽南半の山形盆地は、出羽建国3郡の最上郡域に当たり、南の置賜郡と西で日本海に面した出羽郡の中間に位置し、令制下の最上郡は置賜郡・出羽郡の相互に影響を与えていた。また仁和2年（886）、最上郡と村山郡に分かれるまで新庄盆地を含んだ領域を管轄し、天平5年（733）に秋田村に移された庄内出羽柵と多賀城の中継地域として蝦夷支配の後方支援を担っていた重要な地域である。

　以上の歴史的背景を中核に据え、さらに、須恵器の生産と流通の観点から考古学的な歴史の組み立てが今後必要である。従来の点的・線的な扱いから、それも加えた面的・量的な思考の転換が図られなければならない。本論はその試行錯誤の入り口にすぎない。

　今後進められる器種ごとの細分化した特徴が、どのような在り方を示すのか、地域ごとに問われなければならない。そのためにも、地域ごとの器種の把握を早急に進める必要があろう。

註
（1）　1970年に寒河江市教育委員会から刊行された同市文化財保護協会編『平野山古窯跡群―山形県における古代窯業遺跡の研究―』は、出羽地方の須恵器研究の指針となった学史的に重要な報告である。
（2）　この大別分類の立場の相違は、どちらが正しいとかの問題ではなく、目的によっ

て分類法が異なることの帰結である。
（3）　直口壺は、平底の無高台が出羽北半や庄内地方ではほとんどであるが、酒田市生石2遺跡で高台付きの直口壺が出土したことから、前者を直口壺A、後者を直口壺Bとした。また、丸底甕と平底甕の球胴・長胴による分類は感覚的であり分類を保留しておく。
（4）　酒田市上ノ田遺跡出土のものを、直立する口縁から弯曲する鉢を椀形鉢としたが、これも鉢Cとして把握したい。
（5）　横瓶Bは類例がきわめて少ないが、仙台市藤田新田遺跡から出土している（宮城県教育委員会 1994）。
（6）　底部が存在しない場合鉄鉢との区別が問題視されるが、富山2遺跡の類例（山形県埋蔵文化財センター 1996b）は口唇部がつまみ出され鉄鉢とは異なる。
（7）　高台があり体部に稜の付く器種は比較的多く見られ概ね杯Bに分類されるが、稜椀との区別がつけ難い例がある。
（8）　灰釉陶器（水瓶）を見本にして、須恵器水瓶を製作していたものと想定される。

第2章　年代・編年論

第1節　秋田の古墳時代土器とその遺跡

1　はじめに

　秋田県域は列島の中にあって、北海道と共に古墳時代の墳丘墓（古墳）が確認されていない地域の一つである。現状では、全国各地の古墳が見つかる地方に比べ、古墳時代の土師器と須恵器の出土量は極端に少なく、北海道に中心をもつ続縄文土器も少量出土する。国史に見える7世紀新潟県域の淳足・磐舟柵の設置から8世紀秋田城・由理柵の設置は、中央政府の北方域支配を目指すものであって、秋田城はその境界域の玄関口として機能した。古墳時代の秋田県域は、4世紀畿内政権の勢力圏内であったことを表徴する福島県会津大塚山古墳の北方にあり、東北南部より西に広がる古墳文化と北海道に見られる続縄文・擦文文化が混在する地域である。

2　古墳時代土器の研究史

　ここでは、土師器・須恵器と続縄文土器を扱った論考や学史的に重要な発掘調査成果を年代順に記述する。

　1960年、豊島昂は「土師器・須恵器の編年」と題して論じた（豊島1960）。豊島はそれまでの県内出土資料を集成し、土師器を中心に前期・中期・後期の3型式に分類した。ここでは、一部の土器の特徴を捉えて総体的な解説と集成図の作成を行ったが、編年図作成までには至っていない。豊島は関東地方の土

師器と比較し、前期を和泉式に対応させ、中期が鬼高式の伝統を受け継ぎ、後期は奈良朝から平安期に及ぶ時期とした。須恵器は土師器の後期に概ね対応させ、明確な古墳時代資料は見られないとした。豊島の論考は、秋田県の古墳時代から平安時代に至る土器編年の魁をなすもので、その後の研究の基礎となった。

1967年、奈良修介は「土師器・須恵器編年」と題して論じたが、掲載した図も編年の内容も、ほぼ前述豊島の論考を踏襲したものであった（奈良1967）。しかし、秋田県土師器編年表を初めて表し、前期・中期・後期の土師器実測図をⅠ期・Ⅱ期・Ⅲ期と区分して具体的な提示を行った。

1977年、小松正夫は前年の発表資料を基に「秋田県の土師器について」を公表した（小松1977・1978）。小松はⅠ・Ⅱ類を古墳時代に比定したが、具体的な年代については時期尚早の立場をとった。小松の論考は、土師器・須恵器研究の方法論を駆使したものであるが、ロクロ使用以前として扱ったⅢ類の問題点について言及しておきたい。すなわち、Ⅲ類として下藤根遺跡と秋田城跡の例を取り上げたが、後者の年代観から、7世紀と考えられる前者の年代を奈良時代に想定した。形態的にも技法的にも差異のある二者を同類として扱ったことが、後の古墳時代土器編年の序列に不便を与える結果となった。

1981年、男鹿市教育委員会は同市脇本の小谷地遺跡を発掘調査し、翌年報告書を刊行した（男鹿市教育委員会1982）。埋没家屋の床面より弥生土器と土師器が混在しながら一括して出土した。大野憲司は、杯・高杯・壺・甕などの土師器を宮城県南小泉遺跡などとの比較から5世紀に位置づけた。埋没家屋は、平安時代もしくは古墳時代とする二つの意見がある。いずれにせよ、本県土師器の古手一括資料として重要な位置を占めた。

1983年、横手市教育委員会は同市塚堀のオホン清水遺跡を発掘調査し、翌年報告書を刊行した（横手市教育委員会1984）。1号住居跡とその周辺から、土師器を主体とする古墳時代の土器がまとまって出土した。1号住居の土師器には、杯・高杯・壺・甕があり須恵器高杯も一点出土した。澤谷敬は、類例を小谷地遺跡や南小泉式に比定されている岩手・宮城・山形の諸県の例と比較した。ま

た、須恵器高杯には5～6世紀前半の年代を想定した。

　1986年、秋田県教育委員会は能代市浅内の寒川Ⅱ遺跡を発掘調査し、1988年報告書を刊行した（秋田県教育委員会1988）。6基の楕円形の土坑墓が検出され、1基を除く5基の土坑墓からは、弥生系土器のほかに続縄文土器（後北$C_2 \cdot D$式）がまとまって出土した。当遺跡は、北方の続縄文文化と弥生文化・古墳文化の接点を考察する上で、きわめて重要な発見であった。小林克は、土坑墓の年代を4～5世紀としたが後に「4世紀前半代は除外して考えて良いだろう」と一部見解を改めた（小林1991）。

　1987年、西目町教育委員会は同町沼田の宮崎遺跡を発掘調査し、同年報告書を刊行した（西目町教育委員会1987）。わずか280m^2の調査区域であったが、2号竪穴住居跡から杯・高杯・坩・壺・甕の土師器のほかに、破片であるが続縄文土器の北大Ⅰ式土器が出土した。また、付近の土坑からは須恵器蓋杯の身も出土した。土師器と北大Ⅰ式土器の共伴は、古墳文化と続縄文文化の関係をさらに一歩進めることになった。小松正夫は、前述した小谷地遺跡とオホン清水遺跡の比較から土師器を5～6世紀前半の年代に想定し、須恵器については陶邑編年のTK23型式に近いとした。

　1990年、秋田県教育委員会は横手市婦気大堤の田久保下遺跡を調査し、1992年報告書を刊行した（秋田県教育委員会1992b）。8基の楕円形や長方形の土坑墓が検出され、土師器を主体に須恵器も含んで多くは2個1対の状態で出土した。土師器には、杯・坩・小型甕・甕・台付甕・ミニチュア土器があり、須恵器は蓋杯のセットが出土した。土師器にも、セットで出土した例が7つあり、中には北方的要素を含んだものもある。本遺跡は、前述した寒川Ⅱ遺跡・宮崎遺跡と共に続縄文文化と古墳文化を比較する上で重要な遺跡である。高橋学は、土師器杯の観察から、これらの土師器を東北南部住社式の範疇とし、坩を前型式の引田式もしくは南小泉式に後続する資料と評価した。また須恵器蓋杯を、田辺編年のMT15～TK10型式に、中村編年のⅡ－1～2段階に併行する見解を示した。

　1993年、筆者は平鹿町中吉田の下藤根遺跡から出土した土師器（秋田県教育

委員会 1976a）を検討した。第1・7号住居跡の下藤根Ⅰ期土器群を、岩手県を中心とした7世紀前半の資料を提示した上で、その系譜上にある点や共伴した須恵器蓋杯の蓋の年代から、7世紀中葉の年代を想定した。Ⅰ期土器群には杯・高杯・坩・甑・長胴甕・球胴甕があり、良好な土器群であることから下藤根式として把握した（本書第2章第2節）。

1996年、小松正夫は県内の古墳時代土器を「秋田県の7世紀以前の土器」と題して発表した（小松 1996）。従来、不分明とされていた秋田県域の古墳時代土器について、5・6世紀の土師器と須恵器を中心に総括したもので、同時代の土器編年表としては初見である。しかし、筆者が示した下藤根Ⅰ期土器群については8世紀の範疇で捉えており、7・8世紀土師器の複雑さを物語る結果となった。

2001年、納谷信広は「西目町宮崎遺跡出土の土師器について」を発表した（納谷 2001）。宮崎遺跡の発掘資料を見学した際に表面採集資料の中に、小型器台の受け部の底部と脚部の上部に当たる破片、同時代で能登型甕と類似した甕の口縁部を見出し、塩釜式の4世紀に比定した。県内では最も古い段階の土師器で、前期古墳文化の影響が認められる資料として意義深い。

以上の研究史を振り返れば、60年代の未発掘資料による資料集成・編年模索段階から、80年代以降の発掘調査資料の蓄積段階を経て、90年代後半の発掘調査資料を中心にした編年構築段階と、秋田県古墳時代土器研究の推移が見られる。特に80年代後半から90年代にかけて、北海道系土器やその関連土器が発掘調査で出土したことは注目される。そして2000年代に入って初めて、4〜7世紀の古墳時代土器が見通せるようになってきたのである。1957年、氏家による東北地方の土師器編年が提案されてから実に40余年が経過した。

3　古墳時代土器の編年

前項で記述したように、4〜7世紀の秋田県域では古墳文化を表徴する土師器や須恵器以外に、北海道系の続縄文土器やその影響を強く受けた土師器が存在する。本項では土師器を中心に述べるが、須恵器や続縄文土器などについても

第1節　秋田の古墳時代土器とその遺跡　47

触れてみたい。

　東北地方の土師器編年は、1957年宮城県の資料を中心に氏家和典によって7型式の大綱が示された。このうち、古墳時代に関するのは第1～5型式で、各々塩釜式・南小泉Ⅱ式・引田式・住社式・栗囲式である（氏家1957）。その後各地で、須恵器年代に裏打ちされた編年研究が進み、古川一明と白鳥良一は、東北地方全般を概観した上で、宮城県南部地域の型式変遷を示し、引田式を南小泉式に包括して南小泉式に後続する資料を提示し、塩釜式・南小泉式・住社式・栗囲式に再編した（古川・白鳥1991）。本項では、古川・白鳥の論考を基本にして秋田県域出土資料の並行関係を検討する。また年代比定には須恵器に依拠する場合が多いため、全国的に用いられている陶邑窯跡群の田辺編年と中村編年を対比した余語琢磨の論考を基調とする。(1)はじめに土師器と須恵器について記述する。

　図15-1・2は、宮崎遺跡の表採資料である。1の小型器台や2の北陸系土器の影響を考えさせる甕から、塩釜式並行段階と考えられている。同7～14はオホン清水遺跡の資料で、13を除く7～14は1号住居跡から出土した。土師器には杯（7～9）、椀（10）、壺（11）、甕（12）、高杯、須恵器には有蓋高杯（14）がある。土師器杯の内外面と高杯にはミガキを施し、壺や甕にはカキメを施す。住居跡以外からは、坩や穿孔部をもつ小型の丸底土器（13）が出土した。竪穴住居跡出土土師器は、半球状の杯や椀、高杯や壺の形態などから南小泉式並行段階といえるがさらに検討を加える。

　11は、口縁部に段を有した平底の球胴形の壺である。これと類似する壺が、TK216型式並行とされる千葉県外原遺跡の第1号住居址から出土している（長谷川1991）。外原遺跡の壺は、頸部がやや直立気みで、口縁部が長い小型の丸底土器を伴いやや先行すると考えられるため、11の壺はTK208型式に近い時期が想定される。またオホン清水遺跡からは、杯体部の中央に稜線の入る高杯が出土した。これと類似する高杯は、TK208～TK23型式並行とされる埼玉県諏訪遺跡の49号住居址から出土している。TK208～TK23型式段階について長谷川は「……前代から連綿と続いていた小型の丸底土器はついに組成から

48 第2章 年代・編年論

1・2:宮崎遺跡
3〜6:寒川Ⅱ遺跡

7〜14:オホン清水遺跡

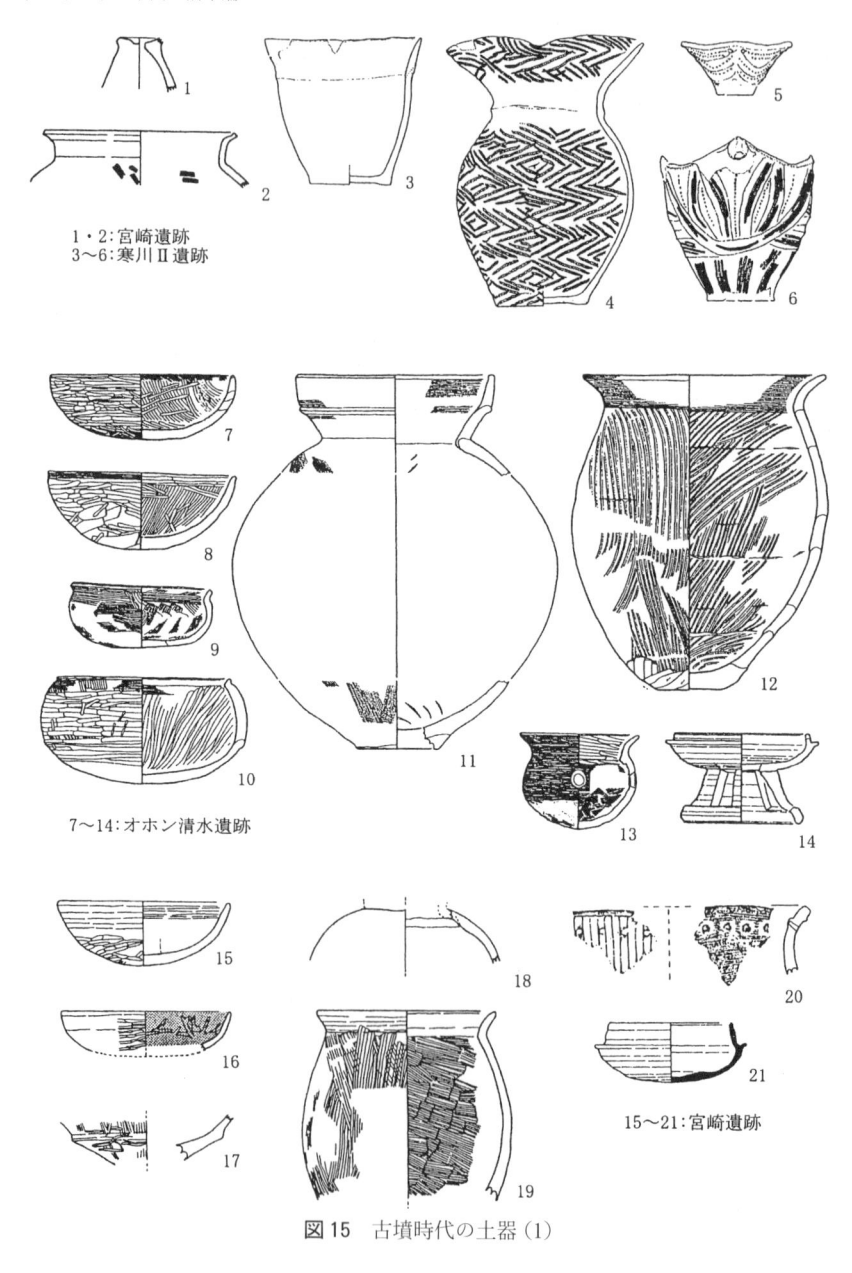

15〜21:宮崎遺跡

図15　古墳時代の土器(1)

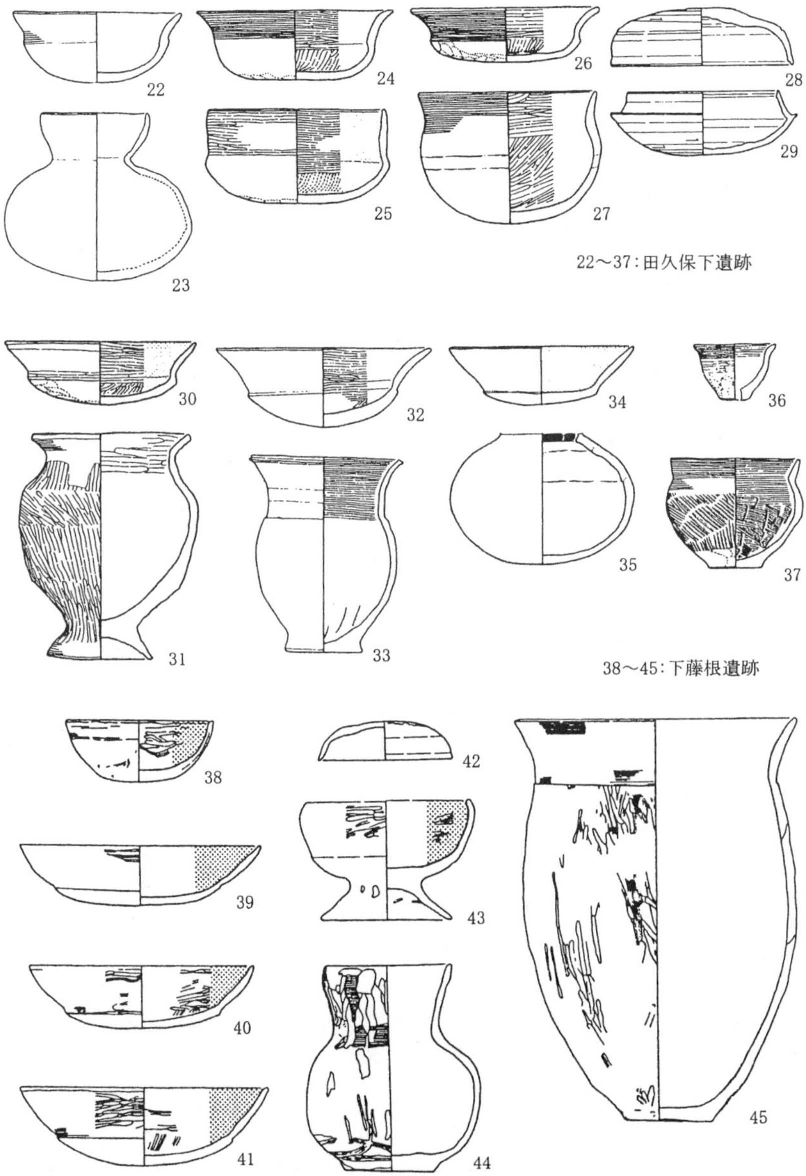

第1節　秋田の古墳時代土器とその遺跡　49

22～37：田久保下遺跡

38～45：下藤根遺跡

図16　古墳時代の土器 (2)

消滅し、椀形の土器が主体になる。さらに、壺・甕類では、壺の型式的な特徴が甕の形態と類似することによって、ほとんど区別がつかないようになる」としている。

以上を参考にすれば、オホン清水遺跡1号住居跡出土土師器は、壺と甕の区別が明瞭なことから南小泉式並行段階でもTK208型式を中心とする時期が想定される。また、住居跡に共伴したとされる須恵器は、付近の3号土坑出土須恵器と接合したもので、住居跡出土土師器との共時性がない可能性があり、観察からはTK23～TK47型式が考えられる。[2] 前述した小谷地遺跡では、有段口縁の壺や体部に稜をもつ高杯も確認できるため、同遺跡出土土師器にもTK208型式を中心とした時期を想定したい。

同15～21は宮崎遺跡の資料で、15～20はSI02竪穴住居跡から出土した。土師器には杯（15・16）、高杯（17）、坩（18）、甕（19）があり、ほかに北大式土器（20）が出土した。土師器の内外面と高杯にはミガキを施し坩や甕にはカキメを施す。住居跡以外からは、口縁部に段をもつ壺や小型丸底甕の土師器や須恵器杯（21）が出土している。これらの土師器は南小泉式並行段階であるが、21の須恵器がTK23～TK47型式と観察されることから、SI02竪穴住居跡出土土師器はオホン清水遺跡出土南小泉式並行段階より新しい時期の可能性を考慮する必要がある。

図16-22～37は田久保下遺跡の資料で、22・23はSK311、24・25はSK306、26・27はSK312、28・29はSK308、30・31はSK307、32・33はSK309、34・35はSK317、36・37はSK310から各々セットで出土した。土師器には杯・坩・ミニチュア土器・小型甕・甕・台付甕、須恵器には蓋杯がある。土師器杯は、口縁部外面にヨコナデを施すもの（22・24・26）、底部外面にケズリを施すもの（24～26・30）がある。口縁部内面にはミガキを施す。内面は32が赤彩を施すようで、それ以外は黒色処理を施している。甕は口縁部がヨコナデのほかほかはミガキやカキメを施す。

ここでは蓋・杯の変遷を考えてみたい。22は半球状で、口縁部が外反する特徴は南小泉式やその後続する資料に認められる。調整は、底部外面は摩滅する

が口縁部がヨコナデされ、内面はミガキを施し黒色処理を行っている。黒色処理は住社式段階から始まるとされているが、南小泉式に後続する段階と考えられる。24は器が深く口縁部が外反する点で22と共通する。

25は、丸底の底部から稜を作り長く直線的な口縁部をもつ形態である。類似の資料は、関東地方のTK23～TK47型式に認められる（長谷川1991）。長谷川は、この中で「この段階に至ると須恵器杯蓋を直接的に模倣する土師器杯が器種として成立し、以前からの椀形の土器とともに組成を構成することになることで理解される。主体的な器種は前段階の椀形のもので占められるが、そうした須恵器杯蓋模倣の土師器杯の出現は、様式的な指向が政治的・社会的な環境の変化によって新たな様式の形成の動きをみせたと理解すべきであろう」とした。また、坂口一は「鬼高式の杯類の大半は須恵器を直接模倣したものではなく、その初源期であるTK23型式～TK47型式の段階で須恵器杯蓋を忠実に模倣した杯が、土師器としての独自の変化を遂げたものである」と述べた（坂口1991）。以上より、22～25はTK23～TK47型式段階に想定され、TK47型式の須恵器蓋杯の身を共伴した宮城県名生館遺跡SK430出土資料がこの段階に含まれる。

26・30は浅い丸底の底部から強い稜を作って外反する形態で、住社式の標識遺跡である住社遺跡に一般的に認められる形態である（角田市教育委員会1997）。

34は、平底風の底面から大きく外反する特徴的な形態である。これと同じ形態の杯が、栗囲式の最も古いとされる栗遺跡19号住居跡出土資料の中に認められることから、栗囲式段階と考えられる（仙台市教育委員会1982）。32はやや深めの底部で、丸底から強い稜を作って大きく外反する。この形態で、外反度の少ないタイプは住社式でも新式とされる栗遺跡10号住居跡や、小振りであるが栗遺跡19号住居跡にも認められ、住社式と栗囲式の過渡的な段階と理解したい。

28・29の須恵器は、蓋の天井部と口縁部の境が沈線で表現される点や身の口縁部が比較的高い点などから、M15～TK10型式古相段階が想定される。TK10

型式の高杯を出土した宮城県清水遺跡40・53号には、清水遺跡Ⅲ群土器とされる、丸底から稜を作り短く直立したり、沈線から外反する形態を含む杯が出土しており、28・29と並行する時期が想定される。古川・白鳥は、住社式を清水遺跡40・53住居跡→住社遺跡出土土器→栗遺跡10住居跡に変遷するとしている。

以上より、田久保下遺跡出土の蓋・杯は、22・24・25→28・29→26・30→32→34の変遷を示すと考えられ、それらとセットになる資料を含め、南小泉式後続段階（22～25）・住社式段階（26～31）・栗囲式段階（34・35）の各型式段階を含んでいると理解される。

同38～45は下藤根遺跡出土の資料で、Ⅰ期土器群とした第1・7号住居跡のうちの第7号住居跡出土資料である。土師器には杯（38～41）、高杯（43）、坩（44）、甕（45）がある。土師器杯や高杯は、内外面にミガキを施し、内面黒色処理されている。坩や口縁部を除く甕にもミガキを施す。須恵器は蓋杯の蓋が出土しており、それを杯Hの最終段階と捉え7世紀中葉と考えている。杯は栗囲式の範疇で、40と類似した形態は栗遺跡12号住居跡に認められる。第1号住居跡からは高杯・甑・甕が出土した。

以上、土師器と須恵器を中心に、代表的な遺跡を取り上げて述べてきた。最後に、終末の弥生土器や続縄文土器などの北海道系土器についても若干触れておきたい。

図15-3～6は寒川Ⅱ遺跡の続縄文土器を中心とする資料で、3の深鉢・4の弥生系の壺は第2号土坑墓、5の小型鉢・6の深鉢は5号土坑墓から出土した。各々共伴しており、後者では細頸の壺を含んで7個体の後北C_2・D式期の土器が出土した。続縄文土器と弥生系土器・古式土師器を分析した木村高によれば、本遺跡出土資料を弥生系土器も含んで、塩釜式期の4世紀全般を想定している（木村1999）。

図15-20は宮崎遺跡から出土した北大Ⅰ式土器である。時期は前述したようにTK23～TK47型式段階が指向される。図16-31・33は田久保下遺跡の資料で、33は北大式の影響が強い。またこの時期以降、頸部から口縁部にかけて平

行な沈線や段をもつ甕が出現する。この種の土師器は北大式の影響があり、宮崎遺跡をはじめとする沿岸部に目立つ傾向がある。

　秋田県域古墳時代の土師器と須恵器、これに並行する北海道系土器について、特に注目される遺跡を中心に述べてきた。しかし、本文で触れていない資料も多々あり、掲載文献を頼りに補填していただきたい。

註
（1）　5世紀の須恵器は「……中村編年Ⅰ—1〜5段階にあたり、各段階が田辺編年のTK73・TK216・TK208・TK23・TK47型式にほぼ相当する。」とし、6世紀は「……中村編年Ⅰ—5・Ⅱ—1〜5段階にあたり、各段階が田辺編年のTK47・MT15・TK10古相・TK10新相・TK43・TK209にほぼ相当する。」としている（余語1996）。
（2）　高杯は約4分の1が残存するが、杯部と脚部は微妙な接合を示し、掲載されている図は全体に左右が窄まると考えられる。報告では推定口径は10.8cmとしているが、10cm程に縮まる可能性がある。また口縁部は残存せず、本来の口縁部は図よりも高く全体のイメージが異なる。

第2節　下藤根遺跡出土土師器の再検討
——東北地方北部における位置づけを中心に——

1　はじめに

　秋田県の古墳時代土師器に関わる調査は、集落と土坑墓についてわずかに知られるもののこの時代を象徴する墳墓は今のところ皆無で、該期土師器をめぐる歴史像の実態はきわめて朧ろにしか知られていないのが現状である。これは発掘調査の少ないことに多くは起因するが、汎日本的な視野からは、古墳時代の土師器や須恵器と後北式・北大式などの続縄文式土器が、分布の上で混在する地方色をもつ地域であることと無関係ではない。

　県内の古墳時代およびこれと並行する時代の具体的な調査例を示すと、集落では5世紀で埋没家屋と推定されている男鹿市小谷地遺跡（男鹿市教育委員会1982）や、同時期で須恵器高杯が出土している横手市オホン清水遺跡（横手市教育委員会1984）、5〜6世紀と考えられ北大式土器との関連で注目される西目町宮崎遺跡（西目町教育委員会1987）がある。また土坑墓では、6世紀で須恵器蓋杯のセットや北方系の鉄製刀子が出土した横手市田久保下遺跡（秋田県教育委員会1992b）があり、このほか明確な土師器は出土していないが、4〜5世紀と考えられる後北式土器が主体的に出土した能代市寒川Ⅱ遺跡（秋田県教育委員会1988）がある。このように、主体となる土師器を中心にして、4〜6世紀にわたる当該地域の古墳時代を模索することが可能になってきたのである。

　一方、奈良時代律令制への移行期として重要な意味をもつ7世紀については、平鹿町中藤根遺跡（秋田県教育委員会1974）がある。この遺跡は、本論で古墳時代として扱う下藤根遺跡（秋田県教育委員会1976a）と共に、秋田県の古代集落解明にとっての魁的な調査であり、研究史上でも重要な位置を占める。しかしながら、中藤根遺跡では古墳時代の資料そのものが少なく、下藤根遺跡

では奈良時代以降とする当時の研究段階を基にした年代の想定から、7世紀は長くまとまった資料の欠如している時期として認識されてきた。下藤根遺跡のこの年代は、東北地方北部の桜井清彦による土師器第一型式(以下桜井第一型式と表記)の設定以来(桜井1958)、古墳時代および奈良時代土師器の一部が、この型式に一括されてきた研究史と表裏一体をなすもので、氏家和典による国分寺下層式に立脚した当時としては当然の帰結である(氏家1967)。

しかし近年は、東北地方北部における発掘調査事例の増加に伴って、桜井第一型式の内容が吟味され、古墳時代から歴史時代にわたる土師器の段階設定が活発に論じられるようになってきている。そして同時に、桜井第一型式と東北地方南部の栗囲式や国分寺下層式との接触・融合に絡んだ問題を、研究俎上に改めて提起しているように思われる。本論ではこのような土師器研究の動向を受けて、下藤根遺跡第Ⅰ期の土器群について検討を試みるが、特にこれら土器群の年代の把握と東北地方北部における位置づけについて論じたいと思う。

2 下藤根第Ⅰ期の土器

(1) 下藤根遺跡と第Ⅰ期の土器

下藤根遺跡は、秋田県平鹿郡平鹿町中吉田に所在する。秋田県の南東部を占める横手盆地のほぼ中央に当たり、北東に位置する横手市街地からは約7kmの地点にある(図17)。発掘調査は当地区の圃場整備事業に伴う事前調査で、1975年7月に秋田県教育委員会が実施したものである。ここは古代の竪穴住居跡が8軒検出された集落遺跡で、翌年刊行された報告書によると、住居跡について出土遺物・規模・形状・内部施設などの検討から3つに分類している。そして、これを時間差として捉え第Ⅰ期から第Ⅲ期までの変遷として示し、奈良時代中頃から平安時代前半までの各時代に当たる、と結んでいる。

報告書での時期区分は、いくつもの要素を含んだ住居跡の総体を第Ⅰ期(奈良時代)から第Ⅲ期(平安時代)までの総合的な解釈として下されたものである。本論では土器に焦点を当てこれら第Ⅰ期の遺物に限定するが、調査者の土器分類上の意図を順守することから同じ分類用語で述べることにし、住居跡の

56　第 2 章　年代・編年論

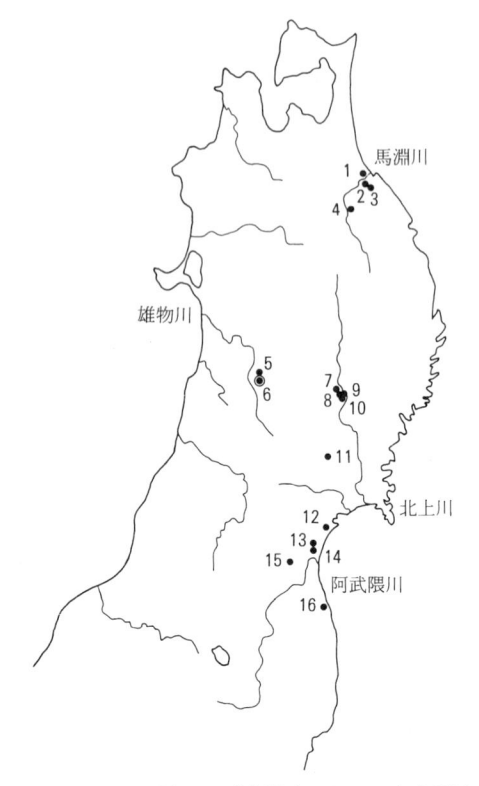

```
　　　　　　　　　　馬淵川
　　　　　　　1
　　　　　　　　2
　　　　　　4　　3

雄物川
　　　　　　　　　　　　1　見立山(2)遺跡
　　　　　　　　　　　　2　田面木平(1)遺跡
　　　　　　　　　　　　3　田面木平遺跡(1)
　　　　　5　　7 9　　　4　堀野遺跡
　　　　　　6　 8 10　　5　中藤根遺跡
　　　　　　　　　　　　6　下藤根遺跡
　　　　　　　11　　　　7　上餅田遺跡
　　　　　　　　　　　　8　膳性遺跡
　　　　　　12　　　　　9　今泉遺跡
　　　　　13　　北上川　10　権現堂遺跡
　　　　15　　14　　　　11　御駒堂遺跡
　　　　　　　阿武隈川　12　山王遺跡
　　　　　　16　　　　　13　栗遺跡
　　　　　　　　　　　　14　清水遺跡
　　　　　　　　　　　　15　塩沢北遺跡
　　　　　　　　　　　　16　三貫地遺跡
```

図 17　東北地方における本文関連主要遺跡の位置

構造などについては言及しない。ここで問題にする遺物には、住居跡の第 1・7・8 号が該当し、以下それら出土遺物の概略を説明しておきたい。

　第 1 号住居跡からは、土師器の杯・高杯・壺・甑・大小の甕と紡錘車が出土している。報告書では、このうち甕と高杯は共に 7 個体が図示され、住居跡に伴うものに一部覆土中のものが含まれている。第 7 号住居跡からは、土師器の杯・椀・高杯・壺・甕と杯とした須恵器が出土している。ここでは、図示できている 11 点中 1 点の甕を除くと、ほかはすべて住居跡に伴うものである。第 8 号住居跡からは、土師器の杯・高杯・甑・甕と紡錘車・砥石が出土している。ここでは、杯・高杯と甕の一部が共伴し、やはり覆土中のものも含まれている。

　以上のように、検出状況から見た第 I 期の遺物では、住居跡で共伴するもの

のほかにそうでないものも共に論じられているため、第Ⅰ期土器の下限年代に曖昧さを残す要因ともなっている。

（2）第Ⅰ期土器の検討

次に第1・7・8住居跡の前後関係を、住居跡に伴う土器から考察してみたい。ここでは供膳具を対象とするが、第1号住居跡の高杯（図20-1）[(2)]、第7号住居跡の杯（図19-2）・高杯（同-6）、第8号住居跡の杯（図18-3）、高杯（同-2）は比較資料として重要と思われるので、これらを基に共伴土器の多い第7号住居跡を中心に捉えて検討してみる。

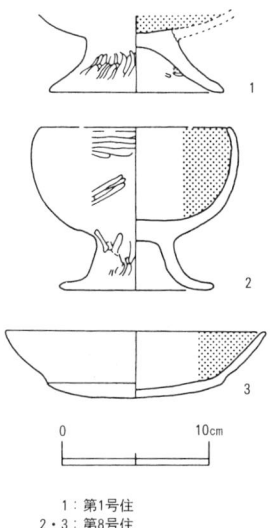

第7号住居跡の高杯6と第1号住居跡の高杯1は、脚部の形態は異なるものの内黒の杯部では、下方1/3に稜をもつもので、そこから外反もしくは直線的に外傾し口縁端部で内弯する特徴をもつ形態で類似している。そして、内外ヘラミガキの調整においても、内面底部が放射状になるなどの共通点がある。また、第1号住居跡出土高杯の脚部は（図18-1）、第7号住居跡の高杯脚部に形態が類似するほか調整も内外面ヘラミガキであり、さらに内面には裾部にヨコナデの痕跡を留めながら横方向のヘラミガキを施す類似性がある。このように、第1号住居跡と第7号住居跡に伴う遺物は、第7号住居跡の高杯に共通する2つの要素から同時期の範疇と考えることができるが、このことは報告書における評価と同じである。

一方、第7号住居跡と第8号住居跡の杯と高杯（図18-3・2）の比較ではどうであろうか。杯は形態・調整手法において共通しているが、第8号住居跡の方が小振りで稜や内面の屈折部が弱くなったり口縁部の内弯度が少なくなったりするなど、形骸化している特徴がある。また、第8号住居跡の高杯においては、杯部の稜がなく底部から口縁部にかけて弧状をなしたり脚の接地部が広く接する「ハ」の字形を呈するなど、著しい形態の相違がある。また、調整手法では[(3)]

図18　下藤根遺跡出土土器（1）
（報告書より転載）

1：第1号住
2・3：第8号住

図19　下藤根遺跡出土土器（2）（報告書より転載）

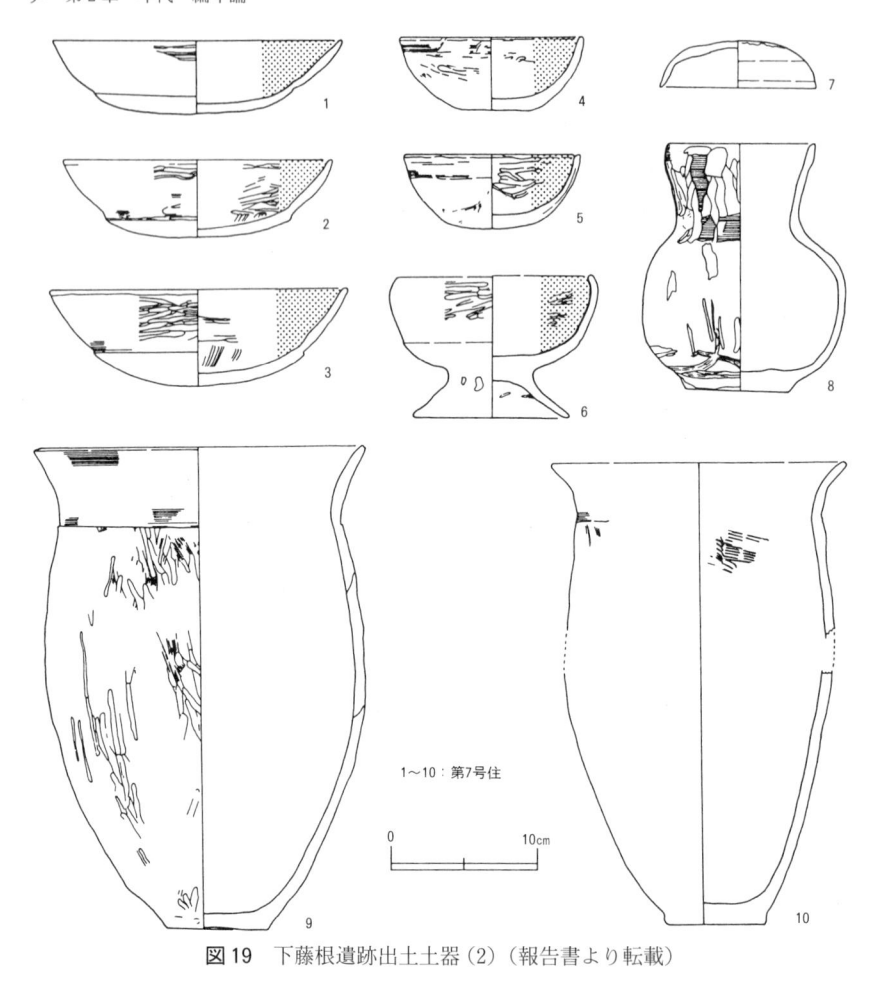

内黒で内外面ヘラミガキの共通点はあるものの、内面杯部上半から底面にかけては円を描くような長いヘラミガキを施し、第7号住居跡の放射状ヘラミガキとは異なっている。したがって、現段階では第8号住居跡の方が第7号住居跡よりも後出と判断される。

　このように、第1・7・8号住居跡出土土器の比較検討から、第8号を除く第1・7号住居跡の各共伴土器はほぼ同時期とする結論を得たが、このことはすで

第 2 節　下藤根遺跡出土土師器の再検討　59

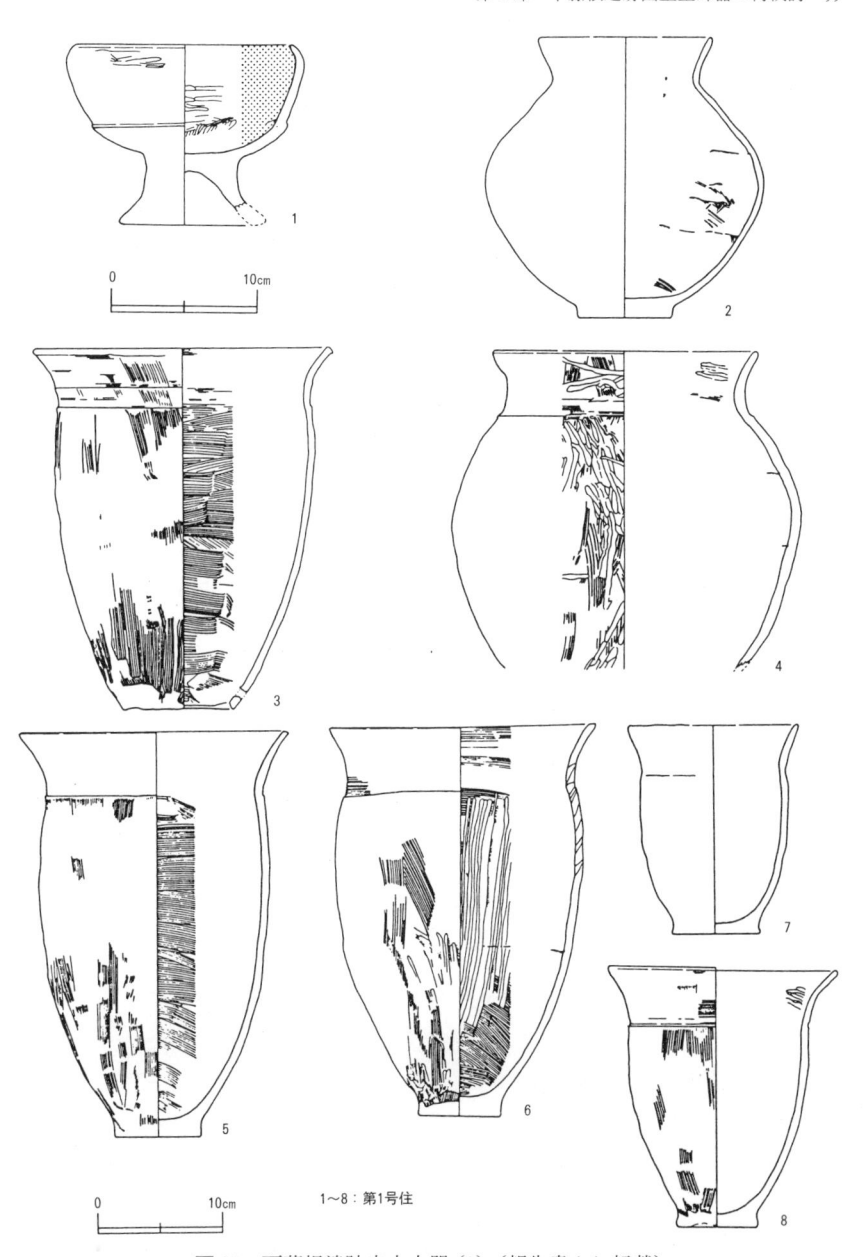

1〜8：第1号住

図20　下藤根遺跡出土土器（3）（報告書より転載）

に第Ⅰ期の土器群として同じ時期に括ってある報告書による判断と同じである。以上の結果を踏まえた上で、両住居跡の土器のうち器形の大略がわかり共伴土器と判断されたものを抽出したのが、図19・20の土器である。これらの土器は、各器種の構成と杯・甕の多様性に特色をもつきわめて良好なまとまりをなす一群と捉えることができる。したがって、これらの土器群を改めて下藤根Ⅰ期土器群と呼称することにしたい。

3　下藤根Ⅰ期土器群の年代

(1) 研究史

下藤根Ⅰ期土器群に関わる年代は、上限を奈良時代中頃とした報告文以降二・三の見解が示されているので、それらの検討から始めることにしたい。

1997年、小松正夫は「秋田県の土師器について」の中で秋田県の土師器杯をⅠ類からⅥ類まで分類し、秋田城跡の年代や須恵器杯との関連から土師器杯の大まかな変遷を詳細に論じている（小松1977）。そこでは、土師器高杯や甕についても特徴を述べ紹介しているが、これら杯・高杯・甕や須恵器杯の中に下藤根遺跡の土器も取り上げられている。

下藤根遺跡の土師器杯は、秋田城跡の築地築成段階のものと共に氏の土師器杯Ⅲ類に含まれる。この秋田城跡の資料は、後身と考えられた秋田城を考慮して出羽柵創建期の天平5年（733）を、大きく降らない時期とした。すなわち、下藤根遺跡の杯を含むⅢ類は、秋田城跡の杯Ⅲ類と同じ出土状況を示したⅣ類そして同城跡出土の須恵器杯も含んで、8世紀前葉から中葉にかけての時期と想定した。このⅢ類に含まれる秋田城跡と下藤根遺跡の杯は、形態的に類似する型式分類で同類となっている。

次に下藤根遺跡の須恵器については、秋田城跡から類似する土器が出土しているとした上で、秋田県内でも比較的古い様相を示すものとして位置づけている。しかし、秋田県増田町狙半内出土のかえりをもつ蓋と有台杯のセット資料との比較では、下藤根遺跡のものを後出と評価しており、このことは土師器杯Ⅲ類と共伴するという記述からしても、下藤根遺跡の須恵器は奈良時代の域を

第2節　下藤根遺跡出土土師器の再検討　61

出るものではなかった。

　1983年、遠藤勝博・相原康二は「岩手県南部（北上川中流域）における所謂第一型式の土師器・前期土師器の内容について」の中で、岩手県南部の土師器を第1群土器から第7─a・b群土器まで区分して、その編年的位置づけを明らかにした（遠藤・相原1983）。この中で、下藤根遺跡の土器についても第1・7・8号住居跡出土土器群として述べ、両氏の第7─a群土器に並行するものと見なした。両氏はこの論文で、東北地方南部を中心とする氏家編年（氏家1957）・東北地方北部を中心とする桜井編年・岩手県地方を中心とする草間俊一による編年（草間1958）と3者の並行関係を論じ、年代については特に第6群土器を栗囲式に当て、それを伊藤玄三の末期古墳に関する年代観（伊藤1968）より8世紀前葉から中葉前後までと推定した。そして後続する第7─a群土器は、第7─b群土器を国分寺下層式に並行させた8世紀後半の年代観と第6群土器の年代から8世紀中頃を想定した。下藤根遺跡の土器群に与えられたこの年代は、小松の年代観よりやや後出であるもののほぼ近い時期となっている。

　1985年、船木義勝は『払田柵跡Ⅰ』の「第Ⅵ章　考察」の中で横手盆地の古代土器について触れている（船木1985）。ここでは、下藤根遺跡の報告に追随する形で同遺跡第Ⅰ期から第Ⅲ期の土器について述べ、第Ⅰ期を8世紀中葉、第Ⅱ期を9世紀前葉、第Ⅲ期を9世紀代に収まる範囲として位置づけている。氏は第Ⅰ期の明確な基準を示していないが、特に横手盆地の須恵器窯跡を操業段階ごとに区分しており、須恵器の年代を考慮に入れて第Ⅰ期を8世紀中葉に限定したものと思われる。

　1992年、筆者は『古墳時代の竈を考える』の中で下藤根遺跡の資料を紹介し、報告書で第Ⅰ期として扱った第1・7・8号住居跡出土のまとまりある遺物に対して、7世紀後半の時期を与えたことがある（利部1992a）。ここでは年代の理由を述べていないが、下藤根遺跡第Ⅰ期における甑の形態が、東北地方南部の栗囲式や関東地方の鬼高式のものと類似する点や、同Ⅰ期の須恵器を古墳時代の所産とする考えに拠ったもので、漠然とした年代観をもっていた。

以上のように、下藤根Ⅰ期土器群の年代は、1975年の調査時以来80年代を通じて長く奈良時代が指向されてきたのに対して、90年代では古墳時代に目が向けられるようになってきたのである。

（2）年代考定

　東北地方において古代の土師器の年代を推定するには、城柵官衙遺跡に関わる歴史事象や木簡などの紀年銘資料を手がかりにする方法がある。しかし、これらの欠落している地域や時代においては、土師器や須恵器の変遷に基づく相対編年に頼らざるをえない。古墳時代の東北地方北部では前者の例は認められず、かつ須恵器の出土も僅少であるため、どうしても土師器編年に重点が置かれる結果となっている。しかし、本論で問題にしたい7世紀代土師器については、1980年代に様々な形で提示された編年(4)はあるものの、各研究者間の年代にかなりの齟齬を生じているのが現状である。したがって、ここでは下藤根Ⅰ期土器群と同時期で、広い範囲にわたり共通した特徴をもつ須恵器に焦点を当て、同Ⅰ期土器群の年代を推定することにしたい。

　報告書によれば、下藤根遺跡の須恵器は、口径10.6cm・器高3.1cmで半分程を欠損した無蓋の杯と見なされ、丸底で体部もかなり丸みをもち、切り離し部分との境には粘土が残るとある。しかしながらこの須恵器は、底部が丸みをもち口縁部が短く直立気味になる器形や、口径が10cmに近い数値で小振りになっている特徴からすれば、杯よりもむしろ古墳時代に特有な有蓋杯の蓋の形態と捉える方が自然である。しかも、成形後のロクロ切り離しの後に、再調整(5)のヘラケズリを施さない特徴は、その中でも最終段階に位置づけられよう。

　この有蓋杯の形態は、西弘海が「御堂ケ池群集墳出土土器の編年」の中で有蓋杯の変遷を第Ⅰ期から第Ⅳ期としたもののうち、第Ⅳ期に該当するものである（西1986）。氏の第Ⅳ期の特徴は、杯身における口縁部立ち上がりの矮小化と蓋も含んだ小型化であり、ヘラケズリされずにヘラ切りで仕上げられている点であった。さらに氏は「陶邑古窯址群においては、蓋杯の終末（TK—217型式の時期）に至るまで、回転ヘラ切りで仕上げられたものは見られない。」として、第Ⅳ期を古墳時代に特有な有蓋杯の終末期として捉え、630〜40年頃の年

代を推定した。以上の諸要素が、下藤根遺跡の須恵器を有蓋杯の最終段階に位置づける理由である。

　また西は、有蓋杯を飛鳥・藤原京地域における食器類の変遷で杯Hとして示し、その終末を飛鳥5期編年の第Ⅱ期として位置づけた（奈良国立文化財研究所1978a）。そして、その年代は一般に7世紀第2四半期に考えられており、吹田34号窯を検討した藤原学の畿内における年代もそれを支持している（藤原1991）。また、陶邑窯跡の編年に対比すればⅡ型式6段階となり、この年代は中村浩によりほぼ7世紀中にかかる時期に考えられている（中村1985）。一方、地方窯における代表的な窯跡には湖西古窯跡群があり、後藤建一は窯跡出土資料を基にして第Ⅰ期から第Ⅵ期までの時期区分を行い、さらに各時期を細かく型式設定している（後藤1989）。ここでは、飛鳥第Ⅱ期を湖西第Ⅲ期第1小期に並行させているが、この年代については、前期難波宮の造営開始を推定した上限年代（白石1982）と、飛鳥水落遺跡の石組堆積層出土土器と水落遺構の存続期間による下限年代（奈良国立文化財研究所1982）から645〜660年頃を想定している。そしてこの年代は、古墳の終末の視点から検討を加えた白石太一郎の年代観と、ほぼ一致するものとなっている（白石1982）。

　以上のように、有蓋杯の最終段階の年代は畿内と地方とで若干の齟齬を生じているのが現状である。しかし、この段階の須恵器に「駅」制の存在を示すと思われる木簡が共伴したとする事例や、飛鳥水落遺跡の資料からすれば、下藤根遺跡の須恵器年代を後藤編年の第Ⅲ期第1小期に対比させるのが最も妥当と考えられる。したがって、一部においてこの須恵器と共伴している下藤根Ⅰ期土器群の年代は、7世紀の中葉に想定できるであろう。

4　杯の分類と系譜

（1）杯の分類

　前項では、須恵器の年代を基に下藤根Ⅰ期土器群の時期を想定してきた。以下では、この時期を拠り所にして下藤根Ⅰ期土器群の系譜について見ていくが、ここでは型式変化の最も把握し易い杯に限定し、その前提となる分類を行

うことから始める。下藤根Ⅰ期土器群には共伴する3個体の杯が含まれているが、分類に先立って個々の観察を通じた特徴を、報告書を参考にしてまとめておきたい。

　図19-1（①）　法量は口径19.5cm・器高4.8cmである。内面は黒色処理され、調整は内外面でヘラミガキを施す。ヘラミガキは口縁部の内外面で横方向、内面底部では放射状である。形態は丸底でやや浅く、器高の下方1/3内面に稜をもつ。口縁部は、そこから内弯して口唇部に至る。

　同-2（②）　法量は口径18.2cm・器高5.0cmである。内面は黒色処理され、調整は内外面でヘラミガキを施す。ヘラミガキは口縁部の内外面で横方向、内面底部では放射状である。形態は丸底で浅く、器高1/4外面に稜をもつ。口縁部はそこから外反した後、内弯して口唇部に至る。

　同-3（③）　法量は口径20.2cm・器高6.2cmである。内面は黒色処理され、調整は内外面でヘラミガキを施す。ヘラミガキは口縁部の内外面で横方向、内面底部では放射状である。形態は丸底で深く、器高の1/2以下の外面に稜をもつ。口縁部は、そこから内弯気みに口唇部に至る。ただし口縁部内面の輪郭は、下半が内側に膨らんで上半で内弯している。

　このように、①〜③の杯は内面が黒色処理された大振りの器で、内外面に同じようなヘラミガキの調整をもつ共通した特徴がある。したがって、①〜③を形態の違いからそれぞれ下藤根坏a〜c類に分類するが、個々には上述の特徴も兼ね備えているものとする。

（2）東北地方7世紀前半の土師器

　本項では、下藤根杯a〜c類の系譜を探る上で避けられない東北地方、特に北部における7世紀前半の供膳具について考察してみたい。東北地方北部でもことにその南域を占める盛岡市以南は、東北南部の栗囲式を中心とする分布域と接するためその影響が強く認められるようであり、これらの地域に注目して土器の検討を行う。

　栗囲式は氏家による型式設定以来、7世紀前半中心の清水Ⅳ群土器、7世紀中〜後葉中心の同Ⅴ群土器、栗遺跡の7世紀初頭以降としたⅠ〜Ⅲb期土器群な

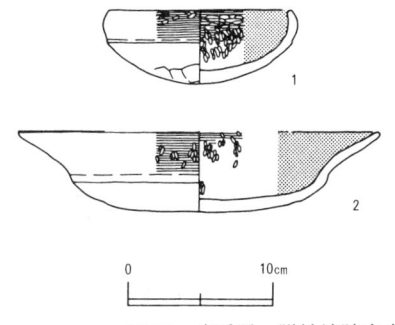

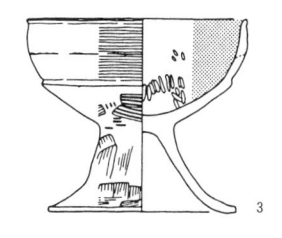

第2節 下藤根遺跡出土土師器の再検討 65

図21 岩手県・膳性遺跡出土土器（報告書より転載）

どと、郡山遺跡や御駒堂遺跡の資料を通じて、およそ7世紀から8世紀初頭に考えられている（杉本1991）。しかし、先行する住社式に関わる上限や御駒堂1群土器の型式学的な位置づけに伴う下限などの問題（加藤1989）、東北地方北部の資料を栗囲式の範疇に含める見解（伊藤博幸1989）など、型式内容に不確定な要素を含んでいる。そして、これらのことを考慮した形で栗遺跡19号住居跡→同12号住居跡→清水遺跡42号住居跡→塩沢北遺跡1号住居跡と出土土器の変遷を示した古川一明・白鳥良一の見解（古川・白鳥1991）があり、最も古い段階の栗囲式として栗遺跡19号住居跡土器群を提示してある（図22-17）（仙台市教育委員会1982）。

　以上の現状を踏まえて、年代を推定するのに良好な資料と考えられる膳性遺跡E―7住居址の資料を基に進めていきたい（岩手県埋蔵文化財センター1982）。

　膳性遺跡E―7住居址の杯（図21-1・2）と高杯（同-3）は共伴遺物である。1は丸底から口唇部にかけて連続的に内弯するもので、口縁部と底部の境にはわずかに稜が付く。この杯は東北地方においては希な器形であり、関東地方鬼高期における関東系の土器と考えられる。これと形態の類似している例は、埼玉県東松山市舞台遺跡の5号住居址から出土しており（図23-4）、そこでは比企型杯や関東産の須恵器を共伴している（埼玉県教育委員会1974）。この比企型杯は（同-1～3）、水口由紀子による変遷ではⅢ段階第2小期に当たるが、そこでは共伴する須恵器から3つの小期に分けたⅢ段階を、6世紀末～7世紀初

66　第2章　年代・編年論

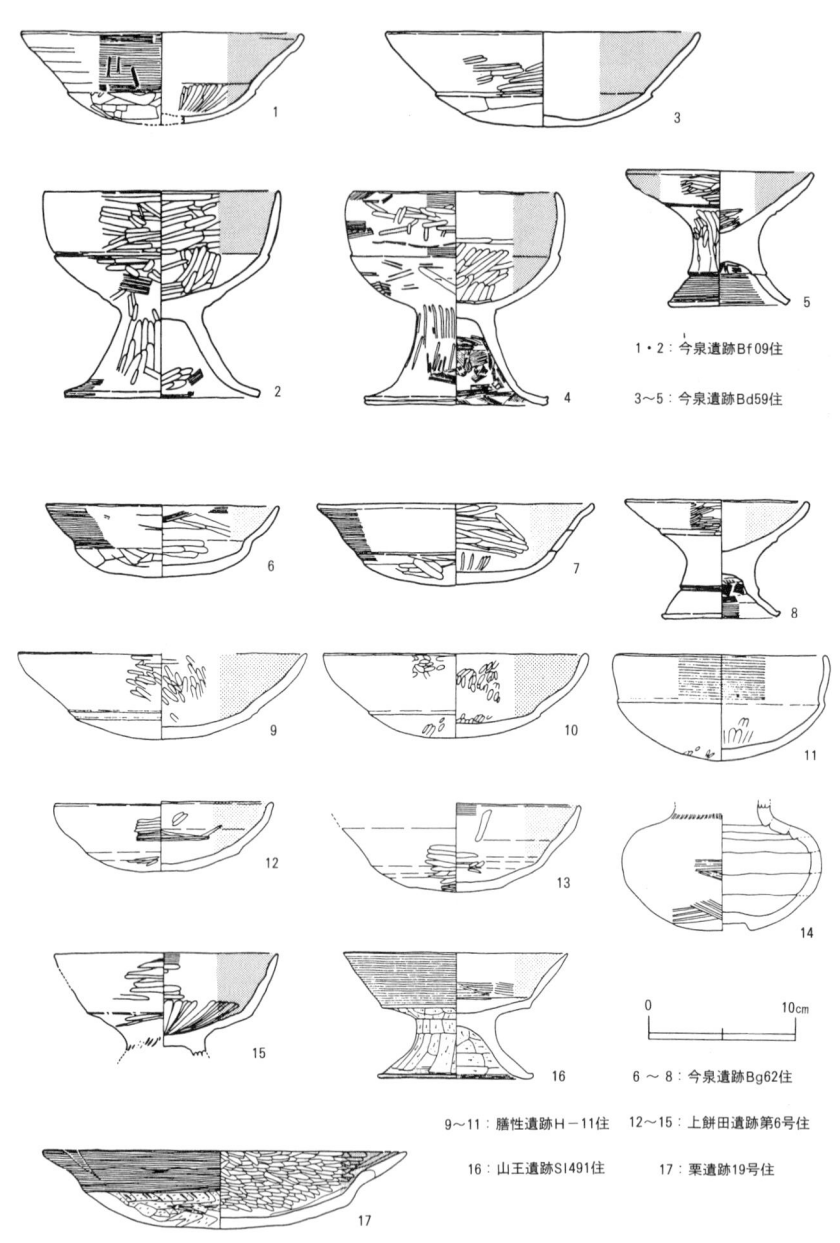

1・2：今泉遺跡Bf09住
3～5：今泉遺跡Bd59住

6～8：今泉遺跡Bg62住
9～11：膳性遺跡H-11住　12～15：上餅田遺跡第6号住
16：山王遺跡SI491住　17：栗遺跡19号住

図22　岩手・宮城県における7世紀前半の土器（各報告書より転載）

頭に推定している（水口 1989）。したがって、膳性遺跡の 1 には 7 世紀初頭頃の時期を考えておきたい。

同じく高杯（図 21-3）についてはどうであろうか。この高杯の形態は、後述する今泉遺跡の Bf09・Bd59 住居址のもの（図 22-2・4）と全体的に類似している。Bd59 住居址では、まったく異なった形態をもつ在地性の強い高杯（同-5）が共伴しており、このことからすれば、3 は東北地方北部以外の土師器の系譜をもつか須恵器などの影響を受けた器形の可能性がある。この観点から比較したい資料に、やはり埼玉県東松山市冑塚古墳出土の須恵器高杯（図 23-21）がある（東松山市教育委員会 1964、東松山市 1981）。この比較では、脚部に透しのないことや杯部の深さに対する脚部の高さが足りない相違点はあるものの、杯部全体の形態が類似しているほか・杯部中央に稜をもつ点・口唇部が短く外傾する点・脚端部が「コ」の字状を呈する点・脚裾部の径が口径に対して一回り短い点などが酷似している。したがって、高杯の 3 は須恵器の影響を強く受けていると判断され、冑塚古墳出土高杯の年代に近いと考えられる。そして、冑塚古墳出土の須恵器には 7 世紀初頭の年代が想定されており（酒井 1989）、膳性遺跡の高杯にも 7 世紀初頭頃の時期を考えておきたい。

一方、杯の 2 についてはどうであろう。この杯は丸底の外反する形態で、全体的には浅く口径の大きい特徴をもっている。器形は直接年代を推定する資料に欠けるが、先に古川・白鳥が栗囲式の最も古い段階として取り上げた栗遺跡 19 号住居跡出土のもの（図 22-17）と類似しており、栗囲式といってもよい杯である。この杯は、前述してきた杯・高杯と共伴することから、時期を 7 世紀初頭頃に考えることができる。このことは同時に、栗遺跡 19 号住居跡出土の栗囲式初期段階を 7 世紀初頭頃に位置づけることでもある。

次に、膳性遺跡 E—7 住居跡から導かれた年代を基にして、今泉遺跡から出土した土器の年代を考えてみたい。

Bf09 と Bd59 竪穴住居跡からは、図 22 の 1・2 と 3〜5 がそれぞれ共伴して出土している（岩手県教育委員会 1981b）。2 と 4 の高杯は、膳性遺跡 E—7 住居跡出土高杯との比較で述べたように全体的に類似した形態を示すが、異なる点

68　第2章　年代・編年論

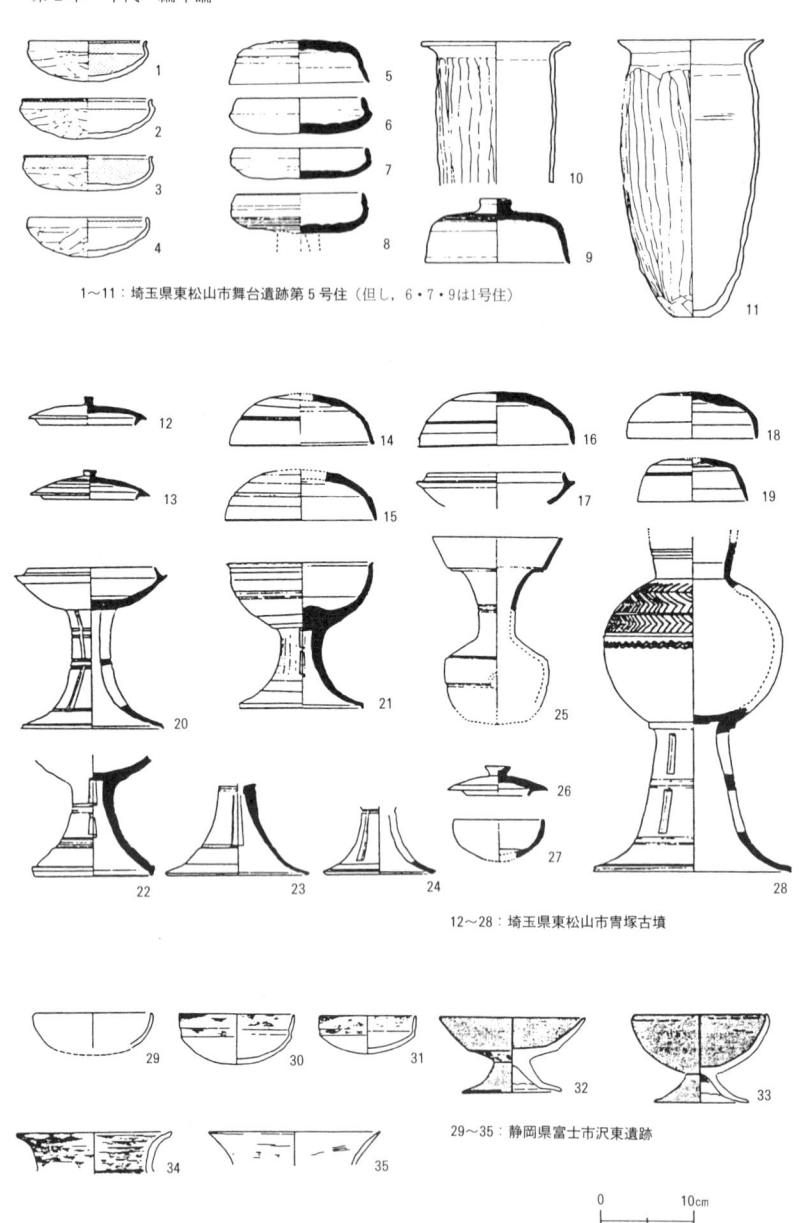

1〜11：埼玉県東松山市舞台遺跡第5号住（但し，6・7・9は1号住）

12〜28：埼玉県東松山市冑塚古墳

29〜35：静岡県富士市沢東遺跡

0　　10cm

図23　東北地方以外の年代推定資料（各報告書より転載）

第2節　下藤根遺跡出土土師器の再検討　69

は口縁部の特に口唇部に近い部分の形状である。膳性遺跡の高杯が短く外傾するのに対して、2は直線的であり4は短く内弯している違いがある。このような点から、2・4は膳性遺跡のものよりも後出と考えられるが、それ程かけ離れてた時期とは思われず、7世紀前葉に収まるものと考えられる。

　またBf09・Bd59の両竪穴住居跡では、丸底で器高の1/2以下に稜をもち、そこから一旦外反して口唇部付近で短く内弯する特徴のある杯が出土している（図22-1・3）。そしてBd59からは、杯部が漏斗状で脚部では裾部と柱部が高い位置で画され、脚上部が極端に厚い特徴をもつ在地性の強い高杯が出土している。これらの土器は、時期を想定した2・4の高杯と共伴することから同じ時期と考えられる。

　Bg62竪穴住居跡の高杯（図22-8）は、Bd59の5と類似している。これらを比較すると、Bg62の高杯は、底がやや浅くなり脚上部がやや厚みを減じることから、7世紀前葉の新しい段階から7世紀の第2四半期に収まる時期と推定される。これより、共伴している杯（同-6・7）も同様の時期が考えられる。

　次に、年代の推定できる資料として膳性遺跡のH—11住居址出土土器（図22-9〜11）（岩手県埋蔵文化財センター1982）と上餅田遺跡の第6号住居跡出土土器（同-12〜15）（岩手県教育委員会1981a）を取り上げる。

　膳性遺跡の杯11は、丸底で器高の約1/2に稜をもち、口縁部はそこから直立するが上位で内弯する形態である。これは東北地方では希な器形で、鬼高期関東系の杯と考えられるものである。これと形態の類似しているものは、静岡県富士市沢東遺跡にあり（図23-30）、山本恵一は「土採り工事中に発見された石組炉から一括して出土したものであり、一括資料として捉えることができるものである。」とした上で、和泉式並行期の要素から6世紀前半に比定している（山本1989）。しかし、沢東遺跡の30は、なたぎり遺跡出土土器を層位と型式から検討した長谷川厚の見解に当てはめると（長谷川1987）、須恵器杯蓋の形態を模倣した器形の杯A1系列のうちd段階に位置づけられるものである。その年代は、同じ段階の比企型杯の水口編年や有段口縁杯における田中広明の年代観から、6世紀末〜7世紀初頭の時期が考えられる（田中1991）。したがって、11

の杯は600年前後の可能性があるものの、ここでは今泉遺跡の杯と類似しているほかの杯の存在も考慮に入れて、11を含むこれらの杯を7世紀前葉に想定しておきたい。

上餅田遺跡の高杯15は、脚部が欠損しているものの「ハ」の字状の形態と思われる。この杯部は底部と口縁部の境が角張り、口縁部はそこから直線的に外傾する特徴をもつ。これと比較的類似するものに、山王遺跡SI491竪穴住居跡床出土の高杯（図22-16）を挙げることができる（宮城県教育委員会1991）。この高杯は、胴部下半に最大径をもつ下膨れの長胴甕と共伴し、栗囲式期の古い段階と考えられる。ここでは、覆土から出土した高杯・蓋・甑など時間的なまとまりを示すと思われる須恵器がおよそ7世紀前半頃に考えられていることから、住居跡出土の栗囲式期土師器の年代とも整合している。また上餅田遺跡の15は、長い頸をもつ壺（図22-14）と共伴している。この壺の底面に凹部をもつ点は、6世紀以前の古い特徴であることはすでに先学の指摘があり、これが継承されている可能性がある。これらのことから、12～15の共伴する土器は7世紀前葉の時期が考えられる。

以上のように、いくつかの例から7世紀前半と思われる土師器について、その年代を想定する作業を行ってきた。このことは、下藤根Ⅰ期土器群の系譜を考察する上での基礎作業であり、前提となるものである。

（3）下藤根遺跡杯a～c類の系譜

以下では下藤根遺跡杯a～c類について論じるが、特に形態の漸移的な変化に注目して、これらの器形を有する杯が成立する状況を系統的に整理したいと考えている。ところが、漸移的な変化を捉えるには固定した要素（A）と変化する要素（B）の二局面が必要であり、この変化する要素がはたして系統を同じくする個体間の変化として適性であるの

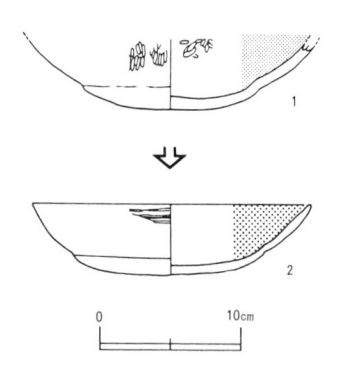

1：膳性遺跡H-11住
2：下藤根遺跡第7号住

図24　下藤根杯a類の系譜
　　　（各報告書より転載）

第2節　下藤根遺跡出土土師器の再検討　71

か、という問題がある。しかし、このことの証明は至難の業でその点恣意的にならざるをえず、わずかに土器の時間差をもって補填する演繹的妥当性に依拠した展開を図りたいと考えている。また、形態変化を特に重要視しているのは、土器製作技法上の成形と調整の過程で、意図する形はこの成形段階で概ね決定されるという思考に基づくものである（本書第4章第2節）。つまり、形態変化による系統性は、製作技法と直結している形態から派生した変化形態の連続、と考えたいのである。

以上を基本において、7世紀中葉と推定した下藤根遺跡杯a～c類と、前項で推定した各遺跡出土の杯を用いてa～c類の系統性を論じる。

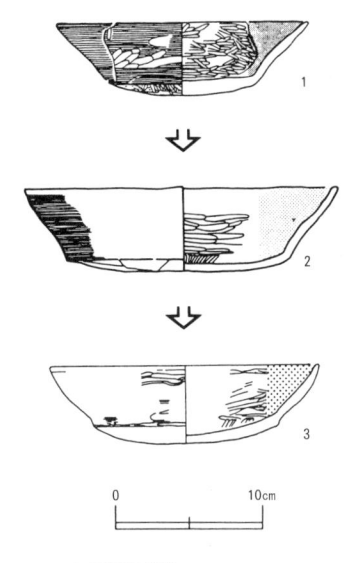

1：栗遺跡19号住
2：今泉遺跡Bg62住
3：下藤根遺跡第7号住

図25　下藤根杯b類の系譜
　　　（各報告書より転載）

1：栗遺跡19号住
2：膳性遺跡H-11住
3：下藤根遺跡第7号住
4～6：中藤根遺跡

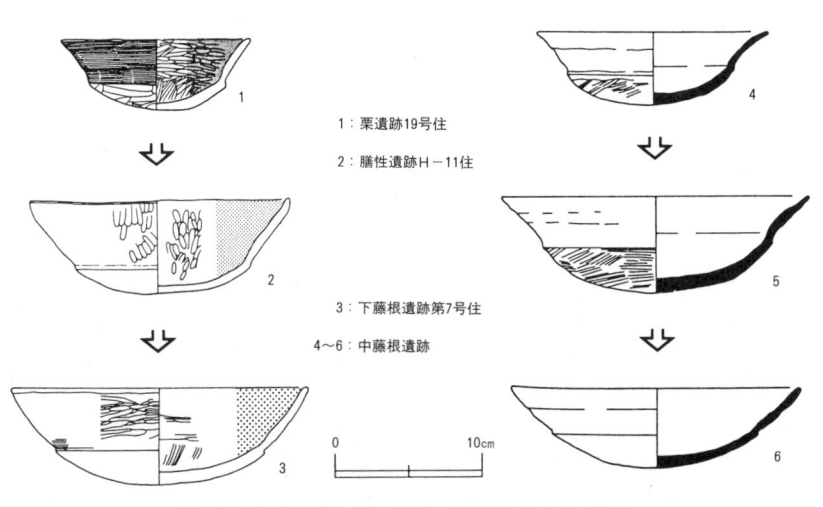

図26　下藤根杯c類の系譜（各報告書より転載）

a類の系列では、7世紀前葉と推定した膳性遺跡H—11出土土器（図22-11）と共伴する杯（図24-1…ア）→下藤根遺跡杯a類（同-2…イ）の変遷が考えられる。固定した要素としたAでは、器高1/2以下の内面に稜をもちそれに対応する外面に凹部をもつ点や、丸底でやや浅めの底部である点が共通している。また変化する要素としたBにおいては、口縁部の形態に注目すると、アでは稜から口縁部まで強い曲線で内弯する形態（①）、イでは稜から口唇部まで弱い曲線で内弯する形態（②）、と観察することができる。したがって、土器の変遷から①→②の変化が辿れる。

　b類の系列では、栗遺跡19号住居跡の杯（図25-1…ア）→7世紀前葉から第2四半期と推定した今泉遺跡Bg62竪穴住居跡の土器（図22-6～8）と共伴する杯（図25-2…イ）→下藤根遺跡杯b類（同-3…ウ）の変遷が考えられる。Aでは、外面に鈍角的な稜をもつ点や、平底風の丸底で低い底部である点が共通している。Bにおいては、同じく口縁部の形態変化に着目すると、アでは稜から口唇部まで連続的に外反する形態（①）、イでは稜から外反しそこから口唇部まで内弯する形態（②）、ウでは稜から小さく外反しそこから口唇部まで内弯する形態（③）、と観察することができる。したがって、土器の変遷から①→③の変化が辿れる。

　c類の系列では、栗遺跡19号住居跡の杯（図26-1…ア）→7世紀前葉に推定した膳性遺跡H—11住居址の土器と共伴する杯（同-2…イ）→下藤根遺跡杯c類（同-3…ウ）の変遷が考えられる。Aでは、外面に直角もしくは鋭角的な稜をもつ点や、丸底でやや深めの底部である点が共通している。Bにおいては、やはり口縁部の形態変化に着目すると、アでは稜から口縁部まで連続的に外反する形態（①）、イでは稜から大きく外反しそこから口唇部付近で小さく内弯する形態（②）、ウでは稜から短く直線的に移行しそこから内弯する形態（③）、と観察することができる。したがって、ここでも土器の変遷から①→③の変遷が辿れる。ちなみに、本類系列の同一遺跡における例として、下藤根遺跡と近い距離にあった中藤根遺跡が挙げられ、遺構外出土の杯（図26-4）→同杯（同-5）→1号住居跡の杯（同-6）の変化を辿ることができよう。

このように、a～c類の系列における各共通点と口縁部形態の漸移的な変化は、同時にこれらの系統性を保証するものであり、各々ア→ウの系譜として捉えることができよう。

（4）下藤根遺跡杯a類について

前項では下藤根遺跡杯a～c類の系譜について述べてみたが、a類とb・c類の比較における象徴的なこととして、b・c類の杯が外面に稜をもつのに対してa類では内面にそれをもつという大きな相違点があった。この内面にある稜は、a類の特徴である内弯する底部と内弯する口縁部によって形成されるものであり、逆の言い方をすれば、この稜が底部と口縁部で作る杯の器形を規制していることでもある。この種の、丸底の底部で内面に稜をもちそこから大きく内弯する口縁部をもつ器形の杯は、下藤根遺跡をはじめ桜井第一型式で用いられた水沢市権現堂遺跡（桜井・小岩1956）、二戸市堀野遺跡（福岡町教育委員会1965）、八戸市田面木平（1）遺跡（八戸市教育委員会1987）など主に東北地方北部に特徴的に認められるものである。したがって、本論ではこれらの杯を、器形の特徴に

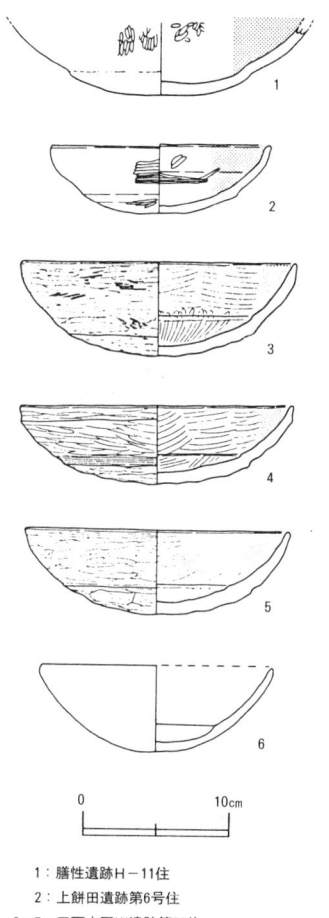

1：膳性遺跡H－11住
2：上餅田遺跡第6号住
3～5：田面木平(1)遺跡第57住
6：堀野遺跡第7号住

図27　東北北部型杯の分類
（各報告書より転載）

内面黒色処理で全面ヘラミガキの技法上の特徴も加えた上で、東北地方北部に特有の杯と見なし「東北北部型杯」と仮称して扱っていきたい。下藤根遺跡杯a類に代表されるこの名称は、汎日本的に見てもこの特徴に該当する在地の杯は見つけ難く、一地方を特色づける上で妥当性を有するものと考えている。以下では、東北北部型杯の類例とその系譜について述べてみたい。

ここでは、下藤根遺跡杯a～c類に関わる系譜やこれらの共存関係をさらに掘り下げて解釈するために、東北北部型杯の類例を提示しその具体相について若干まとめておくが、特に、7世紀前半代と考えられる同杯の大まかな分類と、その中の一系譜について述べてみたい。

　分類する坏の資料としては、膳性遺跡（図27-1）、上餅田遺跡（同-2）、田面木平（1）遺跡（同-3～5）、堀野遺跡（同-6）のものを掲載してある。このうち、田面木平（1）遺跡の杯（同-3）は内面稜の付き方に違いはあるものの、7世紀前葉に推定した上餅田遺跡の杯（同-2）と形態が類似する。したがって、3と共伴する杯（同-4・5）も同時期と考えることができる。また、田面木平（1）遺跡の杯と共伴した長胴や球胴で形態の類似している甕が、堀野遺跡第7号住居址から同-6の杯と共伴して出土している。したがって、堀野遺跡の杯は7世紀前半に考えることができよう。また、ほかの杯の年代については、すでに指摘しているところである。分類は、稜のあり方から次のように行った。

　a類　内面の稜と外面の凹部が、器壁に対してほぼ直角に位置している（図27-1）。
　b類　内外面の稜が、ほぼ水平方向に位置している（同-2）。
　c類　内外面の稜が、ほぼ垂直方向に位置している（同-3）。
　d類　内外面の稜が、器壁に対してほぼ直角に位置している（同-4）。
　e類　内面の稜と外面の凹部が、ほぼ水平方向に位置している（同-5）。
　f類　内面の稜のみで、外面には稜や凹部を伴わない（同-6）。

　これらa～f類の分布域は、現在のところ、b～f類では東北地方北部でも馬淵川流域を中心とした盛岡市以北に多く、a類では福島県三貫地遺跡（新地町教育委員会1978）で形態の類似した例が認められるものの、北上川や雄物川流域の盛岡市以南に中心をもつようである。

　次に東北北部型杯のうち、e類の系譜について考えてみる。東北地方北部の土師器については、宇部則保が青森県の馬淵川下流域の資料を詳細にまとめているが、その中の杯については、阿部義平などの見解を是認した形で（阿部1968）「体部外面に通常みられる段、稜も当初強く残るものから、次第に形式的

第2節　下藤根遺跡出土土師器の再検討　75

となり、それが沈線に置き変わったり、さらにはそれらが消失していく～」と述べている（宇部1989）。以下でも、大筋はこの型式観を基礎に述べているが、e類の系譜を辿る上で東北北部型杯の定義から外れるものも含まれていることを断っておきたい。

　ここで扱う資料は、堀野遺跡（図28-2）(10)（宇部1989）、田面木平（1）遺跡（同-3）（八戸市教育委員会1988b）、田面木平遺跡（同-4）（八戸市教育委員会1990）、見立山（2）遺跡のものであるが、これらの年代を推定することから始める。東北北部型杯の諸要素が最も誇張されている類としては堀野遺跡の2がある。そしてこれと形態の類似するものに、富山県小杉流通業務団地内遺跡群No.7遺跡の29号住居跡から出土した須恵器蓋を挙げることができる（図28-1）（富山県教育委員会1982a）。これらは、内面の稜や盛上がり・外面の凹部・口縁部など形態が酷似しているが、さらにこの須恵器には7世紀第1四半期の年代が与えられている(11)。したがって、これらの形態をもつ土師器と須恵器には、何らかの影響があったと推測されることから、堀野遺跡の2には7世紀第1四半期の年代を考えておきたい。

　田面木平（1）遺跡の3については、すでに7世紀前葉に推定しているが、田面木平遺跡の第39号竪穴住居跡出土の4については、直接的に年代を推定することができない。このことから、見立山（2）遺跡の5について先に述べ、それを基に検討することにしたい。

　この遺跡の第4号竪穴住居跡から出土した5

1：小杉流通業務団地内遺跡群
　　No.7遺跡第29号住
2：堀野遺跡
3：田面木平(1)遺跡第57住
4：田面木平遺跡(1)第39号住
5：見立山(2)遺跡第4号住

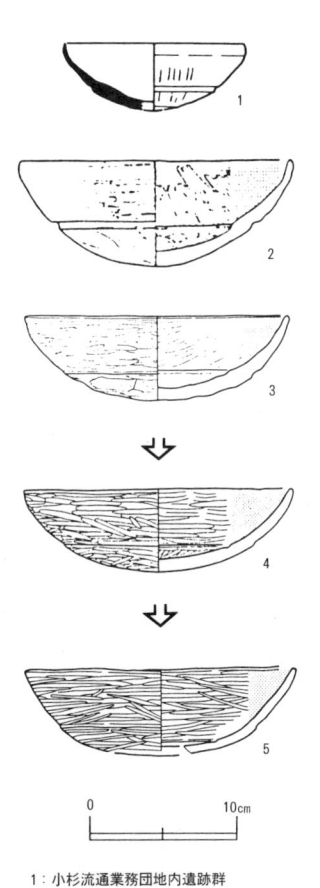

図28　東北北部型杯の一系譜
　　　（各報告書より転載）

は、いくつかの床面やカマドから出土している土器と共に、床面から出土した良好な杯である。しかもこの土器の直下からは、破片資料であるが須恵器蓋が出土している。報告書によるこの須恵器の特徴は「内面にカエリを有する。カエリの端部は欠損しているが、口端部より若干下方が突き出るようである。推定口径14.5cmで、口縁部は外反ぎみにやや開く。」とある。この住居跡の年代は、須恵器より7世紀後葉と考えられるが、調査者はこれを7世紀代とした上で土師器の年代観から8世紀中葉頃とし、この年代の開きを問題点として挙げている。ここでは、むしろ須恵器の年代観から、見立山（2）遺跡の共伴する土師器を7世紀後葉と考え、5の杯にも同じ年代を与える立場を採っておきたい。

　田面木平遺跡の4については、見立山（2）遺跡の5と比較すると、5が平底化する傾向を示すのに対して丸底の形態を保ち、口縁部においても弯曲度がやや強い。また田面木平（1）遺跡の3との比較では、3の内面の強い稜が4では沈線化したような弱い稜になる。したがって4は、型式的には3と5の間に位置づけられ、両者の年代観から7世紀中葉と考えられる。[12]

　以上より、これらの杯は2・3→4→5の変遷が考えられるが、これらは内面の稜が沈線化する推移と共に、これらと対峙する外面の凹部の位置が、並列から高低差のあるものに時間差をもって推移する変化と読みとることができる。このような特徴の変化は、東北北部型杯e類の系譜を示すものと考えることができよう。また、内面における稜や沈線の観察は、前述した宇部の外面における観察の推移と概ね適合したものとなっている。

　このように、東北北部型杯の系譜の一端を述べてみたのであるが、これらの杯が、7世紀前半を中心に展開し後半ではその特徴を保ちながら変質する様子[13]を知ることができるし、また逆に、それ自体が7世紀前半代における東北北部型杯の独自性を裏づけている、と見ることができよう。

5　まとめ

　本論では、下藤根遺跡の竪穴住居跡出土遺物である第I期の土器を取り上げ

第 2 節　下藤根遺跡出土土師器の再検討　77

て、その共伴関係や形態・技法上の類似性から下藤根Ⅰ期土器群の土師器を抽出した。そして、これら土器群の東北地方北部における位置づけを把握するために、第一にこれらの年代を推定し、次に竪穴住居跡の共伴遺物で形態を異にする 3 つの杯の系譜について論じてきた。これらのいわゆる桜井第一型式に含まれる杯は、下藤根遺跡杯 a〜c 類に分けられたのであるが、a 類の系統では東北地方北部を中心とする古段階東北北部型杯の、b・c 類は東北地方南部を中心とするやはり古段階栗囲式の系譜を引くものであった。そして、下藤根遺跡杯 b・c 類に至るまでの中間型式を提示したのであるが（図 25-2、図 26-2・5）、これらの杯の特徴は、まさに古段階東北北部型杯と同栗囲式杯の折衷型式としての意味をもつと考えられるのである。

　かつて、桑原滋郎は「東北地方北部および北海道の所謂第Ⅰ型式の土師器について」の中で、栗囲式と国分寺下層式に区分した砂押川遺跡の資料と東北地方北部や北海道出土の桜井第一型式の資料を比較して、あえてと但し書きをした上で後者を国分寺下層式に比定し 8 世紀後半から 9 世紀半の年代を与えたことがある。[14] これらの並行関係や年代観については、多くの研究者による新たな提示のあったことはすでに述べてあるが、[15] 東北地方における北部・南部の接触・融合関係について直接的に言及したものはなかった。

　以上より下藤根遺跡杯 b・c 類は、前述の東北北部型杯と栗囲式杯の折衷型の杯を継承したものであり、さらに、組成においてこれらと東北北部型杯（下藤根遺跡杯 a 類）を同時に共伴している事実は、下藤根遺跡杯 a〜c 類が従前の型式から発展解消し独自の定型化した型式内容をもつものと解釈される。したがって、下藤根Ⅰ期土器群は杯・椀・高杯・甕・大小の長胴甕・球胴甕など各器種が充実している点、それらの中でのバリエーションを備えている点、そしてこれらの土器が年代的に裏づけられている点において、一括性の強い良好な土器群と把握されるのであり、これらを「下藤根式」として把握することを提案したい。そしてこの型式名は、横手盆地の小地域における古墳時代後期の土器内容を考察する上で最も有効性をもつと考えられる型式である。[16]

　最後に、本文では推論を重ねることが多く前提となる資料をさらに補強する

必要性を痛感しているが、東北地方北部と南部における確執と融合の時期を捉えた上で、横手盆地の土師器資料についての再評価を試みてみた。今後は特に、栗囲式の杯と対称性をなすと考えられる東北北部型杯の分布、東北北部における関東・北陸地方など土師器・須恵器の影響、そして東北北部型杯に象徴されるような地域文化の担い手について考察することが課題としてのぼるが、良好な資料の検出を待ってさらに検討を重ねていきたいと考えている。

註

（1） 桜井清彦「東北地方北部における土師器と竪穴に関する諸問題」『館址』（東京大学出版会、1958）の中で氏は、東北地方北部の範囲を仙台平野以北の岩手・青森地区としているが、本論では特に断ったり異なった表記をしない限りは、青森県・秋田県・岩手県を併せた現在の行政区画の範囲を指すものとする。同様に東北地方南部の範囲は、山形県・宮城県・福島県を指すものとする。
（2） この高杯は、報告書の中での出土状況に関する記述はないが、調査を担当した庄内昭男によれば床面から出土したとのことである。
（3） 高杯の推移については船木義勝の指摘がある（船木1990）。
（4） 東北地方北部に関する土師器編年は、関豊（1981）、高橋信雄（1982）、高橋与右ェ門（1982）、遠藤勝博・相原康二（1983）、伊藤博幸（1989）、宇部則保（1989）など岩手・青森県の研究者によって積極的に論じられてきている。
（5） 蓋と身がセット関係にある有蓋杯には、蓋につまみの付くタイプ、蓋につまみが付きかつ身にも高台が付くタイプ、つまみも高台も付かないタイプがあるが、本文では最後の合子状を呈した形態を指す名称として用いることにする。
（6） 有蓋杯の最終段階には、再調整のヘラケズリを施さないにも拘わらず小型化の達せられない例も指摘されてきているが、この現象は、回転ヘラケズリが失われていく過程における地方色の発現と評価されている（菱田・奥西1990）。
（7） 小笠原好彦は、飛鳥第II期の土師器杯Cを7世紀中頃の年代に想定しているが、総体では菱田哲郎の第2四半期とする見解に従っている（小笠原1988）。
（8） a．静岡県埋蔵文化財調査研究所『大谷川II（遺構編）』静岡県埋蔵文化財調査研究所調査報告第11集、1987。
　　　b．静岡県埋蔵文化財調査研究所『大谷川III（遺物編）』静岡県埋蔵文化財調査研究所調査報告第13集、1988。
（9） 先に甑が栗囲式や鬼高式に類似することを述べてあるが、前者は栗囲式前半代に

後者も7世紀前半代のものに類似している点があり、このことから、下藤根遺跡の須恵器をあえて伝世品と考える必要性はないと考えている。
(10) この深いタイプのe類は、やはり堀野遺跡から出土している（関1981）。
(11) この須恵器は、上野章・池野正男のご厚意で実見することができたが、その際に7世紀の第1四半期という年代をご教示いただいている。
(12) 口縁部の張りと内面の稜や外面の凹部の特徴から、型式学的には3と4との間を埋めると考えられる資料に、やはり田面木平遺跡第48号竪穴住居跡のものがある。これが須恵器長頸瓶と共伴しており、宇部は前掲論文においてこの須恵器を「この器種が7世紀中葉段階から他の坏、甕などと共に焼成されている～」と善光寺窯跡の調査成果〔木本元治・福島雅儀（1988）〕を紹介している。このことからすれば、4は7世紀でも後半代とすべきかもしれないが、第39・48号で共伴するそれぞれの長胴甕を下藤根遺跡のものと比較すると、各々の形態の類似したものが含まれている（図20-5・6）。したがって4を7世紀中葉段階に含める見解を採っておきたい。
(13) このような例は、小井川和夫の分類で7世紀末～8世紀初め頃とした第1群土器の中に見出すことができる。氏は、真間式系土器との対比からこれらを在地の土器と規定した。そしてこの種の土器は、宮城県においてはあまり出土例がないとした上で「東北地方北部の土器に共通する要素を多く備えたもの」という評価をすでに与えている。また「第1群の段階において～宮城県北部は東北北部の土器圏に含まれていたとみることができる。」と、広域的な視野から分布の問題にも触れている（小井川1982）。
(14) この論文で氏は、従来の形態重視の立場に加えて、調整手法を中心とした製作技法を駆使した杯の型式学的追及と、年代については多賀城周辺での変遷をもつ須恵器杯（岡田茂弘・桑原滋郎1974）の導入を図ったもので、東北地方北部と南部を比較するための方法論を提示したことで高く評価することができる。しかし、発掘調査例の少ない当時にあっては当然のことであるが、個々の遺物を対象にした徹底した型式論の分類とそれに基づく変遷は、同時に、同時性を保証されたバリエーションを論じられない矛盾をも備えているものであった（桑原1976）。
(15) 桜井第一型式と東北地方南部における型式間の問題は、桜田隆によって述べられているが、氏は特に共伴関係の重要性を強く指摘している（桜田1977）。
(16) 土器型式などの遺物や遺構を基にした特色の把握は、最終的にはそれらを活用した人の考察を目的としたものでなければならず、東北地方における具体的なものとしては沼山源喜治の論考がある（沼山1976）。

第3節　竹原窯跡の須恵器編年

1　はじめに

　秋田県における須恵器の実態は、集落・墓・城柵官衙・窯などの発掘調査による遺構の検出状況と共に、しだいに明らかとなってきた。ことに古墳時代の散発的な在り方に対比すると、奈良・平安時代の須恵器は城柵官衙遺跡や窯跡から数多く出土し、著しい相違を見せている。その理由として、7世紀以前の古墳が知られていない県内では畿内大和政権との結びつきが弱く、須恵器生産体制が整わなかった点が挙げられる。もう一つは、奈良時代天平年間から始まる城柵官衙の設置記事より、出羽北半須恵器生産の開始は律令制施行の中央政策に伴って開始され、以降中世陶器生産に至るまでその生産を持続してきた点である。このように、秋田県での奈良・平安時代須恵器の需要と供給の関係は、少なくとも城柵官衙遺跡と窯跡の対応として指摘できるわけである。

　奈良・平安時代の須恵器が出土する城柵官衙遺跡には、継続調査中の秋田市秋田城跡・仙北町払田柵跡があり、このほか大曲市藤木遺跡（秋田県教育委員会1981）・横手市手取清水遺跡（秋田県教育委員会1990b）などで、掘立柱建物跡のほかに多量の墨書土器が伴っている。中でも、1989年と翌年の秋田城跡外郭東門南地区の調査では、漆紙文書・木簡と共に須恵器を含む多くの遺物が出土した。この遺跡は、層序ごとに含む土器の序列と、それらの年代を知る手がかりとしての資料が出土したことで重要である。

　また窯跡の分布は、県中央から南部を中心に存在することが知られる。それらは、秋田城跡北東方の丘陵、男鹿半島若美町海老沢地区、本荘市葛法地区、横手盆地南部の出羽山地東麓や中山丘陵、同中央部の払田柵跡東方の奥羽山脈西麓・西方の大曲成沢地区などのまとまりを示す。そして本荘市は由理柵、横手盆地南部は雄勝城が推定されている地域であり、これら窯跡の在り方から見

第3節　竹原窯跡の須恵器編年　81

横手盆地の須恵器窯跡一覧

No.	遺　跡　名	時代	本調査	確認
1	坊ヶ沢窯跡	平安	×	窯1
2	成沢窯跡	〃	○(3)	窯3
3	九十九沢窯跡	〃	○(1)	窯1
4	杉平遺跡	〃	×	灰原
5	相長根窯跡	〃	×	〃
6	川端山II遺跡	〃	×	窯1
7	鎧ヶ崎窯跡	〃	×	灰原
8	十二牲窯跡A	〃	×	窯2
9	十二牲窯跡B	〃	×	窯3
10	下矢来沢窯跡	〃	×	窯2
11	保土森窯跡	〃	×	灰原
12	物見窯跡	〃	○(1)	窯4
13	姥ヶ沢窯跡	〃	×	窯1
14	上猪岡遺跡	〃	○(1)	窯1
15	竹原窯跡	奈・平	○(7)	窯9
16	明通遺跡	〃	×	灰原
17	城野岡窯跡	〃	×	〃
18	西ヶ沢窯跡	〃	○(1)	窯1
19	西ヶ沢前森遺跡	〃	×	灰原
20	西ヶ沢山I遺跡	〃	×	〃
21	西ヶ沢山II遺跡	〃	×	〃
22	西ヶ沢山III遺跡	〃	×	〃
23	郷土館窯跡	〃	○(1)	窯1
24	富ヶ沢A窯跡	〃	○(1)	窯1
25	富ヶ沢B窯跡	〃	○(2)	窯2
26	富ヶ沢C窯跡	〃	○(1)	窯1
27	田久保下遺跡	〃	○(3)	窯3
28	末館I窯跡	奈良	○(1)	窯1
29	末館II窯跡	〃	○(1)	窯1
30	最上山窯跡	平安	×	灰原
31	七窪遺跡	〃	○(6)	窯6

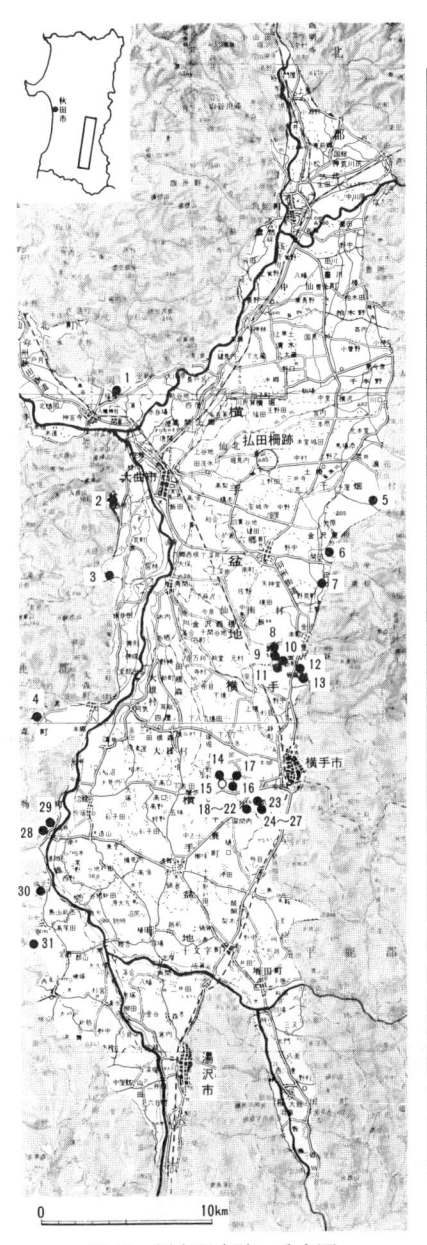

図29　須恵器窯跡の分布図

ても窯跡と城柵官衙遺跡の強い結びつきが理解できる。

　一方、竹原窯跡のある横手盆地は、開発行為に伴って近年急激に窯跡資料の増加した地域で、現在までに 14 遺跡 30 基の窯跡が発掘調査されている（図29）。このうち、中山丘陵窯跡群の竹原窯跡と雄物川に接した出羽山地東麓の末館Ⅰ・Ⅱ窯跡は数少ない奈良時代の窯で（大和久 1963、奈良・豊島 1960）、これらの窯跡は横手盆地でも注目すべき窯場と考えられている。

　本論では、奈良・平安時代にわたり須恵器生産が展開された竹原窯跡の須恵器編年について考察するが、このことは同時に出羽北半須恵器生産の一端を論じることでもある。今回の試みは、国家事業推進に伴う窯跡とその展開が、汎日本的な位置づけの中で論じられるための骨組みの構築が急務であること、また報告書での不備を補いたいと感じたからである。本題に入る前に、県内における須恵器編年の事跡を辿ることから始めたい。

2　秋田県の須恵器編年史

　奈良・平安時代の須恵器資料の増加に伴い、秋田県でもその編年学的研究が順次進められてきた。最も先駆的な業績は、1960 年の奈良修介・豊島昂による県内須恵器の集成である（奈良 1977）。

　1966 年、日野久・小松正夫は秋田城跡発掘調査成果から台付杯の形態・技法の分類と具体的な年代観を示し、土器個々の観察と年代把握の方法で、秋田県土器編年研究の方向を決定づけた（日野 1976、小松 1978）。しかし、須恵器に限ってはいまだ秋田城跡出土資料に留まり、地域を広く捉えたものではなかった。

　1981 年、杉渕馨は物見窯跡の報告文の中で横手盆地の窯跡帰属資料について述べている（杉渕 1981）。ここでは杯の形態・技法・焼成技術の変化から、成沢窯跡→郷土館窯跡→末館窯跡→足田七窪窯跡とし、窯跡と考えられた十二牲遺跡を末館窯跡の前に、物見窯跡をこれらの最終段階に位置づけた（秋田県教育委員会 1967・1976b・1987、横手市教育委員会 1976）。年代は、各窯跡の報告をそのまま受け入れたものであるが、須恵器が個々にもつ特徴を窯跡に代表させた方法には意義がある。

第3節 竹原窯跡の須恵器編年

　1985年3月、船木義勝は古墳時代から平安時代にわたる土師器と須恵器を包括して論じ、3つの須恵器窯跡を年代軸にした窯跡編年表を作成した（秋田県教育委員会1985a）。これは、末館Ⅰと末館Ⅱ窯跡・郷士館窯跡・物見窯跡の年代を推定し、杯の技法や口径指数・口径・外傾度の特徴からそれらの窯跡を第Ⅰ期から第Ⅲ期に大別したものである。そして、ほかの窯跡出土須恵器の技法や分析数値の推移を考慮して、末館窯跡→郷士館窯跡→成沢窯跡→七窪窯跡→物見窯跡の変遷を捉えた。氏は、従来の形態観察を客観的な法量値に置き換え、その傾向性を基に杉渕とは異なる見解を示した。この論の組み立ては、その後の出羽国須恵器編年に大きな影響を及ぼしているが、分析の対象に扱った杯と椀・皿の区分や異なる形態をもつ杯の同時性の解釈など、方法論上の問題点も含んでいる。

　続く同年11月、岩見誠夫・船木義勝によって秋田県全域を対象とした須恵器窯跡編年が発表された（岩見・船木1985）。基本的には、船木の論考を発展・継承したものであるが、底径指数の観察法を加えさらに形態表示の数値化を徹底している。両氏は、県内須恵器窯跡を畿内土器様式の斉一性と関わる官窯の性格をもつものと規定し、法量変化の推移による須恵器変遷の妥当性を述べた。その結果、8世紀中葉から10世紀前半までをⅠ期：末館Ⅰ・Ⅱ窯土器段階→ⅡA期：手形山窯土器段階→ⅡB期：郷士館窯土器段階→ⅡC期：成沢窯土器段階→ⅢA期：海老沢窯土器段階→ⅢB期：七窪・物見窯土器段階とし（秋田県教育委員会1975）、ⅠからⅢ期までを法量の規格性と縮小化そして新器種の抬頭と、大きく画期を認めている。このように県内須恵器窯跡の編年体系を整え、律令期出羽北半の地方窯を畿内政権との関わりで積極的に結びつけた点は大きな飛躍であるが、当地における律令土器様式の具体相や官窯の規定概念などに論拠の希薄な面も指摘できよう。

　1986年、船木は秋田城跡の調査成果で得られた遺構・堆積層の一括土器や年紀に関わる土器のうち、奈良時代に関するものを選択しAからD群土器に整理した（船木1986）。そして、A・B群の土器には8世紀前半、C群の土器には8世紀中葉、D群の土器には8世紀後葉～9世紀初頭の年代を与えた。氏は特に

秋田城の創建問題に言及し、外郭および政庁などの施設を天平宝字4年（760）以降の秋田城とする考えに対して、これらの施設は天平5年（733）以降とする立場をとり、築地土塀底部間層出土土器や、それ以後の築地崩壊土瓦層出土土器などを総体的に古く位置づけることを提唱した。そして、現在その妥当性が大いに評価されている（秋田市教育委員会1991）。

　1991年、筆者も竹原窯跡の発掘調査成果によって、前後関係のわかる窯や灰原の出土須恵器を中心にした編年を述べたことがある（秋田県教育委員会1991b）。これは、層位で一括性の強い土器群をAからIまで抽出し形態・技法の検討を加えて、土器群B→C→E→D・F→G→I→A・Hと各群の変遷を示し、年代を述べたものである。ここでは、宮城県硯沢窯跡や山形県不動木遺跡・道伝遺跡から出土した須恵器との比較によって、土器群B・C・Eを8世紀中葉から第3四半紀、土器群D・Fを8世紀後半、土器群G・Iを9世紀前葉から中葉、土器群A・Hを9世紀後半に位置づけた。この編年観は、一括と見なされた土器群についてその変遷を述べたものであるが、窯式を設定する領域までには達していない。

　1992年、小松正夫は秋田城跡第54次調査において、創建時の土取り穴とその堆積土から層位的に得られた年紀のある木簡、漆紙文書と多数の土器を基にして、8～9世紀を四半世紀の単位で編年づけた（小松1992）。この編年観は、史上の出羽柵設置時期（733年）を考慮に入れたもので、8期200年間を通観できる重要な報告である。また、秋田県に限らず東北地方の土器編年においても、確たる地位を占めるものである。

　このような秋田県における須恵器編年の歩みを見ると、須恵器集成段階から、県内の大まかな編年が体系づけられた段階、さらにそれに対して主に層位を基にした検証段階に、研究姿勢が移ってきていることがわかる。また編年の組み立て方法を見ると、形態・技法による型式学、共伴関係や異層間の存在を知る層位学、このほか法量値による傾向性を基にした論がある。

3 竹原窯跡の概要

竹原窯跡は、須恵器の窯跡とそれらの灰原を主体とした遺跡で、東北横断自動車道秋田線建設事業の事前調査として、1988年秋田県教育委員会が発掘調査を行った。遺跡は、平鹿郡平鹿町上吉田字間内に所在し、横手盆地の中央やや東側にある中山丘陵西斜面に立地している。この丘陵は、JR横手駅から西へ約3.5kmの距離にあり、さらに西側は南北に流れる雄物川へ徐々に連続する河岸段丘になっている。調査区域は、長さ約270m幅15～80mの北西―南東に長い範囲で、窯跡を中心とした分布から南東側をA地区、北西側をC地区、中間をB地区と呼んでいる（図30）。

遺跡からは窯跡7基、灰原13カ所（7基とした窯跡のものも含む）、竪穴住居跡1軒、炭焼遺構の可能性のある窯状遺構3基、土坑9基、溝状遺構2基、性格不明遺構3基が検出されたが、調査区北西端のSK31～33、SD34以外は奈良・平安時代のものである。窯跡は、A地区で平安時代のものが1基（aが新しくb

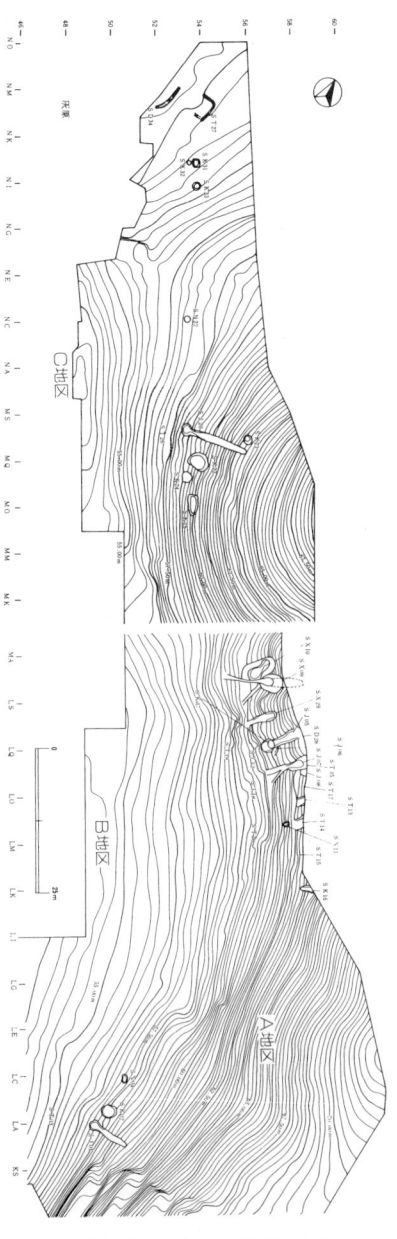

図30 竹原窯跡の遺構配置図

が古い重複した窯)、C 地区でも平安時代のものが 1 基完掘されている。B 地区においては、少なくても奈良時代を主体にして 5 基（SJ05a〜e、SJ05f、SJ06、SJ07a〜c、SJ08）の窯跡が検出されたが、完掘できたものはなく SJ07・08 に至っては、焚口付近の断面判断によるものである（図 32）。このように B 地区には、異常と思えるほど窯跡が集中しており、当該地域における特殊事情を反映するものであろう。今回の調査は道路幅分に限ってのものであり、この斜面上方の調査区外に窯が予想されるほか、A・B 地区の尾根を越えた東側斜面に 2 基、調査区北西端から約 50m 北西の上猪岡遺跡（秋田県教育委員会 1991a）で 1 基（平安時代）が確認されていることからすれば、竹原窯跡支群での窯数は優に十数基を越すことになる。また、SJ01 に関係する SK02、SJ07、SJ20 からは明瞭な灰白色の火山灰が検出されており、土器変遷を考える上での目安になっている。[1]

　また、竹原窯跡における夥しい土器の中には、共伴および同一層内などの一括土器群があり、A〜I 群までを摘出したことは先に述べた。これらの土器群は、廃棄状態がある限定された時間帯でまとまりをもつ関係にあり、編年作業上重要であるため、以下それらの事実関係を述べておく。

一括土器群 A：SK02 の中に、若干の土師器を含み重なり合う状態で多量に出土した。これらは、すぐ脇に位置する SJ01 の製品であるが、a・b 2 つの窯の識別は不可能であった。色調は、灰色〜白色が主で橙色のものも含む。これらの上位には、わずかな間層を挟んで、最大 15cm の厚さで灰白色の火山灰が堆積していた。

一括土器群 B：SJ06 の製品で、その灰原 ST12 とした炭化物層から出土した。SJ06 は焚口の一部を残すのみであるが、その焚口付近の灰層出土遺物と ST12 出土のものが接合した。また ST12 は、SJ06 の下方に厚く堆積する複数の灰原のうち、遺物を含むものとしては最も古い層である。出土須恵器のほとんどは胎土が黄白色の精良なもので、光沢のある鮮やかな緑色の自然釉が掛かる。

一括土器群 C：SJ06 を切り SJ05a〜e に切られた SJ05f（図 33）の製品と考え

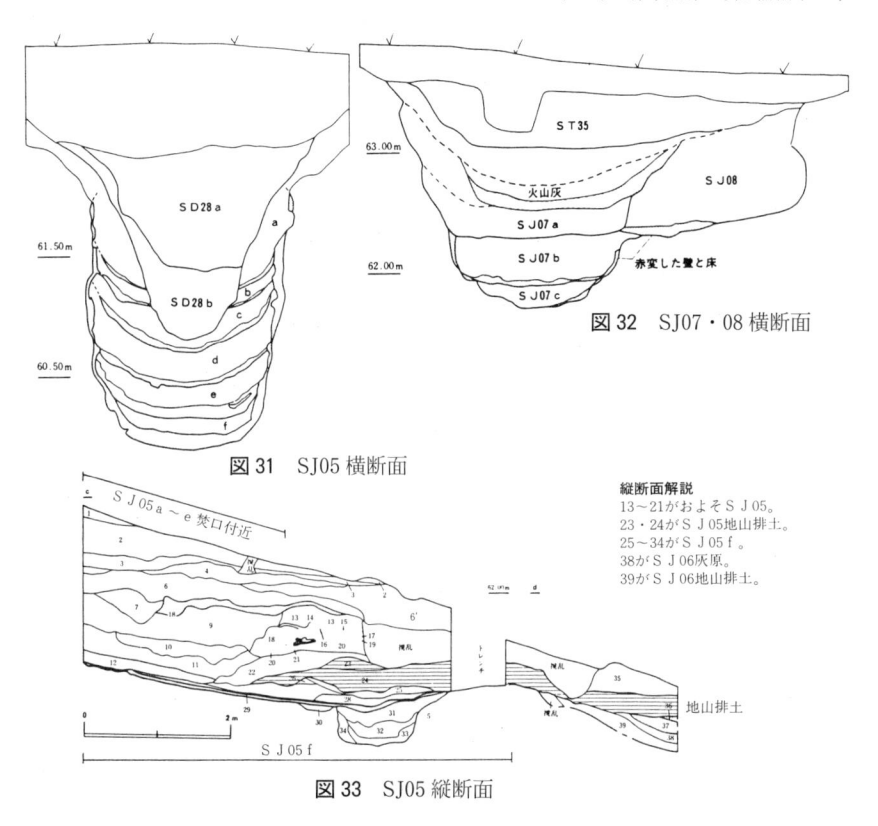

第3節　竹原窯跡の須恵器編年　87

図31　SJ05横断面

図32　SJ07・08横断面

縦断面解説
13～21がおよそSJ05。
23・24がSJ05地山排土。
25～34がSJ05f。
38がSJ06灰原。
39がSJ06地山排土。

図33　SJ05縦断面

られ、窯内と焚口に少量出土したものであるが、乳白色でやや軟質の特徴のある須恵器である。

一括土器群D：SJ05a～e（図31）のうち最も古い窯の製品と考えられ、焚口付近の炭化層から近接して出土した。これらのいくつかは、黒色と灰色が入り組んで霜降り状を呈する特徴をもつ。

一括土器群E：ST17の約2m四方の範囲に集中し、茶褐色土上面から重なり合った状態で出土した。この中には緑灰色のものも含むが、主体となるものは、きわめて特徴的な黒色を呈している。

一括土器群F：SJ07aに伴うと考えられる炭化物層から、蓋を中心に数点が出土した。これらの蓋は形態が類似し、主体となる色調は灰緑色

のものである。この層の上位には、10cm前後の厚さで灰白色の火山灰が堆積していた。

一括土器群G：SJ07aの火山灰よりも、さらに間層を挟んで上位に堆積している焼土層から出土した。これらの大部分は、淡黄色の硬質で形態的にも類似する。

一括土器群H：幅約1.4m深さ約40cmの小さな溝状部分に堆積しており、ST13覆土から出土した。これらの中には、色調が緑灰を呈し焼成状態の類似したものがいくつか認められる。

一括土器群Ⅰ：床面が一つのSJ20から出土したものである。色調は、緑灰色が多く自然釉が色濃く付着しているものもある。

　以上の一括土器群は、竹原窯跡の実態を把握する上で欠くことのできない要素である。

4　編年作業

　土器の編年作業は、土器相互の変遷を捉えた縦の系列に、時間の推定できる横の目盛りを付加することにある。これによって、時間を限定する土器相の相対的な位置づけを考察することができる。土器変遷の場合、具体的には層位や出土状況を中心にした組み立てを試み、後に型式的な検討も交えた方法をとる。以下に、前者の方法を詳しく述べる。

① 　ある限定された空間における共伴遺物を検討する。
② 　連続するいくつかの層位における、異なった時間帯をもつ遺物の検討をする。
③ 　共通の特徴を有する遺物間における同時性を把握する。

　この中の③は、鏡・瓦などの同笵・笵傷、特殊な技法などを検討することと同じで、ある程度時間を限定して考えることのできる方法である。本論では、窯跡という特殊性から須恵器表面の発色（ⓐ窯内で直接炎に当たる部分と、ⓑそうでない部分の色調）を手がかりに、同一窯内の同時性を立証しようとするものである。ただし、異なった発色や状態であっても同時の場合があるし、逆に、同様に見えるものでも異なる時間帯の場合がある。この検証として随時、

第3節　竹原窯跡の須恵器編年　89

形態・技法の型式論も付随させて検討してみたい。次に年代推定の方法としては、このようにして変遷を遂げた須恵器のいくつかと他地域で年代推定の可能な須恵器とを、形態・技法の観点から比較し、年代的位置づけを行いたいと思う。

(1) 土器群の変遷

　先に、竹原窯跡において確認できたA〜Iの一括土器群について述べたが、さらにいくつかの土器群を追加し、これらを基にした土器群間の総体的な変遷を考えることにする。作業に際して、土器群のいくつかを同じ時期に包括している場合のあること、また、土器群に含まれていないものも、推定した年代で表（図36・37）に掲載してあることを断っておく。

　I期の資料は、SJ06の製品を指標とする。図36・37の1・3〜5・7・9・10・13〜15・18〜22・180（以下では数字のみを記す）は一括土器群Bで、2・6・8・11・12・16・17はそれらと類似している。これら一括土器群Bの須恵器は、層位から最も古い土器群であることがわかっている。

　II期の資料は、SJ05fの製品を指標とする。26〜29は一括土器群Cで、23〜25・30はそれらと類似している。これらの高台付杯と類似したものが、III期ST17の窯における焼台として使用されていた可能性が高く、ST17の製品よりも古く位置づけられる。

　III期の資料は、ST17を形成した窯の製品を指標とする。32〜44・47・49〜51・53・181は、一括土器群Eである。このうち主体となるものの色調は、ⓐが黒色ⓑが灰色であるが、これと同じ特徴をもつものが45・46・48・52・54・182である。47は焼台と考えられ、IもしくはII期の可能性がある。これらはII期と推定した高台付杯における焼台の関係からII期よりも新しく、器種個々の形態・技法からIV期よりも古いと考えられる。

　IV−a期の資料は、SJ05a〜eのうち下位と考えられる窯の製品を指標とする。55〜57・63〜65・68〜70・82・83は、一括土器群Dである。この中には、ⓐが黒色ⓑが灰色を主体にする総じて霜降り状を呈する特徴をもつものがあり、71・75・194はこれと類似する。これらは切り合い関係から、II期SJ05fよりも新しい。また、59〜62・66・67はSJ07の製品と考えられるもので、59〜

61 はⓐが緑灰色ⓑが灰白色を呈する特徴で共通する。そしてこれらは、屈折する端部の作りから、Ⅲ期のものより後出と考えている（本書第4章第2節）。

　一方、72・183～186 はⓐが灰色主体 ⓑ（特に内面）が赤色を呈する特徴があり、一括土器群として把握できる。これらは、185 がⅢ期 182 の形態と類似するため、Ⅲ期からⅣ期の間に位置づけたい。

　Ⅳ—b 期の資料は、SJ05a～e の中程から上位に関わる窯の製品を指標とする。86・87・93～95・99・100 は、表裏面が青色系の共通した特徴をもっている。これらは層序の関係から、Ⅳ—a 期の資料よりも新しい。また、90～92・96～98 は SJ07 の製品であるが、92 を除いたものは一括土器群 F であり、SJ05 を指標とする当該Ⅳ—b 期の資料とほぼ併行すると考えられる。また、74・76・79・85・187～191 は、SJ05 からの出土である。

　Ⅳ—c 期の資料は、SD28 に堆積している灰原を形成した窯の製品を指標とする。(2) 112～117 は図 33 の 6 層から出土しており、ⓐが暗赤色ⓑがオリーブ～灰白色を呈する特徴をもつ。この特徴は、106・107・110・118～120・122・125・126 にも共通しており、一括土器群として把握できる。これらは、切り合い関係からⅣ期 SJ05 よりも新しく、Ⅴ期とは器種個々の形態や技法から古いと判断している。なお、123 の破片も同じ 6 層から出土しているし、109～111 は ST15 から出土した一括性の強い土器である。

　Ⅴ期の資料は、SJ20 の製品を指標とする。128・134～136・140・199・201 は一括土器群 I で、その灰原の 127・141・142・152・153・155・156・195・196・200 は、SJ20 の製品と見なし得る。また、130～133・137～139・143～145 は一括土器群 G で、129・146・148～151・197・198 は一括土器群 H、147 はその類似品である。これらは、蓋と高台付杯における台部の形態が、一括土器群 G とⅣ—c 期の資料が類似性をもつのに対して、一括土器群 I は一括土器群 H と共通した内容をもつ。このことから、一括土器群 G→I・H の変遷が考えられる。これらは、器種個々の形態・技法からⅣ期の資料よりも新しいと考えられる。

　Ⅵ期の資料は、SJ01 の製品を指標とする。158・162・168・169・174～176・

第3節　竹原窯跡の須恵器編年

204・206〜208は、SK02から出土した一括土器群Aである。157・159〜161・164・166・167・170・177〜179・202・203・205はSJ01の、163・165・171〜173はその灰原出土のもので、一括土器群Aと同じと見なすことができる。これらは、SK02において灰白色の火山灰と接近した状態を示す点や、形態・技法などから当遺跡では最も新しい土器群に位置づけられる。以上のように、Ⅰ期からⅥ期までの、8つの変遷を考えてみた。

(2) 年代推定資料

　本項では、(1)で考えられた須恵器の変遷に対して、年代を具体的に与えようとするものである。その際編年表においては、一括性の認められなかったものであっても掲載することにしたが、それは竹原窯跡から出土する須恵器のバリエーションを示したい意図からである。これらについては、推定した土器群の変遷の在り方や形態・技法上の特色を考慮して配列したもので、編年的位置についての個別説明を省いているものもある。以下では、竹原窯跡に関わる年代推定資料を列記し、Ⅰ〜Ⅵ期の年代を把握するための基礎としたい。

①　図34の3〜5 (以下では数字のみを記す) は、宮城県利府町硯沢窯跡のB10号窯跡から出土した須恵器である (宮城県教育委員会1987)。これらは窯体内、灰原出土の違いはあるものの、8世紀中葉第2群土器として把握されている。これらは、やはり8世紀中葉と推定している第1群土器と比較して、ほぼ同じ時期と考えられている。一方、第1群土器のB3号窯跡中からは、底部が高台より突出する高台付杯2が出土しているが、この形態は、岐阜県各務原市美濃須衛古窯跡群の須衛9号窯跡から出土しているもの (1) と類似している。渡辺博人はこの特徴をもつものを、当該古窯跡群における無台形態主流から高台が付く有台形態主流の過渡期として位置づけ、8世紀第1四半期MT21型式に近い時期としている (渡辺1988)。また、B3号窯跡と類似した焼成室に段を有する窯跡が顕著である、静岡県湖西市湖西古窯跡群でも、その特徴をもつ高台付杯を伊場遺跡の木簡や城山遺跡杯身の紀年銘から8世紀第1四半期に比定している (湖西市教育委員会1983)。これらのことからすれば、第1・2群土器の年代を総体的に遡らせた8世紀前葉に想定することができよう。

② 6～13は、栃木県栃木市下野国府跡のSD—146A（溝）から出土した土器である（栃木県教育委員会1988）。このうち、6～8は下位層から、9は中位層から、10～13は上位層から出土したものである。国府跡出土土器は第Ⅰ期～第Ⅲ期まで分けられ、さらにA・B段階がある第Ⅰ期では、A段階を8世紀第2四半期、B段階を国分寺創建期をあまり降らない時期とし、それを概ね8世紀第3四半期に位置づけている。そしてSD—146A出土土器は、第Ⅰ期A段階でも後出と考えられている。ここから出土した土師器杯は、層位的に6・7→9→10・11の変遷がある。

③ 14は、やはり下野国府跡のSD—111（溝）から出土した須恵器である（栃木県教育委員会1988）。この溝からは、「□里正徳」と記された木簡が出土している。そして、「里正」は霊亀元年（715）から天平12年（740）頃まで施行されていた、郷里制下の里の長を表すと解釈されている。このことから、14の須恵器も第Ⅰ期A段階の8世紀第2四半期が考えられている。

④ 15～19は、宮城県多賀城市多賀城跡のSD492溝跡から出土した土器であり、白鳥良一が「多賀城跡出土土器の変遷」の中でB群土器としたものの一部である（白鳥1980）。氏は、B群土器は非ロクロ調整の土師器杯とロクロ調整の土師器杯などのまとまりから、8世紀末頃と考えられている「伊治城型組成の土器群」（宮城県教育委員会1979）と同じ特徴をもつものと、一応の見解を述べている。しかし、SD492溝跡出土土器はロクロ使用の土師器杯を欠いており、このことも考慮してか、上限を伊治城が造営された神護景雲元年（767）以降とし、下限を胆沢城創建期のSD114溝跡出土遺物から9世紀初頭に求めている。したがって、15～19はほぼ8世紀第4四半期の時期とすることができよう。

⑤ 20～28は、山形県河北町不動木遺跡のSD1から出土した土器である（山形県教育委員会1986c）。これらは、ほとんどが単一層からの一括出土で、出土状況から短期間に投棄されたものと考えられている。そして、主体的に出土した国分寺下層式終末と考えられる土師器杯から、8世紀末の年代を与えている。しかし、出土土師器の中には有段のものを含んでいること、さらに一括性の強い点を考慮すれば8世紀第4四半期とやや幅をもたせた年代が考えられる。し

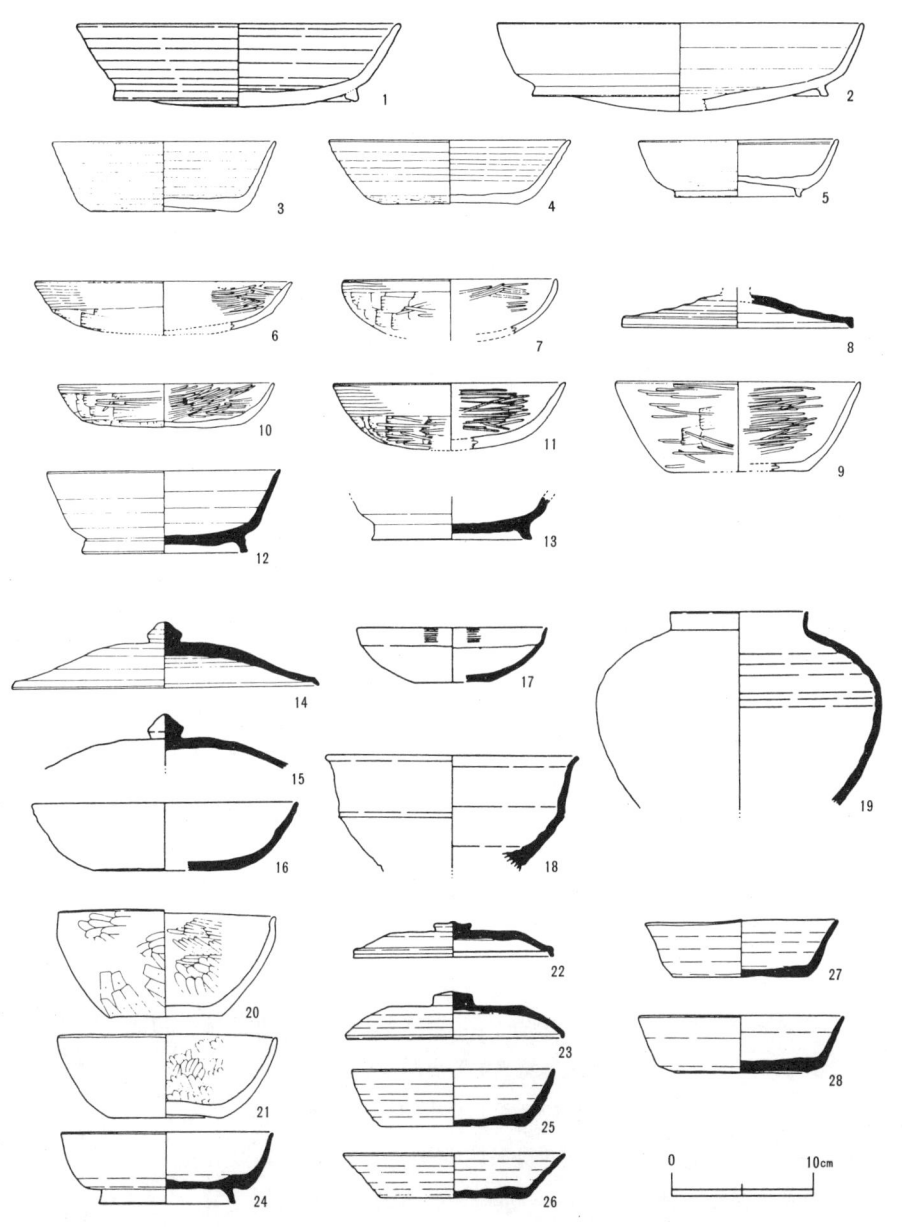

第3節　竹原窯跡の須恵器編年　93

図34　年代推定資料（1）（1は渡辺1998、15～19は白鳥1980、他は各報告書より転載）

たがって、共伴した須恵器にもその頃の年代が与えられよう。

⑥ 29〜38は、秋田県秋田市秋田城跡の外郭東門跡に隣接するSG1031湿地（SK1031土取り穴）から出土した須恵器である（秋田市教育委員会1991）。これらは、表土から第1期の築地崩壊土まで56層に分けた層のうち、木簡や漆紙文書を含んだ層の上下から多量に出土した土器の一部である。出土した須恵器の位置は、34・35が15層、36〜38が16層、30は上層スクモ層、29・31〜33はほぼ39層以上の下層スクモ層である。そして、上層スクモ層中の27層に当たるレベルから延暦13年（794）の年紀をもつ木簡が、下層スクモ中の39層に当たるレベルからは、延暦10年（791）の年紀をもつ木簡がそれぞれ出土した。このことから、34〜38は791年の年紀をもつ木簡出土層よりも新しく、29・31〜33は794年の年紀をもつ木簡出土層と前者の間に位置づけることができる。これらの須恵器は、8世紀末葉のきわめて限定された時期に廃棄されたといえよう。

⑦ 39〜42は、岩手県水沢市胆沢城跡の外郭線南辺中央部から検出されたSD114出土の須恵器である（水沢市教育委員会1977）。この溝は、胆沢城創建段階であるSB120建物の設計計画に組み込まれたもので、人為的に埋め戻された地割り溝と考えられている。この構築時期は、胆沢城の創建年代である延暦21年（802）に近いことから、溝出土遺物は9世紀初頭と考えられている。

⑧ 43〜46は、秋田県仙北町払田柵跡のSX925盛土整地地業最下層から出土した須恵器である（秋田県教育委員会1991d）。払田柵跡の創建年代は、文献史料、考古資料、年輪年代法から9世紀初頭と考えられているので（新野・船木1990）、これらの遺物の製作年代は、9世紀初頭以前と推定できる。また、9世紀初頭の創建である胆沢城におけるSD114出土の39・40と43・44と比較すると、形態・技法で類似する点が多い。したがって、43〜46の廃棄年代は、他の須恵器との比較からも9世紀初頭と考えられる。

⑨ 48〜50は、岩手県盛岡市志波城跡の政庁北門部分から検出された、SD550築地外溝跡出土須恵器である（盛岡市教育委員会1984）。この溝は、A（旧）とB（新）に分けられる。そして、政庁北門の構築土（SX553）はBの拡幅

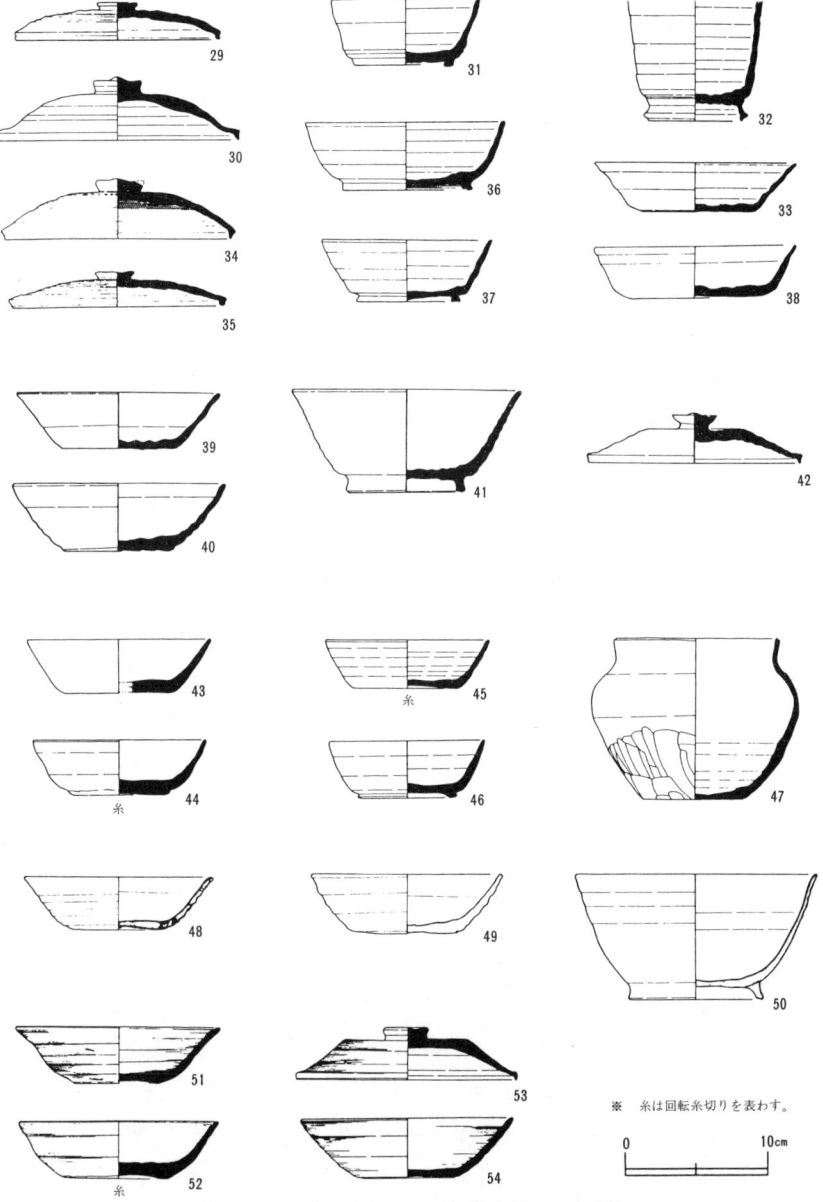

第 3 節　竹原窯跡の須恵器編年　95

※ 糸は回転糸切りを表わす。

図35　年代推定資料 (2)（各報告書より転載）

と同時の作業と推定され、かつ、北門と大路を結ぶ施設である SX553 とは時間差がないと考えられている。よって、これらの須恵器は志波城創建期である延暦22年（803）を遡ることはない。また志波城の機能は、弘仁4年（813）頃の創建とされている徳丹城に移るが、全面的な移行は行われていないと考えられている（盛岡市教育委員会1981）。以上のほかに、48・49と胆沢城 SD 114 の 39・40 を比較すると、39・40→48・49 と看取できるものの、形態・技法上の類似性があり、極端な時間差を認めることができない。したがって、48〜50 は9世紀第2四半期を中心とした時期を想定したい。

⑩　51〜54 は、山形県川西町道伝遺跡の SD1 から、層位ごとに出土した須恵器である（川西町教育委員会1981）。この溝の覆土は、新しい方から I 〜 V 層となり、寛平8年（896）の年紀をもつ木簡がⅣ層から出土している。このうち、Ⅳ・Ⅴ層は上面と下面に分けられ、Ⅴ層上面より 51・52 が、Ⅳ層下面より 53 が、Ⅳ層上面より 54 がそれぞれ出土した。Ⅴ層上面からⅣ層上面にかけての土器は、杯・杯蓋・高台付杯・高台付皿などの土師器や須恵器を含むが、これらは器種ごとの形態に類似したものが多く、近似した時間帯に廃棄されたと思われる。したがって、51〜54 は、木簡の年代から9世紀末葉の時期が考えられる。

これら年代推定資料のうち、奈良時代須恵器の変遷を示す②・④・⑤の資料においては、土師器杯の変遷が、6・7→9→10・11→16・17→20・21 と矛盾なくスムーズな移行を示し、総体的に須恵器変遷の妥当性を裏づけている。

（3）I 〜Ⅵ期の年代

（2）では、土器の年代が推定できて、竹原窯跡の須恵器と比較可能な資料について列記してきた。以下では、これらを基に I 〜Ⅵ期の時期を想定するが、窯跡などの生産地と官衙遺跡など消費地の土器年代では、使用期間を挟んでおのずと異なることをあらかじめ断っておきたい。

I 期の 16・17・13 は、硯沢窯跡 B10 号の 3〜5（以下数字のみを記すが、明朝体は竹原窯跡のもの、ゴチック体は年代推定資料を表す）と形態が類似し、杯の体部下端の回転箆削り調整も共通している（16・17 と 3・4）。しかし、竹

原窯跡の杯蓋類は硯沢窯跡と比較して、小振りで 5 のように内面の口唇直下に沈線をもつ古手の要素がなく後出である。したがって、Ⅰ期は年代推定資料①を考慮すると、8 世紀中葉の前半が想定できる。

Ⅱ期の 27〜30 と 23〜25 は、12・13 と 8 にそれぞれ形態が類似する。特に高台付杯は、底部から体部の変換点が高く、法量は口径 15〜16cm・底径 10〜11cm・高さ 5〜5.5cm の範囲でほぼ収まる、きわめて類似したタイプである。この 12・13 は、稜が高く明瞭であることから、竹原のものが後出と思われる。したがって年代推定資料②と、竹原窯跡が生産地であることから、Ⅱ期では 8 世紀の中頃が想定できる。

Ⅲ期の 54 と 19 は、形態が類似している。19 は、年代推定資料④から 8 世紀第 4 四半期と考えれるが、同③より 8 世紀前半と考えられている 14 と 15 の形態が類似することから、15〜19 は第 3 四半期に含まれる要素もある。このことと、54 の肩の張りが強くやや古手の要素を考慮すると、Ⅲ期は 8 世紀第 3 四半期が想定できよう。

Ⅳ期の 64・65・89・87・120・100・69・96 は、22〜28 のそれぞれと形態が類似している。このうち、SJ05 でも下層側で出土した 64・65 と 24 は、杯部の作りで竹原窯跡のものが後出と思われる。したがって、Ⅳ期は年代推定資料⑤より 8 世紀第 4 四半期が想定できる。また、この期のものと年代推定資料⑥とを対比すると、109〜111 は 29・35 と、108 は 30 と、100・99 は 33・38 とやはり形態が類似する。そして、製作手法の共通要素では、117 の高台部は 32 と、115 のそれは 31、そして年代推定資料⑧の 46 と類似している。これら秋田城跡などの資料によっても、Ⅳ期の時期が裏づけられたことになる。なお、秋田城跡出土の 29・35 は、竹原窯跡 110 と形態・製作手法・胎土・焼成などがきわめて類似しており、おそらく、竹原窯跡から供給された資料と考えられる。一方、SJ07 出土の 91・92 は 42 に形態が類似し、年代推定資料⑦から、やはり 8 世紀第 4 四半期が想定できる。

Ⅴ期の 135 と 36 は、内弯して立ち上がる形態以外に、高台部の製作手法が類似する。これは、太く外に踏み出す高台の接地部が、緩く窪んだ沈線をもち、

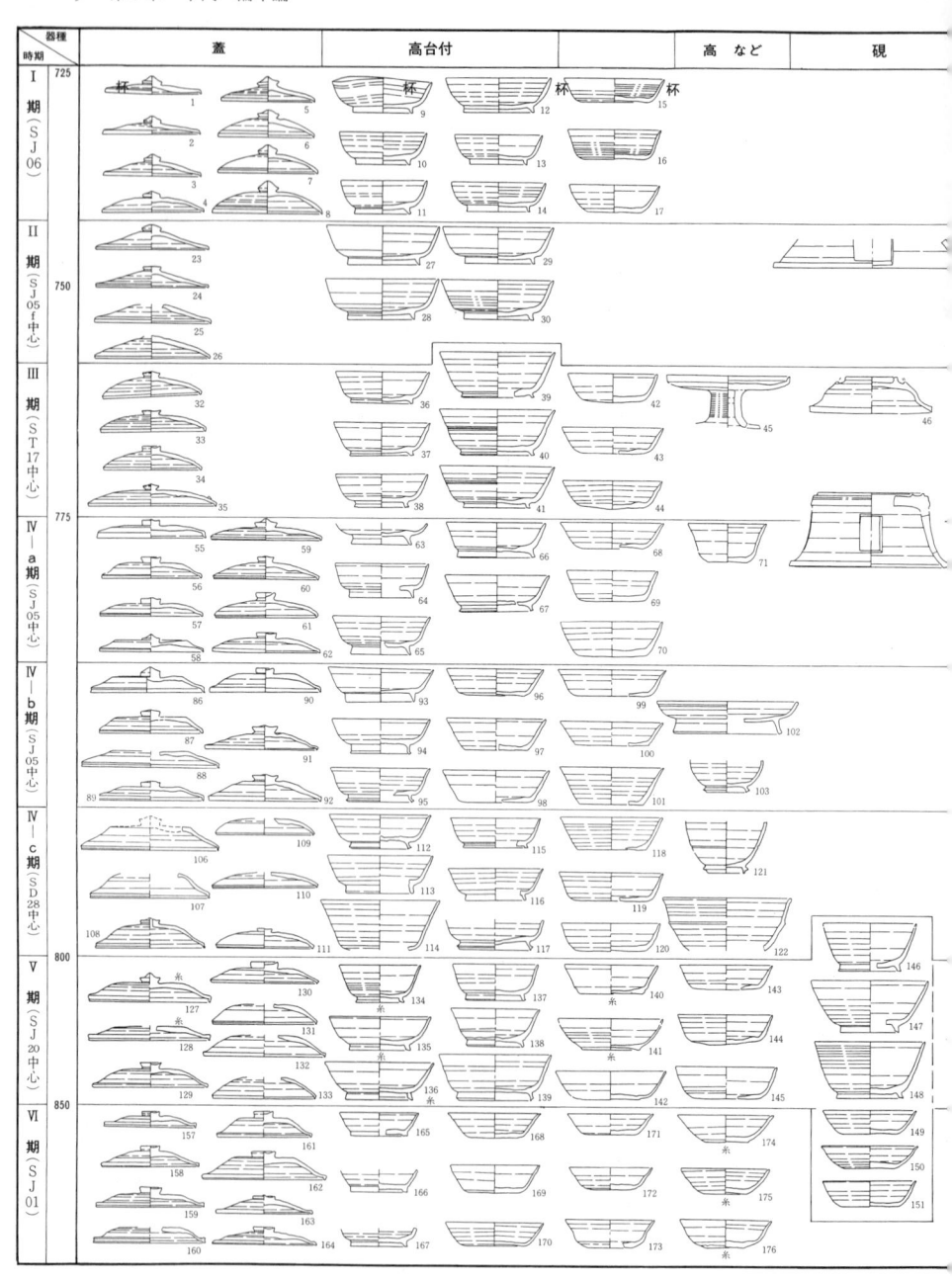

図36 竹原窯跡出土須恵器の編年（1）

第3節 竹原窯跡の須恵器編年　99

鉢	横・平瓶	広口・長頸壺	ミニチュア壺	壺　蓋	短頸・四耳壺

※（　）付きは1/2、そうでないものは1/8である。また、糸は回転糸切り、そうでないものは回転篦切りを表わす。

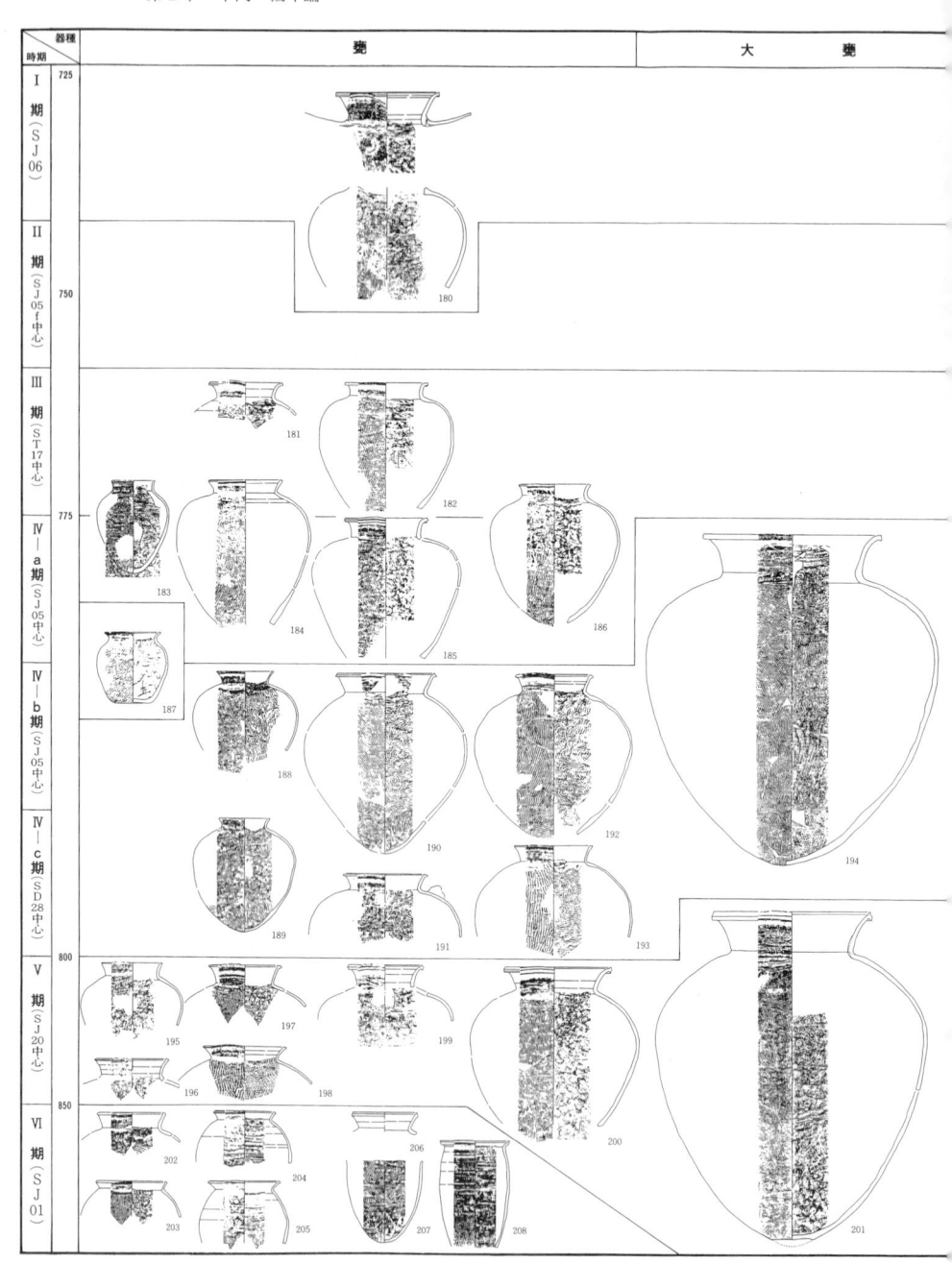

図37 竹原窯跡出土須恵器の編年（2）

その端の内側は高く鋭利で外側では低く丸みをもっている、きわめて特徴的な手法である。また、杯部形態の類似する136の高台は、接地部の内側端が極端に高くなり、後出的な要素を含んでいる。したがって、V期は年代推定資料⑥より8世紀代に含まれる可能性もあるものの、9世紀第1四半期に想定しておきたい。一方、同期の148は**50**と形態が類似している。したがって、年代推定資料⑨から9世紀第2四半期を想定しておく。

VI期の168・171・162・175は、それぞれ**51〜54**と形態が類似している。また、道伝遺跡の杯の切り離しは、V層上面からVI層上面にかけて回転箆切りと回転糸切りが共存している。したがって、VI期は年代推定資料⑩より9世紀後葉と想定することができる。

5 まとめ

　本論では竹原窯跡出土須恵器を検討して、その編年的位置づけを窯式として把握することに努めたが、型式差については詳細に説明し得なかった。これは筆者の怠慢によるが、一面では形態・技法の多様性による複雑な面も指摘できよう。そして土器の変遷に関しては、層位による検討が重要であることを改めて確認している。これはある同時期の器種がバリエーションに富む場合、型式学だけでは陥り易い分類差に対する時間変化の評価に対して、土器群の同時性として把握することが可能だからである。この竹原窯跡におけるバリエーションの豊富さは、辺境とされた時代の出羽北半地域における移民事情と合致した現象と考えられる。

　以上の点から、窯跡出土須恵器の編年に当たっては、なるべく層位に基づき時間的に限定された土器群を抽出して、それらのまとまりごとの変遷を捉え、それに年代を与える作業を試みた。土器群の抽出に当たっては、共通した色調に基づく同時性把握の方法を用いたが、これは主観に基づく危険性を含むものの、特定の遺跡においては有効と考えられる。特に並存する窯の灰原が混在し土器の帰属が不明な場合、窯内の資料がわずかであっても、色調などで窯の帰属を識別できるからである。また年代の推定に当たっては、周辺地域の城柵官衙遺跡を中心にした木簡・漆紙文書などの年紀資料のほか、文献史上で設置時

期の特定できる城柵の創建期土器資料などを用いた。

　最後に、文献史料と須恵器編年の関わりについて、横手盆地を中心にまとめてみる。これを考えるに当たって、雄勝城が横手盆地南部にあったのか、払田柵跡そのものが雄勝城であったかの見解の相違は（新野・船木1990）、論を進める上で支障となるので、先に払田柵跡が雄勝城ではない理由を2点に絞って述べておきたい。

① 　第35図47の短頸壺は、内郭南門東部の盛土整地SX671の埋土から出土した須恵器である。この整地土は払田柵跡創建期と考えられるが、調査者は天平宝字4年（760）と推定されている（ホイド井泉跡SE550出土）木簡との比較から、この須恵器の製作年代を8世紀中葉まで遡る可能性を述べたことがある（秋田県教育委員会1985a）。しかし筆者は、この年代を8世紀中葉まで遡らせるのは無理と考えている。一つには、9世紀後半以降と考えられる山形県寒河江市平野山窯跡の捨場に、形態・法量の類似したものが認められること（寒河江市教育委員会1984）。二つには、壺・瓶類で体部下半に縦の箆削りを施す手法は、東北北部では9世紀以降の特徴であり、底部に砂の付着があるのも10世紀以降と考えられている青森県五所川原市、前田野目窯跡群の製品などに認められる特徴と一致している。このような点と、年代推定資料⑧から47の廃棄年代は9世紀初頭であり、その製作年代は、それよりもやや遡った時期の8世紀第4四半期が妥当と考えられる。

② 　払田柵跡調査事務所による第78次調査では、内・外郭線第Ⅰ・Ⅱ期としている柵木の、光谷拓実による年輪年代測定結果を報告している（秋田県教育委員会1989b）。このうち内郭線第Ⅱ期を除く第Ⅰ期の最外年輪測定年代は、801・802年と測定された。そして、内外郭線第Ⅰ期は払田柵跡の創建期と考えられている。

　①・②より、史上に見える雄勝城が払田柵跡とは考えられず、雄勝城を横手盆地の南部に推定することが妥当と考えられる。

　以上を基に、8・9世紀の史上における出来事を、政治的な画期を中心に4つの大きな流れにまとめてみた。

① 海岸部の秋田出羽柵と呼応して内陸部の雄勝郡が設置される頃（733年）[3]から、雄勝域をはじめ雄勝・平鹿郡や各駅の設置された頃（759年）[4]まで。
② 759年頃から陸奥国と呼応した出羽国蝦夷の反乱が始まる頃（775年）[5]まで。
③ 775年頃から払田柵跡が設置される頃（9世紀初頭）まで。
④ 9世紀初頭以降。

　以上、これらの区分と須恵器編年とを対比すると、①はⅠ・Ⅱ期、②はⅢ期、③はⅣ期、④はⅤ・Ⅵ期とそれぞれの対応が考えられる。特にⅣ期SJ05a〜eの嵩上による窯の構築は、多量の須恵器が必要とされたその頃の政治状況を反映しているものと考えられる。また、横手盆地南部に限定した場合の須恵器生産体制に視点を当てれば、Ⅰ〜Ⅳ期は郡衙や城柵もしくはそれらと関わった施設に供給するための官窯、Ⅵ期では器種が少ない点や作りが雑な点から、国家が直接的には関わらない在地有力者による主導的な窯の可能性がある。Ⅴ期は、すでに律令制下に組み込まれ安定した生産を行っている時期で、すぐさま官窯に結びつけることはできないと思われる。したがって、それら両方の性格を併せもつ窯、と考えることができるかもしれない。これら須恵器生産体制における国家と在地勢力との関わりは、今後の大きな課題である。
　本論では、一窯跡の調査成果から秋田県の須恵器編年に関わり、かつ文献との対応に至る論を展開した。この中で考えての飛躍し過ぎた点もあるが、今後の研究課題としたい。

註
（１）　竹原窯跡には、灰白色の火山灰が2種類存在していると考えられ、SK02とSJ07のものがそれを代表している。これら火山灰の年代は、SK02のものが10世紀前半の火山灰（白鳥1980）に近いと思われ、SJ07の火山灰は、後述する須恵器の編年を基にすると、800年前後と考えられる。
（２）　竹原窯跡の報告書では、SJ05の範疇として扱ってきたが、層位や検出状況からSD28に帰属すると思われる。
（３）　『続日本紀』天平5年12月26日条。
（４）　『続日本紀』天平宝字3年9月19日条。
（５）　『続日本紀』宝亀6年10月13日条。

第4節　虚空蔵大台滝遺跡のかわらけ
――北奥羽における編年学的位置づけ――

1　はじめに

　秋田県におけるかわらけの研究は、1995年に発足した東北中世考古学会の研究成果によって飛躍的に進展している。その間、伊藤武士が古代から中近世にかけての編年学的見通しを明らかにした（伊藤2003）。これ以前にかわらけの始まりについても伊藤が、10世紀土師器変遷の流れの中で横手市大鳥井柵跡の11世紀かわらけについて言及している（伊藤1997）。さらに、2006年11月には後三年合戦（役）史跡検討会による検討会が催され、島田祐悦が大鳥井柵跡の再整理によって得られた多くのかわらけを基にした報告を行っている（島田2006）。このような研究に追随する形で、平安時代後半のかわらけが多数出土した虚空蔵大台滝遺跡の調査成果（発掘調査報告書）が2007年3月にまとまった（秋田県教育委員会2007）。

　本論で取り上げる虚空蔵大台滝遺跡は、旧河辺町が2005年1月に再編された秋田市河辺豊成に位置する。秋田市の御所野と秋田空港を結ぶ道路が計画され、その路線内で2002年に新たに発見されたもので、平安時代後半から中世にかけての城館を中心とした遺跡である。秋田県教育委員会が2004年5月〜11月に発掘調査を実施し、平坦部・斜面部・尾根部に分けた調査区より、大規模な虎口・切岸・空堀、掘立柱建物跡・礎石建物跡・テラス状遺構・土坑・焼土遺構などを検出した。また城館が東西約450m、南北約300mの北に突き出た弓なりの形状で、上部が平坦な台地状の地形を利用した大規模な遺跡であることも、新たに判明した。以下には、まとまったかわらけが出土した尾根部SZ1770テラス状遺構と、灰釉陶器とかわらけが層位的に出土した斜面部SZ1999テラス状遺構、これに関連したSB1008掘立柱建物跡などを中心に述べていく。

第4節　虚空蔵大台滝遺跡のかわらけ　105

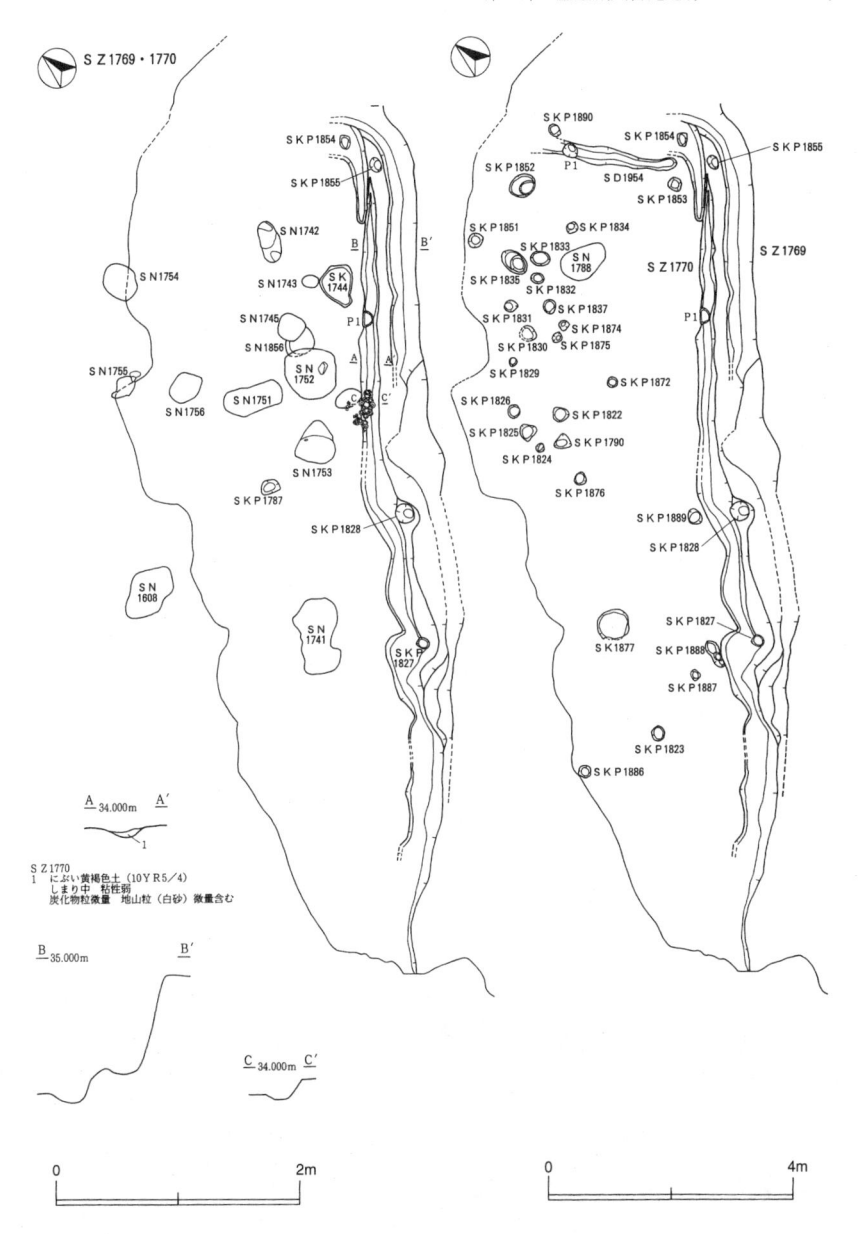

図38　SZ1770

なお、本論は報告書のまとめと重複する部分も多いが、そこでは限られた紙数により言い尽くせない点も多々あったため、あえてここで記述を試みるものである。また虚空蔵大台滝遺跡に関する挿図は、報告書からの転載・改変であることを予め断っておく。

2 SZ1770出土かわらけ

尾根部のSZ1770テラス状遺構は、東西に細長い尾根部でも馬の背状の最も高い地点に位置する（図38）。

図の平面形はSZ1770の1期（新…図の左）と2期（旧…図の右）に分けられ、SZ1770より古いSZ1769が北東側の壁や壁溝などで確認できた。SZ1770は本来長方形状の上屋をもつ竪穴状を呈していたと考えられ、外に張り出したSKP1827－SKP1828付近が入り口の可能性をもつ。かわらけは、1期の焼土遺構が多数検出された層を中心に中央やや北東の壁際でまとまって出土したものが大半であるが、一部は中心から数m離れて出土した例もある。覆土は

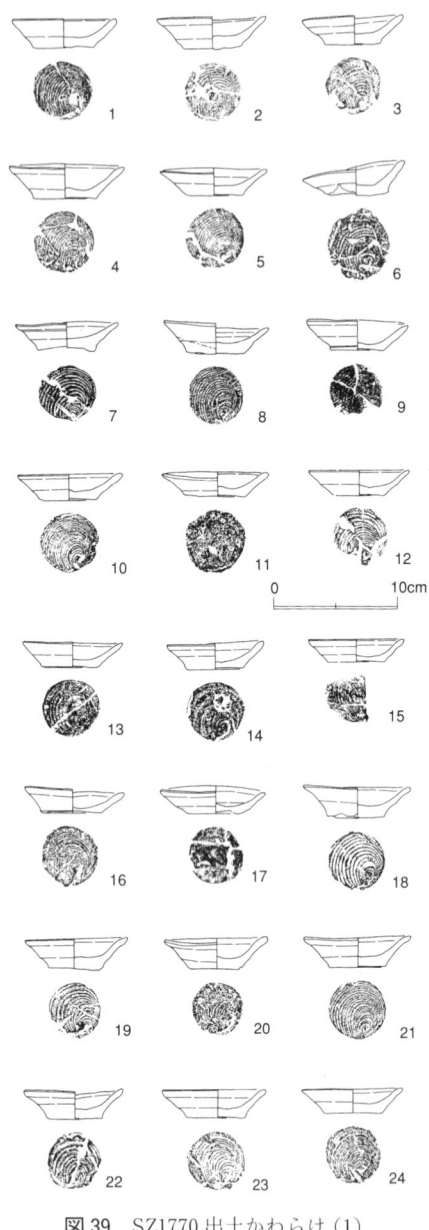

図39　SZ1770出土かわらけ（1）

第4節　虚空蔵大台滝遺跡のかわらけ　107

人為的な埋め戻しによるもので、特に床面から20cmより上位では黄褐色の地山土を多量に含んだ埋土で厚く覆われており、この後張り出し部を切り込んでSK1626土坑が構築された。土坑からは、15世紀中葉と考えられる竜泉窯系青磁碗と永楽通宝が出土した。

　SZ1770からは、図39・40の1〜45のかわらけが出土している。器種は小皿（1〜37）と椀（44・45）である。器種の在り方から椀と小皿のセット関係が指摘できるが、小皿が圧倒的に多い。小皿37個体の観察では、大きさが口径8cm前後・底径4cm前後・器高2.5cm前後で、形態的な特徴は例外を除いて全体に分厚く底部がやや突出気味な例が多く、口縁部が直線的に外傾するか外反する。全体に歪んだ例が多く稚拙な作りである。椀は口径が推定約10.5cm・底径が推定約5.5cm・器高約4cmで、底部が突出し口縁部が内彎する。椀も含んだ

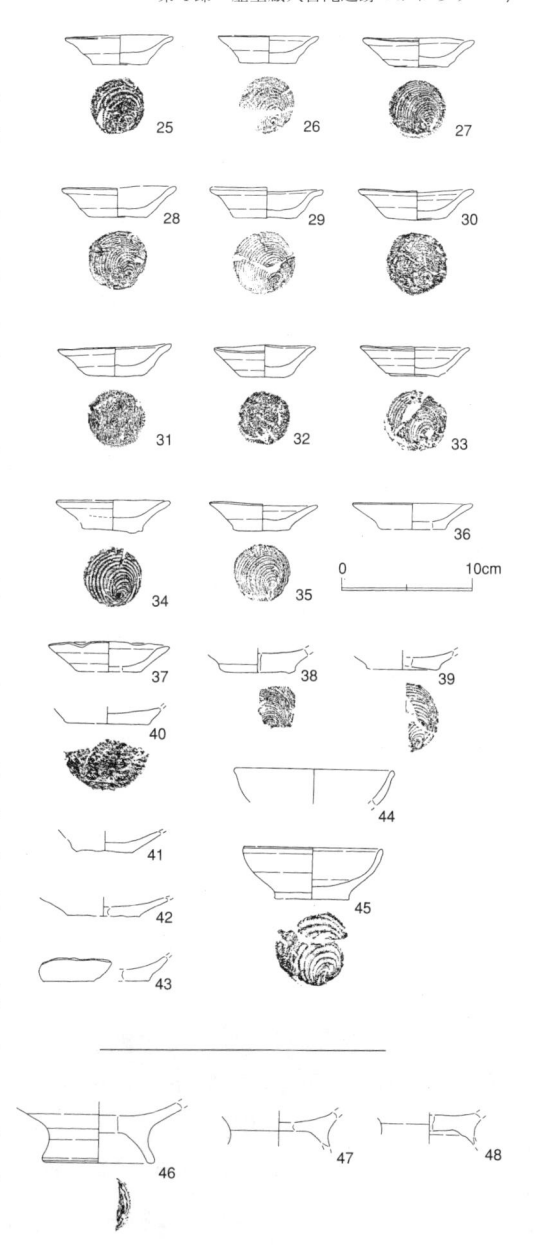

図40　SZ1770出土かわらけ（2）と平坦部出土土師器

底部の切り離し技法は、観察可能なものでは例外なくロクロ左回りの回転糸切り手法であり、(2)この時代に一般的なロクロ右回りの回転糸切り手法は認められない。

これらの小皿には、内面の口縁部から口縁部直下にかけて木口状の工具による条線の認められる例や、成形時の粘土紐の接合痕の認められる例（8・34）がある。以上の特徴に注目し製作技法を復元すれば、①ロクロ上で粘土紐を2～3段巻き上げ概略の形を作る→②内面底部の端部辺りから口縁部にかけて木口状工具によるロクロ調整を行う（外面も同時にロクロ調整を行ったと考えられる）→③底部から口縁直下にかけてロクロ調整を施す（外面も同時にロクロ調整を行ったと考えられる）→④内外面口縁部のロクロ調整を施す、さらにロクロ盤分離のための、⑤ロクロ左回りの回転糸切り手法を施す、と一連の製作工程が理解できた。以上の小皿製作技法を、虚空蔵大台滝遺跡型（虚空蔵タイプ）として把握している。以上の小皿と椀は、出土状況および製作技法上の特徴から一括土器群として把握できる（一括土器群A）。

3 SZ1999出土かわらけと灰釉陶器

斜面部中腹のSZ1999テラス状遺構は、これを直接覆っていた斜面上位のSV1998切岸掘削土（礫を含む土砂）と、この上のSD16空堀掘削土（黄褐色地山土）を除去して検出した（図41・42）。本遺構は、SB1008掘立柱建物跡を構築するために造られた整地面で、現状は東西の最大が約19m×南北約11mの広がりがあるが、東側の全体像は不明である。西端はSB1008の西柱筋より約5mの距離があるので、東側も建物跡東柱筋から約5mの所で完結する可能性がある。北側は斜面部を掘削し、南側は斜面部（X層が旧表土）を埋め立てて整地し、連続した平坦面を造り出したものである。また、斜面掘削面際の整地層下にSS1001鍛冶炉を検出した。(3)

SZ1999の平坦面であるⅦ―2層は、本来Ⅶ―3層と同質の明黄褐色土（地山）が炭化して灰黄褐色土に変質したもので、生活面と考えられる層である。これらの下にあるⅧ―2層は、拳大の礫を重ねて敷き詰めており（石敷き層）、凡そ

第 4 節　虚空蔵大台滝遺跡のかわらけ　109

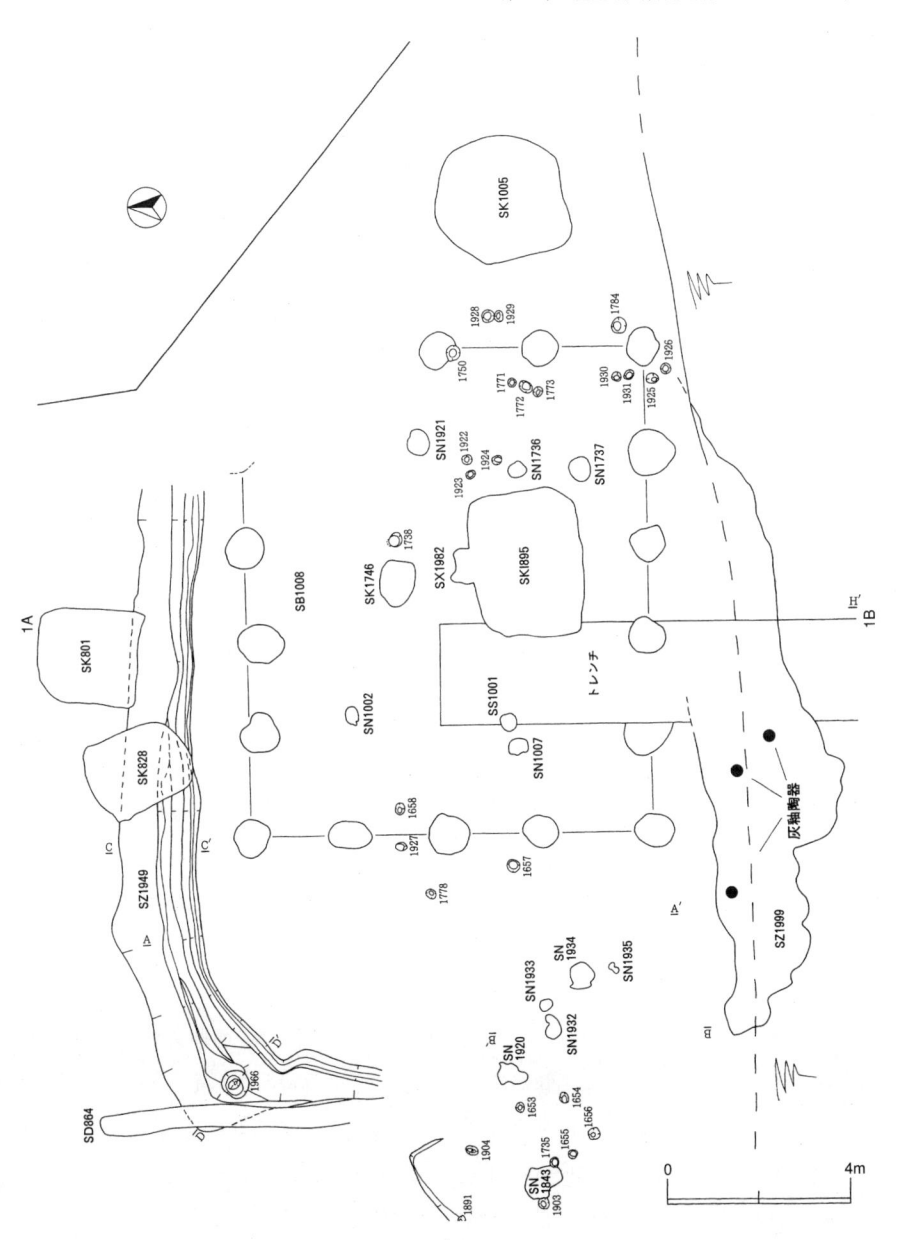

図 41　SZ1999 と SB1008

長軸 15m（東西）×短軸 3m（南北）の広がりがある。これらの整地層に関連して次の遺物が出土した。49・50 はⅦ—2 層上面、51 はⅦ—2 層から出土したかわらけの小皿で、生活面からの出土である。52 はⅦ—3 層上面、53 はⅦ—3・7 層、54・57・58 はⅦ—3 層、55・56 はⅦ—3 層相当層から出土し、かわらけの小皿・椀、把手付土器（58）は上位整地土から出土した。さらに、59 はⅧ—2 層から出土した灰釉陶器（転用硯）、60 はⅧ層から出土した土師器甕で、下位整地土からの出土である。[(4)]

　下位整地層から出土した灰釉陶器は、これと層位的に関連するかわらけの年代を把握する上できわめて重要であり、以下に私見を引用する。[(5)]

　「この灰釉陶器は、井上喜久男氏より灰釉陶器の最終段階の東濃産（現岐阜県）明和 27 号窯式と鑑定して戴き、氏は 11 世紀第 3 四半期を中心とする 11 世紀後半の年代を想定した。灰釉陶器は一般に 8 世紀中葉から愛知県猿投窯跡で生産が開始されてから、9 世紀後半に岐阜県美濃窯に生産が拡大し、11 世紀後半山茶碗の生産開始に伴ってその終焉を迎える。美濃窯の明和 27 号窯式は、猿投窯では百代寺に概ね対応する。年代については研究者により多少の齟齬が生じている。例えば、齊藤孝正氏は、百代寺窯式を 11 世紀前半に明和 27 号窯式を 11 世紀でも第 2 四半期に位置付けている。また消費地資料を検討した小森俊寛氏は、百代寺式を 11 世紀後半にも一部食い込んで第 2 四半期中心に位置付けている。美濃窯を精力的に調査している山内伸浩氏は、明和 27 号窯式を 11 世紀中葉に想定している。灰釉陶器の年代根拠については、現時点では消費地の資料を拠り所にすべきと考えるが、明和 27 号窯式の下限年代も不明瞭なことから、本遺跡出土の灰釉陶器を 11 世紀中葉に考えておきたい。」

　以上の灰釉陶器の年代観より、SZ1999 における一連の整地地業層に関連して出土したかわらけおよび土師器には、11 世紀中葉の時期が想定できることから、整地地業の上限年代を 11 世紀中葉かそれより新しい時期に推定できる。したがって、生活面出土の 49〜51 を除くこれらの灰釉陶器・かわらけ・土師器を、掲載していないものも含んで一括土器群 B として捉えておきたい。

4 遺跡の時期変遷とかわらけの時期

遺跡からは、縄文土器や9～10世紀に考えられる須恵器・土師器もわずかに出土しているが、平安時代後半から中世にかけての城館を中心とした遺跡であることは、冒頭で述べてある。この中心となる時期の変遷を、遺構の切り合いから大きくⅠ～Ⅲ期に捉えている。

Ⅰ期はSV1998の掘削土で埋め尽くされたSZ1999・SB1008・SS1001やその他のテラス状遺構および焼土遺構が該当する。SZ1999の造成期とSB1008の存続期を、一連の時期と捉えⅠb期、これ以前のSS1001などをⅠa期とする。

Ⅱ期はSV1998・SD16やこれらの掘削土で形成したSF1000土塁が該当する。SV1998の礫を含む土砂は、Ⅰ期遺構群を厚く直接覆っている。SD16掘削土の黄褐色地山土は、SD16下位斜面側に接して版築されている状態の上に厚く盛られ、SF1000が構築された。これら3遺構は同時期と見なせる。さらに、SD16下位の覆土上位を切り込んでSK1118土坑が存在する。したがって、SD16が機能していた時期をⅡa期、その機能が停止してから空堀の自然堆積層が形成されSK1118に切られるまでをⅡb期とする。

Ⅲ期はSD16覆土上位を切り込んだSK1118が存続した時期である。

以上のようにⅠa期・Ⅰb期・Ⅱa期・Ⅱb期・Ⅲ期の5つの時期に区分した。各々の年代は、Ⅰa期がSZ1999の廃棄された一括土器群Bの使用されていた時期と考えられることから、11世紀中葉と推定しておく。またⅠb期は、先にSZ1999の上限を11世紀中葉も含んだ新しい時期に一応推定したが、SZ1999とSB1008の構築は一連のものでありかつSB1008の存続期間を考慮すれば11世紀後葉と考えるのが妥当である。Ⅱa期は、SB1008が城館の大規模造成により一気に埋め立てられたもので、SD16が機能し始めるのがⅠb期の終末と重なる11世紀後葉である。Ⅱa期の存続期間やⅡb期の堆積期間は推測できないが、Ⅱb期の下限とⅢ期の時期を、SK1118出土の竜泉窯系青磁碗から15世紀中葉と考えておく。

かわらけの時期については、SZ1999出土一括土器群Bのかわらけを11世紀

112　第2章　年代・編年論

――― 45.000m　　　｜LN53　　　　　｜LN52　　　A　　　｜LN51

49　　　50　　　51

I-1
I-2
SD16
III-1
V-2
V

I-1　暗褐色土（10YR3/3）しまり弱　粘性弱
　　　礫多量含む
I-2　にぶい黄褐色土（10YR4/3）しまり弱　粘性弱
　　　炭化物粒微量　地山粒多量含む
II-1　にぶい黄褐色土（10YR4/3）しまり弱　粘性弱
　　　地山粒微量含む
II-2　暗褐色土（10YR3/4）しまり弱　粘性弱
　　　炭化物粒微量　地山粒微量　礫少量含む
III-1　明黄褐色土（10YR6/8）しまり強　粘性強
　　　地山塊多量　礫微量含む
III-2　明赤褐色土（5YR5/8）しまり強　粘性強
　　　地山塊多量　礫微量含む
IV-1　明黄褐色土（10YR6/6）しまり弱　粘性強　砂質
　　　地山塊多量　砂粒多量含む
IV-2　橙色土（7.5YR6/8）しまり弱　粘性強
　　　地山塊多量含む
IV-3　にぶい黄褐色土（10YR4/3）しまり弱　粘性強
　　　砂層　砂粒少量　礫微量含む
IV-4　橙色土（7.5YR6/8）しまり中　粘性弱
　　　砂粒多量含む
IV-5　褐色土（10YR4/4）しまり中　粘性強
　　　炭化物粒微量　地山粒少量　礫少量含む
IV-6　橙色土（7.5YR6/8）しまり強　粘性強
　　　炭化物粒微量　地山粒微量　礫微量含む
IV-7　褐色土（10YR4/4）しまり弱　粘性強
　　　炭化物粒微量
IV-8　橙色土（7.5YR6/8）しまり弱　粘性弱
　　　地山塊多量　砂粒多量含む
IV-9　褐色土（10YR4/4）しまり強　粘性強　砂質
　　　地山塊多量　礫少量含む
IV-10　にぶい黄褐色土（10YR7/6）しまり強　粘性強　多量
　　　地山粒・塊多量　礫少量含む
IV-11　暗褐色土（10YR3/3）しまり弱　粘性強
　　　炭化物粒微量　地山粒多量　砂粒多量　礫少量含む
IV-12　暗褐色土（10YR3/3）しまり弱　粘性強
　　　炭化物粒微量　砂粒少量含む
IV-13　暗褐色土（10YR3/3）しまり弱　粘性強
　　　炭化物粒微量　地山粒少量含む
IV-14　橙色土（7.5YR6/8）しまり弱　粘性強
　　　炭化物粒微量　地山粒少量含む
IV-15　暗褐色土（10YR3/3）しまり弱　粘性強
　　　炭化物粒微量　砂粒少量　礫微量含む
IV-16　明褐色土（7.5YR5/6）しまり強　粘性強
V-1　にぶい黄褐色土（10YR4/3）しまり中　粘性中
　　　炭化物粒微量　砂粒少量　礫微量含む
　　　下部に暗褐色土（7.5YR3/4）が厚さ5mmで堆積
V-2　暗褐色土（10YR3/4）しまり弱　粘性強
　　　炭化物粒微量　砂粒微量　礫微量含む
V-3　暗褐色土（10YR3/4）しまり弱　粘性強
　　　炭化物粒・塊微量　地山塊少量　礫多量含む
　　　下部に地山土が厚さ10mmで版状に堆積
V-4　明黄褐色土（7.5YR5/6）しまり弱　粘性強
　　　地山塊（あま岩）微量　砂粒少量　礫少量含む
V-5　暗褐色土（10YR3/4）しまり弱　粘性強
　　　炭化物粒微量　地山塊少量　礫少量含む
V-6　黒褐色土（10YR3/2）しまり弱　粘性中
　　　炭化物粒微量　砂粒少量　礫微量含む
V-7　暗褐色土（10YR4/4）しまり中　粘性中
　　　炭化物粒多量　砂粒多量　礫多量含む
V-8　暗褐色土（7.5YR3/3）しまり弱　粘性強　砂質
　　　炭化物粒微量　砂粒少量　礫微量含む
V-9　暗褐色土（10YR4/4）しまり弱　粘性強
　　　炭化物粒微量　砂粒多量　礫少量含む

V-10　黒褐色土（7.5YR3/2）しまり弱　粘性強
　　　炭化物粒微量　砂粒微量含む
　　　極暗褐色土（7.5YR2/3）と暗褐色土（7.5YR3/4）と
　　　の混合土含む
V-11　褐色土（10YR4/4）しまり中　粘性強　砂質
　　　炭化物粒微量　砂粒多量含む
V-12　褐色土（10YR4/4）しまり弱　粘性強　砂質
　　　炭化物粒微量　砂粒多量含む
V-13　褐色土（10YR4/3）しまり弱　粘性強
　　　炭化物粒微量　砂粒少量　礫微量含む
VI-1　黄褐色土（10YR5/6）しまり強　粘性強
VI-2　明褐色土（7.5YR5/6）しまり強　粘性強
VI-3　褐色土（10YR4/4）しまり中　粘性強
　　　礫（砂利）層
VI-4　にぶい黄褐色土（10YR5/4）しまり弱　粘性強
　　　砂粒多量　砂粒微量含む
VI-5　褐色土（10YR4/3）しまり弱　粘性強
　　　炭化物粒微量　砂粒多量　礫多量含む
VI-6　褐色土（10YR4/3）しまり弱　粘性強
　　　炭化物粒微量　砂粒多量　礫少量含む
VII-1　褐色土（10YR4/4）しまり弱　粘性強
　　　炭化物粒・塊少量　地山塊微量　礫少量含む
VII-2　灰黄褐色土（10YR5/2）しまり強　粘性強
　　　炭化物粒・塊少量　地山塊多量　礫少量含む
VII-3　明黄褐色土（10YR6/8）しまり強　粘性強
　　　炭化物粒微量　地山塊多量　にぶい黄褐色土（10YR4/3）
　　　との混合土含む
VII-4　暗褐色土（7.5YR3/2）しまり弱　粘性強
　　　炭化物粒微量　地山粒少量含む
VII-5　暗褐色土（10YR3/3）しまり中　粘性強
　　　炭化物粒微量　砂粒少量含む
VII-6　褐色土（10YR4/4）しまり強　粘性強　多量
　　　炭化物粒微量　暗褐色土（10YR3/3）多量
VII-7　褐色土（10YR4/4）しまり弱　粘性強
　　　VII-2との項目で炭化物粒の厚さ5～7mmで堆積
VIII-1　暗褐色土（10YR3/3）しまり強　粘性強
　　　炭化物粒少量　砂粒少量混入　礫微量含む
VIII-2　暗褐色土（10YR3/3）しまり弱　粘性強
　　　炭化物粒微量　砂粒少量　礫少量含む
VIII-3　暗褐色土（10YR3/3）しまり弱　粘性強
　　　炭化物粒微量　砂粒少量　礫微量含む
IX　　暗褐色土（10YR4/4）しまり弱　粘性強
　　　炭化物粒微量　砂粒少量　礫微量含む
X　　にぶい黄褐色土（10YR4/3）しまり弱　粘性強
　　　炭化物粒微量　地山粒少量　砂粒少量含む

第4節　虚空蔵大台滝遺跡のかわらけ　113

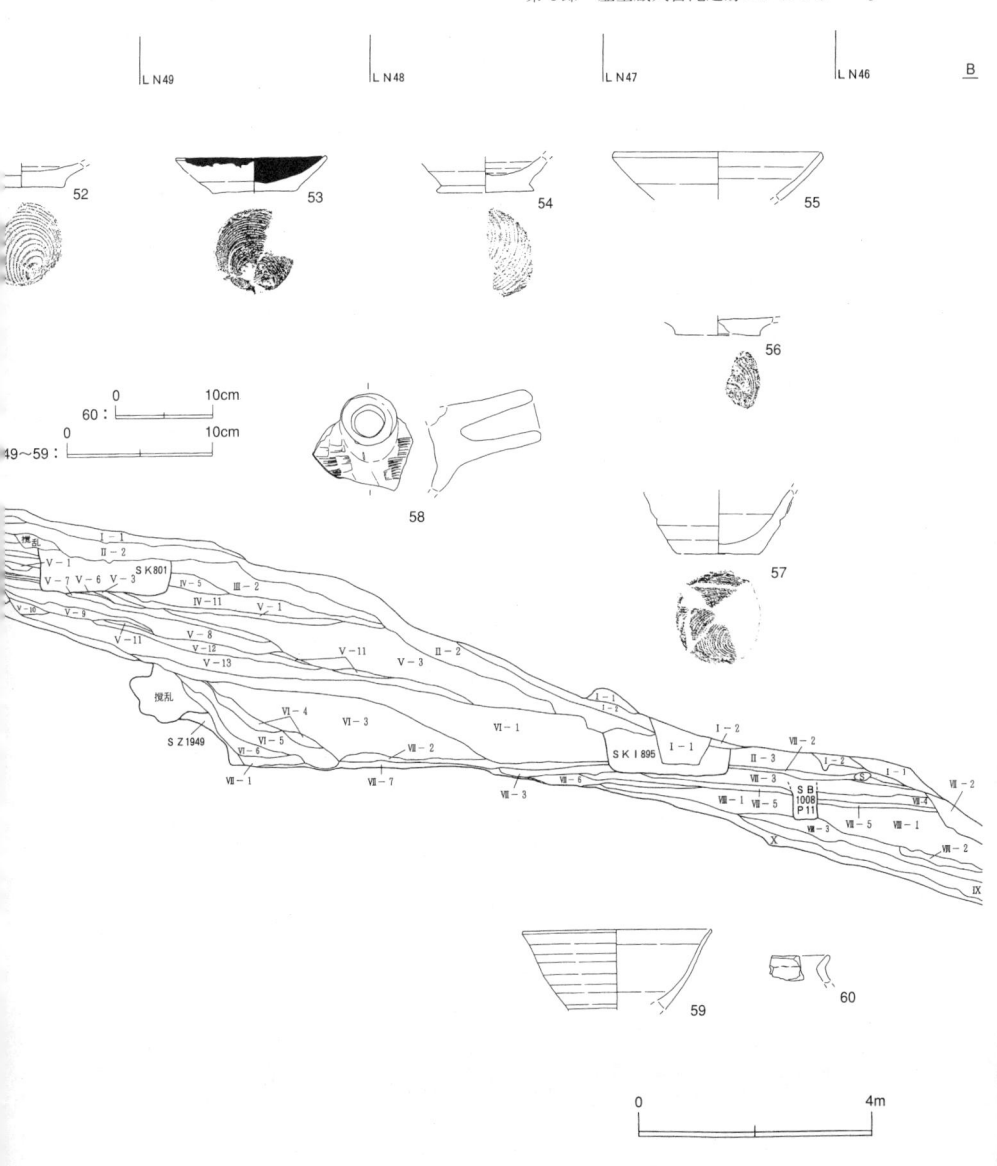

図42　斜面部土層断面と出土遺物

中葉でⅠa期に、Ⅶ—2層上面から出土した49・50のかわらけを11世紀後葉のⅠb期に対応させた。ここで注目されるのが49の資料である。この小皿は、形態・製作技法がSZ1770出土資料と同じ虚空蔵タイプの小皿であり、胎土・焼成・色調も共通する。すなわち、SB1008とSZ1770は沢を挟んで対峙しているが、ほぼ同時期のⅠb期に存在したものと考えられる。両遺構とも、土砂や黄褐色地山土で埋め立てられた点も共通するし、偶然にしろⅢ期の土坑とも関連している。すなわち、一括土器群B（11世紀中葉）から一括土器群A（11世紀後葉）の変遷が理解される。[6]

また、11世紀前葉か中葉と考えられる有台杯もしくは有台皿（図40-46～48）も平坦部から出土している。

5　むすび

本論では、虚空蔵大台滝遺跡から出土したかわらけについて、遺構の前後関係に関連づけて論じてきた。その結果、同遺跡のかわらけの年代を11世紀中葉から後葉に推定するに至った。この時期は、「奥六郡主」安倍氏の陸奥と「出羽山北主」清原氏の出羽を舞台とした前九年の役、後三年の役が繰り広げられた時代である（樋口2004）。

横手市の大鳥井柵跡は、横手川に隣接し比高差が約25mの沖積地が一望できる低丘陵地に立地しており、その規模は約200m×600mである。虚空蔵大台滝遺跡も岩見川に隣接し、比高差約35mの沖積地が眼下に広がる低丘陵地（上部が平坦な台地上の地形で、高位丘陵地に繋がる一部を除いた周囲は急斜面である）にあり、立地条件や規模も類似する。共に丘陵縁辺には空堀・土塁・柱穴列を巡らし、丘陵上には掘立柱建物跡が存在する。大鳥井柵跡は清原真人光頼の子大鳥太郎頼遠の本拠地と目されており、11世紀の土器やかわらけが多量に出土している。

この大鳥井柵跡から出土した多くのかわらけや土師器は、先頃の再整理によって公にされたことは前述した。『清原のかわらけ』（2007）の島田報告分に267点が図化されている。これらの遺物を実見し、虚空蔵大台滝遺跡出土かわ

らけの特に一括土器群Aの小皿と椀に主眼を置いて比較を行った。大雑把な観察であったが、小皿・椀共に形態の類似するものがいくつか見受けられ、これらも含んで相対に大鳥井柵跡出土のものが大振りであることの印象をもった。また底部の回転糸切り方向の観察では、21点にロクロ左回転の資料を見出すことができた。遺物の観察では、一部で大鳥井柵跡と虚空蔵大台滝遺跡の共通性が強く感じられた。[7]

　虚空蔵大台滝遺跡と大鳥井柵跡は、立地条件・検出遺構・出土遺物において共通性が見られる大規模遺跡である。このことから虚空蔵大台滝遺跡の城館の支配者は、大きな河川と肥沃な沖積地を掌握し仏教文化を享受していたであろう清原氏関係の人物であったことは想像に難くない。

　虚空蔵大台滝遺跡のⅡa期の空堀は、幅が5～6m・深さが2m前後あり、調査区外の地形観察からは切岸も伴って少なくとも東西約150mの規模があり、この東端が平坦部の大型空堀と関連すればその全長は約300mにも及ぶ。この大規模な城館が、調査区斜面部の仏堂と想定しているSB1008を故意に埋め戻してまで成し遂げられた状況は、当時の緊迫した状況を伝えていることにほかならない。11世紀後葉の一括土器群Aの年代観は、このⅡa期の城館が清原氏の内紛に端を発した後三年の役（1083～1087）の臨戦状態に関わった構築であることを想定させるものではないだろうか。そうであれば一括土器群Aの廃棄年代を1083年に近い年代に推定できる。

註
（1）「第6章　まとめ」の中で、1. 調査結果の概要、2. Ⅰ期SB1008掘立柱建物跡に関連して、3. SZ1770の一括小皿について、の3項目について利部が記述した。
（2）ロクロ左回転の糸切りの場合、拓本右にある渦起点側の条線が狭く、左にある渦終点側の条線が相対に広い特徴がある（①）。渦終点からは、糸が引き抜かれたときの痕跡が底面や体部下端に確認される場合があり、糸抜き痕跡と呼んでおく。この糸抜き痕跡の位置でもロクロ回転方向が推定できる（②）。図39・40の糸切り痕跡が不明瞭でも、①・②によって3・9・11・15・17・32・36はロクロ左回転の糸切り痕跡と判断できる。小川貴司は、この糸抜き痕跡を回転糸切りの実験で「～糸を引き抜いた痕跡がのこることがある。」と表現している（小川1979）。

（3）　掘立柱建物跡は、個々の柱穴が長軸0.8m前後・深さが0.7m前後と大きく、斜面部に整地層を伴って存在する特別な建物である。主軸が北を指したり付近から小塔が出土したことなどから仏堂を想定している。また建物跡の北東側は、調査範囲の境界に近くかつ調査地が3m前後と深い状態であったため、法面を多くとる必要があり完掘調査は断念せざるをえなかった。
（4）　これらの土器群には、かけ離れて古い遺物の紛れ込む可能性もあるが、把手付土器にしても下限年代を11世紀後半代まで想定しており（浅田2006）、総じてまとまりのある遺物群と判断している。
（5）　「第6章　まとめ」の中で記述してある。
（6）　底部の突出した椀と小皿を伴い年代の推定できる資料としては、中尊寺境内金剛院下層出土のかわらけ群（12世紀初頭～前葉）がある（平泉町教育委員会1994）。多量に出土した小皿には、一括土器群Aの全体に歪みの目立つ小皿に若干類似する形態も二、三見られるが、扁平で底径が口径に近づく精緻な作りの形態が主体を占めており、一括土器群Aはこれよりも古い。むしろ、11世紀前半に推定されている宮城県植田前遺跡第2溝状遺構出土資料の中に、比較的目立って一括土器群Aの小皿と形態の類似したものが存在する（宮城県教育委員会1981）。これらは「～器壁は厚く低平である。体部から口縁部は短く、強く外傾するが、直線的なもの、丸味をもつもの、外反気味なものなど多様である。全体にゆがみが多く～底部がわずかに下方に張り出す形態となるものが多い。」と、一括土器群A小皿の口縁部形態のばらつき、歪み、底部突出形態の特徴が類似する。ただし、有台杯や有台皿を伴ったり法量が一回り大きいなどの点から、一括土器群Aが後出であるものの金剛院下層資料も勘案して概ね11世紀後半には収まるものと思考される。この年代観は、岩手県で出土する底部が突出する椀や小皿に対する井上雅孝（井上1996）や及川司（及川2003）らの年代観とも矛盾しない。また、植田前遺跡第2溝状遺構出土資料の中に、一括土器群Bの小皿（53）と形態・法量の近似する小皿が数点認められ点は注目される。
（7）　お忙しい中、遺物の観察にお付き合いいただいた島田祐悦、澤谷敬両氏に感謝申し上げます。また図化されていない中に、一括土器群Aの椀と形態が類似し底部に左回転糸切りの痕跡を留める資料のあったことを記憶しておきたい。

第3章　文様・擬似文様論

第1節　払田柵跡の平瓦渦巻文考

1　はじめに

　払田柵跡は、秋田県仙北郡仙北町払田と千畑町本堂城廻にわたる城柵官衙遺跡である。遺跡は、政庁の位置する低位な長森丘陵裾に沿ってこれを囲む内郭線、長森と長森の西側にある真山を囲む外郭線からなり、その規模は東西1,370m南北780m、外郭線の総延長は約3,600mである。角材列と築地土塀の内郭線・角材列だけで造られた外郭線には各々東西南北の八脚門があり、政治と軍事の両面を兼ね備えた大規模な施設であることがわかっている（児玉1993）。

　ここで論じようとする平瓦は、内郭南門の東側石塁付近の、創建期整地層といわれているところから出土したものである（図43）。この種の瓦は瓦自体が少ない払田柵跡の中にあって、主体を占める110点余りの格子目瓦と比べても25点ときわめて少なく、どこに葺かれていたのかも不明である。凸面上の文様は、平瓦一枚作り技法の叩き工具の原体文様が表出された文様で、一般に見られる格子目や縄目の代わりにS字状の渦巻が表現されたものである。渦巻やS字状の渦巻は、すでに縄文時代の土器や岩版などに用いられているが、一種の神秘性を醸し出す文様として注目されるところである。

　凸面に渦巻やS字状渦巻による文様をもつ平瓦は、東北の城柵官衙遺跡をはじめ全国にも例がなく、なぜ払田遺跡からのみ出土するのか疑問をもっていた

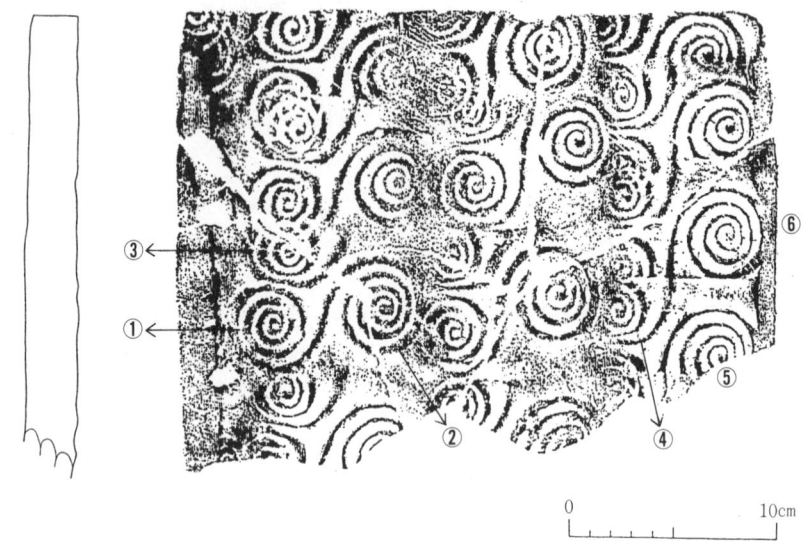

図43 払田柵跡の渦巻文平瓦（秋田県教育委員会 1989b より転載加筆）

のである。本論では叩きの原体文様の分析を通して、その意味などについて考えていきたい。

2 原体文様の復元

　渦巻が施されている平瓦（図43）は、ほとんどが灰白色や橙色を呈する焼きのあまいもので全体に磨耗が進んでいる。そのため、叩き工具の端が幾つか確認されるが、これだけを基に単位文様を復元することは、容易ではなかった。ただし文様の中には独立した S 字形渦巻の存在も認められることから、複雑に見える文様は、この渦巻の重複か、あるいはこれと別の渦巻が組み合うであろうという予測は当初からもつことができた。

　これを念頭において渦巻を観察した結果、S 字形の各渦巻における 2 つの異なる中心部形態①（以下、各渦巻を数字で表記）・②のほかに、これらと異なる形態が一つだけあることに気がついた。③・④がそれで、この渦巻は均整のとれた①・②のものとは異なり、外側下の線が直線的になる特徴をもつこともわかった。したがって原体は、異なる 3 つの渦巻の組み合わせによる文様構成で

第 1 節　払田柵跡の平瓦渦巻文考　119

あることが理解できた。

　次に問題となるのは、どのような文様配置をとるかである。この手がかりを得るために、④と⑥の部分に注目してみたい。④と⑥は一見、2つの渦巻が繋がったS字状に見えるが、渦中心の形態から⑥は②と同じであることがわかり、④と⑥は連続しないと理解される。これらの間には叩き工具の端が水平に走る。このことも、④と⑥が連続するS字状の渦巻とは認められない理由の一つである。

　さて、この工具の端の痕跡が④・⑥のどちらに伴うかが問題になるが、⑥と同じ中心形態をもつ②には⑥に接するような工具痕はない。よって、叩き工具の痕跡は④に伴うことが理解され、⑤もそのときの叩きによって④と共に表現されたことがわかる。そして、⑤の中心形態は②のそれと一致しているのである。以上より、S字形渦巻に伴う凸面上の文様は、①・②・③が表出された渦巻文の原体の重複で、③の全体は④によって補うことができる。この組み合った文様を裏返ししたものが、叩き工具に彫り込まれてある文様である。

　また叩き工具の大きさは、①が下の渦巻を②が右の渦巻を切り込んでいることから、④を考慮した縦の長さは 7.0cm であり、横については①左端から②右の渦巻が消える辺りが 11cm なのでわずかにそれ以上の長さと推測される。形は以上の観察から、ほぼ長方形を呈すると考えられる。以下、これを基に凸面上の文様評価に関わって、原体の動きについて若干触れておきたい。

　図 44 は、原体の軌跡が理解し易いように1原体3つの渦巻について、各々の中心を結んだ三角形で表現したものである。三角形の在り方から、縦に連続した3つのスムーズな軌跡が理解される。

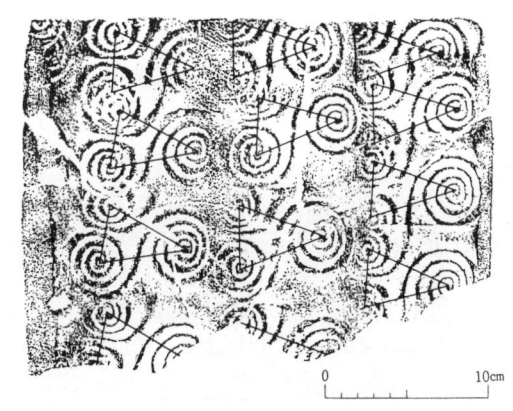

図 44　原体の軌跡

120　第3章　文様・擬似文様論

さらに、これと原体個々の切り合いを検討すると、概ね右上→右下→中下→中上→左上→左下の動きが想定される。改めて凸面上の文様を見ると、工具に刻まれた3単位の渦巻文が整った形では表出されておらず、また、通常の平瓦は凸面を下にして葺かれることから、凸面上の文様それ自体に特別な意味があったとは思われない。むしろ3単位の渦巻文を瓦に刻すること、もしくは工具にその文様を刻することにこそ、特殊と見られる渦巻文を採用した意図があったと考えられる。

3　S字型渦巻文の意味

渦巻文やS字型（本文ではS字形や逆S字形の総称として用いる）渦巻文は、民族例である種の意味をもって用いられたり、今日の日常生活で装飾に多用される文様でもある。この文様が、早く縄文時代に用いられたことは前述したが、弥生時代にあっては特別な意味や役割をもって生活の中で用いられていた。以下では、原始・古代の特にS字型渦巻文について、その意味を検討してみる。

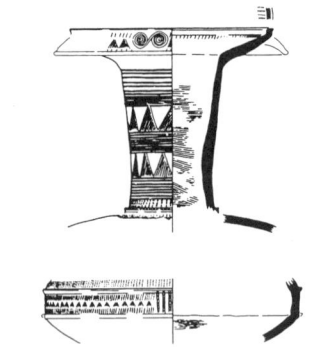

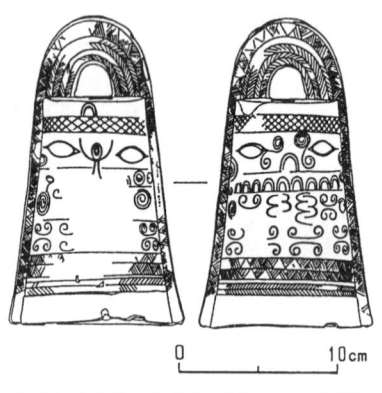

図45　福田銅鐸（辰巳1992より転載）

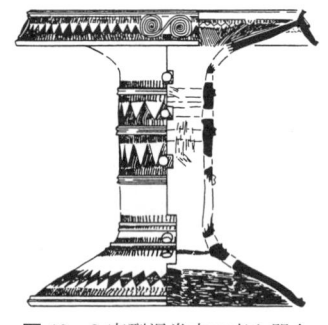

図46　S字型渦巻文の壺と器台
　　　（間壁忠彦1993より転載）

第1節　払田柵跡の平瓦渦巻文考

はじめは祭器とされる弥生時代銅鐸の場合で、両側の鐸身上位に杏仁形で2つの目がつく、特異な福田銅鐸の例を取り上げてみる（図45）。この目について辰巳和弘は「邪霊を打ち破る力をもつ聖なる目」と考え、春成秀爾は「司祭者あるいは〜カミそのものの表現」と解釈している。これらの目の間には、一方の面で司祭者と考えられている人物が、その裏面には重弧文と2つのS字・逆S字渦巻文が対で表現されている。これらのS字型渦巻文を含む文様は、辰巳によって「司祭者もしくは神を表わすもの」と評価されている(2)（辰巳1992）。これらの文様の直下には重弧文が連続的に施されており、このことからS字型渦巻文が特に重要視されていると考えられる。したがってS字型渦巻文は、邪霊などの外敵から身もしくは集団を護る呪力をもった文様と見なすことができる。そして同時に、権威をも象徴する文様と理解することができよう。このほか、古墳出現期の有力墳墓に供献品として用いた特殊器台やこれに組み合う特殊壺などにも、鋸歯文と共にS字型渦巻文を認めることができる（図46）。やはり権力者だけに、その使用が許されていた文様と見なすことができよう。

図47 平城宮の盾
（奈良国立文化財研究所1978bより転載）

次に、奈良時代平城宮跡のSE1230井戸枠に転用されていた木製盾を取り上げてみる（図47）。報告によれば、盾の表面には墨線で渦巻文と鋸歯文を大きく描き、全面を白土・墨・赤の彩色で埋めるもので、その1つの大きさは長さ153cm幅50cmとある。盾については、『延喜式』延長5年（927）の兵部省隼人司の記事に「楯一百八十枚。枚別長五尺。廣一尺八寸。厚一寸。頭編レ著馬髪。以レ赤白土墨レ畫レ鈎形。〜並収レ司臨時出用。若有レ破損レ申レ省修理。」と規定しており、平城宮跡出土のものはこの記載と一致していることがわかっている。この盾は、隼人が元旦、即位、蕃客入朝の重要な儀式に威儀用として用い

たもので、霊を鎮める呪的能力をもつとされる隼人とS字型渦巻文は、密接な関係にあると考えられている[(4)](井上1978)。さらに重要と思われるのは、S字型渦巻文が敵の攻撃を阻止する盾に用いられ、その呪術的威力を威儀用として固持している点である。しかも、隼人は6世紀以降朝廷に服属し奈良・平安時代には参勤したり畿内に移住したりして、朝廷に関わる諸役を努めていたのである[(5)](中村1993、萩原1990)。

　以上2つの例に引いたS字型渦巻文は、邪霊や外敵などから護るという意味では共通した役割をもつ。しかし、前者は弥生時代から古墳時代前期にかけては権威をも象徴する文様であったのに対して、奈良・平安時代では低い階層であってもその使用が許されており、実利面がより重視されていると見ることができよう。[(6)]この理由には、6世紀前半に伝播する仏教文化の影響が大きかったと考えられる。つまり、本来呪術性と権威を象徴するという2つの意味をもっていたS字型渦巻文の後者が、仏教文化の他の要素と置き代わり、徐々に実利的面が強調されてきたものと考えられるのである。このようなS字型渦巻文の意味と用いられ方の変遷を考慮するならば、払田柵跡出土平瓦のS字形渦巻文にもその形と時代性から呪術的な意味のあったことが推察される。

4　平瓦S字型渦巻文の例

　S字型の渦巻文が瓦に施されている類例を捜してみると、数は非常に少ないものの幾つかを見出すことができる。1～5は、白鳳期から平安時代までを含んでいる平瓦である。これらはすべて軒平瓦の瓦当文様で、払田柵跡のように凸面上に施したものは、管見資料では見つけることができない(図48)。1は大阪府船橋廃寺(上田1991)、2は静岡県遠江国分寺周辺遺跡(安藤1992)、3は埼玉県女影廃寺(昼間ほか1989)、4は奈良県西大寺(奈良文化財研究所1990)、5は神奈川県寺尾台廃寺(川崎市教育委員会1954)からそれぞれ出土している。

　これらは渦の巻き込みが弱い5を除くと、明確にS字形の渦巻を形成しているものを含んだ文様構成をとる。1・2は主体となるS字形渦巻文が横位と縦位に充填されたもの、3・4は逆S字形が1個ずつ端に配置されたもの、5はS

字・逆S字形が左右に配置されたものである。これらの渦巻が、前述してきたS字型渦巻文と同質に扱い得るであろうか。

3・4は偏行唐草文の、5は均正唐草文の一部であり、個々の文様全体の中でこれらが特に際立っているわけではない。また、3の女影廃寺では唐草の展開する方向は逆であるが右端の渦がこれと逆渦を巻く例があること、5にしても中心部の両渦を除けば一般に認められる均正唐草文である。以上を考慮すれば、これらは唐草文の中で発達した装飾文様要素と見るべきである。一方、遠江国分寺周辺遺

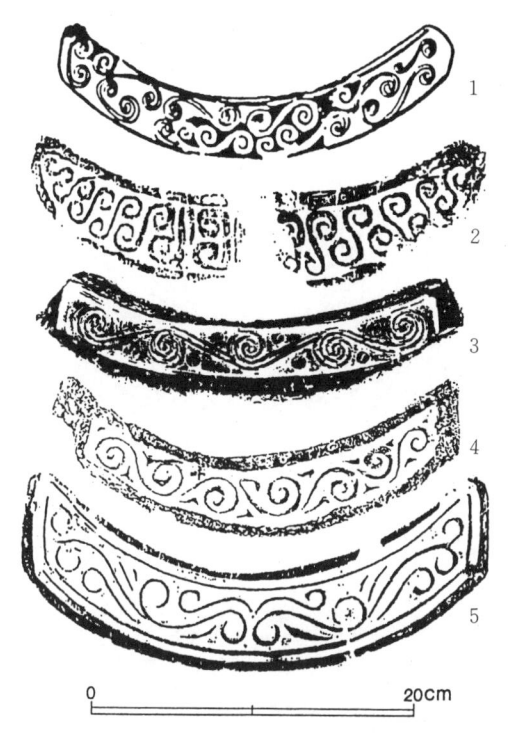

図48　S字型の渦巻文をもつ平瓦
（上田1991・安藤1992・昼間ほか1989・奈文研1990・川崎市教育委員会1954より転載）

跡では、2と同様に文様要素を縦位に連続する装飾手法を用いるものが多い。この遺跡では、S字形以外に渦巻形・釣針形・三日月形などで2と同じように連続する手法が見られ、特にS字形でなければならない理由はなさそうである。以上を考慮すれば、2は縦位の文様要素に採用された装飾文様の一つと見るべきである。また、横位に複雑な展開を見せている1においてもS字形を多用する点は2と一致し、やはり装飾文様の一つと解釈すべきと考えられる。

以上のように、1〜5の平瓦に施されたS字形渦巻の形は、仏教文化における装飾文様の一部と思われ、呪力をもつと考えられている弥生時代のS字型渦巻文とは形こそ似るが異なる性格をもつと考えられる。

124　第3章　文様・擬似文様論

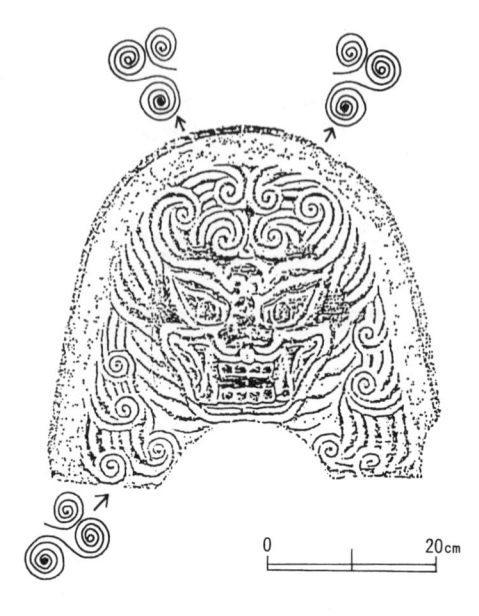

図49　平城宮の鬼面文鬼瓦
（毛利1980より転載加筆）

　それでは、本文で主題としている平瓦の原体文様についてはどうであろうか。ここでは、Ｓ字形渦巻文とこれの上部渦巻側で接する単独の渦巻文の組み合わせが、原体で表出された文様であると理解した。いわば、２つの文様要素が組み合って原体文様を構成しているわけで、これらは叩き工具のごく限られた範囲に収められている。２つの文様要素を比較してみれば、第一にＳ字形渦巻文の占める割合の多い点が挙げられる。第二には、渦巻文が歪な渦を巻く点が指摘できる。以上の２点から、原体文様の中でＳ字形渦巻文が主体になっていたことは明白である。Ｓ字形渦巻文が１つだけしかも強調されて用いられていることは、本来見せるための文様が意識されない平瓦凸面にあることからしても、やはり何か特別の意味をもつと考えられるのである。

5　原体文様の意味

　平瓦製作工程上必要とされる叩き手法の結果、その痕跡として認められたのが表出された原体文様であった。したがって、意図していた文様の形は、表出された文様というよりも叩き工具に施された原体文様と見るべきかもしれないことは前述してある。しかしこの解決は困難と思われ、以下モチーフの検討に当たっては表出された文様をＡ、工具に施した原体文様をＢとし、その両者を包括した形で評価したいと思う。

　原体文様と同様なモチーフは見つけることができないが、これに類似性があ

るように見える例としては、平城宮跡から出土した奈良時代鬼面文鬼瓦の巻毛がある（図49）（毛利1980）。頭部の巻毛は中心で左右が対称になるように構成され、S字状とも見える上下の渦にやや離れた渦が組み合う。これらを表出された文様と比較すれば、S字状渦巻＋渦巻とい

図50 薬師寺聖観音像の台座唐草文
　　　（築達編1987より転載）

う文様要素は共通する。そして、S字に対する渦の位置がA・B共に逆であり、これを図のように矢印の方向で見るならば、右側はBに左側はAに、さらに左下の巻毛はBにそれぞれ類似している。

　また、明瞭なS字形の渦と一つの渦が組み合うように見えるものには、奈良時代とされる薬師寺東院堂にある観音菩薩立像の例がある（築達1987）。平面形が八角形をした台座の各角の正面飾りには、左右に対称形をなして図50のような唐草文が配置されている（左右の下）。これらも文様要素としては表出された文様A・Bと類似するが、S字あるいは逆S字以外の渦が逆巻きであることとその位置が反対側であることが異なる。

　以上のように検討すれば、各A・Bの文様要素の組み合わせは仏教文化で用いられているモチーフとして理解でき、このようなモチーフに特別な文様としてのS字型渦巻文を重ね合わせたものと考えられるのである。

6　むすび

　本論では、原体文様の分析からそれがS字型渦巻文と渦巻文の組み合わせであることを、はじめに明らかにした。次に、S字型渦巻文の意味を弥生時代から呪術的意味をもつ象徴文様として扱い、次第にその内容が変化してきたことを隼人盾に用いてあるS字型渦巻文によって説明してきた。そしてその文様は、邪霊や外敵を防ぐ威力を備えたものであった。この文様の類似性や在り方

を考慮して、払田柵跡の平瓦にあるS字形渦巻文にも呪術的意味があると考え
てきた。

　それでは、具体的にはどうであろうか。この問題にも関連する払田柵跡の創
建については、その固有名詞にも関わって諸説あるが、文献・考古資料と年輪
年代測定から延暦20～23年（801～804）頃と提案されている（新野・船木
1990）。この考えに立脚すると、払田柵跡創建期前後の時期は、8世紀後葉には
じまる蝦夷の叛乱と動揺で緊迫した状況下にあったと考えられる。このような
史的背景から、賊の侵入や邪霊を防ぐための呪術的行為が行われていたことは
容易に想像されるところである。

　一方、払田柵跡には、中国古来の僻邪・招福の神々に系譜が求められるとす
る鬼瓦（森1986）が出土していない。そして軒瓦が皆無であることでも、この
実態が理解できる。このように思考すれば、戦時下の重要な建物などを守護す
ることが、鬼瓦以外のもので工夫されたとは考えられないであろうか。すなわ
ち、悪霊や外敵を防ぐ呪術性を託されたS字型渦巻文が、平瓦の中に施されそ
の威力が鬼瓦の代わりに期待されたと考えられるのである。東北地方の城柵官
衙遺跡の中でも、特異な内・外郭線や石塁といった構造をもつ払田柵跡に相応
しい、独自の平瓦が考案されたものであろう。

註
（1）　本文では、複雑な文様を構成する上で基礎となる凸面上の一単位文様を、原体の
　　　表出文様として把握している。以下、特に断らない限りこれを文様と表記する。
（2）　平成5年神戸市立博物館で催された「銅鐸の世界展」では、S字型渦巻文が単独
　　　で描かれるのは156点中1ないし2例と少ない（神戸市立博物館1993）。
（3）　『延喜式』延長五年十二月条「兵部省隼人司」の項（『国史大系　延喜式後編』吉
　　　川弘文館、1981）
（4）　S字型渦巻文の原形に関わる海幸山幸の「失くした釣針」については、小島瓔禮
　　　氏によって神話の中の隼人として論じられている（小島1990）。
（5）　隼人盾が井戸枠に用いられているのは、S字型渦巻文の呪力で飲み水を守護する
　　　ためと考えられている。
（6）　上記2例の中間に当たる、古墳時代後期の茨城県虎塚古墳玄室には、やや間伸び

したS字形渦巻文が描かれている。斎藤忠はこれを「簡単な一巻きの渦巻文状の展開あるいは一種の植物文様ともみなされるものである。」と、『壁画古墳の系譜』（註9）の中で述べている。しかし武具である靫や盾と共に、また銅鐸や隼人盾などにあるように鋸歯文が描かれていることからすれば、呪術的意味をもつ象徴文様の可能性がある。

（7）　S字型の形をした渦巻文が仏教文化の要素として用いられているのには、白鳳期の大阪府野中寺にある弥勒菩薩半迦像の宝冠飾りや、平安時代の大阪府観心寺にある如意輪観音坐像の条錦に施されている文様があるが、ごく希な例である。以上の例は、呪術的意味をもつS字型渦巻文が、仏教文化の装飾文様として採用された可能性もあろうか（町田・岩崎1993）。

（8）　このモチーフは、唐草文で表現している装飾文様の3つの渦のまとまりとして、仏像の光背などによく見うけられる。

（9）　本文では一貫してS字型渦巻文を中心にして述べ、渦巻文については特に言及しなかった。それは渦巻文が、装飾文様として多方面に用いられている複雑な状況下での実情によるものである。しかし、渦巻文の中には清戸迫76横穴の人物に描かれた渦巻文のように、呪術性をもつと解釈されているものも多く存在している。このことからすれば、叩き工具やその表出された渦巻文にも、S字型渦巻文と共に呪術的意味をもって用いられた可能性もある（斎藤1989）。

第2節　出羽北半・横手盆地の装飾を施した須恵器
——竹原窯跡と富ヶ沢窯跡群を中心に——

1　はじめに

　東北北部の秋田県や岩手県は、城柵が設置された地域の北域にあり、律令制が施行された列島の最北端地域に当たっている。秋田県日本海側の秋田城（秋田市）、同内陸にある横手盆地の払田柵跡（仙北町）、岩手県内陸部の志波城（盛岡市）は、蝦夷と対峙した律令国家のいわば前線として機能した。秋田県域では8世紀前半に秋田城が、9世紀初頭に払田柵跡が造営され、払田柵跡の南域に8世紀中葉に造営されたと考えられる雄勝城が文献の中に見られる（本書第2章第3節）。岩手県域では8世紀後半の動乱を経て9世紀初頭に胆沢城（水沢市）、次いで志波城・徳丹城（矢巾町）が造営されていく。城柵の設置されない県北域を除く両県を比較すると、秋田県域が岩手県域に先立って奈良時代に律令国家の傘下に組み込まれており、岩手県域で律令制が導入され定着してくるのは平安時代になってからのことである（東北歴史資料館ほか1985）。

　さて、主として古墳時代の須恵器の中には、壺の肩に動物・人物・小壺をあしらったり壺蓋の紐に鳥を配置するなどの装飾須恵器や特別な造形品の特殊須恵器がある。これらは古墳から出土するものが多く、副葬品・祭器・儀器として用いられたと考えられている（柴垣1995、野末1995）。装飾須恵器や特殊須恵器を

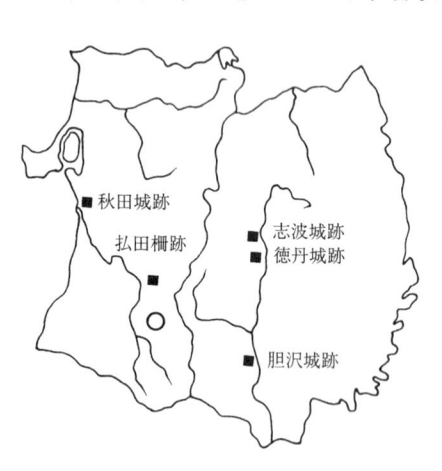

図51　竹原窯跡と富ヶ沢窯跡群

含むこの時代の須恵器には、沈線・隆線・カキメなどで顕著な装飾を施す例が比較的多く見られる。甕などを除いた7世紀には、金属器の影響を受けて須恵器の器形や器種組成に大きな変化をもたらす（西1986）が、同時に沈線や隆帯（線）などの装飾も金属器の影響として現れ、それ以前に比べて装飾は簡略化している(1)。

　奈良時代には、金属器の装飾を受け継ぎ装飾はシンプルになるが、希少価値の高い器として使用されている。平安時代には、その傾向は変わらないが個体数は減少する。奈良・平安時代を通じて装飾性が簡略化し、平安時代に個体数が減少していく背景には、金属器や緑釉・灰釉などの素材や色彩の希少性も加わった奢侈品としての製品も影響していると考えられる。

　本論では、8・9世紀奈良・平安時代の律令制が施行された末端地方における、装飾を施す須恵器について論じる。ここでは、在地産を示す窯跡資料であること、奈良・平安時代を通観でること、さらに小地域でありながら東北北部の中でも出土頻度が高いことから、秋田県横手盆地南部の竹原窯跡と富ヶ沢（A～C）窯跡（図51）を中心に取り上げる(2)（秋田県教育委員会1991b・1992b）。前者は、8世紀中葉～後葉の奈良時代を中心にした資料が多く、後者は9世紀前葉～中葉の平安時代の資料である。

2　装飾を施した須恵器

　装飾を施した須恵器には、装飾須恵器のような本来の器形に別の造形を付加する状態と、器の表面に装飾文を施す状態とがある。奈良・平安時代のものは、多くは後者の場合であり、本論で扱う資料も器面に施した装飾文を対象にする。ただし、口縁端部・高台部・つまみ部には、隆線や沈線を巧みに取り込み、多くの異なる形態を作り出しているがここでは扱わない。また、甕などに多用される叩きの痕跡は、文様として解釈できる一面もあるが除外する。以上を勘案すれば、竹原窯跡と富ヶ沢窯跡の装飾文様要素は、沈線・カキメ・隆帯に限定される(3)。

（1）沈線による装飾（図52～54・57）
　1～5・7・8・33～38は竹原窯跡、6・9～16・39は富ヶ沢窯跡群からの出土。

130　第3章　文様・擬似文様論

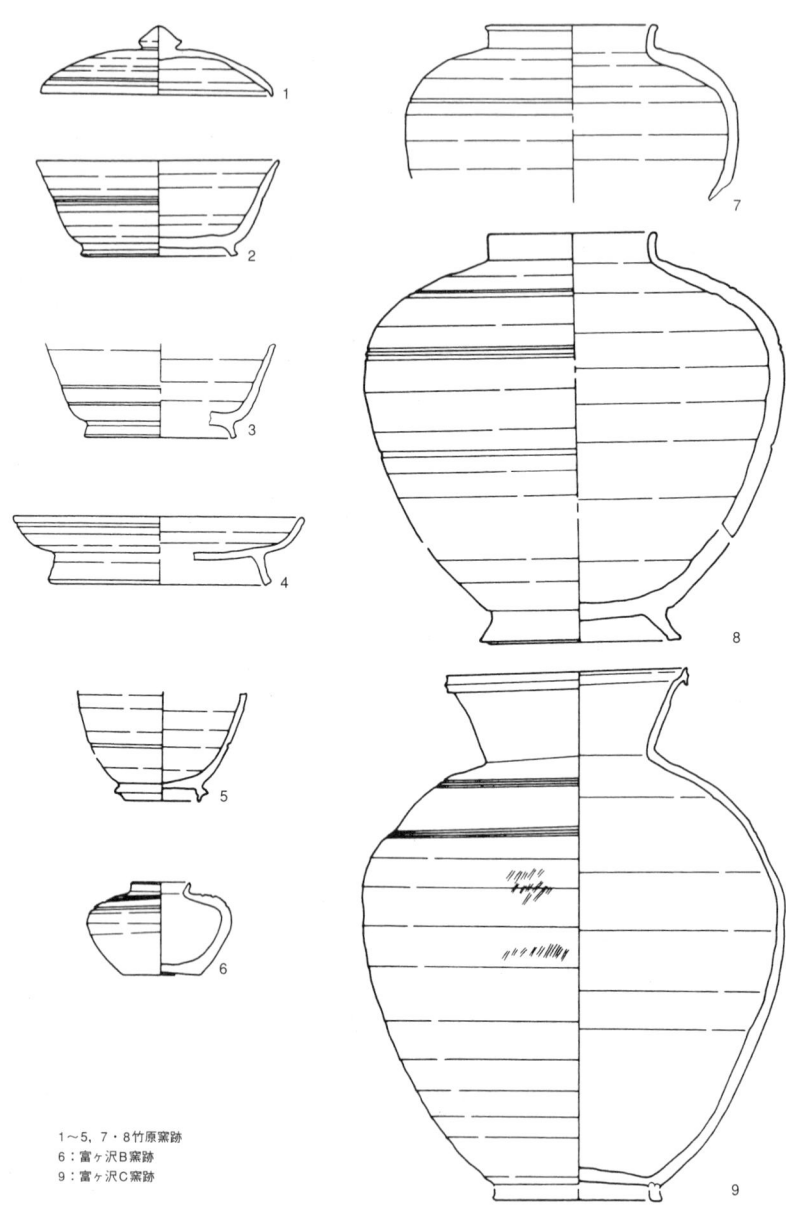

1〜5，7・8 竹原窯跡
6：富ヶ沢B窯跡
9：富ヶ沢C窯跡

図52　沈線のある須恵器（1）

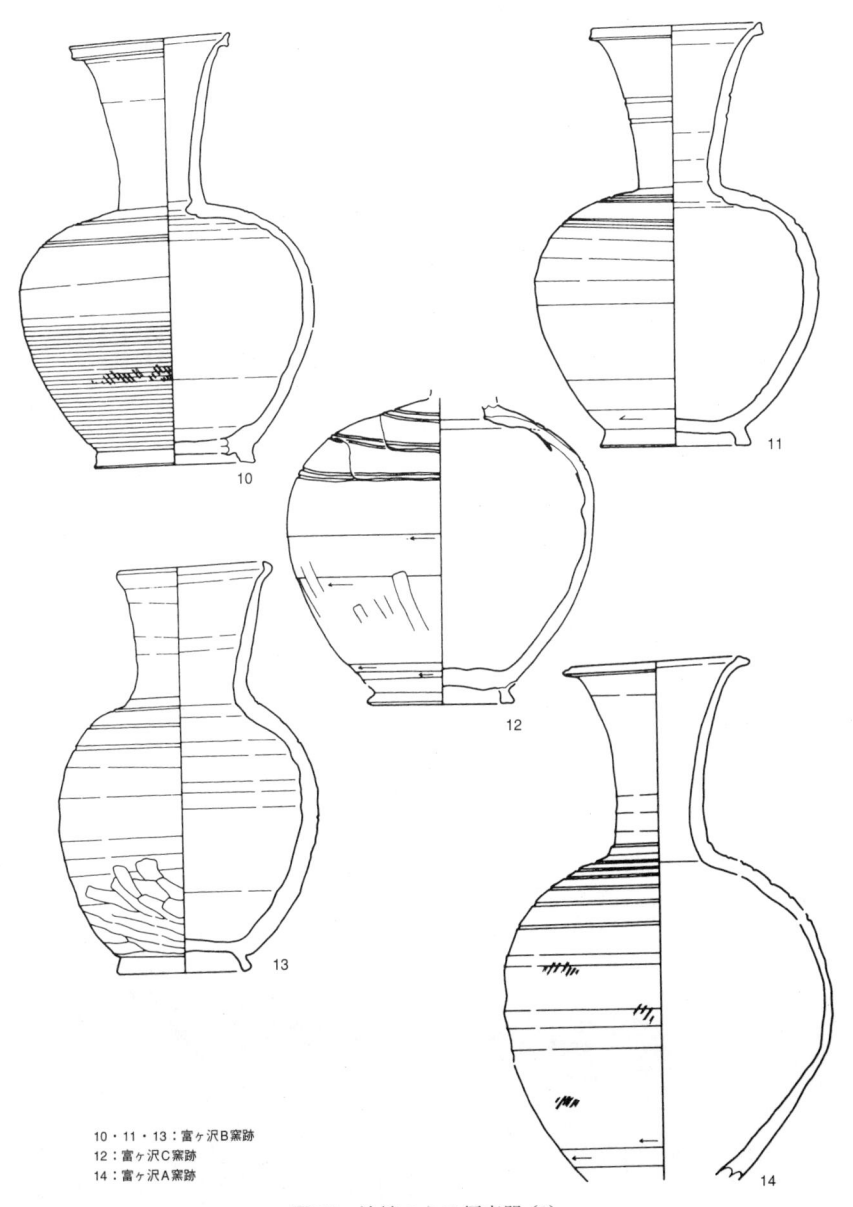

第 2 節　出羽北半・横手盆地の装飾を施した須恵器　131

10・11・13：富ヶ沢B窯跡
12：富ヶ沢C窯跡
14：富ヶ沢A窯跡

図53　沈線のある須恵器（2）

132 第3章 文様・擬似文様論

15
16

15：富ヶ沢B窯跡
16：富ヶ沢C窯跡

図54 沈線のある須恵器(3)

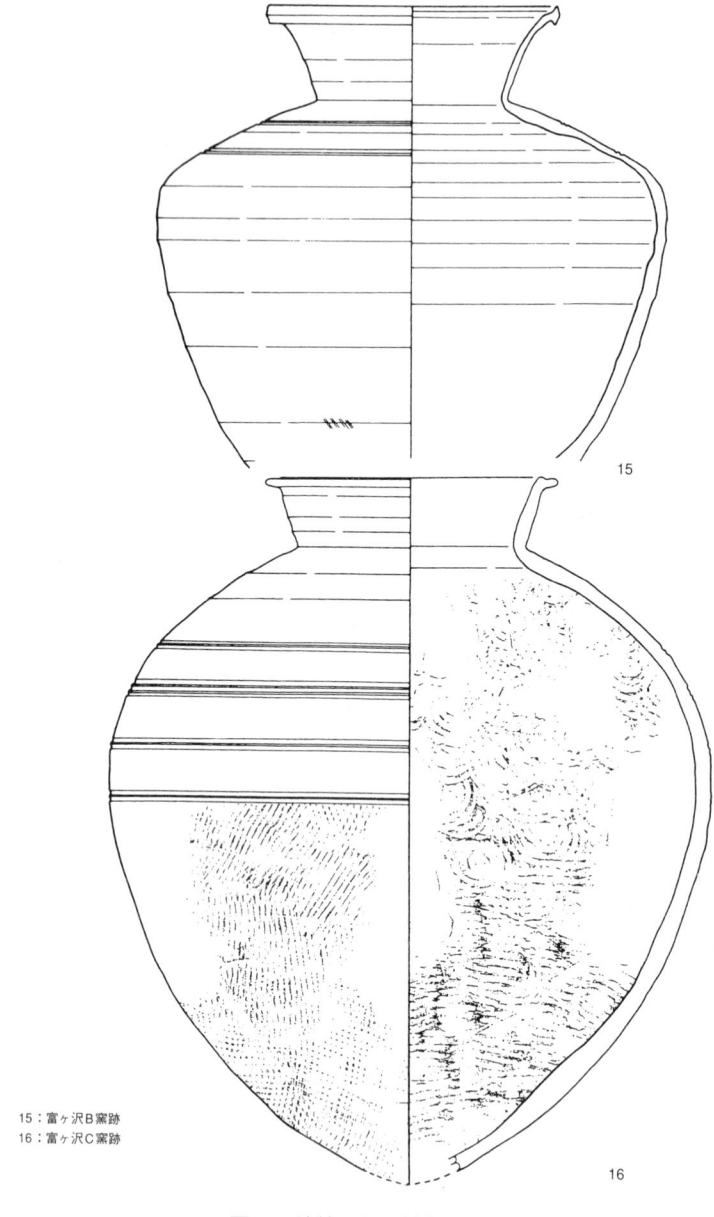

竹原窯跡からは、蓋（杯）・有台杯・有台皿・水瓶・短頸壺・大甕が出土している。蓋の1は、山笠状の形態に擬宝珠状のつまみが付き、口縁部に一条の平行沈線が巡る。有台杯の2は、口縁部がやや外反する深身の形態で、高台部が短く踏ん張る。体部中央に2条1組の平行沈線が巡る。3は口縁部と底部を欠損する深身の形態で、体部下方に2条の平行沈線が巡る。有台皿の4は、口縁部が緩く立ち上がり足高の高台が付く形態で、口縁部に1条の平行沈線が巡る。水瓶の5は、胴部上半を欠損するが胴部が卵倒形で、屈曲した高台が付く形態である。胴部下半に1条の平行沈線が巡る。短頸壺の7は、胴部下半を欠損するが肩部が強く張る形態で、胴部最大径部に1条の平行沈線が巡る。8は、肩幅が広く高い高台が外に踏ん張る形態で、胴部最大部と肩部に2条1組の、胴部中央に1条の平行沈線が巡る。大甕の33は口縁部に1条の波状沈線文が、34も口縁部に2条の波状沈線文が、35も口縁部に3条の波状沈線文が巡る。

　富ヶ沢窯跡群からは、ミニチュア土器（短頸壺）・広口壺・長頸瓶・甕・大甕が出土している。ミニチュア短頸壺の6は、肩部が強く張り高台部のない形態で、肩部に3条の平行沈線が巡る。広口壺の9は、口縁部が直線的に外傾し肩部が緩い張りを示す形態で、高台部が欠損する。肩部に2条1組の平行沈線が2組巡る。15は底部を欠損するが、本来高台部があると想定して、広口壺に分類しておく。肩部が強く張る形態で、肩部に2条1組の平行沈線が2組巡る。長頸瓶の10～12は、肩部が強く張り高台部が外に踏ん張る形態で、12は頸部が欠損している。10には肩部に2条1組の平行沈線2組が、11には肩部に2条1組の平行沈線2組と頸部に平行沈線2条が、12には肩部に2条1組の平行沈線3組が巡る。13・14は肩部が緩い張りを示す形態で、13の高台部は外に踏ん張るが、14の高台部は欠損している。13には肩部に3条の平行沈線が、14には肩部に6条の平行沈線が巡る。甕の16は底部が丸い球胴の形態で、胴部上位に3条1組の平行沈線1組と2条1組の平行沈線3組が巡る。大甕の39は、口縁部に沈線による鋸歯文が2列巡る。

（2）**カキメによる装飾**（図55～57）
　カキメは、器の器面調整として用いられる場合がある。装飾と思われるもの[4]

や装飾の可能性のあるもの以外に、比較のために装飾と認められないものも同時に掲載した。

　17〜27・36〜38 は竹原窯跡、28〜32 は富ヶ沢窯跡群から出土している。17〜21 は装飾と思われるもの、22・23・26〜32 は装飾の可能性のあるもの、24・25 は装飾と認められないものである。24 は甕か壺で 25 は短頸壺である。丁寧なカキメを施すが、どちらも内面の見えない部分にあり装飾ではあり得ない。22 の杯と 23 の蓋は、内面にカキメを施すが、視覚に捉えられる場合がある。22・23 と 26〜32 の鉢・長頸瓶・短頸壺・甕は器面調整を行っているが、同時に装飾的効果も考え得る資料である。しかし、この場合甕の叩きが文様として見られることと同次元と言えるため、積極的には評価しない。また 2 つの遺跡からは、タタキメを施した甕（中型）の胴部に同心円状のカキメを施した資料がある。視覚的には、タタキメに打ち消されて目立たないことから、ここでは文様としては扱わない。17〜21 はどれも丁寧な作りの器で、カキメを表面にしかも部分的に施す点において、装飾を意図しているものと考えられる。

　竹原窯跡からは、杯・有台杯・蓋・高杯・鉄鉢・大甕が出土している。杯の 17 は、口縁部が外傾する深身の形態で、体部の外面下半と内面下端にカキメが巡る。有台杯の 18 は、杯部がやや深身で高台部が外に踏ん張る形態で、体部の中央にカキメが巡る。蓋（短頸壺）の 19 は、擬宝珠のつまみが付き天井部の端が削り込まれた形態で、体部中央にカキメが巡る。高杯の 20 は、盤状の杯部に短い脚が付く形態で、裾部が欠損している。脚柱部の全体に丁寧なカキメが巡る。鉄鉢の 21 は、口唇部が面取りされた底面が平底風の形態で、体部の中央にカキメが巡る。大甕の 36 は口縁部に 1 列の波状文が、37 も口縁部に 1 列の大きな波状文が、38 は口縁部に 2 条の波状文が巡る。17〜21 の器は、全体に器の中央にカキメを巡らす特徴がある。

　富ヶ沢窯跡群からも大甕が出土している。ここには掲載していないが、口縁部に 1 列の波状文、1 列の大きな波状文、2 列の波状文の巡る例がある。

（3）隆帯による装飾（図 58）

　40 は稜椀で竹原窯跡、41 は長頸瓶で富ヶ沢窯跡群から出土している。

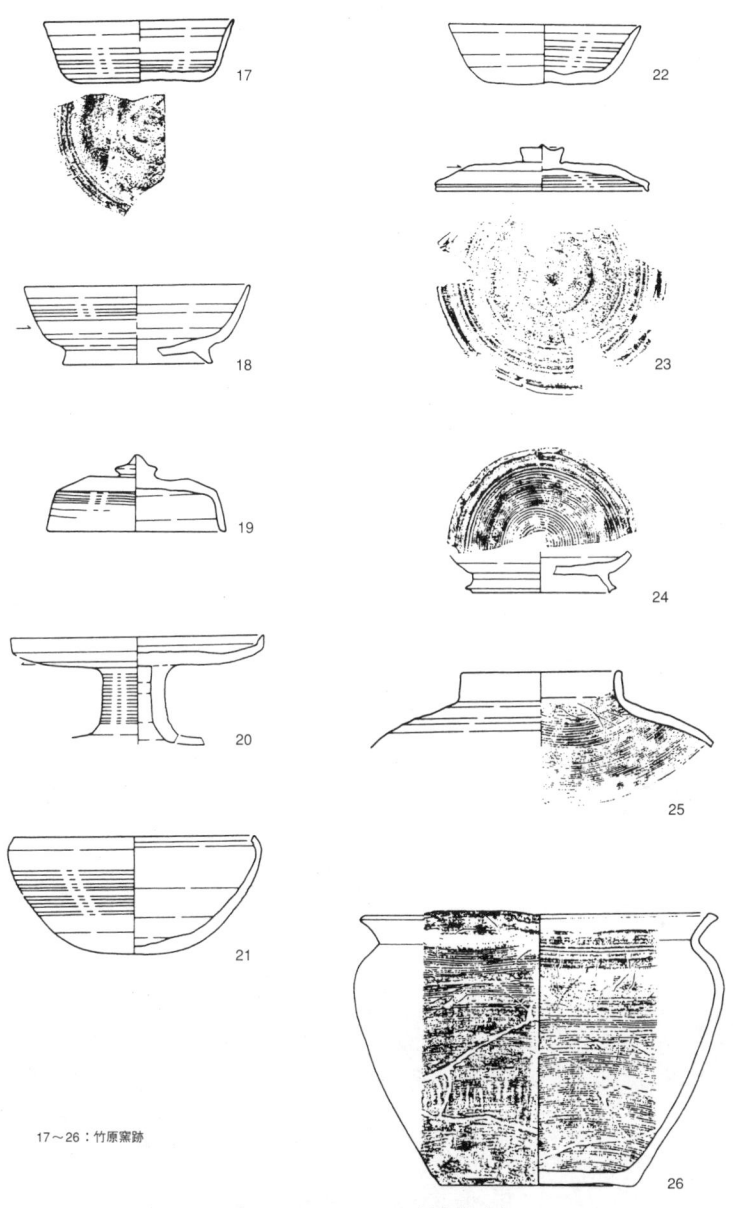

第 2 節　出羽北半・横手盆地の装飾を施した須恵器　135

17〜26：竹原窯跡

図 55　カキメのある須恵器 (1)

136　第3章　文様・擬似文様論

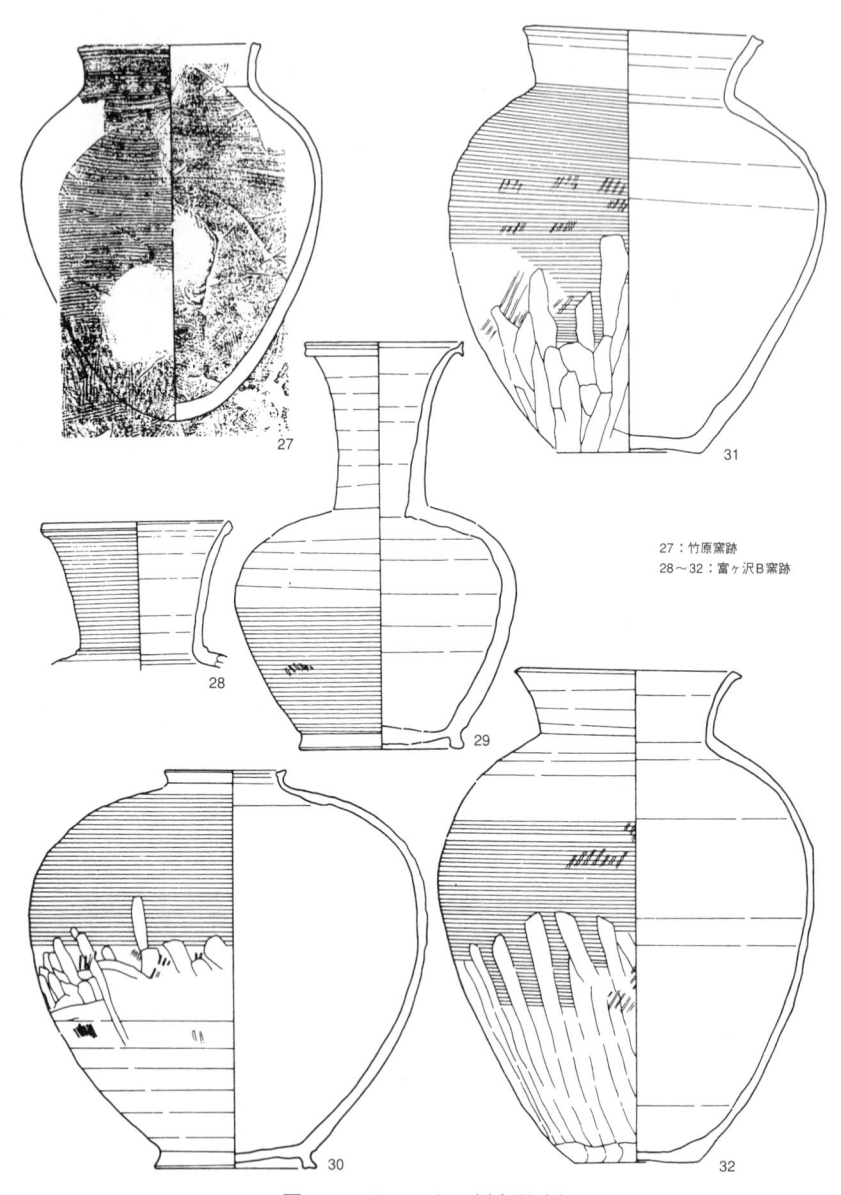

27：竹原窯跡
28〜32：富ヶ沢B窯跡

図 56　カキメのある須恵器 (2)

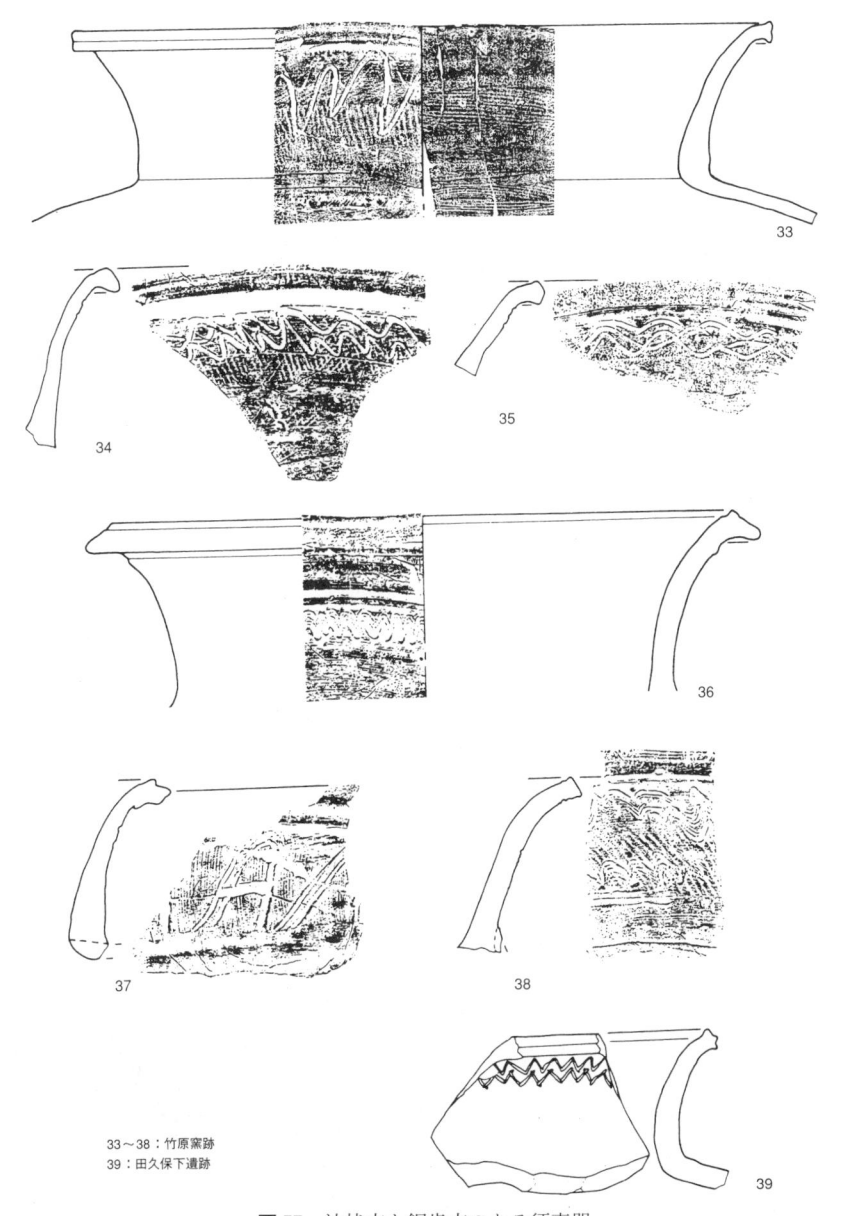

第2節　出羽北半・横手盆地の装飾を施した須恵器　137

33
34
35
36
37
38
39

33～38：竹原窯跡
39：田久保下遺跡

図57　波状文と鋸歯文のある須恵器

138　第3章　文様・擬似文様論

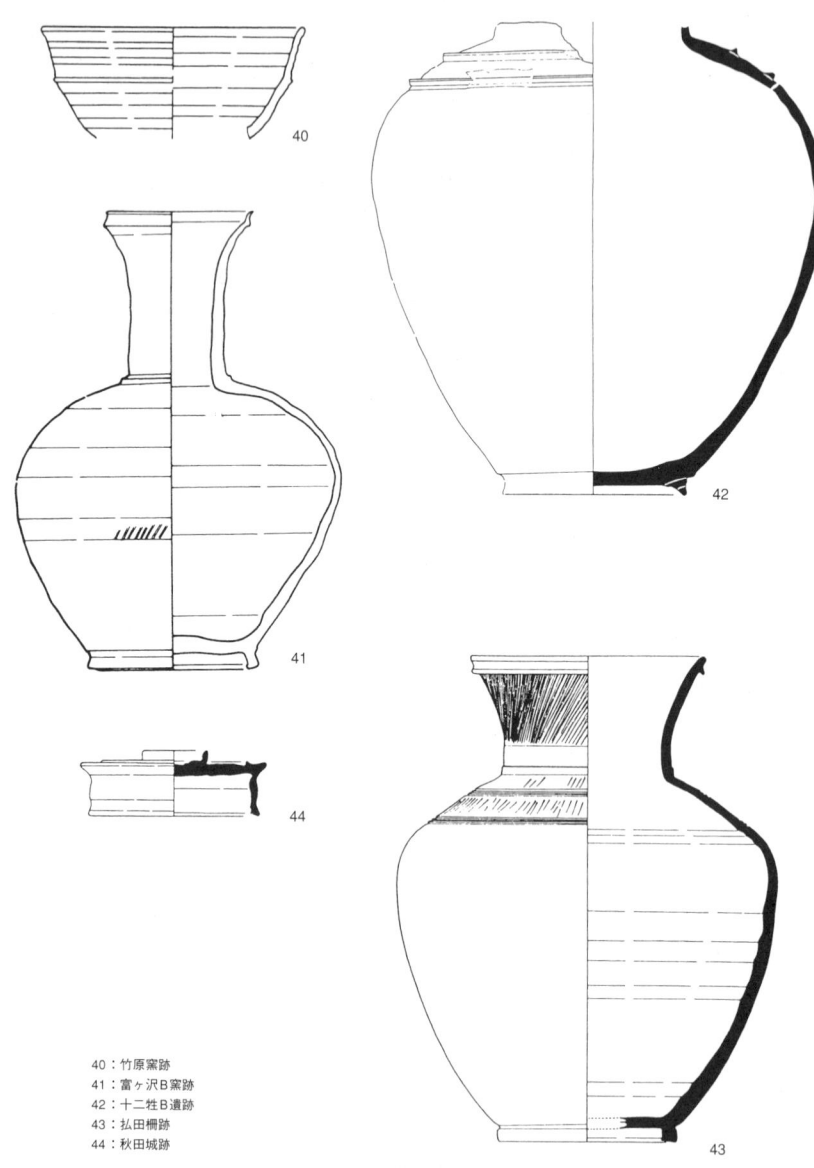

40：竹原窯跡
41：富ヶ沢B窯跡
42：十二牲B遺跡
43：払田柵跡
44：秋田城跡

図58　隆帯のある須恵器

稜椀の40は、口縁部がやや外反する深身の形態で、底部と高台部は欠損する。体部中央に1条の隆帯が巡る。長頸瓶の41は、肩部が強く張り高台部が外に踏ん張る形態で、頸の付け根に1条の隆帯が巡る。

3 中山丘陵窯跡群における特質

竹原窯跡と富ヶ沢窯跡群の範囲は、これらが含む中山丘陵窯跡群の範囲と大きく違わないので、2つの窯跡の特徴を、中山丘陵窯跡群を代表するものとして述べていく。前項では、装飾を施している須恵器のバリエーションをなるべく掲載し、沈線・カキメ・隆帯の装飾文様要素に分けて、竹原窯跡と富ヶ沢窯跡群の資料を解説した。ここでは、竹原窯跡と富ヶ沢窯跡群の実態に即した装飾文様要素ごとの特徴を見出して、両遺跡の比較を行いたい。

沈線の装飾には、竹原窯跡では蓋（蓋杯：1例）・有台杯（多量）・有台皿（1例）・水瓶（1例）・短頸壺（2例）・大甕（少量）が、富ヶ沢窯跡群ではミニチュア土器（短頸壺：1例）・広口壺（2例）・長頸瓶（9例）・甕（2例）・大甕（少量）がある。両遺跡に共通する器種の大甕とミニチュア土器を除くと、竹原窯跡の蓋（杯）・有台杯・有台皿・水瓶・短頸壺と富ヶ沢窯跡群の長頸瓶・広口壺・瓶に整理できる。

竹原窯跡の沈線のある有台杯（2）は、約2m四方のST17灰原やその下方から見つかった。ST17には、180点余りの蓋・杯・有台杯・甕が混在し、失敗品を集積した土器溜めのような様相であった。沈線のある有台杯は20点余りの個体数が確認され、扁平な擬宝珠の付く山笠状の蓋が伴う。この有台杯の在り方は、一時的に多量の必要性に迫られた状況を示すものであろう。

また、富ヶ沢窯跡群の沈線のある長頸瓶は、富ヶ沢A窯跡で1個体、富ヶ沢B窯跡で6個体、富ヶ沢C窯跡で2個体が見つかっている。沈線は肩部を主体に施しており、そこに2組や3組の沈線を配する場合が多い。富ヶ沢B窯跡には、肩部に2組配する例が5個体、頸部に2条の沈線を配する例が3個体あり、前者の4個体と装飾のない1個体の体部下半にはカキメを巡らす。

カキメによる装飾には、竹原窯跡では杯（1例）・有台杯（1例）・蓋（短頸

壺：1例）・高杯（1例）・鉄鉢（1例）・大甕（多量）が、富ヶ沢窯跡群では大甕（少量）がある。共通する大甕を除くと、竹原窯跡の杯・有台杯・蓋（短頸壺）・高杯・鉄鉢に限られる。

竹原窯跡のカキメのある大甕は、口縁部の作りや文様の多さから、15は下らない種類の文様形態が存在すると推定される。

隆帯による装飾には、竹原窯跡では稜椀（1例）が、富ヶ沢窯跡では長頸瓶（7例）がある。ここでは、竹原窯跡の稜椀と富ヶ沢窯跡の長頸瓶に限定される。

富ヶ沢窯跡群の隆帯のある長頸瓶は、富ヶ沢A窯跡で2個体、富ヶ沢B窯跡で3個体、富ヶ沢C窯跡で2個体見つかっている。3窯跡それぞれで複数個体が出土している。

以上の文様要素ごとの比較を、大甕とミニチュア土器を除いた装飾文様としてまとめて比較すれば、竹原窯跡には蓋（杯）・杯・有台杯・稜椀・有台皿・高杯・鉄鉢・水瓶・壺蓋・短頸壺があり、富ヶ沢窯跡群には広口壺・長頸瓶・甕が存在する。このように整理すれば、竹原窯跡では、日常什器を主体に元来金属器として使用された器種や短頸壺に装飾を施しており、富ヶ沢窯跡群では、長頸瓶・広口壺・甕の貯蔵機能をもつ器種を主体に装飾を施している。竹原窯跡の類例は8世紀代と考えられることから、装飾を施す器種の相違は、大まかに8・9世紀の時代の変化として捉えることができる。したがって、8世紀は多くの器種に装飾を施すが、9世紀には装飾を施す器種が減少し、長頸瓶を主体にした壺・甕類に装飾の主体が移行していると見なすことができる。

4 出羽北半における特質

中山丘陵窯跡群における装飾のある須恵器の特質を、出羽北半地域に拡大して比較した場合どうであろうか。窯跡や城柵遺跡の秋田城跡・払田柵跡を中心に概観し検討してみる。

窯跡で管見に及ぶ8世紀の資料には、雄物川町末館Ⅱ窯跡（船木1985）の有台杯（1例）があり、体部中央に1条の平行沈線が巡る。また、秋田市手形山窯跡（秋田考古学協会1975）の蓋（短頸壺：4例）があり、天井部の端に隆帯が

巡る。9世紀の資料には、由利町弥勒山遺跡（窯跡）（三浦2001）の長頸瓶（1例）、七窪窯跡（鈴木1988）の長頸瓶（1例）・広口壺（1例）、西海老沢窯跡（桜田・鈴木1987）の長頸瓶（1例）などがある。弥勒山遺跡の長頸瓶は肩部に2条の平行沈線が巡り、七窪窯跡の長頸瓶には胴部に6条の平行沈線が巡る。七窪窯跡の広口壺と西海老沢窯跡の長頸瓶には、頸の付け根に隆帯が巡る。

　秋田城跡で管見に及ぶ資料には、蓋（蓋杯：2例）・有台杯（2例）・高杯（1例）・円面硯（10数例）・水瓶（3例）・蓋（短頸壺：1例）・壺（1例）・長頸瓶（9例）・広口壺（1例）・ミニチュア土器（水瓶：1例）・大甕（1例）などがある。

　蓋の1例は、蓋の口縁部付近に刺突文を連続させたものできわめて珍しい（秋田市教育委員会1996）。また、天井部の縁に1条の平行沈線を巡らせたものがある。有台杯には体部中央に1条の平行沈線が巡る。高杯は脚柱部に2条の平行沈線が巡る。円面硯は、体部に平行沈線を巡らせたり、縦に沈線を施すものがある。水瓶は、肩部に2条の平行沈線、頸部に1条と6条と見られる平行沈線を巡らすものがある。短頸壺の蓋は、天井部の端に1条の隆帯が巡る（図58-44）。壺は肩部が強く張り無高台の形態で、肩の突出部に2条の平行沈線が巡る。長頸瓶は、肩部に2条2組の平行沈線を巡らすものが2個体、3条の沈線を巡らす小型品が1個体ある。また、別に頸部の付け根に隆帯を巡らすものが6個体ある。広口壺には頸部に隆帯が巡る。水瓶のミニチュア土器には、肩部に数条の平行沈線が巡る。大甕には、口縁部に平行なカキメ2列と波状のカキメ3列が巡る。

　払田柵跡で管見に及ぶ資料には、壺（1例）・長頸瓶（9例）・広口壺（2例）・大甕（3例）などがある。

　壺は耳の付く形態で、肩部に1条の平行沈線が巡る。長頸瓶は、頸部の付け根に隆帯が巡る形態で、そのうちの1例は、肩部に2条の平行沈線が巡る。広口壺は、肩部に1条の平行沈線を巡らすものがある。もう1例は、肩部に3条2組の平行沈線を巡らし、さらに頸部の付け根に隆帯を巡らすもの（43）である。大甕には波状を呈するものがある。

また、中山丘陵窯跡群と払田柵跡の間に位置する十二牲B遺跡（秋田県教育委員会 2000）からは、口縁部が欠損するが、肩部に二つの隆帯を巡らす9世紀の壺（42）が出土している。

以上のように、出羽北半の須恵器窯跡や秋田城跡・払田柵跡の出土資料を瞥見してみた。窯跡の資料は、末館II窯跡と手形山窯跡が8世紀代、ほかは9世紀代以降の資料である。払田柵跡は9世紀初頭の創建とされることから、出土資料は9世紀代である。秋田城跡は、8世紀前半の創建で9世紀も存続している。秋田城跡の資料は、大甕とミニチュア土器を除いた長頸瓶・広口壺は9世紀代で、ほかの資料は8世紀代に収まると考えられる。出羽北半においても、8世紀に多くの器種に施された装飾文が、9世紀には淘汰され、長頸瓶や広口壺に集約されていく様相が見られる。特に長頸瓶の一元化が助長されていく。

5　むすびにかえて

横手盆地の一角を占める中山丘陵窯跡群には、奈良時代を主体とする竹原窯跡と平安時代の富ヶ沢窯跡群が近い距離で存在していた。両遺跡からは、装飾を施した須恵器が多く出土し、現時点では秋田城跡と比較しても遜色のない、寧ろそれ以上の内容をもつことがわかった。その結果、8世紀の多元的な装飾器種が、9世紀には甕を除いて長頸瓶の一元的な装飾器種に、徐々に変化していくことが想定された。

出羽北半では、9世紀前葉～中葉にかけて、胴部に平行沈線を巡らす長頸瓶が、富ヶ沢窯跡群以外の秋田城跡・払田柵跡・弥勒山遺跡でも認められる。また、9世紀以降10世紀にかけて頸の付け根に隆帯を巡らす長頸瓶が、富ヶ沢窯跡以外でも秋田城跡や払田柵跡を中心に比較的多くの遺跡で認められる。その一方で、9世紀後葉以降の平行沈線を巡らす長頸瓶は、明確には知られていない。このことから、9世紀前葉～中葉の平行沈線と隆帯の並存する時期を経て、9世紀後葉以降の隆帯が装飾文として一元化する時期へと、装飾文様の変遷が読みとれる。

筆者はかつて、頸の付け根に隆帯を巡らす長頸瓶を環状凸帯付長頸瓶と呼ん

で、9世紀以降の東北地方・北海道における出土遺跡の分布図を作製した。それによれば1995年段階の分布遺跡は200カ所を数え、日本列島の中でも卓越した地方であることや、この現象が9世紀前葉の征夷政策に関連していることを指摘した（本書第5章第3・4節）。出羽北半における9世紀以降の装飾を施す長頸瓶が、ほかの日常什器を大きく凌いで多く認められること、9世紀後葉以降の装飾文が平行沈線を凌いで隆帯に一元化されていくことは、先の征夷政策に連動した展開と関連するもので、出羽北半に限らない陸奥北半にも共通した特徴と見ることができる。

　本論では、律令国家が8・9世紀に蝦夷と共存・対峙してきた出羽北半において、装飾文を施す須恵器が変質していく様相を推論してみた。出羽北半の8世紀に、多くの器種と共にそれらに装飾文を施した類例が目立つことは、岩手・青森県域の陸奥北半と比較した場合、律令的土器様式の安定度を推し量る指標として強調されてよいだろう。

　本論では、装飾のある須恵器を紹介し、整理していくことも目的としたが、その過程で中山丘陵窯跡群における竹原窯跡と富ヶ沢窯跡群の重要性を再確認している。装飾のある須恵器が、具体的にどのような目的で使用されたかは今後の課題であるが、とりあえず、他地域と比較できる中山丘陵窯跡群の資料は提示できたと思う。

註
（1）　古墳時代の須恵器には、装飾須恵器や特殊須恵器以外にも豊かな装飾を施す須恵器が豊富に見られる。
（2）　竹原窯跡と富ヶ沢A・B・C窯跡は、中山丘陵窯跡群（中山丘陵は長さ10km最大幅5km程の大きさである）の竹原窯跡支群・城野岡窯跡支群・西ヶ沢窯跡支群・富ヶ沢窯跡支群のうち、竹原窯跡支群と富ヶ沢窯跡支群に属する。両遺跡は約6kmの近い距離に存在し、それらの製品の一部は、雄勝城・雄勝郡衙・平鹿郡衙などの城柵官衙遺跡に供給されたと考えている（利部2001a）。
（3）　竹原窯跡と秋田城跡からは、透かしの入った円面硯が出土している。透かしも文様には違いないが、器に文様を描かない点において、ここではほかの文様と区別して扱う。

（4） 装飾と思われるカキメは、金属器に見られる内外面のせんがけ加工を模倣したものではないかと考えている（桜岡・神谷1998）。
（5） 大甕は、貯蔵機能としてほかの日常的な器と異なった在り方を示すし、ミニチュア土器も特殊な状況下で用いられるものである。
（6） 秋田城跡は昭和47年、払田柵跡は昭和49年から発掘調査事務所を設けて、今日に至るまで毎年発掘調査を継続している。

第3節　北日本の須恵器についての一考察

1　はじめに

　平安時代の東北北部（青森・秋田・岩手県）と北海道南部には、長頸瓶を主として広口壺など底面（底部外面）に放射状の痕跡をもつ須恵器が存在している。一般にこの痕跡は菊花文などと呼ばれ、列島内でもその発生と偏在性が注目されるところである。

　放射状の痕跡をもつ須恵器が初めて公にされたのは、1953年『古代』誌上の「青森縣森田村附近の遺跡調査概報（第2次調査）」における報告で、西村正衛・桜井清彦の両氏によって体部下半の実測図と拓影図が示されたものであった（西村・桜井1953）。その後、しばらく出土例がなかったものの1970年頃から資料が増加しはじめ、その分布領域が徐々に東北北部から北海道の南部に限られてきたのである。

　この須恵器の分布領域の指摘は、1972年坂詰秀一による五所川原市持子沢窯跡の報告が最初で「特徴ある底面を有する壺の出土は〜津軽平野に広範囲に分布している須恵器の生産地のメルクマールとして注目されるものである。」とする（坂詰1972）、汎日本的な見識に基づく見解を示されたものであった。そして、このことと岩手県や秋田県の窯跡さらにこれと関係すると考えられる資料の報告から、すでに1970年代前半には、東北北部を生産地とする分布域の認識が萌芽しつつあったものと考えられる（窯業史研究所1969、岩見1972）。

　一方、1970年代後半以降は東北縦貫自動車道などの大規模な調査によって、急激に資料が増加してきている。現在その数は、管見に及ぶところで53遺跡約90個体を確認することができる（表3）。しかし、今日までに放射状痕跡をもつ須恵器についてのまとまった論考はなく、ほとんどが事実記載に終始した観察表記に留まっている。したがって、本論では、放射状痕跡のもつ意味を考察し、

表3 遺跡一覧

番号	遺跡名など	所在地		個体数	番号	遺跡名など	所在地		個体数
1	坊主山遺跡	北海道江別市		1	28	石上神社遺跡	〃	木造町	3
2	K446遺跡	〃	札幌市	1	29	八重菊遺跡	〃	森田村	1
3	末広遺跡	〃	千歳市	2	30	大館森山遺跡	〃	鰺ヶ沢町	2
4	大川遺跡	〃	余市市	1	31	中曽根II遺跡	岩手県二戸市		1
5	アイヌ野遺跡	青森県東通村		1	32	上野遺跡	〃	一戸町	1
6	弥栄平(4)遺跡	〃	六ヶ所村	1	33	田中4遺跡	〃	〃	1
7	発茶沢(1)遺跡	〃	〃	2	34	コアスカの館	〃	浄法寺町	1
8	中野平遺跡	〃	下田町	1	35	柿ノ木平遺跡	〃	盛岡市	1
9	根城跡	〃	八戸市	1	36	竹花前遺跡	〃	〃	2
10	近野遺跡	〃	青森市	2	37	伝法寺桜屋出土	〃	矢巾町	1
11	三内遺跡	〃	〃	3	38	杉の下遺跡	〃	〃	1
12	朝日山遺跡	〃	〃	未報告	39	栗田I遺跡	〃	紫波町	1
13	野尻(4)遺跡	〃	浪岡町	〃	40	下谷地B遺跡	〃	北上市	1
14	山本遺跡	〃	〃	4	41	上鬼柳III遺跡	〃	〃	1
15	山本(2)遺跡	〃	〃	未報告	42	上大谷地遺跡	〃	〃	1
16	山本(3)遺跡	〃	〃	4	43	瀬谷子(稲瀬)窯跡	〃	江刺市	1
17	砂田遺跡	〃	五所川原市	1	44	長根山9号窯跡	〃	〃	1
18	持子沢窯跡	〃	〃	1	45	胆沢城跡	〃	水沢市	2
19	持子沢1号窯跡	〃	〃	1	46	十二林遺跡	秋田県能代市		8
20	羽黒平遺跡	〃	浪岡町	1	47	西中海老沢遺跡	〃	若美町	1
21	松元遺跡	〃	〃	3	48	秋田城跡	〃	秋田市	1
22	高館遺跡	〃	黒石市	1	49	湯ノ沢F遺跡	〃	〃	1
23	牡丹平南遺跡	〃	〃	1	50	一ツ森遺跡	〃	仙北町	1
24	李平下安原遺跡	〃	尾上町	3	51	払田柵跡	〃	〃	1
25	鳥海山遺跡	〃	平賀町	2	52	富ヶ沢C窯跡	〃	横手市	1
26	大平遺跡	〃	大鰐町	1	53	田久保下遺跡	〃	〃	3
27	古館遺跡	〃	碇ヶ関村	1					

第 3 節　北日本の須恵器についての一考察　147

併せて分布の問題についても触れてみたい。

2　研究小史

　放射状痕跡には様々な表記がある。この記述の相違は、観察者が放射状痕跡のもつ個々の形態やその状態に基づいて表記したもので、中にはそれらの特徴を集約した言葉で記載したものもある。「菊花文」「菊花状」などの表記は、そのよい例である。以下では、放射状痕跡に関わる評価として代表的な記載を辿りながら、研究史を振り返ってみる。

　1974 年、村越潔・新谷武は前田野目砂田遺跡の報告で「中形瓶の底部破片で菊花文が施され」と、初めて菊花文と表記している（図 59-1）（村越・新谷 1974）。すなわち、放射状痕跡を文様として評価した最初のものであった。

　翌 1975 年、近野遺跡の報告では壺形須恵器底部破片とした上で「底部は上げ底で底辺を箆横ナデしている。この結果底面はちょうど蘭花状の文様をつけたようになっている。」と、文様としての評価までは立ち入っていないが「上げ底」と底部の状態に注意が払われている（図 59-6）（青森県教育委員会 1975）。

　続く 1976 年、成田誠治は牡丹平南遺跡の報告で「底辺部は箆状工具で削り、底部も同じ箆状工具で菊花状に削り〜」と、この放射状痕跡が箆状工具による削り痕跡であることを指摘した（図 59-7）（青森県教育委員会 1976）。これ以降、形状だけでなく痕跡の状態にも観察視点が移されており、それらを併記することが多くなる。

　1977 年、岩見誠夫は西中海老沢遺跡の報告で「底部には指頭の押捺による菊花状の文様が付されている。」と述べている（岩見 1977）。整形がケズリだけによるものでないことを、最も早く指摘した点で注目されよう（図 60-1）。

　翌 1978 年、桜田隆は三内遺跡の報告の中で「底部外面に菊花状箆削りのあと粘土紐を巡らし高台を付けている。」と記述している（図 60-4）（青森県教育委員会 1978）。これは、特に放射状痕跡を意識して述べたわけではないが、結果として、高台貼り付け以前の製作順序の視点を喚起したものとなった。

　さらに 1979 年、上野秀一は K446 遺跡の報告で「底には、貼付による低い台

148　第3章　文様・擬似文様論

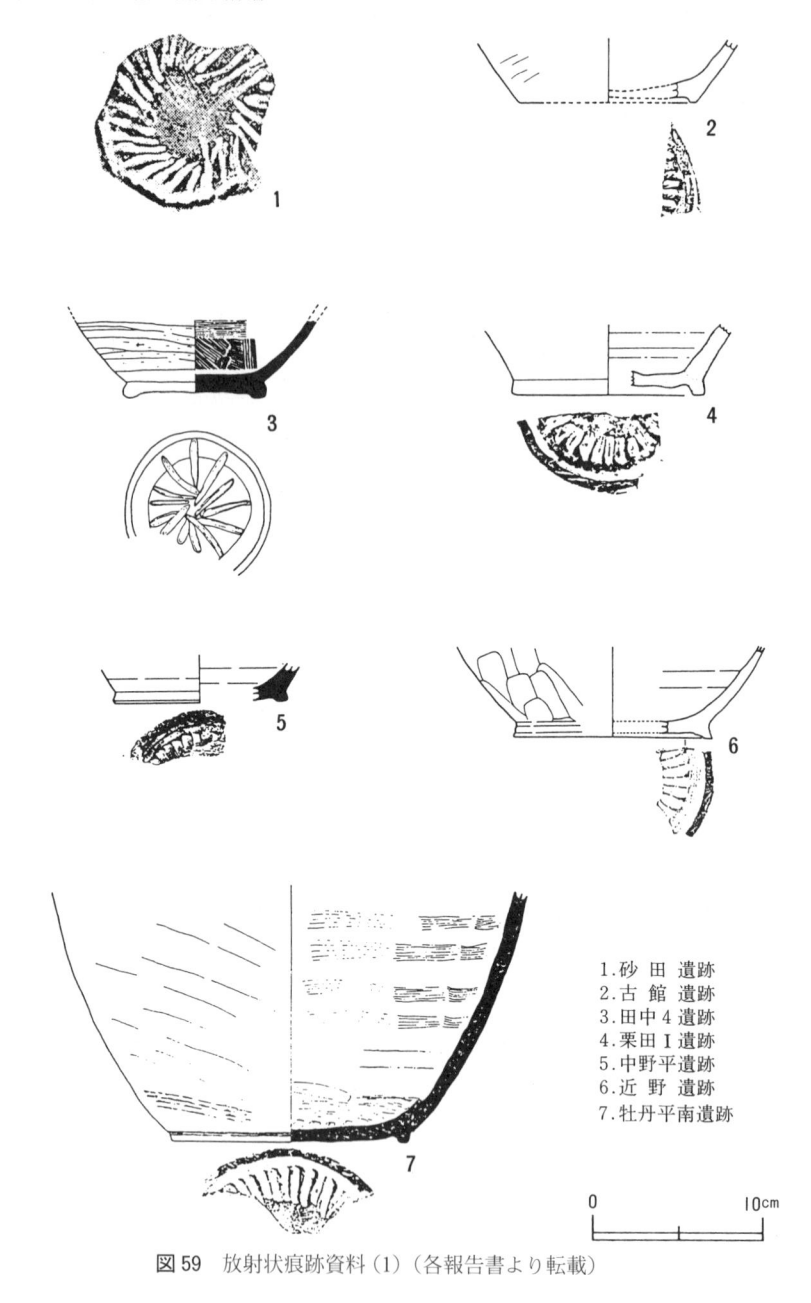

1. 砂田遺跡
2. 古館遺跡
3. 田中4遺跡
4. 栗田Ⅰ遺跡
5. 中野平遺跡
6. 近野遺跡
7. 牡丹平南遺跡

図59　放射状痕跡資料（1）（各報告書より転載）

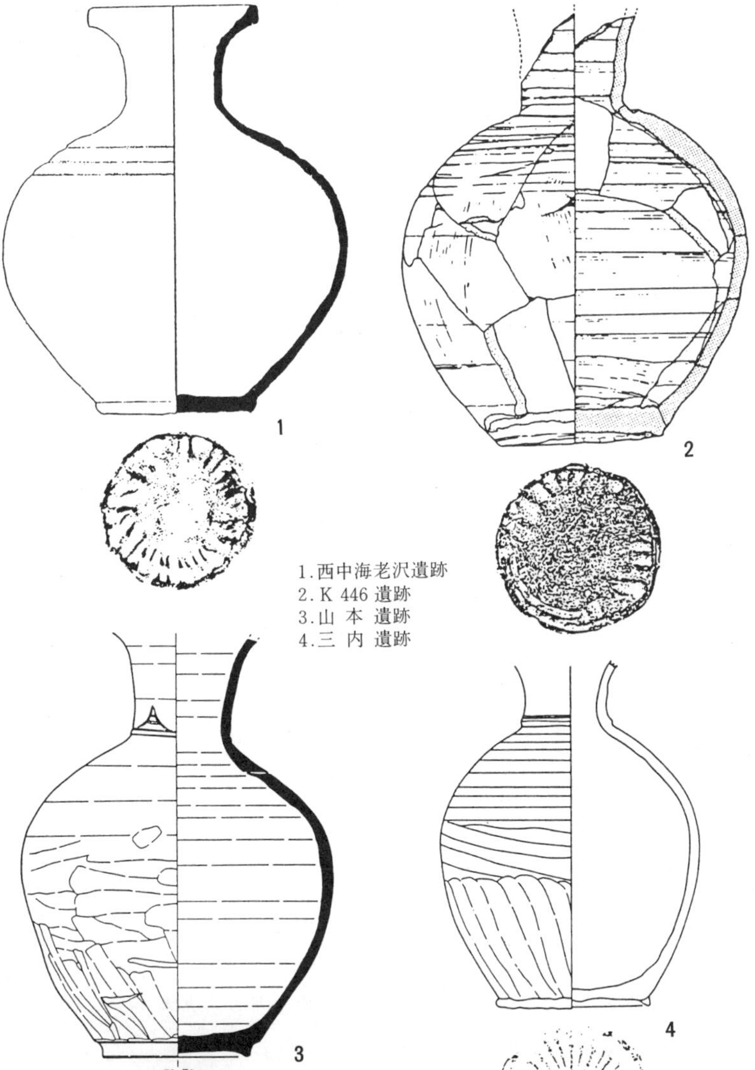

第 3 節　北日本の須恵器についての一考察　149

1. 西中海老沢遺跡
2. K 446 遺跡
3. 山　本　遺跡
4. 三　内　遺跡

図 60　放射状痕跡資料 (2)（各報告書より転載）

が作出され、底面外縁にその整形のための指頭（？）による圧痕（菊花状文）と一部にその後加えられた沈線文がある。」と述べた（図60-2）（札幌市教育委員会1979）。氏の論は、技法と文様を併記しており厳密にはやや矛盾するが、高台を整えるための整形手法であり、製作技法による痕跡であることを前面に押し出したものであった。

　このように、1974～1979年までの報告では、新事実や新たな観察視点に基づく記述が見られ、その結果として放射状痕跡解明に向けての進展が認められた時期といえる。この後今日に至るまでは、それまでの観察とその表現方法に基本的には追随するもので「菊花状整形痕」（1980年：古館遺跡、図59-2）（青森県教育委員会1980）、「菊花状のヘラ刻み」（1981年：田中4遺跡、図59-3）（一戸市教育委員会1981）、「菊花状模様」（1982年：栗田Ⅰ遺跡、図59-4）（岩手県教育委員会1982b）、「放射状の菊花文」（1987年：山本遺跡、図60-3）（青森県教育委員会1987）、「菊花状のナデ」（1991年：中野平遺跡、図59-5）（青森県教育委員会1991）などの表現が見られる。この中で1981年、新谷武は五所川原市周辺の窯跡から出土した長頸瓶についてまとめ、放射状痕跡についても触れている（新谷1981）。氏は菊花状の調整痕とした上で、掲載されている7つの拓影図をもとに「(ア)。底部外縁から中央部に向い、規則正しい配列で放射線状に沈線様の凹みをもつ調整痕。(イ)。底部外縁から中央部に向って、斜めうず巻状に沈線様の凹みをもつ調整痕。」と分類した。ここでは、従来個々の観察に主眼がおかれていたのを、複数の資料を扱うことでそれらの共通性を探ろうとしたものである。

　以上のように、放射状痕跡に対する研究の流れを見れば、大局的には①文様として扱おうとする立場、②製作技法に関係するとする立場、③あくまでも客観的な状況観察に終始する立場、の3つに分けられよう。そして、1970年代が個々の資料について観察視点の模索された時期であり、80年代初頭になって初めて複数のものを系統的に論じる気運が生じてきた、と整理することができよう。この放射状痕跡が、底面の定まった位置にしかも広範な分布を示しながら、無意味に残された痕跡とは考えられず、何らかの意味のあることは確かであ

る。今日までの成果では「縄文土器の縄文施文の痕跡が、文様としての意味をもつものか、器面を整えるための技法に関するものなのか」の議論（後藤1980、大村1994）と類似した状況下にあり、そこから抜けきれない現状が現在の研究段階を表しているといえよう。

3　放射状痕跡の分類

須恵器の底面に表れている放射状の痕跡には、前述のように文様もしくは技法とする2つの立場がある。一方、これに類似しているものとして、同じく底面に放射状痕跡をもつ土師器の杯や高台付杯がある。特に高台付杯には多く認められ、須恵器のそれとほぼ同時代で東北から北海道にかけての分布域を示している。このことから、放射状痕跡をもつ土師器高台付杯と須恵器では、その痕跡の在り方があながち無関係とは考えられない。そこで、はじめに土師器の高台付杯について考えてみたい。

（1）土師器高台付杯の解釈

土師器高台付杯にある放射状痕跡の解釈は、次の内容によって知られる。

一つは、秋田県仙北町払田柵跡出土の資料である（図61-1）。山崎文幸は「ロクロ成形で、底部を右回転糸切りで切り離した後に、外底面の粘土を右回りに内から外へ箆状工具でつまみ上げるようにして高台を作ったもので、作業痕跡が菊花状になったものである。」と明快に述べている（山崎1983）。

二つめは、秋田県能代市福田遺跡出土の資料である（図61-2）。高橋学は「部分的に貼り付けた高台部が剥落していることで、この土器の製作工程が分かる。①底部を回転糸切り技法で切り離す。②底部周縁を菊花状に削る。これは後に高台を貼る際、密着性をもたせるためと考えられる。③底部に新たに少量の粘土を置き、ロクロを利用して高台をつまみ出す。」と、製作手順を復元した（高橋1989）。このように、高台付杯の放射状痕跡は製作手法に直接的に関係しており、製作技法上の痕跡がそのまま残されたものと解釈されている。そして、これらと同じく回転糸切りの痕跡と放射状痕跡をもつ須恵器長頸瓶が、秋田市湯ノ沢F遺跡から出土しているのである（図61-3）。石郷岡誠一は、ここで「糸

152　第3章　文様・擬似文様論

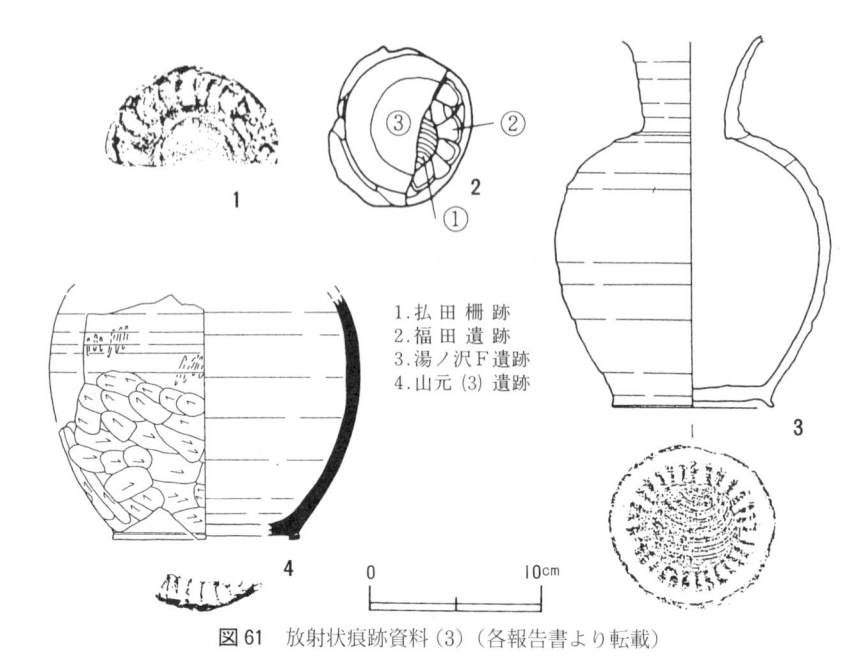

1. 払田柵跡
2. 福田遺跡
3. 湯ノ沢F遺跡
4. 山元(3)遺跡

図61　放射状痕跡資料(3)（各報告書より転載）

田久保下遺跡出土資料　　　中曽根Ⅱ遺跡出土資料

図版　放射状痕跡の状態

第3節　北日本の須恵器についての一考察

切り後に体下端および底部をつまみ出し低い高台をつけている。」と、やはり製作手法に関わって述べている（石郷岡1986）。現在、長頸瓶で回転糸切りを伴う放射状痕跡の例は、この遺跡が唯一のものと考えられる。

　したがって、放射状痕跡をもち回転糸切りの痕跡を伴わない須恵器についても、製作手法に関係しているだろうと推測されるのである。以下では個別資料を取り上げて、製作技法上の観点から検討を加えることにしたい。

（2）放射状痕跡のケズリとナデ

　放射状痕跡の整形痕には、箆横ナデ・指頭の押捺・箆ケズリ・ヘラ刻みなどの表記があるものの、報告例や観察した資料を検討してみると基本的にはケズリとナデの2つがある。この違いには、どのような意味があるのだろうか。ここでは、糸切り痕跡のある湯ノ沢F遺跡の例を除いた非糸切りのものについて、代表となるいくつかの例を中心に検討してみたい。

　①はじめにケズリによる放射状痕跡を、わずかな高さの高台部をもつ山元（3）遺跡の事例から観察してみる（図61-4）（青森県教育委員会1994）。この放射状痕跡は、底面の中央部側から周縁部側にかけて、先端がU字状や竹管状を呈する工具で前方へ丁寧に削り込んだものである。そして、砂粒の動きも中央部から周縁部と観察され、ケズリ痕跡の表面もはっきりしている。また放射状痕跡は、これらが重なりながら全周することで形成されるが、個々のケズリによる稜線は鋭く明瞭である。さらに、弧の短い中央側ほど痕跡の重なりが多くケズリ幅の狭いものが大半を占める。これに対して、周縁側では逆に広くなり、先端部の低い高台にはそれに沿ったナデが施されている。

　これらのことを考慮した上で周縁部を検討すると、ケズリ整形の端で工具先端の止まった痕跡が、緩いU字状の刺突痕とこの内側で粘土のささくれ立った状態として観察できる。この事例では、ケズリを周縁部付近で一旦深く削り込んだことで、工具の痕跡と粘土除去の様子が良好に識別できたものである。このことを高台部に関連して考えてみると、高台は放射状痕跡の上に粘土が貼り付けられたのではなく、底部周縁でリング状に削り残された部分をつまみ出したりして、ナデで整えて作出されたものであると理解される。

次に、放射状痕跡の先端部以外の部分に焦点を当ててみる。ケズリによる放射状痕跡の範囲は、底面の中央部を除いた周辺部に及ぶが、なぜ中央部だけを除いたケズリを施したものであろうか。この疑問を解くために、放射状痕跡を施す以前の底面における状態を同類の底部破片から想定してみたい。

　高台部は、放射状のケズリによってリング状に残されたのであるから、ケズリ以前では底面の周辺部と一連の平坦な底面を形成していたと考えられる。この想定される周辺部側の底面と、ケズリの及んでいない中央部側の底面を断面で比較すると、底面全体では中央部が高く周辺部が低い状態にあることがわかる。このことから、ロクロ盤分離以前の状況は底面の周辺部だけがロクロ盤に密着し、中央部はそれと接していなかったと理解される。

　これを補足する事象として以下のことが指摘できる。それは、周縁を除いた底部内面においては、内面の体部で認められるような連続したロクロによるナデの痕跡がなく、指頭による圧痕やナデによる痕跡を残している点である。つまりロクロによる圧着痕のないことである。このことは、指頭による粘土板の底面中央部の高まりが、すでに底部成形の段階で意識されていたことを示している。

　以上より、ケズリによる放射状痕跡は、ロクロ盤から分離した後に突出している底面周辺部を削り込んだもので、それは高台部となる底面端部を考慮した上での製作手法といえるものである。……(ア)

　②次に、ナデによる放射状痕跡を、わずかに突出した高台部をもつ中海老沢遺跡の事例から観察してみる（図60-1）。この放射状痕跡は、やはり底面の中央側から周縁側にかけて、指頭によって撫でられている。この場合もナデの単位は、中央側ほど狭く周縁側ほど広い傾向にあり、周縁部には高台部に沿ったナデが施されている。ナデの痕跡が最も広い先端部は、中央側から押されてきた粘土が集積される部分に当たっている。そして、低い高台部の底面端部までナデの痕跡が確認でき、その縦位断面は弓なりを呈している。このことは放射状のナデが、もともと高台部を意識した作りになっていたことを示すものである。

また、高台部とナデの及んでいない底面中央部では、高低差は少ないものの接地面の主体はやはり高台部にある。このことから、ロクロ盤分離以前の状況は、外面にケズリを施す前の分厚い周縁部（後に高台となる部分）だけがロクロ盤に密着し、中央部底面は接していた可能性はあるものの、圧着された状態にはなかったと理解される。ここでも底部内面には、指頭による圧痕やナデが施されており、先の考えを支持するものとなっている。

以上より、端部が弓なりになる放射状痕跡は、指頭による粘土板の底部成形段階で、すでに高台部が用意されていたと考えることができる。……（イ）

一方、ナデによる放射状痕跡には、指頭によらず棒状工具によると考えられる例があり、この場合は高くしっかりした高台を併せもつ例が多い。ここでは、田久保下遺跡の事例を取り上げる（p. 152 図版左）（秋田県教育委員会 1992b）。この放射状痕跡もやはり中央側から周縁側に施され、単位となるナデの幅は指頭の痕跡と比べてかなり狭い。そして高台は、高くしっかりした在り方から貼り付け高台と考えられる。次に、放射状痕跡の性格をつかむために、前述してきたようにロクロ盤分離以前の状態を想定してみる。

この底部内面は、やはり指頭による圧痕やナデが残されており、内面の中央が盛り上った状態を呈している。これによる限り、前述の例から底面とロクロ盤の在り方は、底面周辺部かもしくはナデ端部の弓なり状態による密着かのいずれかである。ところが、高台より外側で底面よりやや高い所に放射状の個々のナデによる工具痕が、偶然にも外面横位のケズリ整形から免れ残されているのが明瞭に観察できた。このことは、ロクロ盤分離直後の放射状痕跡が底面端部まで達していたことを証明するものであり、ロクロ盤の密着も底面周辺部の圧着によっていたことを表すものである。

以上より、この工具による放射状痕跡は底面周辺部の厚みを取り除き、同時に貼り付け高台の補強を意図したものと考えられる。……（ウ）

ところで放射状痕跡の中には、中曽根Ⅱ遺跡（p. 152 図版右）のように底面の中心部まで工具によるナデが及び、かつ貼り付けによるしっかりした高台の付く事例がある（二戸市教育委員会 1981）。この放射状痕跡は、中央部から周辺

部へやや細い幅で浅く施されるが、隙間のない規則的な配列は示さない。その周辺部の端は、わずかな粘土の盛り上がりから工具を留めた痕跡が明瞭で、そのことから、高台作出のためそれに沿うように施されたナデを切り込んでいることがわかる。それでは底面との関わりはどうであろう。

　この放射状痕跡を除いた底面は、周縁部がわずかな高まりを示すようで、底部内面では指頭による圧痕やナデの痕跡を残している。したがってロクロ盤分離以前の状況は、ここでも底部周縁部だけがロクロ盤に密着していたと想定される。しかし、ナデそのものが浅くかつ底面に対する隙間の割合が多いことから、周縁部の高まりを減じるために放射状のナデが施されたとは考えにくい。また、ナデは高台作出後の痕跡であるから、高台の貼り付けとは無関係である。

　以上より、高台貼り付け後のナデによる放射状痕跡は、特に製作技法に関わったものではないと考えられる。……（エ）

（3）製作工程による分類

　放射状痕跡が製作技法に関わっていたことは、前述のように（ア）〜（ウ）の製作手法の観察によって明らかである。しかし、（エ）のように明確な放射状痕跡を示しながら、製作手法とは直接的に関係しない場合があることも確かである。したがって、ここでは製作工程に主眼をおいた分類を大前提とし、（エ）のような事例も含むことができる分類基準を用いることにする。さらに、ケズリやナデなどで製作手法上明確に区分できる場合は、小分類を設定することにした。

　製作工程による分類基準に先立って、高台の付く長頸瓶に関するロクロの上の製作から乾燥・焼成前までの製作を、大きな視点で段階別に捉えておく。すなわちその製作は、ロクロで底面から口縁部までおよその形が作られ（第1段階）、ロクロ盤からの分離が行われ（第2段階）、高台部が形作られる（第3段階）、と区分する。以上の製作工程を基に放射状痕跡の分類を行う。

　A類…第1段階に関係し、主に指頭のナデ手法による。（イ）の場合が該当する。

　B類…第2段階の後第3段階にかけて関係し、ナデとケズリ手法による2つ

がある。(ア)と(ウ)の場合が該当する。

C類…第3段階後に関係し、主に工具のナデ手法による。(エ)の場合が該当する。

このうちB類としたものは、貼り付け高台に関係して底面を放射状になでたもの(ウ)と、高台を作り出すために底面を放射状に削り出したもの(ア)に分けられる。前者をB―1類、後者B―2類とする。B―1類には、底面のロクロ盤分離が箆起こしによるものと、回転糸切りによるもの(図61-3)とがある。また放射状ナデの後、その移動した粘土を基に高台を作ることも考えられるが、今のところ確認できていない。A類については、B―1類のように第2段階から第3段階にかけて指頭によるナデの施されることも想定される。しかし、この段階で底面はある程度乾燥が進んでおり、指頭で粘土を移動させたり底面端部に弓なりの断面を形成するには不都合である。C類は本格的な乾燥に移る直前に当たり、B―2類に認められるように高台作出以前にケズリを用いる例もあることから、ケズリを施す場合も考えられるが未確認である。

以上のように考えれば、放射状痕跡はA類・B―1類・B―2類・C類と分類でき、A類～B―2類は製作技法に、C類は文様もしくは記号などに関わる痕跡と評価されよう。

4 分布領域の問題

放射状痕跡をもつ須恵器が、北海道南部と青森県・秋田県・岩手県の東北北部に分布していることは冒頭で述べてある。しかもこれらの須恵器は、9世紀から主に10世紀にかけての平安時代に限定されており、その分布は律令国家による東北経営の最前線以北に広がっている。以上を念頭に置いて、分類項目と分布域の関わりを見ていきたい(図62、表3)。

A類は秋田県若美町西中海老沢遺跡のほかに、青森県浪岡町山本遺跡、北海道札幌市K446遺跡出土資料が該当する。これらについては、今のところ数少ない類例とともに、広域な広がりをもつと評価しておきたい。

C類は岩手県二戸市中曽根Ⅱ遺跡のほかに、同一戸町田中4遺跡(一戸市教

158 第3章 文様・擬似文様論

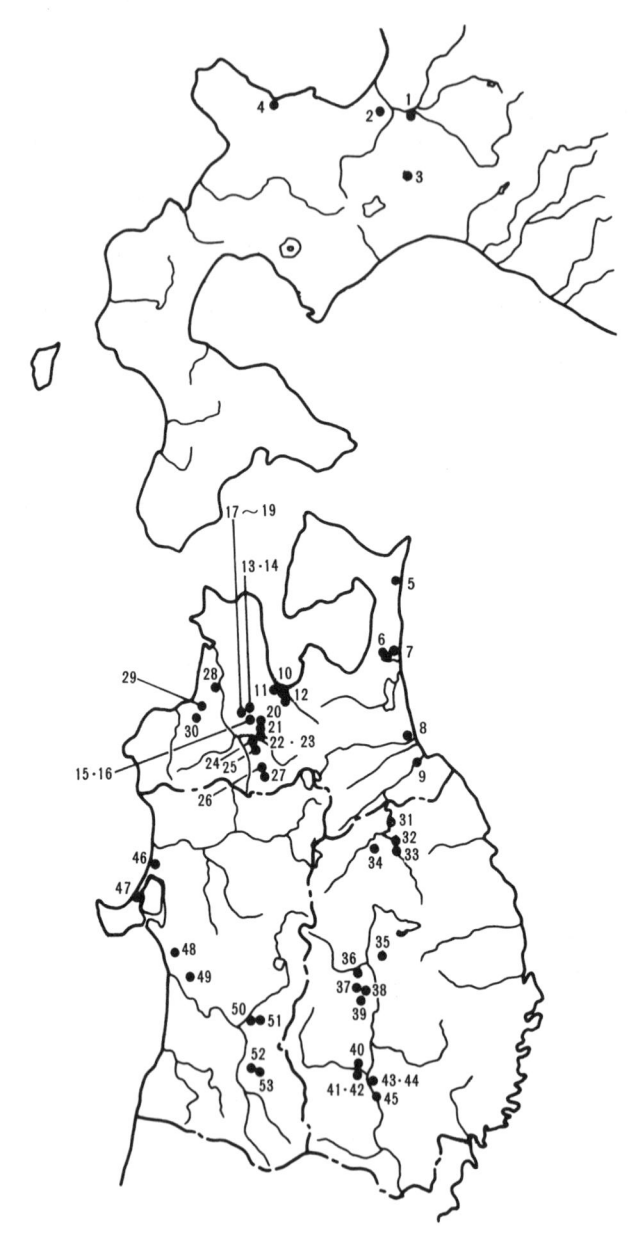

図62 遺跡の分布図

育委員会1981)、同上野遺跡、浄法寺町コアスカの館出土資料が該当する。これらは、狭い地域から集中して出土しており、局地的な分布域を形成している。

　B類は、上記A・C類の7例を除いたもので、放射状痕跡をもつ須恵器資料の大部分を占めている。これらは、高台の作出と放射状痕跡の関わり方によって、台部の高い貼り付け高台（B—1類）と、台部の低い一種のケズリ出し高台（B—2類）に区分したものであった。

　B—1類は、秋田県横手市田久保下遺跡のほか、同仙北町払田柵跡（山崎1982）、岩手県江刺市長根山9号窯跡（江刺市1981）、同北上市上大谷地遺跡（岩手県教育委員会1982a）、青森県青森市三内遺跡出土資料（青森県教育委員会1978）などが該当する。このうち、高台がそれほど高くなく紐状を呈する三内遺跡の例を除くと、放射状痕跡のない奈良時代長頸瓶の系譜をひいた高くしっかりした作りである。このように見れば、高台の高くしっかりしたものは、東北北部でも南側の地域に限られ、城柵・官衙やこれらとの関連が示唆される窯跡を含んだ分布領域にある、といえるのではないだろうか。一方、前述の三内遺跡の例は、台部は低いが貼り付けと考えられる青森県六ケ所村アイヌ野遺跡（青森県教育委員会1982）、同八戸市根城跡出土資料（八戸市教育委員会1988a）などと同類のようで、青森県を中心に認められるようである。また、このアイヌ野遺跡と根城跡の資料は、同下田町中野平遺跡（青森県教育委員会1991）の資料も含め低くしっかりした高台と短い幅の放射状痕跡をもつ共通点があり、青森県の太平洋側で今後まとまりをもつ可能性がある。

　B—2類は、青森県浪岡町山元（3）遺跡のほか、同山本遺跡、同羽黒平遺跡（青森県教育委員会1979）、青森市朝日山遺跡出土資料などが該当し、津軽地方の大部分がこの分類に含まれるようである。また、五所川原市には本州最北端とされる五所川原窯跡群（持子沢系窯跡群・前田野目系窯跡群）があり、この場合も断面のある図の観察などから同じ分類項目と判断される[(2)]。これらのことと、同県太平洋側や東北北部の南側に明確な類似資料のないことから、B—2類となる放射状痕跡は、五所川原窯跡群より一元的に供給された可能性が強いと考えられよう。

北海道から出土している資料については、札幌市K446遺跡出土のものをA類としたのみである。おそらく江別市坊主山遺跡（山本1984）ではB―1類、千歳市末広遺跡（千歳市教育委員会1985）や余市市大川遺跡（余市町教育委員会1993）の資料はB―2類に含まれると考えられる。いずれにしても、今のところ石狩低地帯を中心にした分布を示しており、全道的な広がりはない。

　以上のように、各類の分布状況を述べてきたが、これらの中でB―1類でも高台が高くしっかりしているものとB―2類とが、出土資料の総体を二分するような在り方を示している。前者は9世紀の資料が多く、後者の中心は10世紀である。この二分した在り方は、大局的には9世紀の城柵・官衙に関わる地域と、もともと律令制の及んでいなかった地域の様相を浮き彫りにしたものと考えられる。そしてこの分類の相違は、放射状痕跡という外見上同じ特徴をもちながらも、時代と地域の異なった製作技術上の相違を示しており、言い換えれば生産体制上の違いを暗示しているものと理解される。

5　おわりに

　本論の契機は、放射状の文様がなぜ底面の隠れるような所に付いているのか、という疑問から端を発したことによる。そして、研究史を辿るうちにそれが主として技法による痕跡であることに気がついたが、土器の観察を繰り返した末に文様としての例も確認でき、結果として両方の解釈を提示した。技法に関する分類では、東北北部の南側で城柵・官衙の設置されている地域と、同北部でも津軽地方を中心とした地域とでは、分類上大きな相違点のあることを指摘した。さらにこれらの須恵器の担い手は、その分布領域と時代性から蝦夷とされた人々によって主体的に使用されたと考えられるものの、城柵内やこれと関連するであろう須恵器窯跡からも出土している例も述べた。このことは、放射状痕跡をもつ須恵器の発生が、律令国家側の生産体制と隔絶したものでなかったことを示すもので、今後注目すべき視点と考えられる。

　文様もしくは記号の意味を考えた分類では、これが広範な分布域を示す放射状痕跡をもつ須恵器の中でも、メルクマールとなるものであることを指摘し

た。同類の資料が、同じくらいの分布領域からさらに追加されるとするならば、その近くに窯跡が推定されるだろうし、分類上の地域性を説明する必要が出てくるだろう。

　また、分布領域に関する問題では、資料が多い程有効であると痛感している。豊富な資料であれば、個々の分類資料に限定的な広がりをもつか否かが、視覚的に表現できるからである。この意味で分類項目の有効性はある程度達成できたと思われる。しかし、分布領域の特定とそこから逸脱している資料の見極めは、将来的な問題であることはいうまでもない。

　本論では、放射状痕跡をもつ須恵器の意味を問い、いまだ資料の少ない中にあってあえてその分類を試み、地域間の特色を見出そうとしたつもりである。今後、増加する資料に対して、歴史を語らしめる解釈をどのような方法で行うか、そのための分類基準をどうするか、などが論議されなければならないと考える。

註
（1）　この手法によって作出された高台は、ロクロによる回転を使用していないものの一種の削り出し高台と見なし得る。
（2）　五所川原窯跡群の須恵器生産と流通については、三浦圭介（三浦1991）と前掲新谷武の論考がある。

第4章　技術・技法論

第1節　出羽北半の土師器焼成遺構

1　はじめに

　秋田県の土師器焼成遺構は、正報告の済んでいる遺跡や一部公にされているものを含めると、少なくとも現在16遺跡72基の遺構がある（表5）。ただし、報告書によって焼成遺構と確認された遺構のほかに、可能性が指摘されていたり、土師器焼成遺構の認識がなくとも報告記録の内容から可能性のきわめて高いものも加えてある。したがって一部では、土坑状の焼土遺構や炭焼成遺構と誤って扱われている危険性がないでもないし、逆に土師器焼成遺構でありながら、状況証拠に乏しく漏れてしまっている例もあるかもしれない。このことは、土師器焼成遺構を認定する際の不確実性によるが、これを念頭に入れた上で現状をひとわたり述べておく。

　土師器焼成遺構は、焚き口や煙道または天井部の明確な焼成窯と、焚き口が想定されたにしても固定化した煙道や天井部が確認できない焼成坑とに、大きく二分できる[(1)]。秋田県では、異論があるものの土師器焼成窯と考えられるこれら2種類の遺構以外は、覆い焼きを行ったと考えられる土師器焼成坑（久保田1989）がほとんどである。以下では焼成坑に関する記載が中心になるが、事例を紹介するとともに、いくつかの課題を取り上げて検討したい。

2 土師器焼成坑の概要

　焼成坑は、県北の米代川流域や県中央から県南にわたる雄物川流域で確認でき、ほとんどが大地や緩斜面に立地する（図63、表4）。10基以上が検出された遺跡には、能代市十二林遺跡（秋田県教育委員会1989a）・秋田市野形遺跡（秋田考古学協会1977、秋田市教育委員会1984a）・横手市郷土館D遺跡（神谷1996）がある。郷土館D遺跡には、郷土館窯跡〈8基〉（神谷1996）や田久保下遺跡〈5基〉（秋田県教育委員会1992b）が隣接している。1遺跡で最も多いのは、1976年〈1次〉と1983年〈2次〉の調査で18基が見つかった野形遺跡である。ここでは、調査面積の約半分に当たる東西約30m×南北約15mの広がりから確認され、さらに1号窯〈2次〉を除くと東西約20mの範囲より17基が集中して検出されている。1～3基程度のサシトリ台遺跡（秋田県教育委員会1976c）・寒川Ⅱ遺跡（秋田県教育委員会1988）・山王岱遺跡（秋田県教育委員会1992c）などの散発型に対して、集中型の典型的な遺跡である。先の郷土館D遺跡や郷土館窯跡も集中型に属するが、十二林遺跡は広い調査地域に集中する部分と拡散して存在する部分とがあり、折衷的様相といえよう。

　各遺構の平面形態は、円形・楕円形・方形・長方形・台形・三角形・五角形を基調とするが[(2)]、円形・方形が少なく正三角形はない。下田遺跡（秋田県教育委員会1990a）の台形も含んで、楕円形・長方形・三角形・五角形の長軸をもつものが多いのは、焚き口や側壁もしくは奥壁が意識されていることの現れと考えられる。しかし、緩斜面の傾斜に長軸が必ずしも沿うわけではなく、長い窯体の窖窯とは立地において異なる。

　長軸が斜面に沿う例は、焚き口が斜面下方側にあり対する奥壁が斜面上方側に、奥壁の両側下方に側壁のある形態が一般的で、富ヶ沢A窯跡（秋田県教育委員会1992b）のSJ04は焼成部より一段低い前庭部を伴うものである[(3)]。ところが、長軸の片側がやや尖る卵形とした十二林遺跡のSN66は、長軸が概ね等高線に沿い、尖った側がわずかに低く焚き口と想定できる例である。同じく田久保下遺跡のSJ322も、概ね等高線に沿う長軸片側の低い床面側に焚き口が想定

され、この場合斜面下方の側壁は推定線で表されている。これらの例より、長軸が等高線に沿うような焼成坑は、斜面下方の側壁が上方のそれに対して極端に低いか部分的に構築されなかった状態が想定され、覆われた土や灰の掻き出し口（側）として工夫されたことも考慮する必要があろう。

　次に、焼成坑の集合構築に関わる野方遺跡と、付属施設をもつ郷土館窯跡を取り上げる。野方遺跡の9〜11号窯跡〈2次〉は、長軸6m×短軸2.6mの長方形状を呈する竪穴を掘り込み、この中に構築されたものである。9・11号窯跡の底部は皿状に掘り込まれ、10号窯跡はさらに浅く平坦である。竪穴の外側や、この内側で9号窯跡の回りにピットが存在するため、上屋が想定される。これらは、斜面の傾斜を利用しない独自の工法で、予め複数の構築を予定していたものである。7号窯跡は、深さが60〜70cm程ある竪穴の段差を利用して構築されたと考えられる。

　郷土館窯跡のSU17とSU21は、五角形の頂点に幅15cm前後で深さ5cm程の溝が取り付く。前者は長さ約1mで須恵器の杯が完形で出土し、後者は長さ約25cm（削平の可能性が大きい）で炭化物と土師器の破片が詰まっていた。調査者は、溝が斜面の下方に延びることから煙道でないことを指摘している（神谷1996）。なお、2つの焼成坑も上屋をもつようである。ほかに溝を付設する例は、山王岱遺跡（秋田県教育委員会1992c）のSK08Bがあり、長さ約60cm×幅約15cm深さ数cmの溝が略台形の短辺に付く。筆者はかつて、伏せ焼きで長方形を呈し斜面に構築された炭焼成遺構を調査したことがある。その報告で、焚き口から窯尻側に延びる3条の溝に対して通風溝とした（秋田県教育委員会1989）が、以上の3例も同じ機能と考えられる。

　ところで、9・10世紀における焼成坑の土師器には、どのような種類があるだろうか。生産された器種では杯が最も多く、中・大型品で確実性のある例としては、十二林遺跡SN46の鍋、下田遺跡SK87の甕、山王岱遺跡SN112の甕、野方遺跡2号窯跡〈1次〉の甕などが挙げられるが、一部で杯が併焼されている。これらより、日常什器と煮炊具が、同一焼成坑内で生産されていた例を知ることができる。(4)

166 第4章 技術・技法論

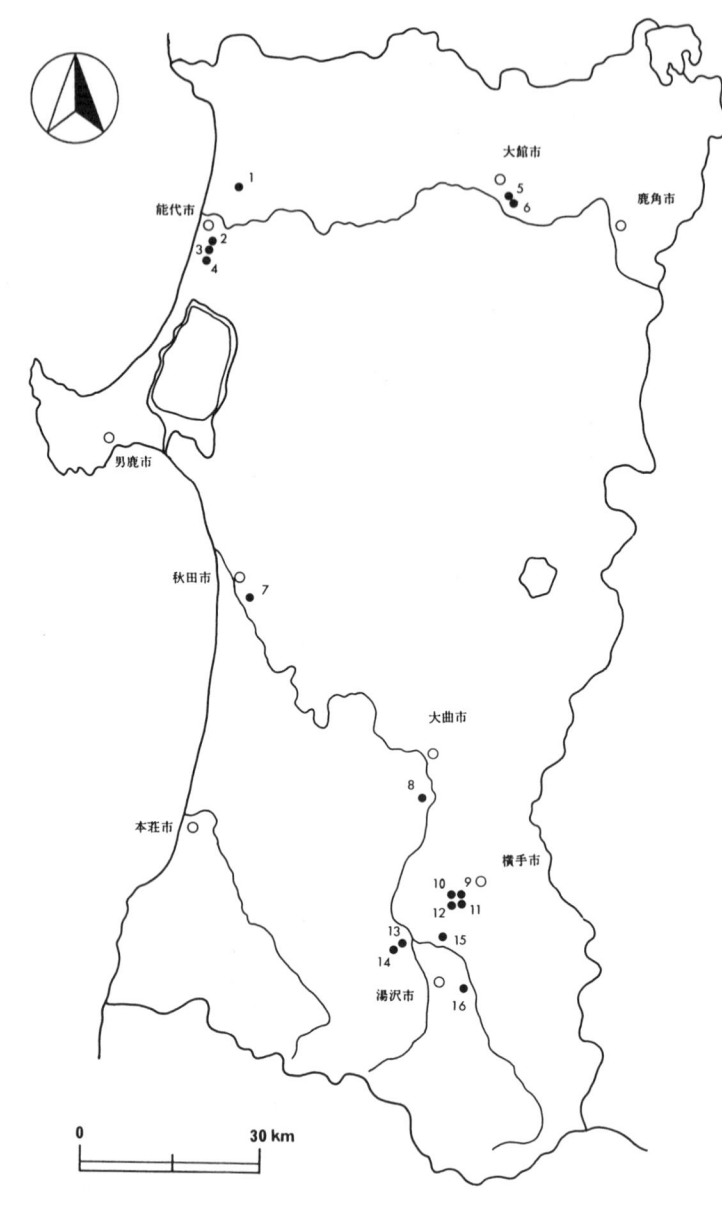

図63 遺跡の分布

第1節　出羽北半の土師器焼成遺構　167

表 4　遺跡の特徴

No.	遺 跡 名	所 在	立 地	遺 跡 種 類	基数	遺構内での分布	時期	焼成坑形態	焼成器種	備 考	文献
1	サンドリ台遺跡	能代市	台地	集落跡	1	平坦地	10c		土師器杯		2
2	寒川Ⅱ遺跡	〃	〃	〃	2	緩斜地	10c		土師器片		5
3	十二林遺跡	〃	台地斜面で須恵窯近接	〃	14	〃	10c		土師器杯・甕	須恵器窯跡10c	10
4	福田遺跡	〃	台地斜面	〃	1	〃	10c		土師器杯		10
5	山王台遺跡	大館市	丘陵地	〃	1	丘陵裾部	10c		土師器杯	黒色処理有	1
6	山王位遺跡	〃	〃	〃	2	〃	10c		土師器杯・甕	黒色処理有	12
7	野形遺跡	秋田市	台地	〃	18	〃	10c		土師器杯・鉢	内黒土師	18・21
8	下田遺跡	平鹿郡大森町	丘陵地	〃	1	〃	10c		土師器杯		15
9	郷土館窯跡	横手市	〃	窯跡（中山丘陵窯跡群）	8	緩斜地	10c		土師器杯	須恵器窯跡9c	8
10	郷土館D遺跡	〃	〃	集落跡（中山丘陵窯跡群）	12	〃	10c		土師器杯	郷土館窯跡と近接	8
11	田久保下遺跡	〃	〃	窯跡（中山丘陵窯跡群）	5	〃	9c		土師・須恵器	須恵器窯跡9c	14
12	富ヶ沢A窯跡	〃	〃	窯跡（須恵窯と近接）		〃	9c		土師器甕	須恵器窯跡9c	13
13	七窪遺跡	雄勝郡羽後町	台地	集落跡？			10c		土師器杯・甕		7
14	岩城Ⅱ窯跡	〃	〃	窯跡			10C		土師器		20
15	宝竜堂Ⅱ遺跡	平鹿郡十文字町	水田	〃			9C		土師器甕		16
16	広沢山遺跡	湯沢市山谷	台地	工房跡？		〃	9c?		土師器甑・甕		11・22

表5 法量と形態

No.	遺跡と遺構名	寸法(縦・横・深さ,単位cm)	形態	No.	遺跡と遺構名	寸法(縦・横・深さ,単位cm)	形態
1	サシトリ台遺跡				10号窯跡(38)	150×120×-	隅丸長方
	5号竪穴遺構(1)	200×180×30	楕円		11号窯跡(39)	230×120×-	隅丸長方
2	寒川II遺跡				12号窯跡(40)	75×75×-	略楕円
	第27号土坑(2)	201×174×37	略三角	8	下田遺跡		
	第31号土坑(3)	126×-×33	楕円?		SK87(41)	146×104×15	略台
3	十二林遺跡			9	郷士館窯跡		
	SN09(4)	152×128×19	略円		SU17(42)	228×208×-	五角
	SN46(5)	138×(118)×15	略円		SU21(43)	188×160×-	五角
	SN48(6)	80×68×8	楕円		SU23(44)	160×142×-	五角
	SN51(7)	-	楕円?		SU25(45)	216×194×-	長方
	SN66(8)	180×122×26	楕円		SU29(46)	240×184×-	長方
	SN78(9)	118×108×11	-		SU30(47)	246×182×-	五角
	SN79(10)	116×104×6	楕円?		SU32(48)	200×200×-	略円
	SN81(11)	128×(104)×14	楕円		SU39(49)	158×182×-	五角
	SN85(12)	114×100×24	略円	10	郷士館D窯跡		
	SN124(13)	158×96×12	楕円		SU02(50)	-×-×-	五角
	SN139(14)	131×114×14	楕円		SU03(51)	-×-×-	五角
	SN148(15)	145×126×15	楕円		SU07(52)	224×162×-	五角
	SN149(16)	-	楕円		SU08(53)	314×180×-	長方
	SN152(17)	145×135×25	楕円		SU10(54)	244×188×-	五角
4	福田遺跡				SU11(55)	330×210×-	五角
	SK44(18)	120×120×20	略円		SU12(56)	210×160×-	五角
5	山王台遺跡				SU14(57)	212×104×-	五角
	SX01(19)	135×120×10	略長方		SU15(58)	244×220×-	五角
6	山王岱遺跡				SU17(59)	234×170×-	五角
	SK08A(20)	150×100×10	楕円		SU18(60)	216×164×-	五角
	SK08B(21)	200×180×20	略台		SU19(61)	-×-×-	五角
	SN112(22)	128×100×10	楕円	11	田久保下遺跡		
7	野形遺跡(1次)				SJ322(62)	182×100×15	楕円
	1号窯跡(23)	300×240×60	楕円		SJ323(63)	225×150×40	楕円
	2号窯跡(24)	200×160×30	楕円		SJ325(64)	225以上×230×30	不整
	3号窯跡(25)	(140)×-×45	-		SJ327(65)	160×160×24	-
	4号窯跡(26)	(140)×-×30	楕円?		SJ329(66)	220×175×20	隅丸長方
	5号窯跡(27)	(130)×-×-	-	12	富ケ沢A窯跡		
	6号窯跡(28)	300×250×60	楕円		SJ04(67)	237×136×37	略方
	野形遺跡(2次)	290×220×50	略三角		SJ14(68)	138×112×16	略三角
	1号窯跡(29)	290×220×50	略三角	13	七窪遺跡		
	2号窯跡(30)	170×140×35	略方		SJ01(69)	175×130×60	羽子板状
	3号窯跡(31)	160×150×5	楕円	14	岩城I窯跡		
	4号窯跡(32)	80×80×-	略楕円		(70)	200×130×20	楕円
	5号窯跡(33)	140×100×10	楕円	15	宝竜堂I遺跡		
	6号窯跡(34)	140×140×-	-		(71)	-×-×-	-
	7号窯跡(35)	300以上×220×55	略方	16	広沢山遺跡		
	8号窯跡(36)	-×180×18	-		(72)	-×-×-	-
	9号窯跡(37)	190×110×-	隅丸長方				

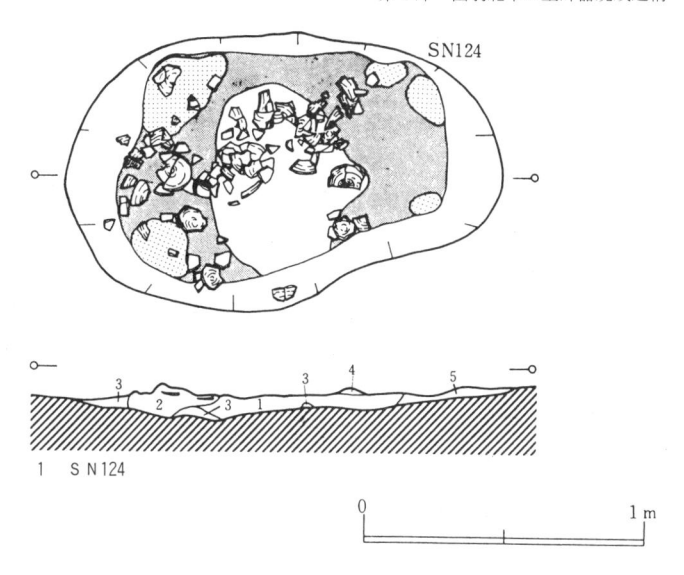

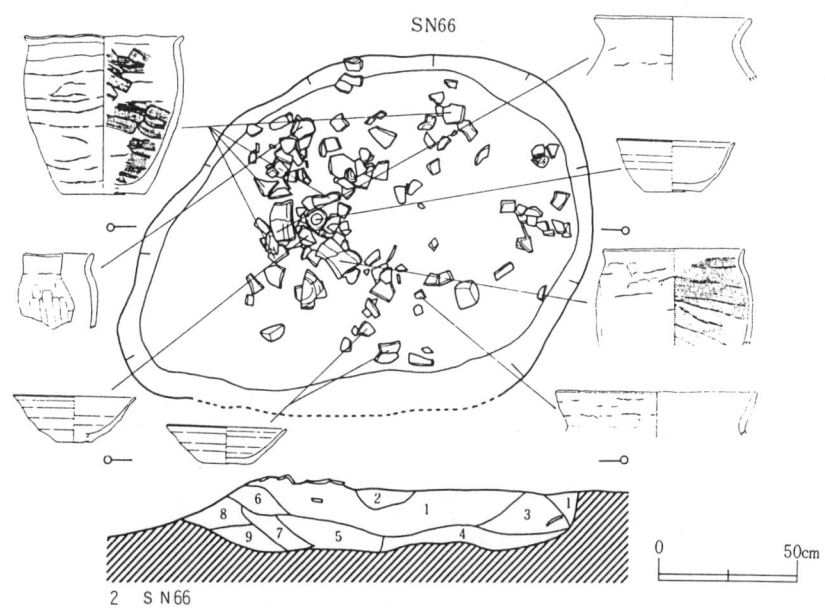

第1節 出羽北半の土師器焼成遺構 169

1 SN124

2 SN66

図64 十二林遺跡の事例（秋田県教育委員会1989aより転載）

170　第4章　技術・技法論

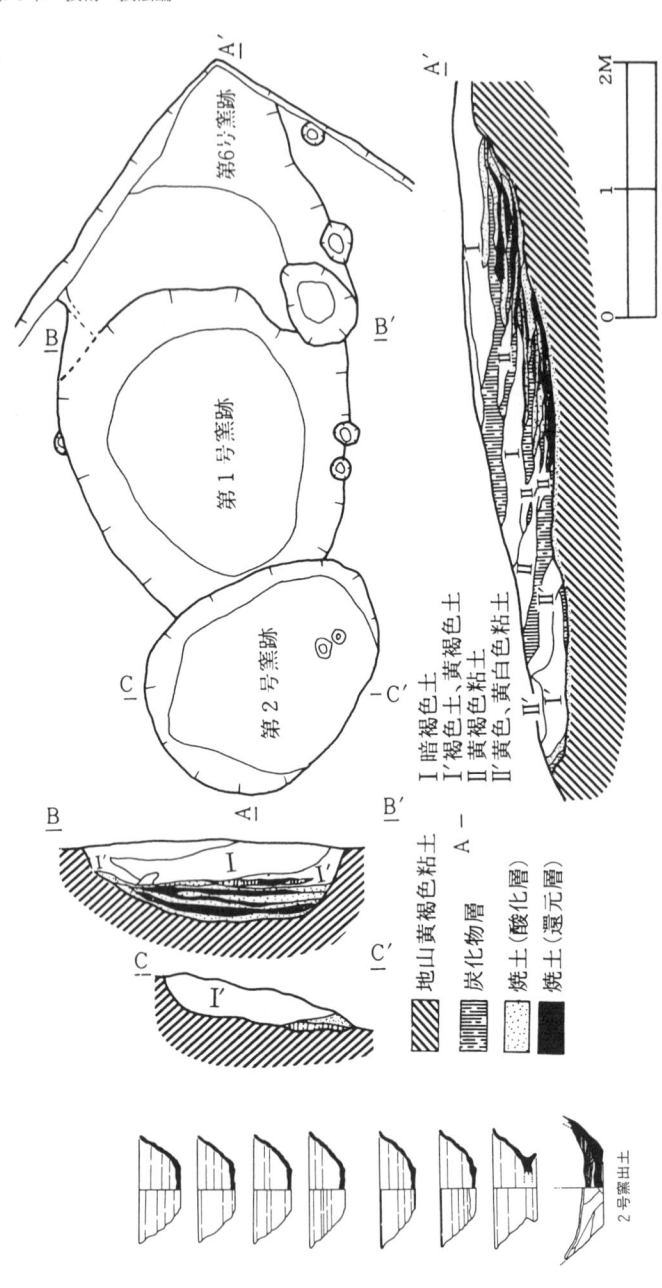

図65　野形遺跡の事例（秋田考古学協会 1977 より転載）

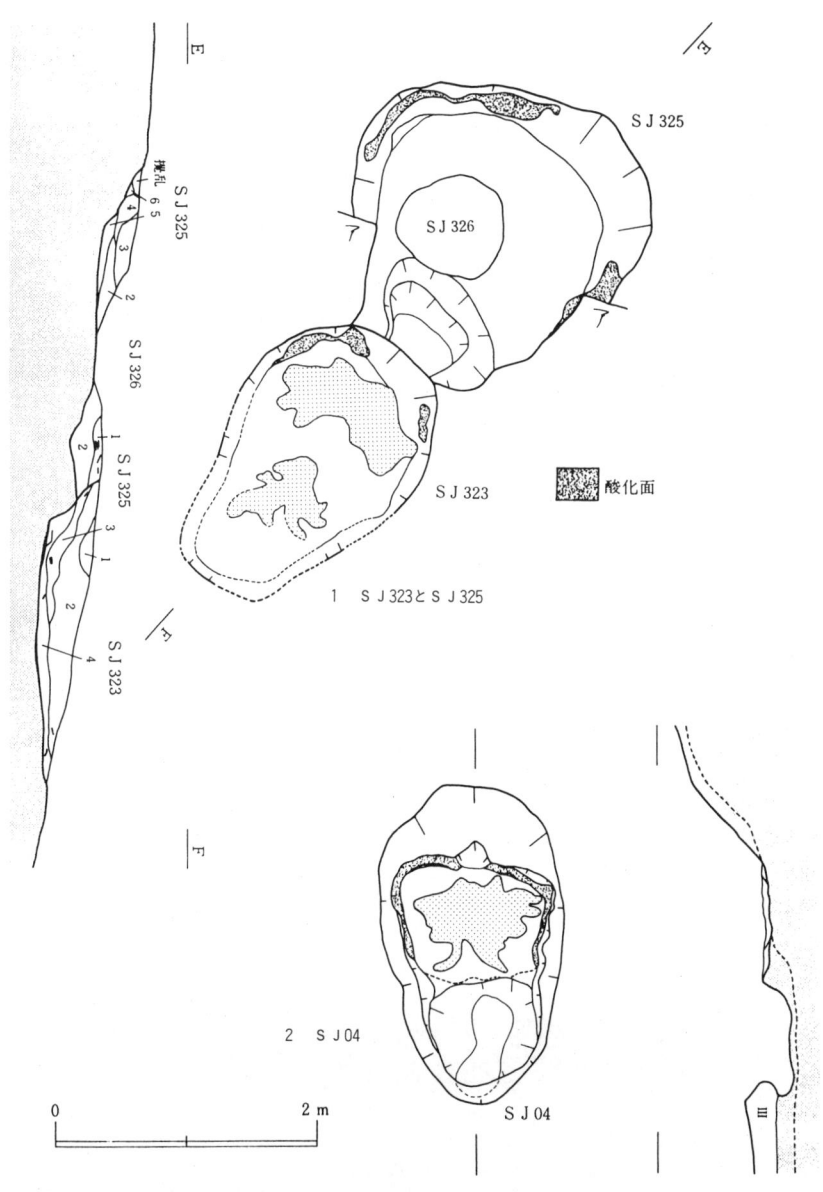

第1節　出羽北半の土師器焼成遺構　171

図66　田久保下遺跡と富ヶ沢A窯跡の事例（秋田県教育委員会1992bより転載）

172　第4章　技術・技法論

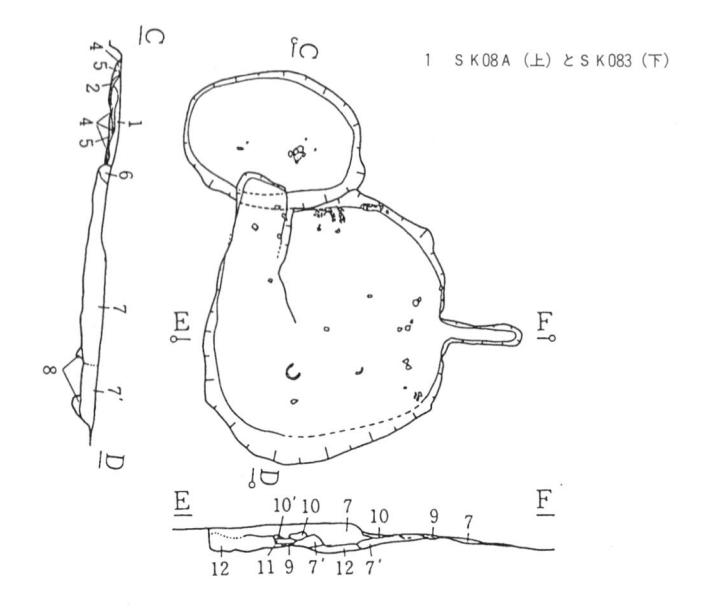

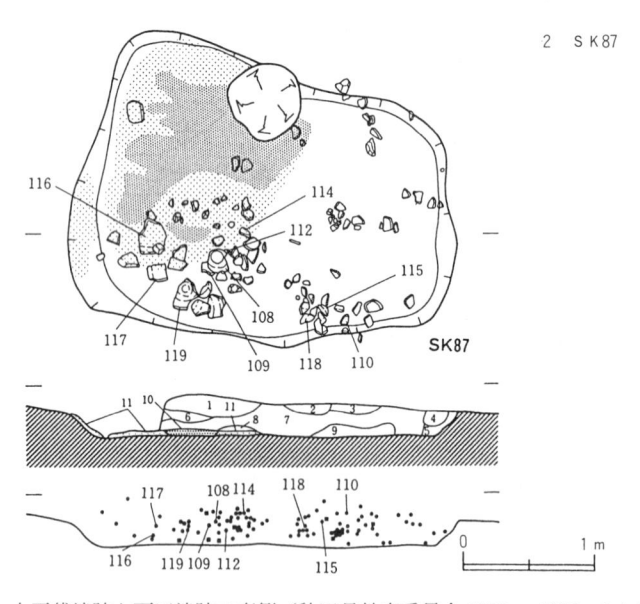

図67　山王岱遺跡と下田遺跡の事例（秋田県教育委員会 1992c・1990a より転載）

野方遺跡1号窯跡〈1次〉(秋田考古学協会1977)では、土師質の土錘が23点出土したほか、内面黒色処理で低い高台の付く底部破片や、表面の黒色は見えない内面にミガキのある破片も見つかっている。山王台遺跡（大館市教育委員会1990）のSX01は、浅い掘り込みの焼土面とこれに取り付く幅広の溝状遺構からなり、黒色土器の杯が橙褐色の杯と共伴した。報告者は、黒色処理の燻煙施設と考えあえて焼成坑と区別しているが、ここでは広義の焼成坑として扱っておく。

　項の終わりに、須恵器窯跡との関わりについて触れておきたい。焼成坑5基の田久保下遺跡と2基の富ヶ沢A窯跡からは、それぞれ3基と1基の須恵器窯跡が検出されている。また、焼成坑8基の郷士館窯跡では、1基の須恵器窯跡が見つかっている。富ヶ沢A窯跡を基点にすると、北約100mには郷士館窯跡（横手市教育委員会1976）が東約100mには田久保下遺跡があり、さらに南西約100mに須恵器窯跡2基の富ヶ沢B窯跡が、この西約150mには須恵器窯跡1基の富ヶ沢C窯跡（秋田県教育委員会1992b）がある。郷士館D遺跡は、郷士館窯跡の北西100mに存在する。8基の須恵器窯跡はすべて9世紀代のもので、9世紀の田久保下遺跡や富ヶ沢A窯跡の焼成坑も須恵器工人との関連が強いと考えられる。さらに、10世紀代の郷士館窯跡や郷士館D遺跡の焼成坑が集中して存在する理由も、須恵器窯の在り方と無関係とはいえないだろう。焼成坑14基の十二林遺跡では、集落より50m以内に10世紀の須恵器窯跡1基があり、ここでも須恵器工人と土師器工人の強い結びつきが窺われる。

3　還元状態のこと

　土師器は、酸化炎焼成によって生産されたもので、焼成坑の被熱部分は酸化状態にあるのが一般的な在り方である。ところが、坑内で還元状態が生じている様子を、壁の青灰色や灰層中の粒子から知ることができたり、坑内出土遺物の中にも還元状態を呈する例が県内でも見つかっている。第2回土師器焼成遺構検討会のおり、山田真一が坑内出土の還元状態にある杯を持参し、各研究者がそれを驚きの眼差しで見入っていたことは記憶に新しい。以下、記載事項を

引用しながら本県の事例を紹介し、問題点を整理してみたい。

　1977年、石郷岡誠一は野方遺跡の1号窯跡〈1次〉で「窯尻の掘り込み東壁は赤色に酸化しているが、掘り込み側壁には火を受けた痕跡がない。窯底は掘り込み床面に粘土を貼り付けており、灰青色の還元状態になっており、下の掘り込み床面（地山黄褐色粘土層）も赤く変色している。この窯底の還元層の上には更に互層に赤色の酸化層、灰青色の還元層が数層みとめられた。」と述べた。また、遺物には「硬質で、部分的に須恵器に近い色調を呈するものなどがみとめられる。」とした（秋田考古学協会 1977）。

　さらに、6号窯跡〈1次〉において「掘り込み側壁には火を受けた痕跡はないが、窯底は1号同様、灰青色の還元層で、掘り込み床面に粘土を貼っている。窯底の還元層上には1号窯跡と同様に赤色の酸化層、灰青色の還元層が互層にみとめられ、」と記述している。一方、壁が酸化状態で還元層の認められない2号窯跡〈1次〉の遺物では「焼成は非常に硬質で部分的に還元状態になっている。」と指摘し（秋田考古学協会 1977）、坑内が部分的にでも還元状態にあったことを示唆している。また1984年、同遺跡の2次の報告でも、1・2号窯跡において灰青色土の存在を指摘している（秋田市教育委員会 1984a）。

　ほかの遺跡の例としては、十二林遺跡のSN09とSN124が挙げられる。1989年、小林克はSN09で「焼土化していない東側壁近くの覆土中から、暗青灰色に還元・固結した窯壁片と思われる粘土塊を採集した。おそらくある程度の上部構造が、このような粘土によって築かれていたものと考えられる。」と述べている（秋田県教育委員会 1989a）。またSN124から出土した遺物が、部分的に還元しているとした上で実測図を掲載している。

　以上が県内における坑内が還元状態にあった焼成坑の類例である。一方、部分的な還元状態にある遺物では、酸化炎焼成であっても遺物の重なる状況などによって空気が遮断され、その部分が還元状態になることも想定されるため、一概に坑内全体が還元状態にあったことの証明にはならない。しかし、窯底が還元状態の野方遺跡や覆土中に還元窯壁のあった十二林遺跡の例は、局所的であるにせよ坑内が還元状態にあったことの証拠としては十分である。

これらの例により、坑内が還元状態であるための3つの視点が想定される。

　①構造上の問題。十二林遺跡のSN124は、覆土中に還元状態の粘土塊が見られ、床にはその状態が確認されていない。小林も指摘するように壁が高く天井部が開口していたか（秋田県教育委員会1989a）、密閉状態にあった構造窯の可能性がないだろうか。この場合、窯内で高火度焼成を導くような焼成遺構であっても、灰などで覆われた床面の温度が壁や天井よりも低い温度状態に留まることは見受けられる。削平を受けた構造窯が、覆い焼きの焼成坑と誤認されている場合も考慮する必要があろう。

　②燃料材の問題。野方遺跡の1号窯跡〈1次〉では、大まかには床面の還元状態と壁面の酸化状態に分けられる。このような状態になる条件としては、酸化炎焼成で床面付近だけが還元状態になる特殊な状況を想定すべきで、遺物の下の木炭や灰などが密閉・遮蔽状態も作用しながら高火度状態を作り出したと考えられないであろうか。さらに進めれば、炭を意識的に用いた可能性があるかもしれない。[5]

　③焼成法の問題。1983年、大川清は半地下式無階有段の窖窯を構築して焼成実験を行った。結果、酸化炎焼成の状態に注水して、還元状態の遺物と窯壁の得られることが確かめられた（大川1983）。この方法によれば、酸化炎状態にある土師器焼成坑においても、還元状態が可能であるし須恵器色の遺物も得られる。この場合、床面の燃料材や覆い焼きの状態と偶然も考慮した注水の具合で、坑内壁面や遺物における酸化・還元のバリエーションを生むことになる。

　土師器焼成坑が還元状態を作り出している例は、全国的にも少ないようである。①を除く②③では、焼成坑における還元状態の要因を主に焼成技術の点から考えてみたが、これらが意図的に行われたものか、原理としては理解されたにしても偶発的に生じてきたのかは今後の問題点である。山田の紹介した全体が還元状態にある遺物は、それを意図した焼成坑を確信させるにしても、秋田県の例は高温を狙った硬質土師器生産の結果がもたらした偶発的な現象と、今のところは捉えておきたい。[6] しかし本県においても、地域的には還元状態を意図した焼成坑として、今後まとまりをもつかもしれない。

4 焼成窯等の検討

焼成坑に対して、天井を伴ったり焚き口や煙道を備えている構造を焼成窯と呼ぶことは前述したが、これに該当する土師器焼成窯と考えられる事例を紹介する。

(1) 岩城Ⅱ窯跡

雄勝郡羽後町足田にあり、1963年に雄勝城を究明するために行われた調査の際、丘陵の先端部で確認されたものである。翌年の報告では「〜南北線にほぼ主軸線をとっている窯跡（土師）または窯跡と推定される施設を確認することが出来た。プランは長径2m、短径1.3mの楕円形を呈し、主軸南側に煙道巾0.2m、長さ0.4mの煙出しを設けている。現存する内部は赤く焼け、所々に泥岩ブロック、土師器等が散在している。壁は東側にその一部を残している。天井部は落ちている。発掘状態からみて天井の厚さは0.2m〜0.25mの粘土で覆ったものと推定された。焚口付近には鉢型に成型した石をおいている。なお、更にこの施設を中心に精査したが、他の遺構は認められない。」としている（秋田県教育委員会1964）。

ただしこの記録には問題があり、記述されている法量が図示された縮尺の2倍に当たることが、図化してある遺構や土師器杯の大きさより推定できる。これを基にすると、長軸1m、短軸0.7m、煙道幅0.1m、煙道の長さ0.2mの窯跡になり、カマド位の規模になってしまう。しかし、隣接して他の遺構が確認されていない記載や楕円の形態からすれば、小規模であったにしても土師器焼成窯と認定し得るものと考えられる。筆者の推測が誤りで、寸法が記載通りの遺構だとすれば、文字通り窯跡として希有な類例に挙げられよう。当時の記憶を辿れないのが残念である。

(2) 七窪遺跡のSJ01窯跡

雄勝郡羽後町足田にあり、1990年の公害防除特別土地改良事業に伴う50m^2の調査である。隣接地は緩い丘陵地で4基の須恵器窯跡が調査されており、SJ01窯跡の下方にも2基の須恵器窯跡が検出された（秋田県教育委員会1991c）。

第 1 節　出羽北半の土師器焼成遺構　177

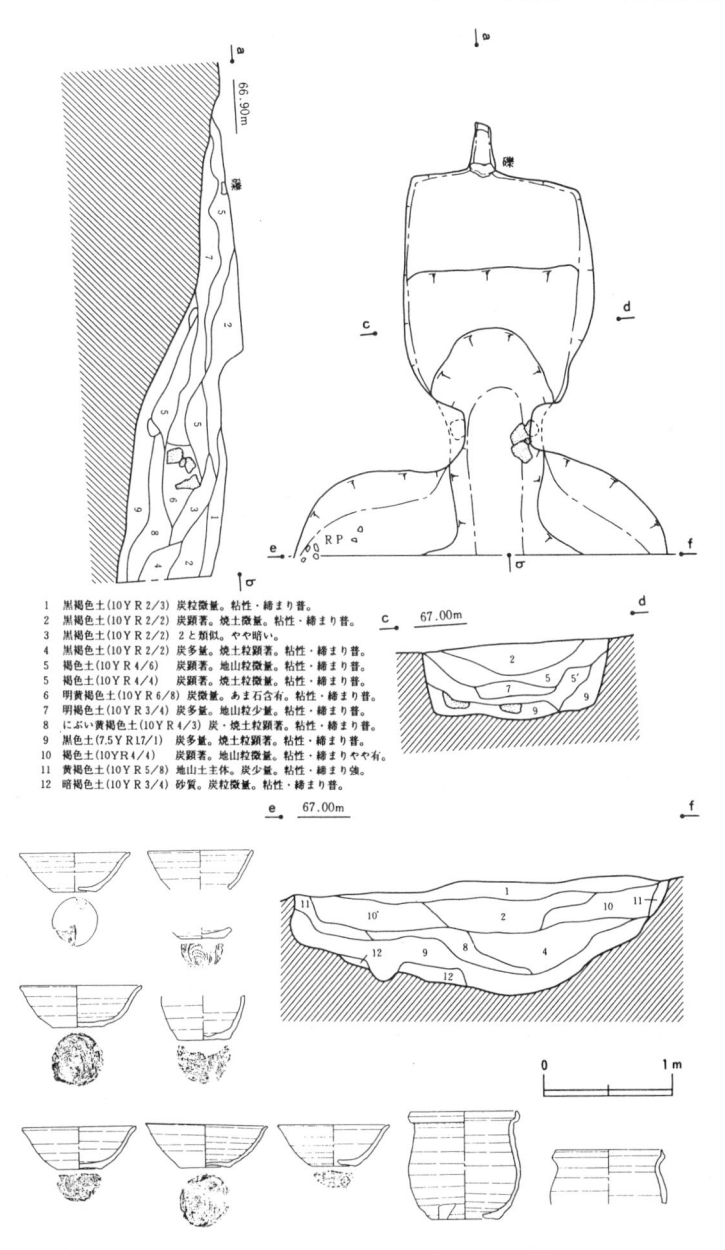

```
1  黒褐色土(10YR2/3) 炭粒微量。粘性・締まり普。
2  黒褐色土(10YR2/2) 炭顕著。焼土微量。粘性・締まり普。
3  黒褐色土(10YR2/2) 2と類似。やや暗い。
4  黒褐色土(10YR2/2) 炭多量。焼土粒顕著。
5  褐色土(10YR4/6) 炭顕著。地山粒微量。粘性・締まり普。
5' 褐色土(10YR4/4) 炭顕著。焼土粒微量。粘性・締まり普。
6  明黄褐色土(10YR6/8) 炭微量。あま石含有。粘性・締まり普。
7  明褐色土(10YR3/4) 炭多量。地山粒少量。粘性・締まり普。
8  にぶい黄褐色土(10YR4/3) 炭・焼土粒顕著。粘性・締まり普。
9  黒色土(7.5YR1.7/1) 炭多量。焼土粒顕著。粘性・締まり普。
10 褐色土(10YR4/4) 炭顕著。地山粒微量。粘性・締まりやや有。
11 黄褐色土(10YR5/8) 地山土主体。炭少量。粘性・締まり強。
12 暗褐色土(10YR3/4) 砂質。炭粒微量。粘性・締まり普。
```

図68　七窪遺跡の事例（報告書より転載）

窯跡は、焚き口が明瞭な窯体とトレンチで削平された前庭部よりなる。窯体は長軸1.75m 奥壁の幅が1.3mで、幅10〜20cmの煙道をもつ。平面形態は、窯尻の両隅が角張り手前が焚き口にかけて弯曲して窄まるもので、焚き口の前後は溝状に連続して傾斜している。弯曲する前庭部を除けば、羽子板状の形状を呈している。焚き口は、下端が75cmで高さは50〜60cmと推定される。窯内の床面は、手前の焚き口（燃焼部）を含む3面（燃焼部以外は焼成部）で形成されている。焚き口部分を除く壁面は、底面から10〜20cmの範囲が脆く焼け、赤黒く炭化したコールタール状の発泡性に富んでいた。焚き口付近の壁は赤黒く、他の床面にはわずかに赤化した部分が認められる。

遺物は、前庭部より土師杯の破片が数点出土したほか、トレンチ調査の際に、やはり前庭部より土師器甕や杯が数点出土している。

この例を第2回古代の土師器焼成遺構検討会で紹介したが[7]、大方の意見は、主に平面形態や壁面の状態から炭窯とする考えであった。壁面の状態は、不完全な燃焼による須恵器の窯跡でも認められるであろうし、何よりも、平坦に近い窯尻部分の床面が狭く、燃焼部を除く急傾斜の床面がそれと匹敵する広さを有する点に疑問をもつ。炭の焼成遺構であれば、床面は平坦か緩い勾配が連続するのが基本であり、この場合の傾斜する燃焼部は、炭焼成遺構としては不利な状態を作り出していると考えられるからである。むしろ、焚き口で燃料を燃やし、傾斜の強い焼成部で炎を引き出し、平坦な床面に並べた遺物を焼き上げる、と解釈した方が理に適っている。

また炭焼成遺構から、操業時に関わる土器が出土する例がないではないが、ここではある程度のまとまりをもつのであり、偶然の在り方と一掃するわけにもいかないだろう。大方の意見を押し切って、あえて土師器焼成遺構（窯）として掲載しておく次第である。

(3) その他

ここでは、国道398号改良工事に伴い調査された広沢山遺跡を紹介する（秋田県教育委員会 1985b）。遺跡は湯沢市山谷字広沢山にあり、比較的急な傾斜に立地している。1955・56の両年、発掘担当者の山下孫継が『湯沢市取上石山土

師時代遺跡第1回発掘調査報告書』『湯沢市取上石山土師時代遺跡第2回発掘調査報告書』として県教育委員会に報告し、後に改名された遺跡である。そして、1978年の『秋田県史考古編』では、土師器を焼成した湯沢市山谷の窯跡として記載されている（奈良1977）。

　1984年の調査によって、土坑3基と遺跡内から「取上石山土師窯跡」（昭和47年度秋田県教育委員会）と書かれた標柱が見つかったものの、土師器焼成遺構の実態は不明であった。すでに、斜面下方の現道（国道398号）の削平などで失われてしまっていたのである。出土遺物は、甕と甑でコンテナ2箱分であった。

　報告では、山下調査時の資料も加えて、88点の甕と甑の破片が図示されている。資料は、内外面に叩きのあるものが多いが、杯や皿などの図や記載は見られない。図示した遺物は、口縁部の破片が23点（甕）、甑の底部破片が22点、胴部破片が43点である。ここで注目されるのは、甑底部の大型破片が9点を占めることで、約10個体もの甑が存在する点である。また、挿図中に甕の底部が認められないことから、甕とされている破片には甑を含む可能性がある。

　遺跡からは須恵器窯跡が検出されず、甑や甕が多く認められる点など大型品の土師器専焼遺構としての可能性が示唆される。この点を重視して他の焼成坑出土器種を比較してみれば、本土師器焼成遺構には構造窯の可能性が指摘されないだろうか。なお、山下の調査では竪穴住居跡1基が存在しており、工房跡の可能性がある。

5　おわりに

　県内で調査された土師器焼成坑のうち、最も早い調査例は1975年のサシトリ台遺跡である。報告当時は焼成坑として断定していないが、後の岩見誠夫によるスライドなどの説明で認識が深まってきた。

　1976・1983年に実施した野方遺跡の調査とその報告は、土師焼成遺構の研究史として県内外を問わず重要である。単独以外に意識的な重複状況を示したり竪穴内の構築・上屋の存在・坑内や出土遺物の還元状態など、検討すべき多く

の内容を伴う遺構遺物が検出されているからである。さらに、遺構については小松正夫の、遺物については日野久による詳細な論考がある[8]。本文もこれらの成果によるところが大きい。

　1987年の十二林遺跡の調査は、焼成坑と須恵器窯跡に関わる県内最初のものである。この須恵器窯跡からは、半還元状態にある杯がまとまって出土しており、須恵器窯跡出土の煮炊具（本来土師器）の在り方とも絡んで今後の課題を提供している。半地下式の窖窯と灰原から、須恵器と土師器が多量に出土した例としては山形県の三本木窯跡があり（山形県教育委員会1982b）、付記しておく。また、推測も含めたが土師器焼成窯については、すでに1964年の早い段階に報告例のあることを述べた。

　冒頭でも触れたが、いままでもそうであったように、今後の調査においても土師器焼成坑の認定が課題である。下堤C遺跡では、底面や側面の焼けている土坑が13基見られ、土師器や須恵器の出土しているものもある。報告では用途・性格は不明としているが、他遺跡の例と合わせて今回漏れてしまった土師器焼成坑もあるかと危惧している。一方、14基が検出された十二林遺跡においては、個別には下堤C遺跡と同一条件下の例を含む。ここでは遺跡内に工房が推測されるため「（土師器焼成坑の）蓋然性は単独の遺構の性格を問題にする場合より高い」と（秋田県教育委員会1989a）、遺跡の性格からその存在を側面的に支持しているが、土器生産以外の焼成坑を含む可能性がある。

　本論の土師器焼成遺構のほとんどは、報告文以外に検証の術はなく、調査者が土師器焼成遺構としたものは少なくとも一覧として掲載してある。違う遺構もあるかもしれない。調査報告の指針として、基本通りに、不確定要素のある遺構はそれなりの詳細な記述が望まれる。今後は、記録の充実と不確定な遺構も含む類例の増加、ある段階での確実な例の摘出と一般化・それによる不確実な類例の排除へと、研究段階を歩むものと考えられる。この過程で、土師器焼成遺構の定義を鍛えていくことは、勿論のことである。

註

（1） 筆者は、炭焼成遺構の天井の有無に注目し、有蓋の炭焼遺構（Ⅰ類）と無蓋の炭焼遺構（Ⅱ類）に分けたことがある（利部1987）。土器焼成遺構でも、用いられているように焼成窯と焼成坑の概念区分は必要で、この場合も、基本的には天井の有無（室の形成）を究極の要因と考えておきたい。また、土師器焼成遺構検討会の東日本部会（於．浦和市埼玉会館．1996.4）で、「酸化炎焼成遺構の分類にむけて」と題した資料を作成し、問題点を説明した。

（2） 神谷裕子は、文献の中でベース形の記載を採用しているが（神谷1996）、本文では図形の名称でなるべく統一したので、氏の表記は採らない。

（3） この焼成部は、全体の長軸に対して横長に造られ、平面の規模は100cm×123cmで確認面からの深さ35cm前後である。前庭部は75cm×81cmで、焚き口との差は20〜25cmである。前庭部を除き、壁と焼成部床面中央の赤変硬化が著しく、原形のない緩く窪んだ煙道部が推定されている。構造的にしっかりしており、9世紀で窯構造に近い特異な例として注目しておきたい。

（4） 横手盆地にある9世紀の須恵器窯跡では、還元炎焼成の煮炊具が出土した事例がある。本来土師器を指向した失敗品と考えられ、これとの対比であえて事実を記載した。

（5） 小林が十二林遺跡の報告をまとめるに当たり、筆者も燃料材に炭を用いる可能性を示唆したことがある（秋田県教育委員会1989a）。

（6） 9世紀以降の東北地方では、いわゆるあかやき土器などと呼ばれている、硬質で赤褐色の土師器が生産されてくる。

（7） 利部修「秋田県の土師器焼成遺構」『第2回古代の土師器焼成遺構検討会（資料）』および、口頭発表による。

（8） 考察中の中で、小松は「窯跡について」日野は「出土土器について」と題して、遺構に即した多角的な検討を加えている（秋田考古学協会1977）。

第2節　竹原窯跡における杯蓋の変化

1　はじめに

　秋田県における須恵器の研究は、秋田城や払田柵跡の継続的な調査成果の蓄積(1)と、秋田市手形山窯跡（秋田考古学協会1975）・本荘市葛法窯跡（本荘市教育委員会1978）・横手市郷土館窯跡（横手市教育委員会1976）などをはじめ各地域の窯跡調査の増加によって、全国的な視野で論じることが可能になってきた(2)。その結果、各地出土の杯を中心に法量や技法・形態の観察から、県内の須恵器編年が組まれ（岩見・船木1985）、また8・9世紀の須恵器特質について論じられるなど（小松1989）、大きな進展を見せた。

　しかし各地のいわば単発的な資料に対して、土器のみの型式学的追求が主で、共伴関係や層位による型式の前後関係について論じることが少なかった。このことは、須恵器を伴う住居跡の集落調査が少なかったこと、良好な基準資料に恵まれなかったことなどの理由によると考えられる。その中にあって、長期間にわたり継続的な操業を示している竹原窯跡出土資料（秋田県教育委員会1991b）は、多量の遺物と共にいくつかの一括土器群や層位による前後関係の判る資料を含むなど、土器の変遷を把握する上で良好な遺跡である。したがって、このような竹原窯跡出土須恵器を整理・分析することは、横手盆地における須恵器様相を明らかにすることであり、このことがひいては出羽北半における須恵器様相の一端を反映するものと思われる。

　本論では以上の点を明らかにするための基礎作業として杯蓋を取り上げ(3)、竹原窯跡の調査成果を基に形態に基準をおいた分類を行い、形態と技法がどのように変化するかを論じるものである。

第2節 竹原窯跡における杯蓋の変化 183

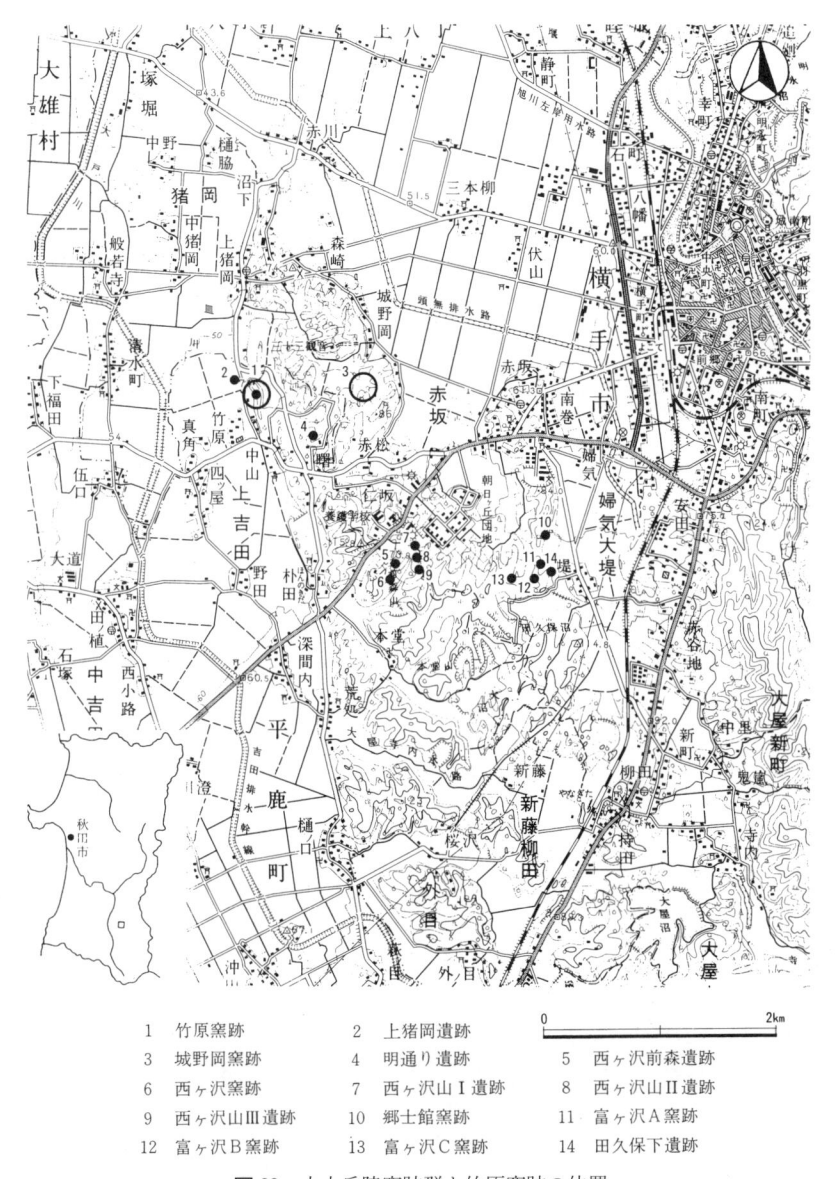

1	竹原窯跡	2	上猪岡遺跡		
3	城野岡窯跡	4	明通り遺跡	5	西ヶ沢前森遺跡
6	西ヶ沢窯跡	7	西ヶ沢山Ⅰ遺跡	8	西ヶ沢山Ⅱ遺跡
9	西ヶ沢山Ⅲ遺跡	10	郷士館窯跡	11	富ヶ沢A窯跡
12	富ヶ沢B窯跡	13	富ヶ沢C窯跡	14	田久保下遺跡

図69 中山丘陵窯跡群と竹原窯跡の位置

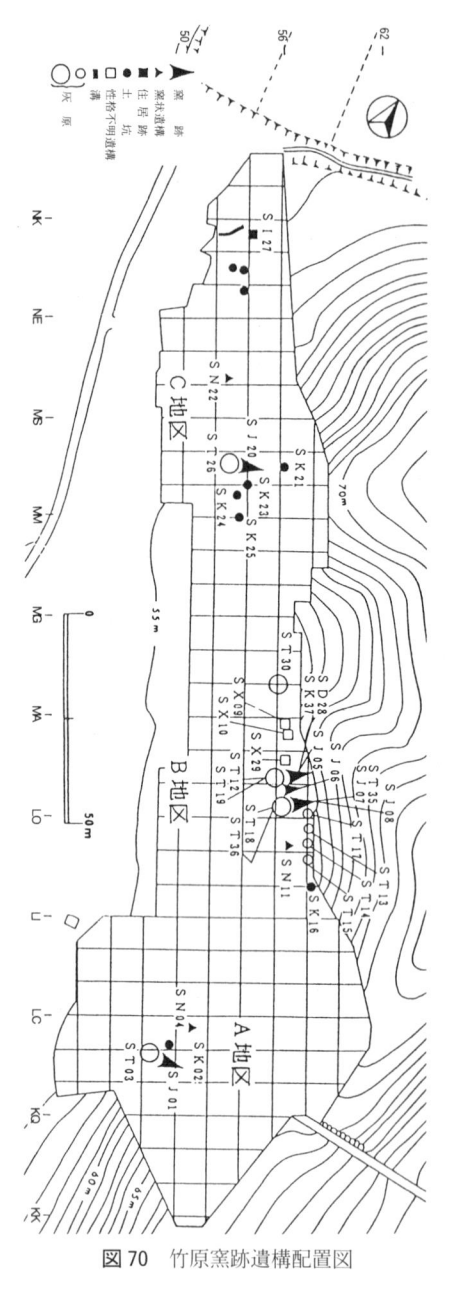

2 竹原窯跡の概要

　竹原窯跡は秋田県平鹿郡平鹿町上吉田に所在し、横手盆地中央東側の横手市街地から西へ約3kmの中山丘陵地に位置する。この丘陵には現在竹原窯跡を含む14カ所の須恵器生産遺跡が確認され、丘陵全体を中山丘陵窯跡群と呼称することができる。この窯跡群の中では、平安時代も含んでいる竹原窯跡が唯一奈良時代の窯跡で、他は平安時代のものである。また、竹原窯跡では円面硯・鉄鉢をはじめ官衙などに供給されたと思われる器種を含んでいる特色がある。これらのことから、竹原窯跡は当該窯業地域における主導的な役割を担っていた遺跡の一つと考えられる。

　調査区は中山丘陵の北西端にあり、広さは長さ約270m×幅15～80m、標高は60m前後である。検出された奈良・平安時代の遺構には、窯跡6基、灰原13カ所、竪穴住居跡1軒、窯状遺構3基、土坑6基、溝1条、性格不明遺構3基がある。これらの遺構は窯跡や灰原の在り方からA～C地区に分けることができ、こ

図70　竹原窯跡遺構配置図

図71　杯蓋の製作工程模式図

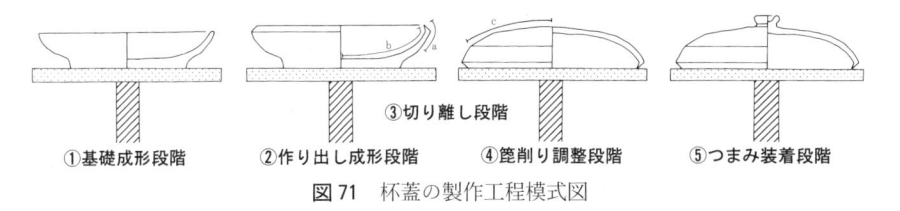

①基礎成形段階　②作り出し成形段階　③切り離し段階　④箆削り調整段階　⑤つまみ装着段階

のうちA・C地区は平安時代のもので、B地区では平安時代を含む奈良時代の遺構・遺物が集中していた。そして、窯跡と灰原から出土した遺物の中からは、良好な一括状況を示す資料を得ることができた（一括土器群A～I）。これら一括土器群には層位で前後のわかるものがあり、この事実と土器型式からB→C（→）E→D・F→G（→）I（→）A・Hの変遷を捉えることができた（矢印は新旧を表しカッコ付は推定）。さらに土器群の変遷に年代を与え、Ⅰ期〔B・C・E〕（8世紀中葉～第3四半期）、Ⅱ期〔D・F〕（8世紀後葉）、Ⅲ期〔G・I〕（9世紀前半～中葉）、Ⅳ期〔A・H〕（9世紀後葉）の年代観が得られた。本論では、竹原Ⅰ期～Ⅳ期のおおまかな土器群間の変遷を基に、杯蓋の形態と技法について以下で論じることにしたい。

3　杯蓋の分類と変遷

　杯蓋の分類は形態の相違を基準とするが、形態は製作技法によって決定されるものである。すなわち、成形→切り離し→調整などの製作工程を経てはじめて形が定まるものである。杯蓋の製作工程を具体的に示すと、①形の概略が作られる基礎成形、②細部の形が作られる作り出し成形（仮称）、③切り離し、④乾燥を経て器肉を整える箆削り調整、⑤つまみの装着、と以上の5つの各段階が想定できる（図71）。このように「切り離し」以前の段階で、おおかたの形は決定されている。これは製作者の意図する形が「切り離し」以降の製作工程である「箆削り」によって輪郭が整う部分（②のaを除いた外面で、④cの範囲）以外の外面輪郭（a）や内面の輪郭（b）の中に、すでに見ることができるからである。したがって、基礎成形の段階が、形を決定することについての根本的な関わりをもち、端部の「作り出し成形」や形の変化を伴う「箆削り」、そして

装着されるつまみのバリエーションは細部の変化として捉えることができる。つまり「箆削り」調整は内面の輪郭（b）に沿う形態を意図するし、つまみ装着においては、その様々な形態にいくつかの技法上の裏づけをもつわけではない。したがって杯蓋の分類に際しては、まず天井部から端部直前までの形態を重視し、それを類型化したタイプとして分類することにした（大文字のアルファベット）。さらに端部の変化によって細分し（算用数字）、先の大別分類とこの細別分類の組み合わせを形態分類の表記とするとにした。

　タイプA～Kまであり、以下に特徴をまとめる。Aタイプ（1～9）は天井部が弧を描いて弯曲し屈折部に至る。Bタイプ（1～8）は天井部がやや狭く弯曲し屈折部に至る。Cタイプ（1～4）は天井部が狭く弯曲した後、反り返り屈折部に至る。Dタイプ（1～6）は天井部が扁平化している。Eタイプ（1～9）は天井部がやや丸みを帯びて、稜から屈折部までは直線的である。Fタイプ（1～7）は天井部がやや丸みを帯びて、稜から屈折部までは反る。Gタイプ（1～10）は天井部が平坦もしくは丸みを帯びて、屈折部の直前が水平もしくは水平気みになる。Hタイプ（1～7）は天上部が平坦で、稜から屈折部までの水平距離が口縁半径の1/3に近いもの。Iタイプ（1～7）は天井部が平坦で、稜から屈折部までの水平距離が口縁半径の1/2に近いもの。Jタイプ（1・2）は天井部が平坦で、稜から屈折部までの水平距離が口縁半径の半分以上のもののうち、稜から屈折部までの直線的なもの。Kタイプ（1・2）は天井部が平坦で、稜から屈折部までの水平距離が口縁半径の半分以上のもののうち、端部直前が水平もしくは水平気みのもの。

　以上のように11タイプ別に類型化を行ってみた。次の各タイプごとに、主に端部形態変化を基にした分類を行うと次のようになる（図72～82）。（実測図の下の表記のうち、右下は形態分類を表し、左下の〜群は一括土器群を表している。またカッコ付の表記は、一括土器群と並行すると考えられるものである。なお、実測図は左が1/4、右が原寸である。）

Aタイプ

1類　内外面は屈曲する。端部は外傾し、外面も丸みをもつ。

第2節　竹原窯跡における杯蓋の変化　187

2類　外面は屈折し、内面は屈曲する。端部は垂直で、外面に丸みをもつ。

3類　大振りで、内外面が屈折する。端部断面は尖端が三角形状で垂直を示し、内面に稜をもつ。

4類　内外面は屈折する。端部の断面は尖端が三角形状で垂直を示し、内面に稜をもつ。

5類　内外面は屈折する。端部は内傾してから垂直に立ち、内面に稜をもつ。

6類　内外面は屈折する。端部の断面は三ケ月形状で外傾を示し、内面に稜をもつ。

7類　内外面は屈折する。端部は内傾し、尖端は鋭い。

8類　外面は屈折し、内面に屈折部がない。端部外面は外弯し、尖端部は鋭く立つ。

9類　外面は屈折し、内面に屈折部がない。端部外面は外弯気みで、尖端部は鋭くわずかに立つ。

Aタイプは、1～4→5・6→7～9の変遷が考えられる。

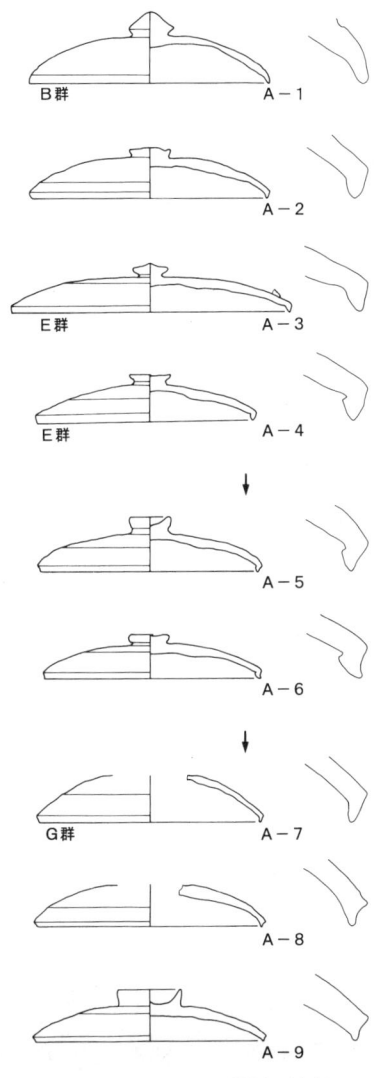

図72　Aタイプの種類と端部

Bタイプ

1類　内外面は屈曲する。端部は垂直で、外面に丸みをもつ。

2類　1類よりも大振りで、内外面は屈曲する。端部は垂直で、外面に丸み

をもつ。

3類 外面は屈折し、内面は屈曲する。端部はやや外傾する。

4類 大振りで、内外面は屈折する。端部は外傾する。

5類 内外面は屈折する。端部の断面は尖端が三角状で垂直を示し、内面に稜をもつ。

6類 外面は丸い稜をつくり屈折し、内面は屈曲する。端部は垂直で、尖端部は丸みをもつ。

7類 内外面は屈折する。端部は内傾してから垂直に立ち、内面に稜をもつ。

8類 内外面は屈曲する。端部は垂直を示す。

Bタイプは、1~6→7・8の変遷が考えられる。

Cタイプ

1類 内外面は屈曲する。端部は外傾し、外面に丸みをもち、内面屈折部に窪みをもつ。

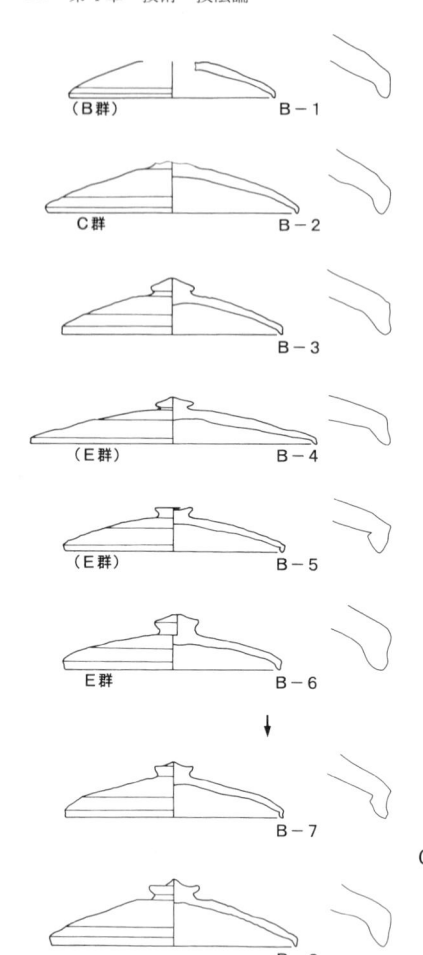

図73 Bタイプの種類と端部

2類 内外面は屈曲する（尖端が磨耗）。内面屈折部に窪みをもつ。

3類 内外面は屈曲する。端部の断面は正三角状を示し、内面屈折部に窪みをもつ。

4類 外面は丸まって屈曲し、内面は屈折する。端部は短く垂直で、尖端部は丸い。

Cタイプは、1~3→4の変遷が考えられる。

第2節　竹原窯跡における杯蓋の変化　189

図74　Cタイプの種類と端部

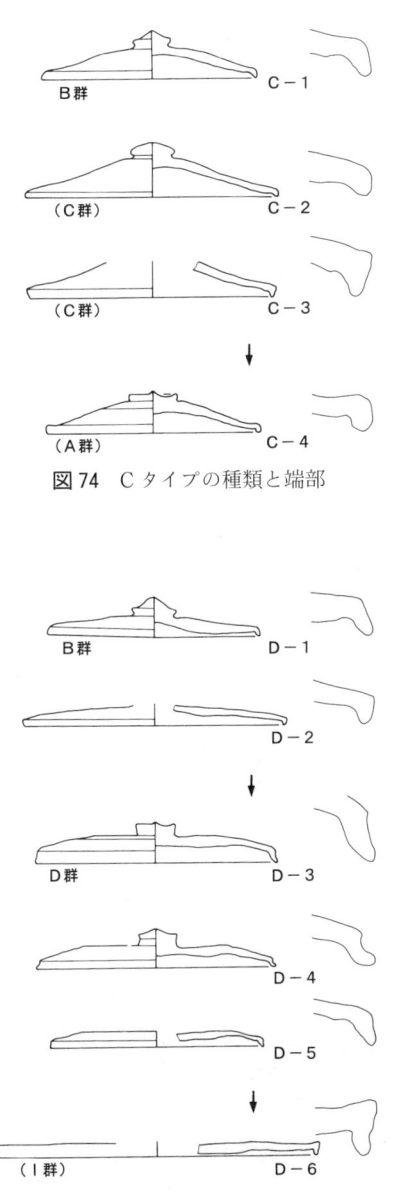

図75　Dタイプの種類と端部

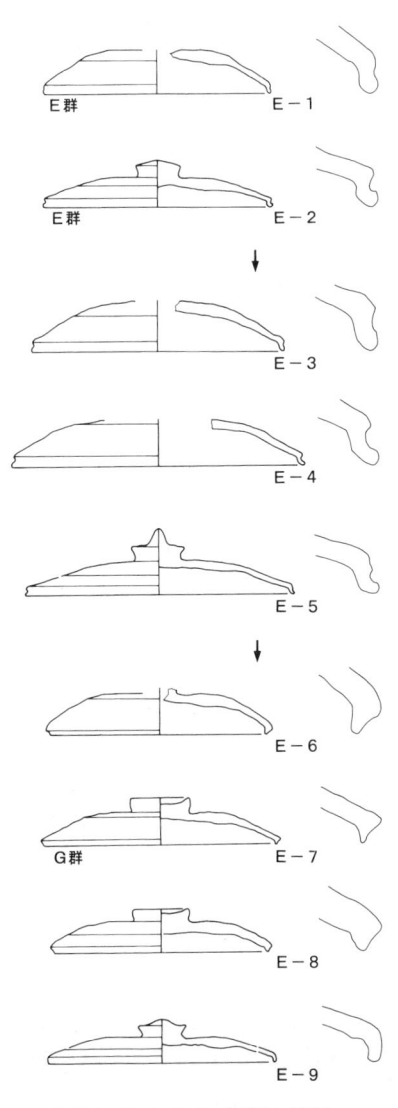

図76　Eタイプの種類と端部

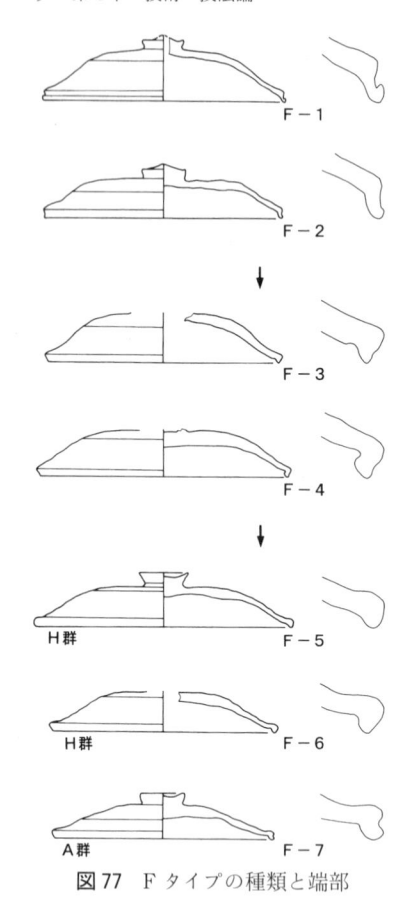

Dタイプ

1類　内外面は緩く屈折する。端部は外傾し外面に丸みをもち、内面屈折部に窪みをもつ。

2類　外面は屈折し、内面は屈曲する。端部は垂直で、外面に丸みをもつ。

3類　外面は屈折し、内面は屈曲する。端部は外傾し、緩く弯曲する。

4類　外面は屈折し、内面は屈曲する。端部は外傾し、強く弯曲する。

5類　内外面は屈曲する。端部は外傾する。

6類　大振りで、内外面は屈折する。端部は内傾してから垂直に立つ。

Dタイプは、1・2→3～5→6の変遷が考えられる。

Eタイプ

1類　内外面は屈曲する。端部は外傾し、外面に緩い窪みをもつ。

2類　内外面は屈曲する。端部はやや外傾し、強く外弯する。

3類　外面は屈折し、内面は屈曲する。端部はやや外傾し、緩く弯曲する。

4類　外面は屈折し、内面は屈曲する。端部は外傾し、強く弯曲する。

5類　内外面は屈曲する。端部は外傾し、下端が緩く弯曲する。

6類　外面は稜を作り屈折し、内面は屈曲する。端部は内傾し、尖端部は鋭い。

7類　外面は屈折し、内面は屈曲する。尖端部は鋭く垂直に立つ。

図77　Fタイプの種類と端部

8類　内外面は屈折する。端部の断面形は正三角形状を示す。
9類　内外面は屈曲する。端部は内側に弯曲して垂直に立つ。
Eタイプは、1・2→3～5→6～9の変遷が考えられる。

F タイプ
1類　外面は屈折し、内面は屈曲する。尖端部が外側に折り返されている。
2類　内外面が緩く屈折する。端部は垂直で、緩く弯曲する。
3類　内外面が屈曲する。端部は断面形は正三角形状で、内面屈折部に窪みをもつ。
4類　外面は屈曲し、内面は屈折する。端部は内傾し、内面に丸みのある稜をもつ。
5類　外面は丸まって屈曲し、内面は不明瞭に屈曲する。端部は丸みをもつ。
6類　外面は丸まって屈曲し、内面は屈曲する。端部は内傾する。
7類　外面は屈曲し、内面は屈折する。端部はやや外傾し、外面が窪み尖端部は丸い。
Fタイプは、1・2→3・4→5～7の変遷が考えられる。

G タイプ
1類　内外面は屈曲する。端部は内傾して、尖端部は鋭い。
2類　内外面は屈折する。端部は垂直に立ち、尖端部は鋭い。
3類　外面は稜を作り屈折し、内面は屈曲する。端部は外傾し、尖端部は鋭い。
4類　外面は屈曲し、内面は屈折する。端部は内傾してから垂直に立つ。
5類　内外面は屈折する。端部は内傾してから外傾する。
6類　外面屈折部は高くかつ屈曲し、内面は屈折する。端部は垂直に立ち、緩く弯曲する。
7類　外面屈折部は高くかつ屈曲し、内面は屈折する。端部は内傾してからわずかに外傾する。
8類　外面屈折部は高くかつ屈曲し、内面屈折部は窪んでいる。端部の断面形は正三角形状を示す。

9類　外面屈折部は大きく高まり、内面屈折部は窪んでいる。端部の断面形は三ケ月形状を示す。

10類　外面屈折部は高くかつ屈曲し、内面は屈折する。端部は内側に折り返されている。

Gタイプは、1→2〜5→6〜10の変遷が考えられる。

Hタイプ

1類　外面は屈折し、内面は屈曲する。

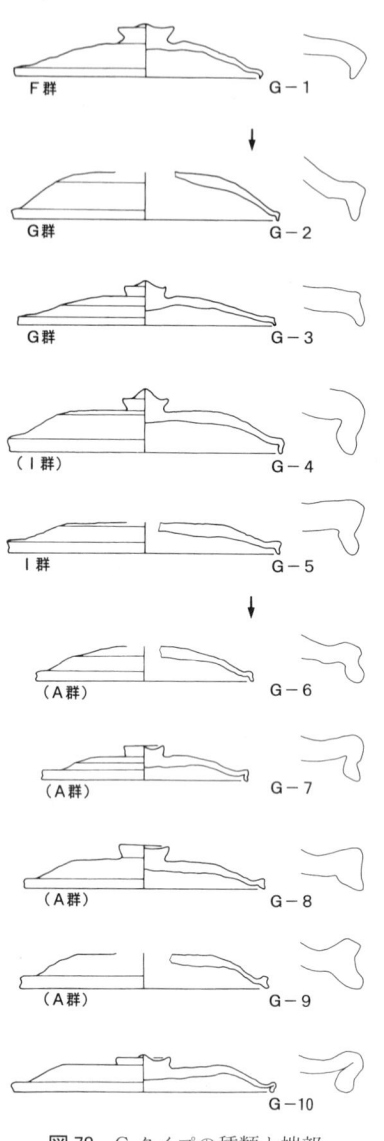

図78　Gタイプの種類と端部

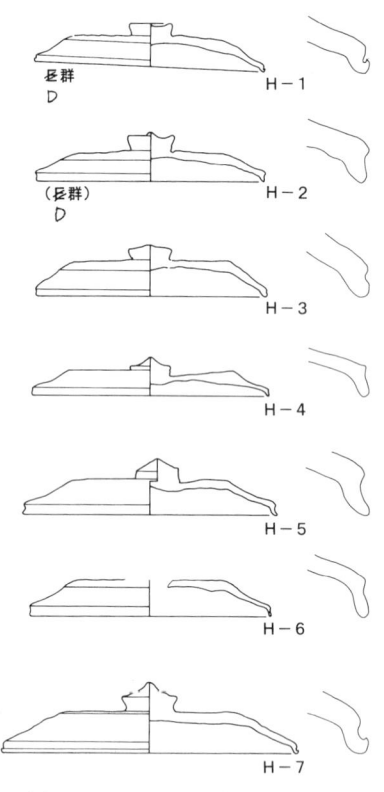

図79　Hタイプの種類と端部

　　　　　端部は垂直で、尖端部は外側に折り返されている。
　2類　外面は稜をつくり屈折し、内面は屈曲する。端部はやや外傾する。
　3類　内外面は屈曲する。端部はやや外傾した緩い弯曲を示し、尖端部は丸い。
　4類　外面は稜をつくり屈折し、内面は屈曲する。端部は外傾し、内側に弯曲する。
　5類　外面は屈折し、内面は屈曲する。端部は外傾し、やや弯曲する。
　6類　外面は稜を作り屈折し、内面は屈曲する。端部はわずかに外傾する。
　7類　内外面は屈曲する。端部は外傾し、強く弯曲する。
　Hタイプは、1～7まで大きく同一時期と考えておく。
Iタイプ
　1類　外面は屈折し、内面は屈曲する。端部は垂直で、尖端部は外側に折り返されている。
　2類　外面は屈折し、内面は屈曲する。端部は垂直で、内面にわずかな稜をつくる。
　3類　外面は屈曲し、内面は屈折する。端部は内傾してから外傾する。
　4類　外面は屈折し、内面は屈曲する。端部は垂直で、弯曲する。
　5類　外面は稜を作り屈折し、内面も屈折する。端部は垂直で、断面形は三角形状を示す。
　6類　7類よりも小振りで外面は屈曲し、内面は屈折する。端部は内傾してからわずかに外傾する。
　7類　6類よりも大振りで外面は丸まって屈曲し、内面は屈折する。端部は内傾してからわずかに外傾する。
　Iタイプは、1～4→5→6・7の変遷が考えられる。
Jタイプ
　1類　外面は稜を作り屈折し、内面も屈折する。端部は垂直で、内面屈折部に窪みをもつ。
　2類　内外面は緩く屈折する。端部は外傾する。

194 第4章 技術・技法論

Jタイプは、1・2ともほぼ同一時期と考えられる。

Kタイプ

1類 外面は屈折し、内面も屈曲する。端部は外傾し、尖端部は鋭い。

2類 大振りで外面は屈折し、内面は屈曲する。端部は外傾し、尖端部は鋭い。

Kタイプは、1・2ともほぼ同一時期と考えられる。

以上のように分類することができる。そして、これらの分類を一括土器群に基にした竹原窯跡の年代観に当てはめたのが、図83の相対編年である。以下では、この編年表を基に杯蓋の変化について述べる。

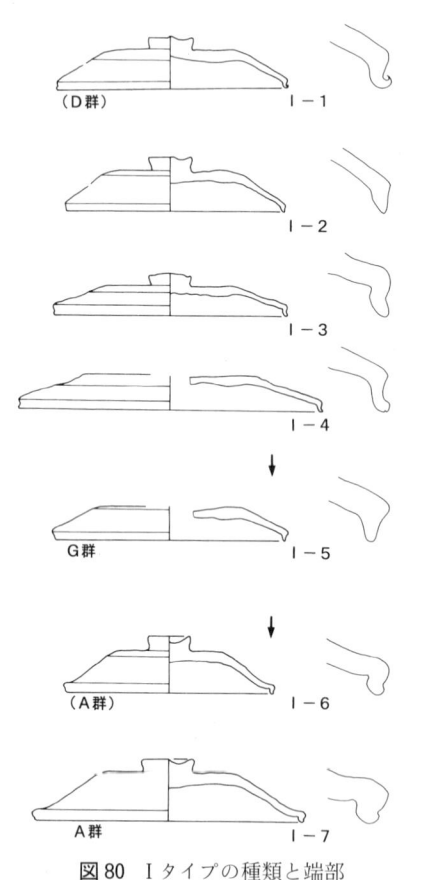

図80 Ⅰタイプの種類と端部

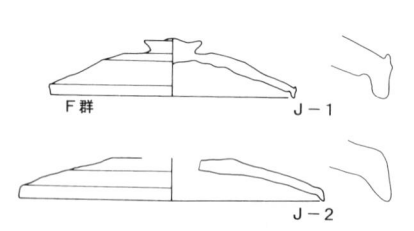

図81 Jタイプの種類と端部

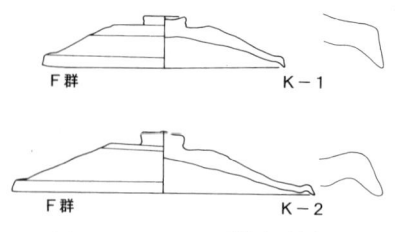

図82 Kタイプの種類と端部

4 杯蓋の変化

(1) 形態におけるタイプの変化

　ここでは、タイプごとの始まりと消長について各々のタイプの特徴を整理し、次にその形態変化（この形態の変化は同時に、基礎成形時の作り方の相違でもある）の傾向について論ずる。A～Cタイプは始まりがⅠ期で、AタイプはⅢ期、BタイプはⅡ期まで続く。これに対してCタイプはⅡ・Ⅲ期には認められず、Ⅳ期になって再び出現する可能性がある。Dタイプはすべてを同一タイプとして扱い切れない面もある（1・6タイプとそれ以外のタイプとの相違）が、扁平な形態としてⅠ～Ⅲ期まであり、Ⅳ期にはなくなる可能性がある。EタイプはDタイプと同様で、D・Eタイプ消滅の傾向はAタイプでも同じことがいえる。F・G・Iタイプは、Ⅱ期からⅣ期まで続きH・J・KはⅡ期だけに出現する傾向にある。

　以上の各タイプにおける分類結果を、総合して捉えたときのタイプの変化とその傾向は、次のようである。まず、これらのタイプの中で最も早く始まるのはⅠ期はじめのA～Dタイプであり、Ⅰ期後出のEタイプを挟んでF～Kタイプが出現し始める。そして、H・J・KタイプはⅡ期に特有の形態と考えられる。したがって、A・B各類の変化もあるものの、Ⅰ期A～Cタイプなどの丸い天井部を有する形態から、H・J・Kタイプなどの平坦な天井部を有する形態の影響を受けて、E・F・Gタイプなどの丸みのある平坦な天井部を有する形態へと推移する。このような変化は、形態変化の1類型として理解できるものである。このような中にあって、Aタイプの形態はⅠ～Ⅲ期を通じて継続し、CタイプはⅣ期にも認められるという特徴がある。また、F・G・IタイプもⅡ～Ⅳ期と継続し、さらに発展する傾向を捉えることができる。

(2) 端部における製作手法の変化

　端部の形態は、製作技法の第2段階である端部の「作り出し成形」によって、必ず一度は内側に折り返され、この折り返し方によって様々な形態が生じる。これらは、折り返しの方法を意識的に駆使しなければできないことで、そこに

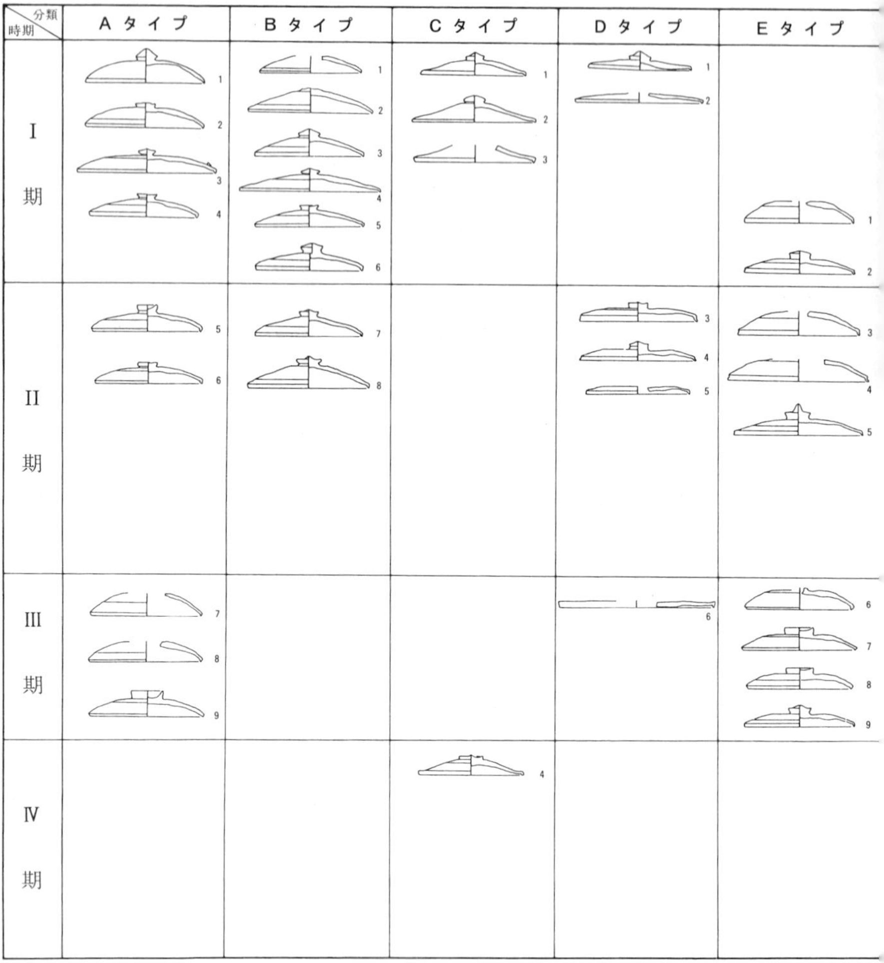

第4章 技術・技法論

分類 時期	Aタイプ	Bタイプ	Cタイプ	Dタイプ	Eタイプ
Ⅰ期	1, 2, 3, 4	1, 2, 3, 4, 5, 6	1, 2, 3	1, 2	1, 2
Ⅱ期	5, 6	7, 8		3, 4, 5	3, 4, 5
Ⅲ期	7, 8, 9			6	6, 7, 8, 9
Ⅳ期			4		

図83 竹原窯跡における杯蓋の相対編年

製作手法の相違を認めることができる。ここでは特徴的な形態を取り上げ、これを規制する製作手法について論じることにする。

①A—1類、B—1・2類のように、屈折部が緩く屈曲し端部の外面にやや膨らみをもたせる作りである（aタイプ）。

②C—1〜3類、D—1類のように、屈折部の内面に沈線を有する作りである（b

第 2 節　竹原窯跡における杯蓋の変化　197

Fタイプ	Gタイプ	Hタイプ	Iタイプ	Jタイプ	Kタイプ

タイプ)。

③A—3～6類、B—5・7類のように、屈折部内面に稜をもつ作りである（cタイプ）[5]。これらは、A—4類、B—5類→A—5類とB—7類→A—6類の変遷があると考えられるが、ここではA—4類、B—5類をC1タイプと表記しておく。

④H—1類のように、先端が外側に強く折り曲げられる作りである。これは、結

果的に丸みを帯びた尖端部ができることになる（この手法を特に「外面折りたたみ手法」と仮称する）（dタイプ）。

⑤A—8・9類のように、外面は屈折するものの内面ではとそれが認められない作りである（eタイプ）。

⑥G—8・9類のように、内面の屈折部がかなり大きな鈍角で屈折する作りである（fタイプ）。

⑦G—10類のように、端部が強く内傾しその屈折部付近では接触している作りである（この手法を特に「内面折り込み手法」と仮称する）（gタイプ）。

そして、これらはa・bタイプ→C1タイプ→dタイプ→eタイプ→f・gタイプの変遷を辿ると考えることができる。また、これらのタイプ以外の特徴として、Ⅱ期とⅢ期の端部形態はⅡ期が垂直か外傾するのに対して、Ⅲ期は垂直か内傾する傾向として把握できる。この形態の変化も、製作手法の変化として捉えることができよう。

5　まとめ

　本論では、形態の変化を製作技法の変化として捉えるために、天井部から端部直前までの部分（製作上の基本形を見出すための範囲）と端部に分類基準を限定し、これらの組み合わせの形態分類から、それぞれの製作手法を摘出する試みを行った。具体的には「基礎成形」の段階と「作り出し成形」の段階における各々の形態変化を、製作意識の差すなわち製作手法の相違として位置づけた。したがって、ここでの分類は土器の成形段階での在り方に重点を置いたもので、従来採用されている「切り離し」段階や後の「削り」など調整段階の変化については触れていない。このことは、従来の方法を否定することではなく、"分類は設ける基準によって成果は異なる"とする理念からの一試みであり、外見の形態から内在する技法を導くための模索的作業と理解していただきたい。これらの作業を通じて、その中に確たる製作技法を捉えることができれば、その特徴を基により周辺地域へと広域な基準を設けることが可能であるし、工人[6]の動きなどさらに具体的に動向を知る上での糸口になると考えている。

最後に、本論では分類の結果から導かれる解釈についてまったく触れることがなかった。力不足によるこの点を反省し、今後の課題として取り組みたいと考えている。大方の叱咤と助言をお願いしたい次第である。

註
（１）秋田城跡の発掘調査では昭和47年度以来概報が、払田柵跡においては昭和49年度以来年報が毎年公表され、それらの報告の中に奈良・平安時代須恵器の資料が蓄積されてきている。
（２）秋田県内で調査された窯跡は、現在までに19カ所を数えることができるが、そのうち近年調査例が急増した横手盆地には14カ所が所在している。
（３）土器の変遷などを捉えるときの器種としては、一般に杯がよく用いられる。このことは、杯が形態変化のバリエーションに富むこと、「切り離し」などの技法が容易に観察できること、他の器種に比べて豊富に出土することなどと時間的変化を追うのに好都合だからである。ここで杯蓋を取り上げたのは、数が豊富である点「切り離し」技法はつまみによって不都合なこともあるが概ね観察が可能である点、そして最も大きな理由は、杯の単調な形態変化に比べて、端部・つまみなどと特徴的で変化の辿れる要素をもつ点が挙げられるからである。
（４）つまみの装着は、概略の形を天井部に載せて轆轤の回転力によって仕上げる単調な作業であり、この段階で特に技法の差を見出すことはできない。
（５）この類は、屈折部内面に細い沈線が巡るものである。この沈線は爪先を利用したと思われ、口縁部が上を向く製作段階（図71-②）に杯蓋の手前で端部内面に人差し指を「カギ状」に据え、端部外面の親指の指頭を添えたと考えられる手法である。
（６）これらの基準を構築することは、須恵器生産窯の同定に寄与し、生産地と消費地の供給関係を捉えるための手段でもある。土器の特徴から、須恵器生産窯の同定を試みたものに、辻秀人の論文がある（辻1989）。

第3節　平安時代の砂底土器と東北北部型長頸瓶

1　はじめに

　平安時代の秋田県と岩手県の南部は、主として城柵が設置された東北地方南部と、それの設置されない東北地方北部および北海道の境目に当たっている。そこは地理的に、律令国家の律令民と中央政府に蝦夷と呼称された非律令民を大きく二分するが、城柵設置地域の中でも特に両民が混在する地域でもある。それは律令国家側にとっては、夷をもって夷を征する征夷政策の最前線であり、北方物資を獲得するための窓口でもあった。

　古代北日本の土器様相について示唆に富む最近の論文として、宇田川洋による「北方地域の土器底部の刻印記号論」がある（宇田川1994）。氏は、擦文土器や土師器・須恵器の底面に刻まれた「×」「－」「〇」記号やこれらの変種記号を扱い、53遺跡の資料から北海道を中心に本州北端まで濃い分布域のあることを明らかにした。ここでは、擦文文化に焦点を当て大陸との関連を述べているが、本州域の視点では律令国家領域と対照性をなしており、本誌テーマと深く関わっている。本論では、北日本の土師器と須恵器を取り上げるが、宇田川が特徴的な記号を注目したのに対して、特に製作技法との関連で述べてみたい。

2　砂底土器について

（1）研究のあゆみ

　砂底土器が最初に注意されたのは、秋田県大館市池内遺跡においてである。1972年『池内発掘』（秋田県立大館桂高校）の報告書では、底面に3mmの小石が多量に固められ胎土にはそれが含まないと述べてある。その後資料の増加と共に砂粒は製作に関わるもので意図的に使用され、平安時代土師器甕に限定的に認められること、その分布範囲も一地域に限定されることなどが知られてきた。

第3節　平安時代の砂底土器と東北北部型長頸瓶　201

　1982年、桜田隆は日本考古学協会総会において「底面に砂粒を付着させる甕形土師器とその分布範囲について」と題して口頭発表した（桜田1982）。氏は「東北地方北部では、轆轤非使用坏形土師器に共伴する甕形土師器の底面には木葉痕が、轆轤を使用して製作された坏形土師器には、底面が平滑あるいは糸切痕を有する甕形土師器が共伴するのが一般的である」とした上で、後者と共に「底面に砂粒を付着させる甕形土器が存在する」と述べその類型化を行った。そして、発生と消滅を大湯浮石層降下前後に想定し、分布範囲は津軽地方と米代川流域に限定されるとした。

　また同氏は、1993年に「『砂底』土器考」を発表した（桜田1993・1997）。そこでは、69遺跡の資料から導かれた10の砂粒付着パターンを示し、土器製作技法の手法の相違を示唆している。時期は奈良以前の一部の資料を除く、十和田a火山灰降下前から白頭山・苫小牧火山灰降下後までの一時期とした。そして、分布の範囲を青森県・秋田県・岩手県の東北北半か

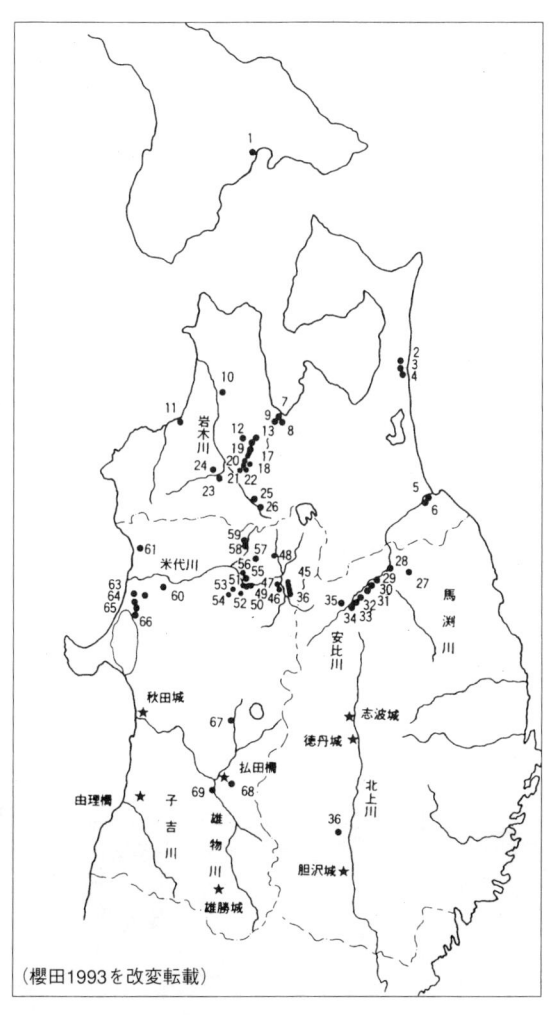

図84　砂底土器の分布

ら道南とし(図84)、砂底土器を向化俘地の住民を除く夷俘の土器と捉える見解を披瀝したのである。

　砂底状態の類型はA〜Jまである(図85)。A〜Cは平底で、砂粒が全面(A)・中央(B)・周縁(C)に位置する。B・Cで砂粒を剥落させた痕跡はない。E〜Gは底部が上底で、砂粒が全面(E)・中央(F)・周縁(G)に位置する。H・I・Dは木葉付着の後に、砂粒が全面(H)・中央(I)・周縁(D)に位置する。

Jはヘラケズリの後に、砂粒が周縁に位置するとした。また、回転糸切痕に砂粒が付着した例も確認され、これを圧倒的に多いA類に分類した。土器製作に関連して、製作台に砂を敷く、製作後の乾燥時に付着した、と2つの可能性を指摘したが、類型に即した内容としては触れられていない。

　従来、砂底は土師器甕に特有の特徴とされてきたが須恵器にもそれが観察され、器種にも杯・鉢・鍋・壺が加わった。前掲桜田論文の「甕形土師器」が、資料の増加に伴う新知見から「砂底土器」に変更された所以であろう。氏の一覧表に掲載された400個体余り

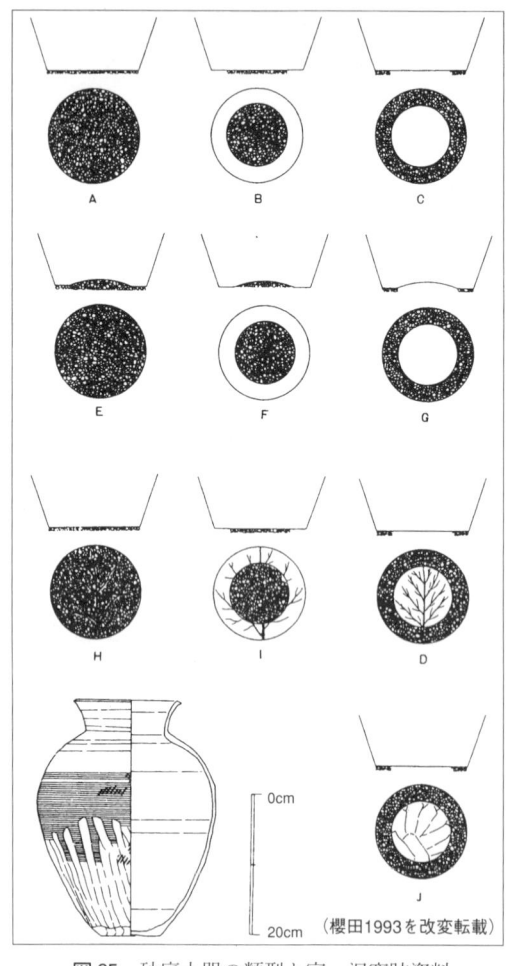

図85　砂底土器の類型と富ヶ沢窯跡資料

の砂底土器のうち、6個体が須恵器でほかはすべて土師器である。掲載された須恵器資料は微々たるものであるが、それによって砂底須恵器にも注意が向けられる契機になった（利部 1995a）。

（2）製作技法について

以下、桜田の類型を基に製作工程を分析しながら、若干の考察を加えてみたい。氏は砂粒付着の基本類型として、全面・中央・周縁と3類型を強調し、底面の形態と付属要素から平底・上底と木葉痕の要素を取り上げ、さらに底部に施したヘラケズリと回転糸切痕についても、3類型の存在を示唆した。ここでは、なるべく製作過程が推定できる類型を取り上げて検討してみる。

回転糸切痕＋砂粒…製作台と密着した底面に器が形作られ、それを糸で切り離した後に砂粒が付着したものである。…（①）桜田はA類としたが別類型も示唆している。

ヘラケズリ＋砂粒…成形後の調整段階で底面にヘラケズリが施され、後に砂粒が付着したものである。…（②）氏のJ類が該当する。

木葉痕＋砂粒…底面の木葉は成形段階で、製作台と常に境をなしている。調整段階以降に底面の木葉を取り外して台に置かれたものであろう。…（③）氏のH・I・D類が該当する。

木葉痕と砂粒痕…木葉は器と製作台との密着を防ぎ、製作中の器を可動しながら成形をなし遂げる機能をもつ。底面における砂粒も同様の機能を発揮することができる。…（④）

このように整理すると、①〜③は成形段階後の調整および乾燥の段階に関係し、④の機能で砂粒が付着すれば、成形段階に関係すると見なし得る。A・E類は、砂粒付着前に調整手法や製作台分離のための痕跡が、砂粒で覆い隠されたものでないとすれば、明らかに④と考えてよい。

①〜③のような場合、一見焼成前の乾燥（仮に2次乾燥とする）時に底面の付着を防ぐためのように思われがちであるが、乾燥が完全に進めば器は自然に分離する。とすれば、成形直後の乾燥（1次乾燥とする）と調整段階の工程が問題となる。1次乾燥が極端に長ければ硬質の器肉状態となり、それが短ければ

軟質の器肉状態になる。砂底土器のほとんどは、体部に非ロクロ器肉削除の調整を伴う。この調整は、乾燥度の進んだロクロによるヘラケズリのような平坦面を作らず、大抵は鈍化した状態で乾燥度の少なさを物語る。このように思考すれば、調整段階は軟質の器肉状態が想定され、①〜③の砂粒は製作台分離後、調整に至るまでの1次乾燥で、底面が乾燥台に付着しないために、もしくは付着しても分離を容易ならしめるために施された処置と考えられる。②のヘラケズリは、製作台分離直後の器肉削除と考えられる。以上より、A・E類は成形段階に、他の類型は調整段階に関連した技法と予想される。

　A・E類のような状態であれば、砂粒による成形と調整段階の利便性が一貫して機能し、他のバリエーションは生じなくともよいと思えるが、そこに非ロクロ製作（A・E・H・Iを想定）とロクロ製作（B・C・F・Gを想定）に絡んだ問題が潜んでいると考えられる。

3　東北北部型長頸瓶について

　長頸瓶は、土師器にはほとんど認められない須恵器特有の器である。7世紀後半にフラスコ瓶に変わって出現し、西日本から東日本に至る8〜10世紀にわたる列島全域から出土する。日本海側の淳足・磐船柵（新潟県）や太平洋側の郡山遺跡（宮城県）は、7世紀後半段階で中央政府の統制化にあった地域であるが、以降城柵の北進と共に長頸瓶の分布領域も北へ拡大して行く。長頸瓶の製作手法のうち、体部下半に認められるヘラケズリは、少なくとも7・8世紀を通じてほとんどが、ロクロの回転力を利用したことを示す横位の状態で、その表面は平滑である。

　ところが、東北から北海道にかけての広範な地域からは、ロクロの回転力を用いず縦位・斜位・不定方向の状態を示す長頸瓶が出土する。しかも、東北北部の青森県・秋田県・岩手県に多く分布している。筆者は、このことについて述べたことがあり、長頸瓶の技法と分布の特色から東北北部型長頸瓶と呼称することを提唱した（図86）（本書第5章第2節）。

　拙論では、分布密度の濃さから石狩・千歳川流域（①）、岩城・新城川流域

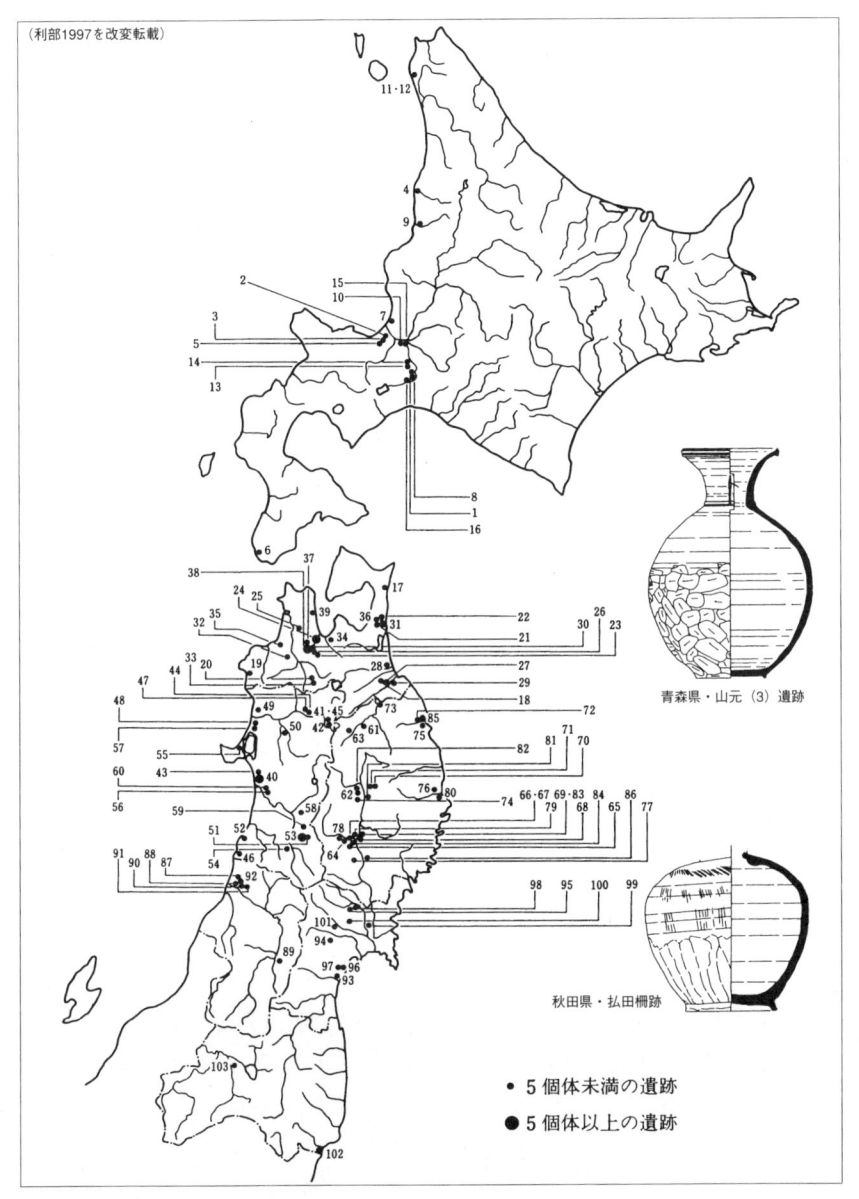

第3節　平安時代の砂底土器と東北北部型長頸瓶　205

青森県・山元（3）遺跡

秋田県・払田柵跡

● 5個体未満の遺跡
● 5個体以上の遺跡

図86　東北北部型長頸瓶の分布

(②)、雄物川流域（③)、北上川中流域（④)、最上川下流域（⑤)、江合・迫川流域（⑥）と集中地域を摘出し、律令国家が主導した城柵・官衙遺跡の存在する地域（③～⑥）と、それが存在しない北域（①・②）とに区分した。前者の地域では、ロクロによる横位ヘラケズリを施す長頸瓶が多く併存するのに対して、後者では東北北部型長頸瓶に偏る傾向がある。

東北北部型長頸瓶が、東北の城柵設置地域を含む北域に存在することは、関東・北陸以西の長頸瓶と比較して好対照をなす。そして、東北北部型長頸瓶の発生を9世紀の早い時期に想定し、10世紀代にも存続することを述べた。つまり、東北北部型長頸瓶は蝦夷が関わりをもった土器、と規定したのである。また製作面では、非ロクロのヘラケズリを採用する技術背景として、ロクロ盤分離の抵抗力について砂底須恵器との関連を示唆した。

さて、非ロクロとロクロ使用のヘラケズリを比較すれば、両者におけるロクロ性能の優劣は明白である。それは同時に東北北部型長頸瓶の、回転力を利用したヘラオコシ技法の抵抗（困難さ）を想定させる。これを補填する工夫の一つとして、砂の付着によるロクロ盤分離作用が考えられないだろうか。つまり、砂が付着した底部をロクロ盤に置き、製作時に底面周縁を粘土で固定し、ロクロ盤分離時に取り外すなどの行為が思考されるのである。このことは、前掲製作技法解釈の④と関係する。

これと関連する砂底の資料に、秋田県横手市富ヶ沢窯跡の9世紀中葉段階と考えられる広口長胴甕がある（図85）（秋田県教育委員会1992b）。それは、高さ約30cm程で重量感に富み、胴下半を中心に明瞭な縦位のヘラケズリをもつ。成形時の砂底の有無は証明できないが、砂底の利便性を利用して、1次乾燥直後に器を置いたまま手で回しながらヘラケズリを施したと考えられる資料である。前掲製作技法解釈の①～③と関係する。これらは、東北北部型長頸瓶の観察とその関連資料を通じて、砂底須恵器製作の一面が理解される例である。

4　土器の担い手

前掲桜田論文では、砂底土器の担い手を向化俘地の住民を除く、夷俘の土器

と捉えた。それは、考古学の分布領域と出現時期を基に、文献による歴史背景と結びつけたものである。筆者も同じ方法論を用いて、東北北部型長頸瓶を蝦夷と関連する土器と捉えている。

砂底土器は米代川・安比川・馬渕川・岩木川流域に集中するが「「砂底」土器が城柵から出土しない」ことを根拠に向化俘地の住民と無関係とする氏の考えは、誤りである。現に払田柵跡からも数例出土しているし、さらに南に位置する中山丘陵窯跡群中の富ヶ沢窯跡支群で、まとまった資料が確認されるからである。中山丘陵窯跡群は、雄勝城などの官衙遺跡と関連する竹原窯跡を含んだ東北北部屈指の窯跡群である（本書第4章第2節）。

砂底土器の出現時期はどうであろう。払田柵跡の整地層からは、底部に多量の砂粒を付着した短頸壺が出土している。払田柵跡の創建期は9世紀初頭の年代が考えられており、土器は8世紀末から9世紀初頭と見られる（新野・船木1990）。先の富ヶ沢窯跡支群の例と併せれば、砂底土器の出現を少なくとも9世紀前半代に見なくてはならない。氏の10世紀前半の見解とは大きく隔たるのである。

以上のように検討すれば、砂底土器の発生を夷俘独自の技法と見るよりむしろ、向化俘地の蝦夷が混わる城柵設置地域の住民によって考案され、夷俘と呼ばれた住民にも伝えられたと考えるべきであろう。しかし、10世紀以降平安時代の非ロクロ砂底土器は、桜田のいう夷俘に直結するものであろう。このように砂底土器や東北北部型長頸瓶は、ロクロ使用などの土器製作技法が律令国家側から蝦夷社会に伝来する過程で発生し、蝦夷社会に定着していったものである。征夷の最前線で辺境域とされる城柵設置地域が、蝦夷社会の窓口として機能したのである。その背景に、桓武朝による弘仁2年（811）の征夷緩和政策のあることを、忘れてはならないだろう（熊谷1992b）。

冒頭の宇田川による論文は、蝦夷社会が北の大陸社会と南の律令国家社会に挟まれた領域にあって、独自の文化を育成・維持してきたことの一端を示したものである。本論では、その南の事情を論じたことになろうか。

註

（1） 北海道上磯町の矢不来3遺跡からは、7世紀の砂粒が付着した土器が報告されているが、同じ時期の広がりがなく年代も離れ過ぎるため、本文とは切り離して扱う（上磯町教育委員会 1990）。

第4節　長頸瓶の製作技術とロクロの性能
——平安時代の北日本における技術推移——

1　はじめに

　土器の製作論は、古くて新しい課題であり、それには粘土による製作技法の研究、それに用いる工具やロクロの研究、焼成技法の研究などの領域がある。本論では須恵器長頸瓶の製作技法について取り上げるが、須恵器製作技法の研究史や今日的課題については北野博司が、製作実験成果や個別資料を交えながら、古墳時代から平安時代にわたる技術発展論として詳しく述べている（北野2001a・c）。また、平尾政幸が長頸瓶の製作復元で得た風船状にして加圧を加える「風船挽き」技法（望月2001）を、風船技法として体系的に論じている（北野2001b）。

　さて、乾燥・焼成以前の土器製作には、意図する器の大まかな形を形作る成形、それを変形させる整形、表面を整える調整の3要素がある。土器製作を、製作工程として単純に概念化すれば、骨格作りの成形から、形を整える整形を経て、仕上げの調整に至る過程と規定し得るが、実際の土器製作は、これら3要素が複雑に構成されたものである。ロクロを使用しない場合、成形には粘土帯の積み上げ（以下粘土帯積み上げと表記）や型作り、整形にはケズリやタタキ、調製にはナデやミガキ等々の手法があり、3要素の区分は比較的明瞭であるが、ロクロ使用の場合は、ロクロ痕跡が性質の異なる3要素であったとしても同一に表現されてしまい、それらの識別の困難な場合が多い。このことは、別の見方をすれば、品質の強化と均一化に関してロクロならではの優れた仕上がりをもたらすことでもある。土器製作の復元では、3要素の摘出とこれらの製作工程上の関わりを理解していくことが大事である。

2 平安時代北日本の長頸瓶

　筆者は、東北地方と北海道から出土する平安時代の長頸瓶について「～ロクロ回転によるヘラケズリ・コグチケズリ（カキメ）の列島的な手法に対して、東北北部・北海道を中心に非ロクロ回転のヘラケズリ・コグチケズリが多用され～、後者が東北北部を中心に濃厚な分布を示すことからそれを東北北部型長頸瓶と呼称したものである。」と述べたことがある（本書第5章第2節）。さらに、東北北部型長頸瓶（図87-1～6）の分布領域について「～ロクロ整形で仕上げる長頸瓶を仮に律令型長頸瓶と呼ぶならば、宮城県・山形県・岩手県・秋田県の東北中央域を主体とする城柵設置地域を混在地域として、南域の律令型長頸瓶と北域の東北北部型長頸瓶に分けられる。」として、東北北部型長頸瓶の日本列島における偏在性を指摘した（本書第5章第4節）。本論では、これらの成果に基づいて、東北北部型長頸瓶に特徴的に認められる製作手法を再検討し、列島内で一般的に認められる長頸瓶との違いを整理する。また、それに基づくロクロの性能についても言及する。

3 各部位における製作手法

　長頸瓶の基本的な部位には、口縁部・頸部・体部（肩部・胴部）・底部・高台部があるが、ここでは、主として胴部、底部・高台部、口頸部・肩部に関わる製作手法を検討する。

（1）胴部製作手法

　胴部と底部の観察では、底部から胴部にかけて粘土帯積み上げ痕跡が確認されることがある。逆に底部では粘土帯の痕跡が認められないことから、胴部の製作はロクロ盤（板）[4]に円盤状の粘土（粘土盤）を置き、そこから粘土帯積み上げを行って骨格を作ったと考えられる。この後、ロクロ盤（板）接地面以外の内外面にロクロ調整を行い、ある程度の乾燥を経て、シッタ（湿台）上に倒置して回転ヘラケズリ整形を胴部下半を中心に施す。この胴部製作上の特徴をもつ長頸瓶は、律令制が展開した7世紀後葉から9世紀までの列島域に広範囲

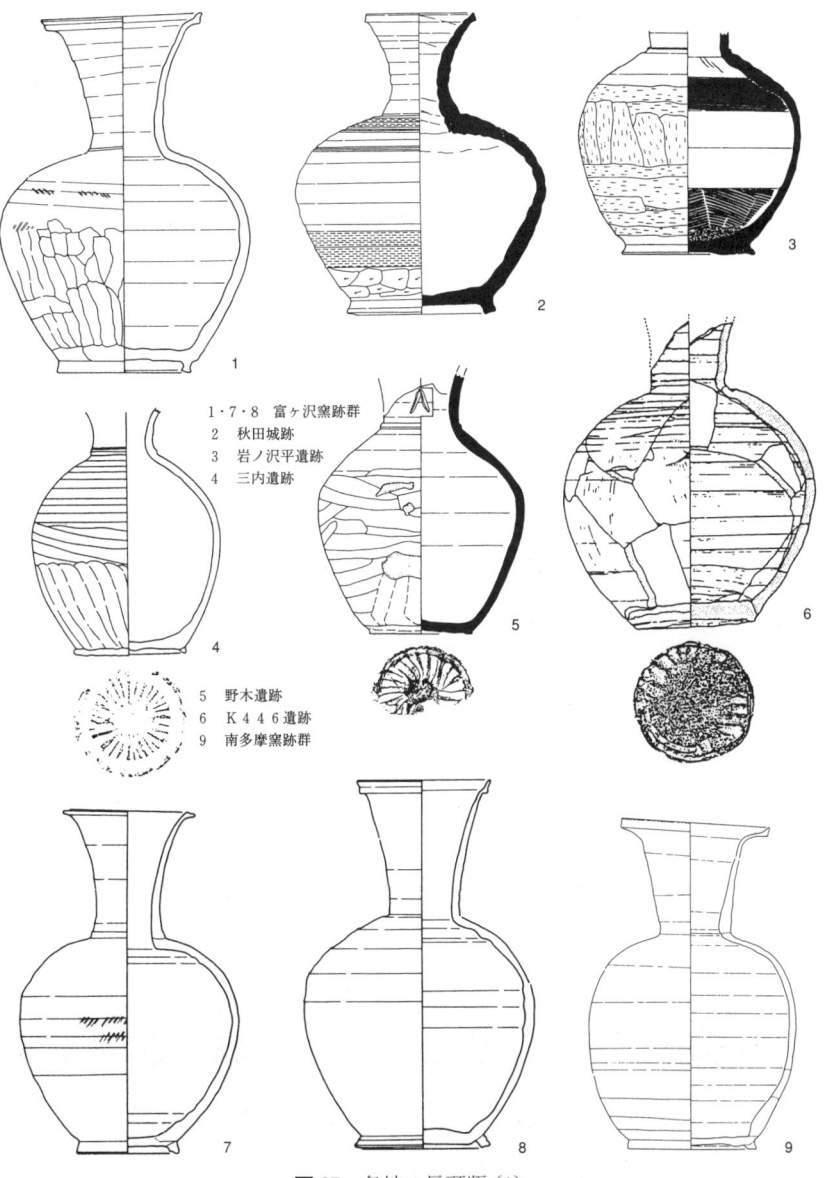

第4節　長頸瓶の製作技術とロクロの性能　211

1・7・8　富ヶ沢窯跡群
2　秋田城跡
3　岩ノ沢平遺跡
4　三内遺跡
5　野木遺跡
6　K446遺跡
9　南多摩窯跡群

図87　各地の長頸瓶（1）

に認められる。改めて「胴部の内外面と底部内面に回転ナデ調整（クロク調整）を施し、胴部外面の回転ナデ調整も含んで、最も特徴的な回転ヘラケズリ・コグチケズリ（カキメ）整形を施す律令制下の長頸瓶」を律令型長頸瓶（図87-7～9、図88）と規定しておく。ただし後述するように、胴部外面に回転ヘラケズリ・コグチケズリ調整をもちながら底部内面にロクロによる回転ナデ調整を施さない特徴をもつものがあり、前者をA類（本流）、後者をB類（傍流）と捉えておきたい。

　この律令型長頸瓶に対して、ロクロの回転を利用しない非回転ヘラケズリ・コグチケズリ整形の特徴をもち、かつ、東北北部を中心に東北・北海道にかけての分布域を示す長頸瓶を、前述したように東北北部型長頸瓶と規定している。東北北部型長頸瓶には、胴部に非回転ヘラケズリ・コグチケズリをもつものA類（本流）、非回転ヘラケズリもしくは非回転コグチケズリと回転ヘラケズリ・コグチケズリが混在するものB類（傍流）とがある。東北・北海道では、A類が卓越しており主として山形県や宮城県の城柵設置地域より北に分布している。B類は出土例が少なく、北海道を除く城柵設置地域以北に分布している。

（2）高台・底部製作手法
①高台部

　東北北部型長頸瓶の底部には、一般に菊花文と呼ばれる痕跡の認められるものがあり、筆者はこれを主に製作手法と関連させて放射状痕跡と呼び、技法の観察を行ったことがある（本書第3章第3節）。放射状痕跡には、一部文様として施されたもの（利部C類）を除くと、高台製作手法に関わるものが大半を占める。拙論の高台製作に関する理解をまとめると以下のようになる。

a類　中央側から端部に集めた粘土もしくは放射状の凹凸を利用して、粘土もしくは高台部を貼り付ける（利部B—1類）。…密着度を高める効果があり、高台は相対に高い。

b類　中央側から端部に集めた粘土で高台を作る。…高台は相対に低く稚拙なものが目立つ。（a類と区別しがたい類例も多い。）

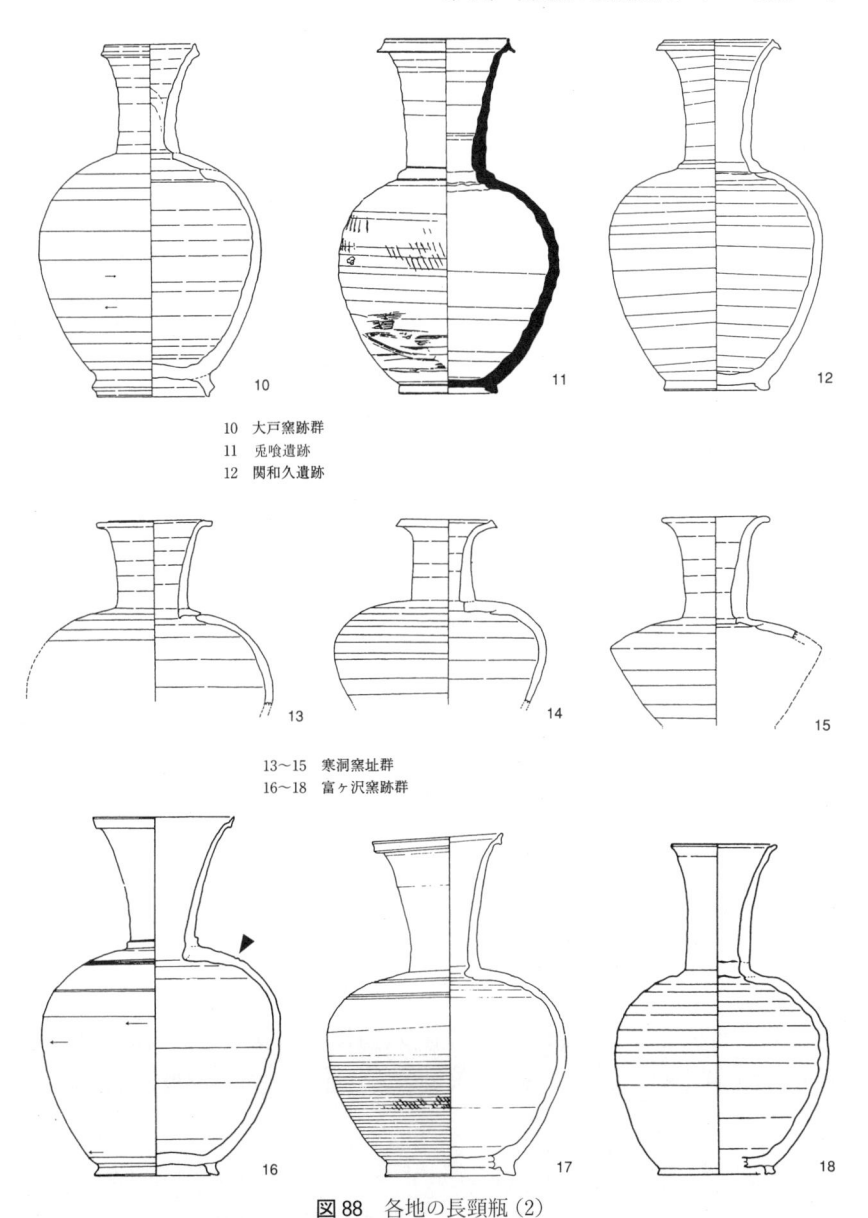

第4節　長頸瓶の製作技術とロクロの性能　213

10　大戸窯跡群
11　兎喰遺跡
12　関和久遺跡

13～15　寒洞窯址群
16～18　富ヶ沢窯跡群

図88　各地の長頸瓶（2）

c類　上底状態の底部円盤の端を、中央側から端に向かって削り端部手前で止める(6)（利部B—2類）。…接地部の幅の状態により、削り込む条線の長さが異なる。

d類　上底状の底部円盤を作るために、中央側から端部に粘土を移動させる。その後底部に体部や口頸部を作り出してから、外体部下端にヘラケズリを施したと考えられる（利部A類）。…指頭によるもので、類例はきわめて少ない（図87-6）。

　以上簡単な解説を付加して分類を行ったが、高台の作出では仕上げにナデを施すのが一般的なので、a類とb類が区分しがたいように、c類とb類、d類とb類もまた区分しがたいのが実態であるが、個別観察からは4類型が想定できる。それぞれを、a類：貼り付け手法、b類：つまみ出し手法、c類：底部削り出し手法、d類：体部削り出し手法と区分しておく。(7)

　底面に放射状痕跡をもつ長頸瓶は、文様としての類例も含んで管見に触れたものすべてが胴部に非ロクロのヘラケズリを施した東北北部型長頸瓶に含まれる。放射状痕跡をもつ東北北部型長頸瓶は、北海道を含む秋田県・岩手県の城跡設置地域より北に存在し、青森県五所川原窯跡群を含む津軽地方に卓越している。

②底　部

　次に底部の製作技法を検討する。底部から胴部にかけては、粘土を円盤状に引き延ばした粘土盤に粘土帯を積み上げることは前述した。ここでは粘土盤について検討する。

　前述した放射状痕跡のd類は、粘土盤を検討するのに示唆に富んでいる。すなわち、土台となる粘土盤を上底状に作り、胴部作出のため積み上げる粘土帯と密着する粘土盤の端部だけを入念に押さえ、他はロクロ盤（板）に密着しないように配慮した点である。図87-3の底部は放射状痕跡は認められないが、明らかに粘土盤の端だけを突出させた例である。これらは胴部製作後に、ロクロ盤（板）からの分離を容易にするために端部を整えたものであり、ロクロ盤（板）分離のための手法と考えられる。(8)これらの底部外面に対応するのが、底部

内面の指頭によるオサエやナデの非ロクロの状態である。

　管見に及んだ長頸瓶の底部内面のうち、東北北部型長頸瓶のほとんどが非ロクロのオサエやナデの状態であった。従来ロクロを使用した長頸瓶の底部内面が非ロクロであることに対して、稚拙な作りとする印象を強くもっていたが、むしろ「底部の密着部分を少なくしてロクロ盤（板）分離を容易にするための手法」と前向きに評価したい。以上を念頭に置いて、焼け歪みを除いた底部製作状態をロクロ使用の場合と、非ロクロの場合で分類する。

　底部内面にロクロ回転を利用した場合には、基本的に3つの類型がある。
a類　外面がロクロ盤（板）に密着して、内面もそれに沿って平坦なもの。
b類　外面がロクロ盤（板）に密着して、内面の中央が山形に盛り上がるもの。
c類　外面がロクロ盤（板）に密着して、内面が中央から胴部にかけて断面が弧状に緩く立ち上がるもの。

　底部内面にロクロ回転を利用しない場合にも、基本的に3つの類型がある。
a類　外面がロクロ盤（板）に接して、内面もそれに沿って平坦なもの。ただし、外面の端部はロクロ板・盤に密着していた。
b類　外面がロクロ盤（板）に接して、内面の中央が山形に盛り上がるもの。
c類　外面の端部がロクロ盤（板）に密着して、それ以外の中央側が盛り上がるもの。内面は、山形に盛り上がるか平坦になる。

　ロクロ回転のa～c類は、底の大きさや粘土盤の厚さに関係したり、工人の癖が反映した可能性がある。非ロクロ回転のa類は粘土盤の硬さを思考させ、胴部粘土帯から繋ぎの粘土を引き寄せた可能性も考えられる。b類は、厚い粘土盤の端の粘土を胴部を作るはじめの粘土帯との繋ぎに利用した可能性が高い。c類は、放射状痕跡の類例も含んで手捏りによると考えられるが、東京都南多摩窯跡群の型作りのような例[9]（図87-9）もあるので、今後注意が必要である。以上のように、底部内面ロクロ回転の有無でそれぞれを類型化することで、底部製作の多様性が理解される。

　いずれにしても、ロクロ使用のa～c類はロクロの加圧でロクロ盤（板）との密着度を高めたものであるのに対して、非ロクロのa～c類はロクロ盤（板）と

の密着度を低く保ち、ロクロ盤（板）から切り離すときの抵抗力を小さくしたロクロ盤（板）分離のための手法である。内面底部が非ロクロの長頸瓶は、管見に触れた東北北部型長頸瓶のほとんどが該当する。

（3）口頸部・肩部製作手法

長頸瓶製作技法の視点として古くから注目されてきたのが、口頸部と胴部の「三段構成」と「二段構成」の接合状態であり、9世紀の技術革新による三段構成から二段構成の変化として捉えられてきた（楢崎1961）。風船技法の理解によって、近年、胴部に対する接合法の相違から胴部製作法の相違に基づく再検討の必要性が強調されている（平尾2001）。

風船技法は、北野の見解（北野2001b）にしたがえば、円盤閉塞法と回転絞り閉塞法とがある。8世紀に主体的な風船技法について「〜底部円盤に粘土紐を積み上げ、水挽き整形し、円盤閉塞後、頂部を手ないしはコテ状の工具（柾目に使うとカキメ）を用いて圧着させ、稜をもつ扁平な胴部を成形する。」とした。そして別作りの口頸部を接合する（三段構成）。

また9世紀に主体的な風船技法については「〜①風船技法の回転絞り法によるものと、②風船技法によらず胴部上端で一旦成形を止め、一定の乾燥後に別作りの口縁部を接合するもの（開口法と仮称する）がある〜」と述べた（二段構成）。また「円盤法でも閉塞部の径が1cm程度と小さい場合には、円孔を開ける際に切り取られてしまい見かけ上は二段構成と成る場合がある。」としている。

筆者は東北・北海道の長頸瓶について、三段構成と二段構成の概要を述べたことがある。ここでは、内面の肩部から口頸部にかけて見える三つの段を接合材としての環状粘土帯の一部と捉え、見かけ上の三段であることから風船技法によらない擬三段構成とした（利部2001b）。つまり擬三段構成を二段構成（開口法）の範疇で捉えたことになる。以下で、三段構成を二段構成を検討する。

図88の10は福島県大戸窯跡群の三段構成資料で、閉塞部に口頸部が明確に接合されている。

11は福島県兎喰遺跡の擬三段構成資料である。小さな環状粘土帯が、胴部頂

部と頸部下端に挟まれるように存在し、断面の内面には三段の接合痕跡が明瞭である。外側の段は環状凸帯部に当たり、接合材としての環状粘土帯のはみ出し粘土を環状凸帯として製作しており、装飾と補強を兼ねた製作法と見られる。[11]

12 は福島県関和久遺跡の二段構成と見られている資料である。胴部上端には粘土接合部が見え、頸部がそこまで延びていたと仮定すると、頸部下端が「ハ」の字に開き不自然である。この場合も環状粘土帯を想定すべきであろう。

13～15 は、岐阜県寒洞窯跡の三段構成資料である。13・15 は閉塞部の切り込み粘土屑が明瞭で、それが垂直方向を示す閉塞部円盤穿孔の通有の在り方を示している。13 は穿孔部端と頸部下端の内径が一致した例、14 は穿孔部端より頸部下端が狭く段が生じた例である。

16～18 は秋田県富ヶ沢窯跡の擬三段構成（二段構成）と考えている資料である。17 の胴部上端の端部にはみ出し状の粘土が観察できる。[12] 16 は、はみ出し状の粘土がナデで不明瞭になった例である。これらは、先の三段構成における閉塞部円盤穿孔に関わる切り込み粘土屑ではあり得ず、頸部との内面接合部に環状の窪み部を形成している。内面の環状の窪みは、粘土帯と頸部の接合によって生じたものと判断される。

18 は頸部の下端に環状の粘土帯が明瞭に認められ、粘土帯の内面上端とそれより上方の内面頸部との間に環状の窪み部を形成している。環状の窪み部は、16・17 に見られる環状の窪み部と同じ状態、すなわち、粘土帯と個別パーツとしての口頸部の接合によって生じたものと見なされる。したがって、18 の粘土帯は胴部と頸部の接合材として用いられているといえる。

16 の肩部内面には水平方向に、ナデで消されたような指頭の痕跡（矢印）が認められる。粘土の繋ぎの痕跡と考えられる。屈曲部から頸部下端にかけての平坦化は、屈曲部から粘土帯を繋ぎ合わせたもので、風船技法の円盤閉塞法や回転絞り閉塞法によるものではない。[13] つまり、胴部と頸部の接合は開口法によっていたと思考される。また、平坦化する以前の胴部が狭い開口部をもっていたとすれば、掌で開口部を塞いで加圧する方法も考えられなくもない。[14]

以上のように、胴部と頸部の接合状態や胴屈曲部の内面痕跡の観察から、16

〜18の胴部と頸部の接合は、二段構成の開口法によるもので環状粘土帯を間に挟み込んで接合したものである。胴部の開口部端と頸部下部の内径が、目標の大きさと多少違っていても、環状粘土帯の大きさや使い方の工夫で調整できたものと考えられる。

4　ロクロの性能

　筆者は、東北北部型長頸瓶のメルクマールとしている非回転ヘラケズリ・コグチケズリ整形の特徴からロクロの性能に言及したことがある（本書第5章第2節）。そこでは、乾燥がある程度進んでから施すヘラケズリ・コグチケズリのロクロ使用の有無で、律令型長頸瓶を製作するロクロの回転力が上回っていたのに対して東北北部型長頸瓶を製作するロクロの回転力が下回っていたことの表れ、と評価した。また「東北北部以北から出土する須恵器には、底部に砂の付着している例が比較的目立つ〜」ことを指摘した。同時に、東北北部に9世紀以降定着していく長胴甕のヘラケズリ手法と関連させて記述した。本論の前項では長頸瓶の製作技法について述べてきたが、それはロクロの性能と関連性がある。以下に所見を述べる。

　胴部外面の製作手法は前述した通りである（①）。

　高台製作手法では、底部に放射状痕跡をもつ類例を取り上げた。東北北部でも五所川原窯跡群を擁する青森県においては、窯跡資料も含めて多くの類例が認められる。律令型長頸瓶の高台部の製作は、高台貼り付け部にロクロ回転の傷を付け、高台張り付けの密着度を高めかつ精緻な高台を作出している。対するa〜d類の手法では、ロクロ回転を利用した例は少なく、基本的にはロクロの回転力の弱さを補う工夫と考えられる（②）。

　底部製作手法では、内面底部がロクロによるものと非ロクロによるものを比較した。そして後者をロクロ盤（板）からの分離を考慮した手法と見なした。回転力の強いロクロ盤上での土器製作は、芯からのぶれをなくすためにロクロ盤や亀板にしっかりと固定する。その結果内面底部にロクロ目が存在する。内面にロクロ目が存在しないのは、総体にロクロの回転の弱さを補う工夫である

ことにほかならない (③)。底部に砂の付着するのも、分離を考慮したものである。

以上の①〜③における製作手法上の特徴は、ロクロのもつ回転力の弱さを補った工夫の表れであり、東北北部型長頸は律令型長頸瓶に比べて相対的にロクロの回転力は劣っていたと評価されよう。また、9世紀末葉以降10世紀にかけて、極端ななで肩の長頸瓶 (図87-4〜6) や頸部絞りのシワが目立つのも、回転力の劣ったロクロ使用による必然的な結果と想定される。

5 おわりに

本論では、日本列島の北域で主体的に見られる東北北部型長頸瓶を製作面から検討し、律令的土器様式として列島内で一般的に認められる律令型長頸瓶と比較することで、ロクロの性能にも言及してみた。その過程で、胴部と頸部の接合方法に関する三段構成と二段構成の問題を風船技法や開口法にも関係しながら考察してきた。

最後に、胴部から頸部の内面が、三段構成や二段構成のように屈曲部を作らず滑らかに連続する東北北部型長頸瓶に若干触れておきたい。この長頸瓶は列島最北端の五所川原窯跡群のある青森県域に多く認められ、極端ななで肩を呈し、その傾斜は40°〜50°の急角度に収まる (図87-4・5)。口頸部別作りも一部含むであろうが、このタイプの長頸瓶は、基本的に胴部上位から口縁部にかけて連続した粘土帯積み上げによる成形と考えられる。これを無段構成と呼称する。無段構成の長頸瓶は、頸部が短く太い傾向にあり、風船技法の加圧変形は伴わない。

胴部上半に着目した列島の長頸瓶は、球形のフラスコ瓶から扁形→卵倒形→紡錘形に大きく推移していることが確認できる。胴部製作上の観点では、胴部内包型から胴部外延型の変遷とも理解され、東北北部型長頸瓶の無段構成に代表される頸部製作手法は、近世も含んだ鶴頸状長頸瓶に至る製作技法上の変換点を示すものである。東北北部型長頸瓶の技法の整理によって、城柵設置以北の律令制が波状的に及んだ地域に、律令制下の技術が徐々に工夫を凝らした形

で取り込まれていく様子を窺い知ることができる。

註
（1） 成形に対して調整もしくは整形の語句を対応させて、2要素の捉え方で報告されている場合もある。3要素の概念は、田辺昭三の成形の第一段階（一次成形）・第二段階（二次成形）・第三段階（三次成形）に対応する（田辺1981）。一方切り離し手法は、形を変形させたり表面を整えたりする性格の手法ではなく、さらに粘土の形は整っているものの、型作りのように移動できる状態にない。したがって成形に関わる手法に分類する。また、沈線や高台・突帯に関する部分は整形の概念に含める。そして、袋ものに多用される風船技法の工程のうち、密閉状態で加圧する場合は整形、それ以前を成形に分類しておきたい。
（2） 帯は平らな長いものを指すので、粘土帯を紐状の粘土と帯状の粘土を含んだ概念として使用する。
（3） 北野博司は「技法復元の研究は、器面に残る成形痕跡を観察し、個々の「痕跡」と「行為」との対応関係を明らかにして全体の工程を復元していく方法が基本となる。」と述べている。
（4） ロクロ上で製作した器を、盤上ですぐに切り離さなくとも移動可能な亀板もしくは板状のものをロクロ盤上に固定していた可能性があるので、板の表記も併記してある。
（5） 回転力のあるロクロ使用の場合、高台貼り付け部位にロクロ回転による沈線を施した後高台を貼り付けるのが一般的である。宮城県須江窯跡群の中には、いわゆる東北北部型長頸瓶の特徴をもち、高台貼り付け部に角柱状の棒状工具による刺突を巡らす例がある。佐藤敏幸は「接合刺突」と称し9世紀後半の年代を与えている（佐藤1993）が、ロクロ未使用による接合形態としての共通性があり、放射状痕跡出現の契機になる手法の可能性がある。
（6） 削り出しには、c類のようにロクロ回転を用いない場合と、近世以降多用されるロクロ回転を用いる場合とがある。前者を削り出しA技法、後者を削り出しB技法とする。高台の削り出しB技法は古代にも見られる（田辺1981）が、ロクロを用いた時代の削り出しA技法は放射状痕跡を伴う例が初見と思われる。ただし、古くは縄文晩期浮彫文の作出にも多用されていた。
（7） ただし図87-6については、底部に粘土帯を積み上げてから胴部を作り出す工程ではなく、胴部に底部を接合させた閉塞法（内底部端の調整痕が認められない）による特殊な例であることが後の観察でわかった。底部接合時、外底部端の放射状痕

跡に対応する胴部下端の指頭痕が一部で確認できている。10年前のガラス越しによる観察から、直接手に持って観察できる機会を提供していただいた札幌市教育委員会の皆様に感謝致します。

(8) ロクロ盤（板）からモノを剥がし易くする工夫の一つに灰の存在がある。古代に灰が用いられたかは不明であるが、類似した例に砂の存在があり長頸瓶の製作にも用いられた（利部1995a）。

(9) 南多摩窯跡群の甕に円形の凹みをもつ底部が確認され、ロクロ盤（板）上に凸部の存在が想定され、代表して星野恭子が「型底」と記述した（星野1992）。その後、服部久美が長頸瓶の同笵例を示して長頸瓶の型底の可能性を提起した（服部2001）。同時に、久保田正寿との意見交換による灰を用いた凹み底の実験例も提示している。

(10) 環状粘土帯についてはすでに、老洞窯跡群の報告における荻野繁春の見解がある（荻野1981）。この段階ではまだ、須恵器製作における風船技法が周知されていない段階であり、胴部と口頸部の接合に粘土の輪を介在させて想定した技法論であった。この報告の二段構成については、美濃須衛窯跡の初源として渡辺博人により支持されている（渡辺2001）。

(11) このような粘土接合材が、環状凸帯の材料を兼ねたと考えられる資料は、福島県上吉田遺跡出土頸部でもいくつか確認できる。これらは兎喰遺跡の例も含めて大戸窯跡群の製品と推定されるが、これらの場合は環状凸帯作出と一帯化した製作手法と思われる。

(12) はみ出し状の粘土には、水平方向のナデ調整が認められる。長い頸部の開口部から指が届かない疑念も生じるが、その場合は棒状のコテの使用や、指先に布や皮などの端切れを巻いて使用した可能性が考えられる。

(13) 肩部内面の平坦化した部分には、斜め方向に螺旋状の軌跡（シワ）が認められる。回転絞りによって生じたものである。胴部開口状態に頸部を接合してから絞り込んだと思われる。肩部内面の回転絞り痕跡は、風船技法に認められるがその決定的な根拠ではない（北野2003）。

(14) 親指と人指し指の付け根を両手で交差させればより大きな閉塞状態が可能である。後藤建一は、湖西窯跡群で三段構成の認められるのは水瓶の1点のみで、他の瓶類には加圧や絞りによるシワは観察できず開口法と見なされるが「～器形の大半が風船技法による加圧によって形成されたと考えられることから、矛盾が生じる。」としている（後藤2001）。開口部からのナデを組み合わせた掌閉塞加圧法ともいうべき手法が存在し、シワを消去している可能性がないであろうか。

第5章　系譜・流通論

第1節　出羽地方の丸底長胴甕をめぐって

1　はじめに

　近年の煮炊具の研究には目を見張るものがある。1996年9月に開催された第4回東海考古学フォーラムでは、東海地方に限定した縄文時代から中・近世に至る煮炊具がテーマで、様々な問題点が検討された（同実行委員会『鍋と甕そのデザイン』）。また、時を経ないで催された古代煮炊具のシンポジウムは、畿内を中心に東北から九州に及ぶ広範囲な資料の集成と討論が加えられたことで、従来の集大成ともいうべき内容であった（森編1996）。これらの検討会の中で、丸底長胴甕についての情報もかなり明らかになってきたのである。
　さらに同年6月、これらに先立って実施された北陸古代土器研究会によるシンポジウムでは、北陸諸国に近江・信濃・出羽の3国を加えた形で長胴甕（平底と丸底）についても話し合われ、いわゆる北陸型長胴甕の消長に関する一定の認識が示された。筆者もこの会に出席する機会を与えられ、出羽北半の9世紀の土器様相について述べると共に、同地域の丸底長胴甕の集成も行った[1]。今回の報告は、このことが契機になっている。筆者は現在、律令制下における辺境域の土器の在り方に関心を寄せており、本論では出羽地方の丸底長胴甕について、技法を中心に据えた現状の整理と分布域の把握を主な目的とする。

2 丸底甕製作技法の研究史

　ここでは、縄文時代の丸底をした深鉢を除く丸底甕を取り上げるが、丸底にするための製作に関する研究を大まかに辿ることから始めたい。[(2)]

　丸底甕の製作法についての早い記述は、1966年の横山浩一によるものであろう（横山1966）。氏は田中琢の教示によるとした上で「球形の体部をもつ布留式の甕の内部内面には、やはり外型を使ったために生じたらしい指のあとが見られるから、一部を型によって成形する技法は、球形の器体が盛行した布留式の頃にまでさかのぼりうる可能性がある。」とした。それは、奈良時代の丸底土師器壺が外型によって成形された例の、確認したことを受けたものであった。

　翌1967年、田中琢は「球面状にくぼんだものを型として、そのなかで底部をつくり、その上へさらに左まわりにまきあげて器形をつくる手法」を〈型の手法〉と呼び、型の製作法を具体的に述べた（田中1967）。そして、型に粘土を押さえるときの状態から「無秩序な指頭の圧痕が、土器底部内面にある例は、古墳時代以来の壺甕類に普通にあって、」と論じ、これらの底部内面に指頭圧痕が見られるものも〈型の手法〉によるものとした。

　1979年、西弘海は弥生時代後期（第Ⅴ様式）に続く庄内式やこの後の布留式土器を取り上げ、発生期の西日本における土師器を論じている（西1979）。そこでの庄内式に対する布留式の評価は、弥生時代後期以来の叩き目技法がなくなり、同時に壺・甕のほとんどが丸底になるという点であった。

　そして、布留式土器の丸底製作法に関する2つの技法の違いを提示した。一つは〈削り丸底〉であり「小型の壺や鉢では、製作工程の最後に、平底に作られた底部を篦削りして丸底にする方法が一般的に行われた」とした。いま一つは〈押出し丸底〉である。これは「大形の壺や甕の場合には、底部を内面から押し出して丸底にする」というものであった。そして「弥生時代後期の叩き目技法の採用、庄内式における内面篦削り技法の採用と丸底への接近、そして布留式における押出し技法による完全な丸底化と叩き目技法の放棄」と技法の変遷を跡づけ、先の〈型の手法〉に対して暗に反対の立場をとった。

翌1980年には、これまで主に布留式前後の軟質な丸底甕を対象にすることが多かったのに対して、硬質に焼き締められた須恵器が題材になった。横山によって、主題とこれに導かれた内容が技法に終始している本格的な技術論が展開された（横山1980）。氏も強調しているように、そこには丸底製作に関する2つの論点がある。
　一つは「壺や中型・小型の甕では、側面叩き目が底面叩き目によっておしつぶされており、側面の叩き締めが底面の叩き締めに先行している」とする考えである。すなわち、轆轤盤上で平底に成形された器を、轆轤からはずして丸底になる叩き締めを行うとする論である。そして側面の表面調整を、丸底成形と平底成形の中間工程として位置づけている。
　二つ目は、胴の高さがおよそ45cm以上の大型甕の製作法についてである。観察の可能な資料が少ないとしながらも「これらの大甕では、底面の叩き目が側面の叩き目に先行してつけられていること、すなわち、中・小の甕とは逆に底面の叩き締めを終ってから側面の叩き締めをおこなっていることが認められた。」と述べた。
　以上の見解は、後に問題にされる轆轤使用の丸底長胴甕の製作法の理解に、多大な影響力をもたらしたと同時に、轆轤未使用の甕が平底から丸底にすることの西説を側面より支えることにもなった。
　1983年、井上和人は布留式土器を再検討する中で、西の見解を否定し田中の〈型の手法〉の正当性を主張した。氏は布留式の型の製作工程図を示しているが、型作りの認定は内面の指押さえの痕跡、それらの範囲、器壁の薄さ、半球形になる形態などの観察に基づく総合的な判断によるものである（井上1983）。そして、型作りの製作法を〈外型作り成形技法〉とし、平底の製作法を〈平底作り成形技法〉と呼んでこれと対比した。
　さらに「7・8世紀の土師器の壺、甕、鍋のほとんどは下半部あるいは底面が外型作り成形技法により製作されている。」とし、古墳時代から奈良時代の丸底甕についての見解を示したほか、中・近世の丸底の土製羽釜などについても同様の見通しを述べた。

1986年、西の「土師器・須恵器の製作技法」と題する講演録（1984）が公にされた（西 1986）。ここでは、"丸底の須恵器" と "丸底の土師器" について項目立てを行って述べている。

前者では前掲横山説（1980）を是認して、自説で扱った布留式土器と同じように平底から丸底に変形する須恵器の丸底化を、〈叩き出し技法〉と呼称した。また、底部の内面に凹凸のある甑の丸底手法を〈突き出し技法〉とする見解を示した。

後者では、前掲井上論文（1983）の底部型作り製作法を取り上げている。そこでは、乾燥後型からはずした状態が刷毛目調整できない位に硬いこと、さらに「では、なぜそんなつるんとしている物を、なぜ刷毛目でなおさら滑らかにしなきゃならないか」という疑問を掲げて、別の２つの技法より、型作りでなくてはならない必然性はないと反論した。

技法の一つは、須恵器に見られる〈叩き出し技法〉であり、二つには橋本久和の刷毛目調整法に則ったもので（高槻市教育委員会 1981）、内面に刷毛目を掛けることで平底が丸底に変化するとした。さらに加えて、布留式並行期の福岡市西新町遺跡の甕を例に、底部外面を削ることで丸底になることにも言及した。氏の論は、丸底製作法に関する従来の諸説を総括したものであった。

以上は、1960 年代後半から 1980 年代前半にわたる約 20 年間に繰り広げられた議論である。これ以降の論稿は、丸底製作法の根本的なところではこれらの論文に追随するものであろう。

1989 年、坂井秀弥は新潟県山三賀Ⅱ遺跡から出土したいわゆるロクロ使用の北陸型長甕の観察より、その製作技法を復元した（坂井 1989a・b）。そこでは、①粘土板と粘土ひもの巻き上げ（一次成形）→②タタキによる成形→③上半部の二次成形・調整→④タタキによる丸底化→⑤体部の最終調整、と製作工程の復元図を掲載して述べた。氏は、土器の製作技法については西の論に依拠しているとしながらも、山三賀Ⅱ遺跡の新古の丸底長甕について調整法の相違を詳細に記述した。そこでは、非ロクロ平底長甕やロクロ平底長甕の技法と対比したり、須恵器工人との関連性を強調するなど、製作法観察の新たな展開を模索

している。

　1994年、三好美穂は非ロクロで小甕の大和・山城型甕の製作技法を復原した（三好1994）。図を掲載して、①粘土の巻き上げ→②ハケ目の器面調整→③叩き成形の丸底化と口縁の作出→④ハケ目やナデによる最終調整、と製作手順を示した。製作工程上の丸底化の在り方は、細部の手法の相違を除けば坂井の論考と基本的には一致している。氏はさらに、③の段階では「内面の当て具は、同心円の刻みがつくものが稀に見られるが、大半は丸い石のようなものか手の甲または指を何本か内面にあて、あて具の代わりにしているものが多い。」と指摘した。

　1996年、平尾政幸は古代煮炊具のシンポジウムにおいて、7〜9世紀では「近畿地域の甕が基本的には丸底である」とし、丸底が「ほとんど例外なく製作工程の後半段階で形成されている」とする認識を示した（平尾1996）。そして畿内の甕のうち、甕AA（都城で一般的に出土する小甕）、甕AH（南河内系の小甕）、甕CI（口縁が外弯気みの長胴甕）について概念図を用いた製作技法を検討した。

　これによれば、甕AAは「粗形を作り上げたのち〜特に底部の成形はタタキや押し出し技法を採用しているものが多い。」とし、甕CIでは基本的には甕AAと同様だが「底部の成形にはタタキ技法を用いたものはこれまで確認しておらず、押し出した後、ハケメやケズリで調整しているようである。」とした。

　甕AHに関しては新たな解釈を示している。すなわち、底部付近に凹線状の圧痕が認められる例をリング状の器物の痕跡と見て、この状態が型作りと表現されることが多かったのに対して、底部を丸くコテ成形した後、仮置きの台とした杯や椀の痕跡と理解した。そして「丸底を持つ古代の畿内の土師器甕には、明確に型作りであると確認できた例はない。」と述べた。

　また、同シンポジウム小森俊寛の記述でも「近畿地方北部から東部の丸底のハケメ甕では、7世紀代によく見られる長胴の甕類を含めて、型つくりや粘土をヘラケズリして底部を丸く作り出す技法で製作されたものは確認できていない。」とし、丸底の成形はタタキあるいは押し出しによるものであると強調した

(小森1996)。

　以上、1980年代後半以降に取り上げた坂井・三好・平尾の3氏による論考は、本論に関わる7世紀以降のロクロ・非ロクロ丸底土師器における丸底製作法の到達点を示すものである。

3　土師器丸底長胴甕について

　出羽地方から出土している丸底長胴甕は、ほとんどがロクロを使用した土師器である。わずかに須恵質のものも須恵器窯場より出土しているが、それについては坂井の「越後の須恵器窯の調査例では土師器煮炊具が出土することが一般的である。」という指摘もあり（坂井1989a）、本来土師質を目指したところの失敗品と考えられる。このような点やロクロを使用し丸底に叩き出す技法は、須恵器工人と関連するだろうことは先に指摘されている通りである。ロクロ使用の丸底長胴甕が、須恵器と関係することの理解を深める意味で、はじめに辺境域の丸底須恵器について若干触れておきたい。

（1）丸底須恵器「横山説」の追認

　図89の1と2は、それぞれ秋田県横手盆地の中央東側に位置している中山丘陵窯跡群の竹原窯跡（秋田県教育委員会1991b）と富ヶ沢B窯跡（秋田県教育委員会1992b）から出土している資料である。この地域は『続日本紀』に創建の記事が見える雄勝城の擬定地にも比較的近く、近年9世紀初頭に造営された第2次雄勝城と考えられている払田柵跡（熊田1996）からは南へ約20kmの距離にある。

　1は、竹原窯跡のSJ05窯跡から出土した8世紀後葉と考えている球胴の甕で、口径が28cm、器高が49.5cmである。製作法は、外面の肩部から底部にかけて平行線のタタキメを施し、底面とこれ以外の体部では各々に連続して施されたまとまりがある。2つの平行線のまとまりは、相互に平行線の傾きが大きく異なり、前者が後者を切り込んでいることが確認できる。内面は、底部には平行線のタタキメがこれ以外の体部では同心円状のアテメが施され、やはり前者が後者を切り込んでいる。

2は、富ヶ沢B窯跡から出土した9世紀中葉と考えている球胴の甕で、口径が21.5cm、器高が44.6cmである。製作法は、外面肩部より底部にかけておよそ縦位のタタキメを施すが、底部とこれ以外の体部では各々に連続したまとまりをもち、それらにも若干の方向性の違いが認められる。この場合も前者が後者を切り込んでいる。内面でも、底面に平行線のタタキメを、これ以外の体部では同心状のアテメが施され、やはり前者が後者を切り込んでいる。

以上のように、1と2の肩部から底部における製作に関わる痕跡は、ともに底部の痕跡がその製作工程の後半を占めるもので、横山説（平底→丸底）を支持する内容になっている。しか

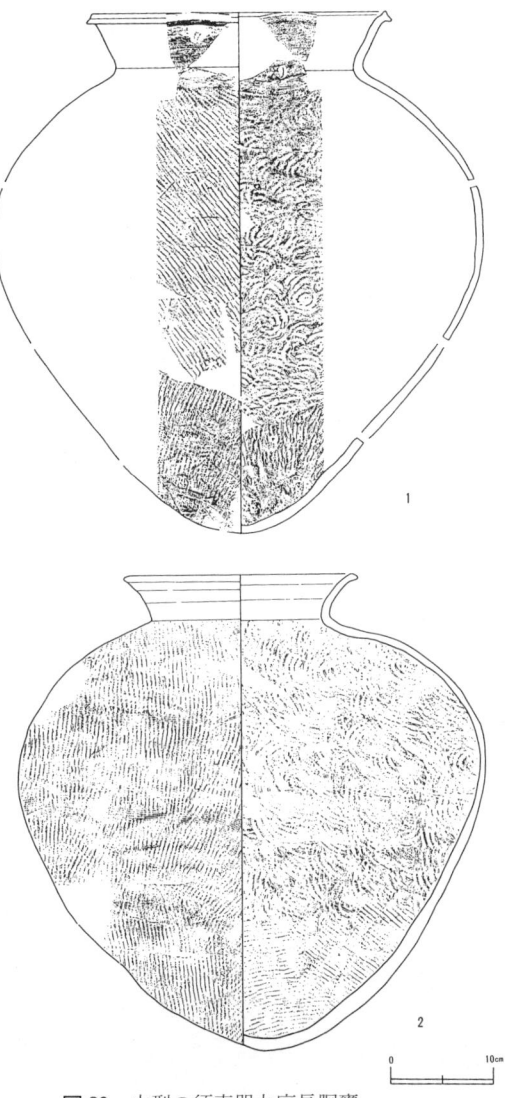

図89 中型の須恵器丸底長胴甕

も2つの資料には、底面より少し高い位置に膨らみがある。富ヶ沢B窯跡のほかの例では、平底から丸底化の過程で生じた皺状の痕跡を確かめることができ、これら底部付近の膨らみもその際にできたとする氏の考えを補強するもの

図90 小型の須恵器丸底長胴甕

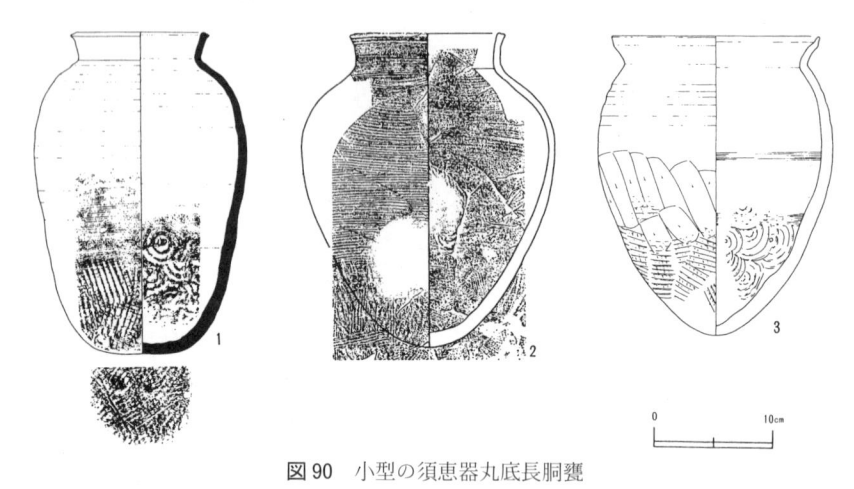

である。なお、1と2の比較では、底部内面の平行線の在り方が縦位と横位で大きく異なっていた。これが、平行線の刻みをもつ当て具の用い方によるものか、あるいは当て具に対する平行線の刻みの相違によるかは、今後検討を要する。

一方、丸底須恵器であっても、いわゆる砲弾形で図89-1・2の形態とは異なる類例がある。

図90の1は、山形県庄内平野の北端にある宮ノ下遺跡(山形県埋蔵文化財センター1996c)から出土した9世紀代の資料で、報告では壺としてあるが甕と見てもよい器形である。底面は平底風の丸底で、口径10.8cm、器高約26cmである。製作法は、底部外面には平行のタタキメが内面には同心円状のアテメを施し、平底にしてからわずかな丸底に仕上げたものである。

2は、前述の竹原窯跡から出土した8世紀後半に考えている甕で、口径12.8cm、器高25.7cmである。製作法は、底部外面では平行タタキの後ハケメを施し、内面にはハケメが施されている。カキメを施した体部とこの下になる底部の境目には段差があり、平底から丸底に押し出して底部にハケメを施したと考えられる。

3は、石川県小松市の南加賀古窯跡群(小松市教育委員会1991)から出土した9世紀に入る資料で、肩部から底部の形態が2と類似する参考例である。製

作法は、底部では外面に平行のタタキメが内面には同心円状のアテメを施し、外面中央にヘラケズリを施している。この場合は、平底から丸底に叩き出している。

　これら3つの例は、類例がきわめて少ないものの法量が類似しており、丸底長胴甕の形態をとる小型の甕として成立した器種と考えられる。したがって、中型の丸底長胴甕で須恵質のものとは区別している。

　以上の5例は、辺境における須恵器丸底甕に関係して述べたものである。事例の中には叩き出しによらないものも一部含んでいるようであるが、須恵器の叩き出しによる丸底製作法が、列島内において普遍的に存在するだろうことを改めて認識することができた。

（2）丸底長胴甕の分類と推移

　ここでは、出羽地方から出土している中型の土師器丸底長胴甕を対象にする。

　時代は出羽建国の和銅5年（712）より律令国家崩壊期までで、その地域は現在の行政区画でいえば山形と秋田の両県域がほぼ該当している[(4)]。表には、管見に及ぶ39遺跡の資料77点について掲載してある。これらは、小破片であっても鍋以外の丸底のものは取り上げ、逆に丸底の長胴甕と想定されても不確定要素が多いと判断したものは省いてある。資料収集に当たっては、表に掲載していない資料が意外に多いという印象をもっているが、ここでは確実な資料に限ったつもりである。

①調整手法による分類

　分類に当たっては、形態の相違による基準は採用せずに、技法を基にした展開を図りたい。製作法は、根本的な製作に関わる成形技法と表面を整える調整手法に、大きく2分できる。また丸底の成形では、外面のタタキメと内面のアテメで判断される叩き出し技法と、内外面の調整手法で隠されているが押し出しと考えられている技法とが一般的である。そして、タタキメやアテメは個別単位では調整手法といえ、連続的に施され集積された効果が成形技法として現れているわけである。したがって、以下では上記2つの技法を丸底成形法の基準に考え、それの分類項目は特に設けず底部および体部下半で主体となる調

整手法を基本に据えた検討を行う。さらに、畿内や北陸地方において大きな特色を示しているロクロ使用の有無は、当地方においても不可欠な分類要素である（図91・92）。

A類…非ロクロ製で、外面にハケメを内面にもハケメを施す（図91・92-1、表6-8）。

　　頸部は「く」の字状で、口縁部は緩く外反する。底部は半球状を呈し、胴部中央で最大径を示す。

B類…ロクロ製で、外面にタタキメを内面にはアテメを施す（同図2～16、表6-27・30・13・7・37・38）。

　　調整は外面にケズリが施され、内面にはハケメをもつものと、それらのないものがある。2と3は人面墨画土器である。3の頸部は緩く水平に外反し、端部を短くつまみ出す。3を除いた頸部は「く」の字状で、口唇部は逆「く」の字状につまみ出したもの（2・5・8～10）と、頸部から内弯して立ち上がるもの（11～16）に大きく分けられる。底部の形態は、半球の4を除いてやや尖り気味である。最大径は、胴部中央かその下位にあるものが目立つ（5・8～16）。

C類…ロクロ製で、外面にヘラケズリを内面にはハケメを施す（同図17～21、表6-6・7）。

　　調整は外面にハケメをもつものと、それのないものがある。頸部は断面が「く」の字状で、口唇部は斜めに面をなしたり窪み状のものが多い（17～19・21）。底部の形態はやや尖り気味である。最大径は、胴部中央かその上位にある。

D類…ロクロ製で、外面にタタキメを内面にはナデを施す（同図23、表6-10）。

　　外面にはケズリを認め、内面には指頭圧痕が顕著である。頸部は緩やかで、そのまま口唇部に至ると考えられる。底部は幅の狭い半球状をなす。最大径は胴中央の上位にある。

E類…ロクロ製で、外面にケズリを内面にはアテメを施す（同図22）。

　　頸部は「く」の字状で、口縁部はそのまま直線的に外傾し、口唇部は

緩く窪む。底部はやや丸みをもち、最大径は胴部上位にある。

以上のほかに、分類に加えていない24〜26の類例がある。

24は、報告書によればロクロ製で外面がヘラケズリ、内面がハケメであることから、C類に該当しそうな例である。これは、底部外面の上端が体部と連続せず段を作ることから、前述の平尾氏が示した仮置きの台の痕跡か、もしくは器物の型作りの可能性もあろう。したがって、今のところC類からは外して考えておきたい。

25は、外面にヘラケズリを内面には底部の指頭圧痕と共にナデを施しているが、ロクロの有無が確認できない例である。仮のロクロ製とするならば、新たに分類し得る内容である。しかし、微妙であるが底部の外面が曲面なのに対して、内面は全体に平坦な状態を呈している。このことより寧ろ、奈良・平安時代の丸底技法である叩き出し・押し出し技法と並んだ削り出し技法（1979年、西が〈削り丸底〉と呼んだ状態と同じである。）と見るべきであり、当時代と地域において希有な事例として評価しておきたい。

26は、外面にタタキとその一部にハケメを、内面にはハケメを施している。これも、調整法だけからは新たな分類となし得る。しかし、底部の中央には安定した盛り上がりがあり、平底の外面端部に丸みを施したと考えられるものである。25の削り出し技法と異なるが、平底の角を変化させる類似性がある。丸底製作法に関して、今後25と共に注目される資料の一つである。

図示していないがこのほかに、ロクロ製で外面中央にタタキメがあり、内面に指頭圧痕が顕著な秋田城跡出土の例がある。また、片野遺跡の20・21と共伴したものは、底部外面の先端がナデで仕上がっている以外はC類の特徴をもっている。これは、丸底製作法の押し出し技法を如実に示す好例であり、押し出し段階に器肉が整いヘラケズリが省略できたものである。したがって、B類の範疇に捉えてある。

②分類の推移

図91・92の資料には、年代の推定できていないものもあるが、できる限り検討してみることにする。以下、共伴遺物などを基にした年代観より、分類にお

234　第5章　系譜・流通論

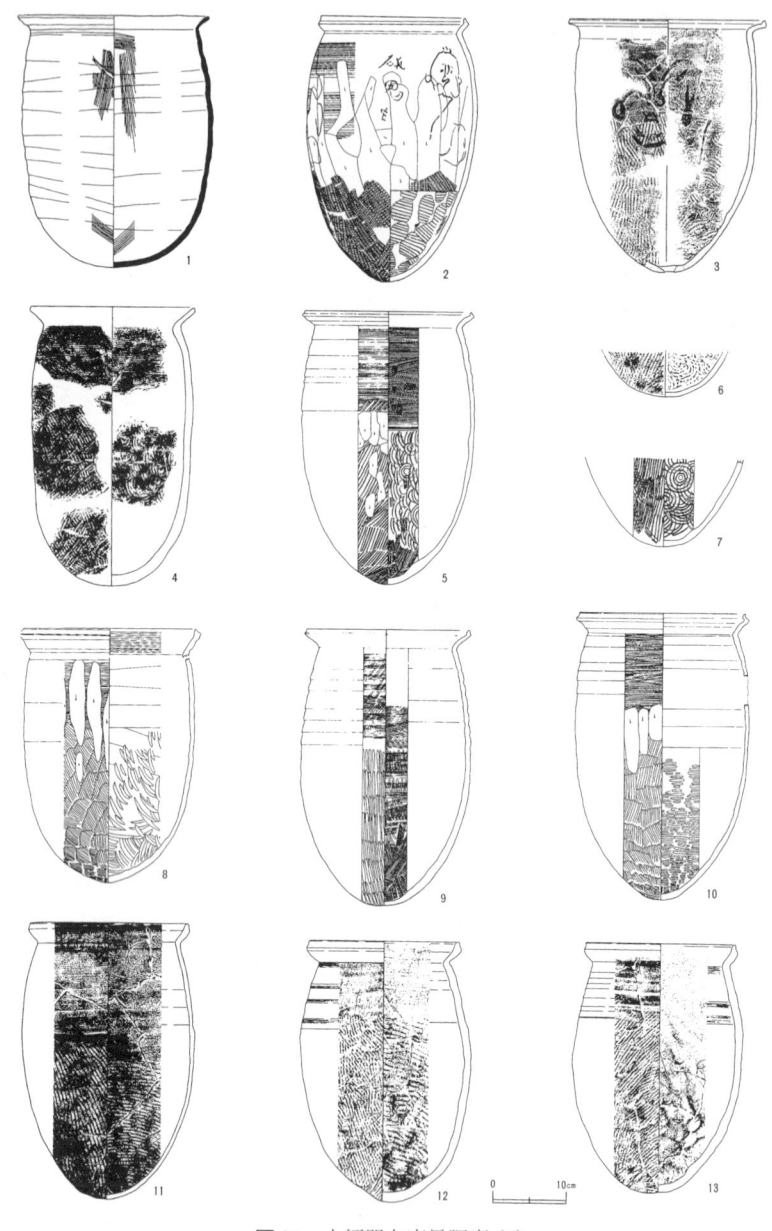

図91　土師器丸底長胴甕（1）

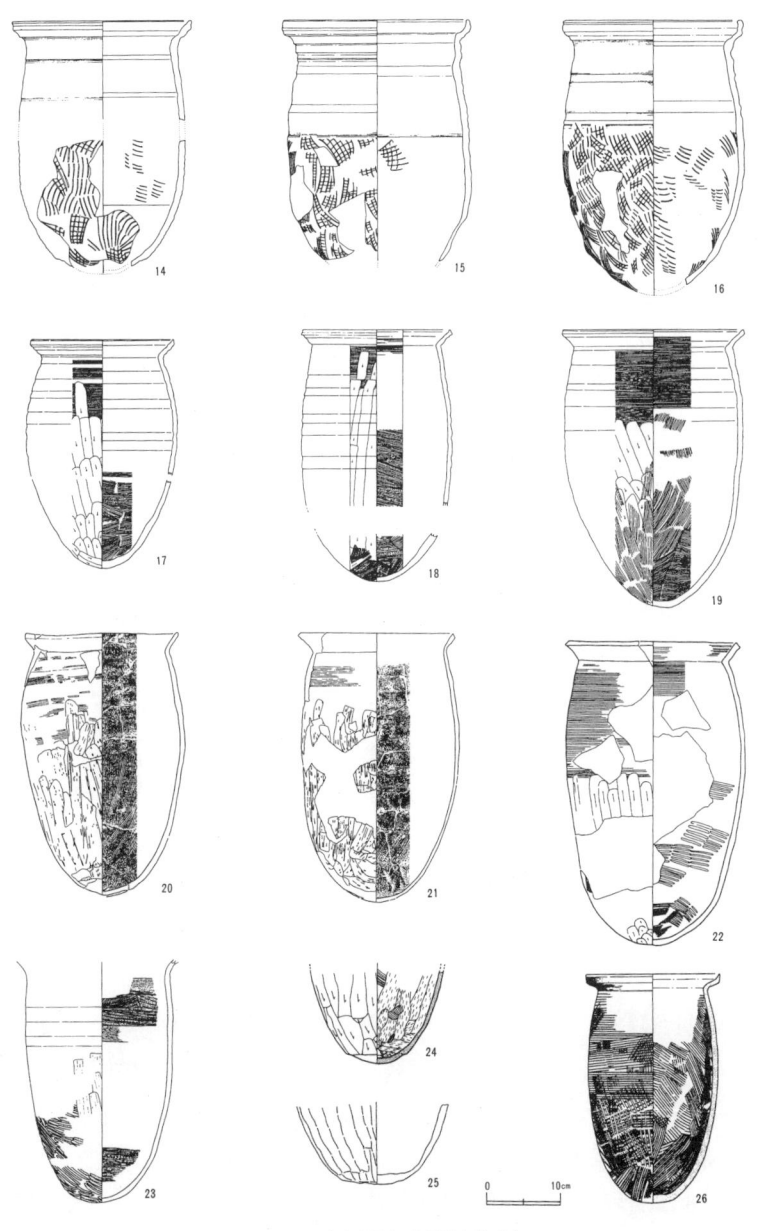

第1節　出羽地方の丸底長胴甕をめぐって　235

図92　土師器丸底長胴甕（2）

ける大まかな推移を辿ることにしたい。

　A類の1は、後城遺跡のSI187住居跡から出土している。小型の須恵器杯が伴うようで、ほかに非ロクロの長胴甕や小型の鉢が出土している。ロクロ製の土師器が含まれないことや須恵器杯より、奈良時代の所産と考えてよい。遺跡からは、8世紀前葉に考えられるかえりのもつ須恵器蓋が出土しており、隣接する秋田城跡よりも古い遺物が出土している。

　B類の4は、年子狐遺跡の第2号住居跡から出土している。須恵器の杯・高台付杯・蓋や土師器の杯・高杯・甕・鉢が出土している。共伴関係は判然としないが、須恵器の年代観などから概ね8世紀後半に考えられる。

　B類の5とC類の18は、秋田城跡のSI1085住居跡から出土している。これらは、比較的多くの須恵器杯や蓋と共に埋土中より見つかっているが、須恵器などの特徴から概ね9世紀前半に推定される。

　B類の2は人面墨画土器で、SG7河川から多量の斎串や須恵器杯・高台付杯・蓋などと共に出土している。調査者は土器の年代観より、9世紀第2～第3四半期頃を考えている。

　B類の3は人面墨画土器で、俵田遺跡のSM60祭祀遺構から出土している。この甕には斎串約30本と刀形と人形の股部が納まっており、近くから出土した小型の須恵器甕にも人形と9本の斎串が入っていた。さらに、周辺より人形・斎串・刀形・馬形などが出土しており、調査者は須恵器甕を9世紀中葉頃としている。この年代は、嘉祥3年（850）全国に先駆けて出羽国に陰陽師を置くことが許されている『文徳実録』の記事と符号する結果になっている（山形県教育委員会1984c）。

　B類の11～13は、山海窯跡群中のSQ9須恵器窯跡出土資料（11）とEU1合口甕棺（12・13）のものである。11は、比較的多くの杯や高台付杯を共伴しており、9世紀後半の年代を想定している。12・13も11と類似した形態を呈しており、同様に考えられる。

　B類の8は、秋田城跡のSI1157住居跡から出土している。これには、須恵器杯や椀形の土師器杯を伴っており、椀形の杯より9世紀前葉が考えられる。

B類9は、秋田城跡のSI1050住居跡覆土から出土している。これに伴わない須恵器杯や、覆土中の椀形土師器杯などから、9世紀前半が想定される。

B類の10は、秋田城跡のSI1061住居跡覆土から出土している。遺物は少ないが、共伴する須恵器杯1点と覆土の椀形土師器杯などから、概ね9世紀前半が想定される。

B類の14〜16は、千河原遺跡のSK61土坑（14）と包含層（15・16）から出土している。これらは、調査者によって11世紀前半に想定されているが、10世紀代に考えておきたい。

C類の20・21は、片野Ⅰ遺跡の第1号住居跡から出土している。須恵器杯・高台器杯・蓋や土師器の小甕などが見つかっている。共伴している杯には、底径が大きく回転糸切りのものがあり、8世紀後葉の年代を考えている。

C類の17と19は、秋田城跡のSI1110住居跡から出土している。これらは、比較的多くの須恵器杯・高台付杯・蓋や土師器杯・高台付杯・甕と共に埋土中より見つかっているが、出土遺物より概ね8世紀後葉〜9世紀前葉と考えられる。

D類の23は、下田遺跡のSI69住居跡から出土している。ここからは、土師器の皿・杯・平底甕などが見つかっており、須恵器は出土していない。調査者は、10世紀前半に考えられている灰白色の火山灰も考慮して、10世紀前半頃までの年代を想定している。

E類の22は、桜林興野遺跡の遺構外から出土している。調査者は、奈良時代後葉〜平安時代初頭（8世紀末葉〜9世紀初頭）年代を想定している。

上述のように、個別の資料について報告書の成果を基に列挙してきたが、各分類ごとの推移について簡単にまとめておく。

A類は唯一の資料で、奈良時代に想定しているものである。ロクロ製の類例が、圧倒的に多くなる9世紀代には認められない。B類で最も古いのが、8世紀後半の4の資料である。以降、9世紀前半の5・8〜10→9世紀後半の11〜13→10世紀の14〜16と推移していく。C類で最も古いのは、8世紀後葉の20・21の資料である。次に、8世紀後葉から9世紀前葉の17・19と推移し、これ以降

の良好な資料は確認できていない。D 類は 10 世紀前半の資料である。これより古い資料は確認されず、B 類の末期的な在り方を示すものかもしれない。E 類も唯一の資料で、8 世紀末葉から 9 世紀初頭に想定されているものである。技法的には、B・C 類の双方に関連している。

以上より、8・9 世紀における丸底長胴甕 B 類の卓越した状況を知ることができる(6)(表参照)。

(3) 丸底長胴甕の分布と評価

図 93 には、須恵器(表 6-12・19)や須恵質(表 6-11・12・14?・40)の長胴甕を含んだ土師器長胴甕の分布を示してある。須恵器や須恵質を除いた土師器長胴甕は、出羽のほぼ全域より出土しているが、海岸部と内陸部に分けてみると前者の分布が濃い。分布のまとまりは、米代川河口の能代平野、雄物川河口の秋田平野、同中流域の横手盆地、最上川河口の庄内平野、同中流域の山形盆地にある。特に、秋田城跡のある秋田平野と城輪柵跡のある庄内平野に顕著な集中が認められ、払田柵跡の近くからも出土例が多いことを考慮すれば、城柵官衙遺跡との関わり合いが強い。

先に検討した分類項目の在り方はどうであろうか。分類は A〜E まで行っているが、内容や記載が不明なために分類から外したものもある。

A 類は、後城遺跡だけからの出土である。

B 類は、出土量が最も多くかつ最も広範な分布の広がりをもつ。三十刈 II 遺跡が、この類の出羽地方における今のところの北端資料に当たっている。丸底長胴甕が最も集中している庄内平野では、出土資料のほんとどが B 類で占められ、秋田平野の分布でも半数以上を占めている。さらに、内陸部の横手盆地に認められている。

C 類は、出羽南半において北目長田遺跡より、北半では秋田城跡と近くの片野 I 遺跡から出土している。前者を除けば、秋田平野に集中した在り方を示している。

D 類は、寒川 II 遺跡と下田遺跡から出土している。下田遺跡の個体数が目立つが、今のところ出羽北半の類例として捉えられそうである。

E類は、桜林興野遺跡だけからの出土であり、出羽北半には認められないようである。

　以上の分布の様子から、B類を除いた各類では数量がきわめて少ないことがわかった。特に、A・E類は1遺跡ずつで、C・D類についても2～3遺跡ずつである。このうち、北陸地方にも認められるC類を除けば、D・E類は在地性が強く、E類に至っては新しいこともあり手抜きの技法とも考えられる。

　次に分類の評価をA～C類を中心に述べる。

　A類はどうであろうか。この例は古手に属し、作りや胎土・焼成がしっかりしている。調整のカキメは、刻みの幅が広くかつ深い。この胎土には、出羽北半の資料には認められない1～2mmの金ウンモが疎らに見られ、さらに粒が大きめの長石も含む。新潟県の阿賀北地方には、金ウンモを含んだ須恵器を生産している窯跡があり（坂井1989b）、当地方よりもたらされた搬入品の可能性が指摘される。

　次にB類について述べる。B類は、いわゆる北陸型長胴甕と呼ばれているものである。この器種は、早く吉岡康暢により注目され（吉岡1967）、北陸地方を中心にした分布域が坂井によって指摘されている[7]。名称の規定は、橋本正の提唱に従った岸本雅敏によって述べられ、須恵器の製作技法による土師器甕としたのである[8]（岸本1982）。しかし、技法などに「汎北陸型」といえるような明確な範型が見出しにくいとした北野博司は、北陸系長胴甕の名称を用いている[9]（北野1996）。B～E類が、いわゆる北陸型長胴甕の影響下に出羽で製作・波及したことは周知されるが、中でも最も大きな作用を示しているのがB類である。

　またB類では、タタキメが平行線、アテメが円心円状（a類）もしくはそのような弧状の曲線を呈するもの（b類）と、平行線（c類）のものがある。アテメがa類の例は年子狐遺跡、秋田城跡、手蔵田6・7（図91-4～7）だけであり、b類のものはわずかで（8・9）、ほとんどが平行線を平行に用いるc類である。これらの年代を考慮すれば、類例が最も多いc類が9世紀代、a・b類は8世紀後半より9世紀前半にかけて存在している傾向にある。c類は、北陸地方以南では認められないようであり、出羽国に独自な在り方を示すものと考えられる。

240 第5章 系譜・流通論

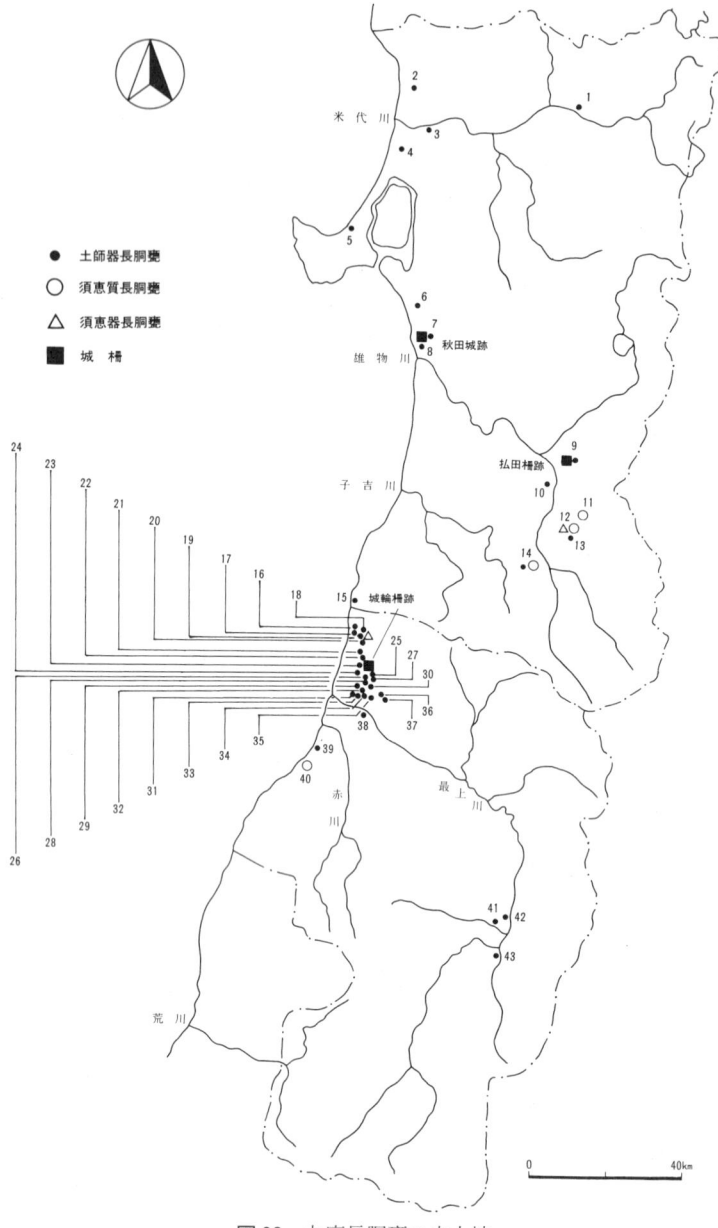

凡例:
- ● 土師器長胴甕
- ○ 須恵質長胴甕
- △ 須恵器長胴甕
- ■ 城柵

図93 丸底長胴甕の出土地

第1節　出羽地方の丸底長胴甕をめぐって　241

表6　丸底長胴甕の出土地一覧表

No.	遺跡名	所在地(市町村)	遺構	轆轤	分類	文献
1	池内遺跡	秋田県大館市	SI126	−	−	−
2	城土手遺跡	秋田県峰浜村	遺構外	−	−	5
3	大館遺跡	秋田県能代市	遺構外	−	−	6
4	寒川Ⅱ遺跡	秋田県能代市	15号住	○	D	7
5	三十刈Ⅱ遺跡	秋田県男鹿市	SI01	○	B	8
6	片野I遺跡	秋田県秋田市	1号住	○	C	9
	〃	〃	〃	○	C	〃
	〃	〃	〃	○	C	〃
	〃	〃	遺構外	−	B?	〃
	〃	〃	〃	−	B?	〃
7	秋田城跡	秋田県秋田市	SI217	○	B	10
	〃	〃	〃	○	B	〃
	〃	〃	SI704	−	B?	11
	〃	〃	SK549	○	B	12
	〃	〃	SI1004	○	−	13
	〃	〃	SI1022	−	−	〃
	〃	〃	SG1031	○	C	14
	〃	〃	SI1050	○	B	〃
	〃	〃	SI1061	○	B	〃
	〃	〃	SI1085	○	C	〃
	〃	〃	〃	○	B	〃
	〃	〃	SI1086	−	C?	〃
	〃	〃	〃	−	B?	〃
	〃	〃	SI110	○	C	15
	〃	〃	〃	○	C	〃
	〃	〃	SI1157	○	B	16
8	後城遺跡	秋田県秋田市	SI187	−	A	17
	〃	〃	SI169	○	B	〃
9	払田柵跡	秋田県仙北町	SI27	−	B?	18
10	下田遺跡	秋田県大森町	SI69	−	D	19
	〃	〃	〃	○	D?	〃
	〃	〃	SI74	○	D	〃
	〃	〃	〃	−	D?	〃
	〃	〃	SK89	○	D?	〃
	〃	〃	遺構外	−	D?	〃
11	物見窯跡	秋田県横手市	窯跡	○	須恵質	20
12	竹原窯跡	秋田県平鹿町	SK02	−	須恵質	1
	〃	〃	ST19	○	須恵器	〃
13	年子狐遺跡	〃	2号住	○	B?	21
14	七窪遺跡	秋田県羽後町	二号捨場	−	甕類?	22
15	カウヤ遺跡	秋田県象潟町	SI12	○	B	23
16	升川遺跡	山形県遊佐町	SK431	−	B?	24
17	北目長田遺跡	〃	遺構外	−	C	25
	〃	〃	SK374	−	B	〃
18	宅田遺跡	〃	遺構外	−	B?	26
19	宮ノ下遺跡	〃	SG1200	−	B?	3
	〃	〃	〃	○	須恵器	〃
20	大坪遺跡	〃	SG1	−	B?	27
21	東田遺跡	〃	遺構外	○	B	28
22	地正面遺跡	山形県酒田市	SX11	−	B?	29
23	豊原遺跡	山形県酒田市	SQ20	−	−	30
24	上曽根遺跡	山形県酒田市	遺構外	−	B?	31
25	沼田遺跡	山形県八幡町	EB190	−	B?	32
	〃	〃	溝状遺構	−	B?	〃
26	境興野遺跡	山形県酒田市	SK68	−	B?	33
	〃	〃	SK143	−	B?	〃
	〃	〃	SK145	−	B?	〃
27	俵田遺跡	山形県八幡町	SM60	○	B	34
28	北田遺跡	山形県酒田市	SD131	−	B?	35
29	新青渡遺跡	山形県酒田市	SE260	−	B?	36
30	横代遺跡	山形県酒田市	SG7	○	B	37
31	熊野遺跡	山形県酒田市	SK2	○	−	38
	〃	〃	SD5	−	B?	〃
32	手蔵田2遺跡	山形県酒田市	SK116	−	B	39
33	手蔵田5遺跡	〃	SD540	−	B	40
34	手蔵田6・7遺跡	〃	遺構外	−	B?	41
35	桜林奥遺跡	山形県平田町	SK7	−	E	42
	〃	〃	遺構外	−	B	〃
36	山楯5遺跡	〃	SQ1	−	B	43
	〃	〃	〃	−	B	〃
37	山海窯跡群	〃	SQ9	−	B	45
	〃	〃	EU1	−	B	44
	〃	〃	〃	−	B	〃
38	千河原遺跡	山形県余目町	SK31	−	−	46
	〃	〃	SK61	−	B	〃
	〃	〃	遺構外	−	B	〃
	〃	〃	〃	−	B	〃
39	西谷地遺跡	山形県鶴岡市	合口甕棺	○	B	47
40	荒沢窯跡	山形県鶴岡市	窯跡	−	須恵質	48
41	熊野台遺跡	山形県河北町	27号住	○	須恵質	49
42	不動木遺跡	〃	ST3	−	−	50
43	達磨寺遺跡	山形県中山町	ST90	−	−	51

(文献番号は節末の一覧に対応)

最後にC類について触れておきたい。C類は、上野赤坂A遺跡（富山県教育委員会1982b）など北陸地方でも越中以東に認められている（北野1996）。この類はロクロを用いているものの、タタキメやアテメを残さないことからすれば、北陸型土師器長胴甕とはいえない。8世紀後半以降は、在地においてもロクロ使用土器にヘラケズリが多用されてくる時期であり、出羽国のC類が北陸でも東部の影響で成立したか、出羽独自の出自をもつのかは今後の課題である。

以上のように、丸底長胴甕の各分類ごとの特色を述べたが、分類で時期的にも古い方の主体をなしているA～C類については、秋田城跡とその近くの遺跡が強く関連していることが理解される。8世紀の遺跡がごく少ないとする最近の庄内地方の調査成果からしても、和銅5年（733）の出羽柵移転以降の整備に伴なう、北陸地方の人的・物的移入が大きく関わっていたと考えられよう（小松1989、坂井1996）。

4　おわりに

本論では、土師器丸底長胴甕の出羽地方における在り方を探るため、丸底の製作技法や調整手法のバリエーションで複雑化して見える製作法に一定の整理を試みた。そのために丸底土器製作法の研究史に紙面を多く費やしている。さらに、最近の成果を踏まえて検討した結果、叩き出しと押し出し技法を基にした製作手法による、A～E類までの分類を行った。この中で、B類が大勢を占めたことは、須恵器丸底甕の製作法と関連して強調されてなければならない点であろう。

出羽におけるA・B類の分布状態からは、土師器丸底長胴甕の系譜の出自を北陸地方に求めることが改めて認識された。さらに、その影響が沿岸部の城柵官衙遺跡を中心に、出羽の北部や内陸部へ拡大していく様相も知ることができた。なおB類アテメの状態については、c類が出羽のメルクマールになる可能性のあることを指摘した。A類の年代と搬入元の吟味は、後城遺跡の性格を知る上で今後大きな意味をもつ。

C類以下では、出羽独自の特色をもつ手法について、ある程度の見通しが得

第1節　出羽地方の丸底長胴甕をめぐって　243

られたように思われる。あえて分類から外した少数の例は、製作者の個性によるのか地域色を表すものかは不明であるが、特殊事例が在地産であれば、もち得る意味がさらに大きくなる。これら在地の特色は、地域間さらには国域間の人的交流を捉える上での、重要な要素になり得ると考えている。[10]

　一方、土師器丸底長胴甕の生産体制はどうであろうか。

　この器種が、生産されていたことを示す遺跡には、物見窯跡・竹原窯跡・七窪遺跡（窯跡）・荒沢窯跡がある。これらの窯跡から出土したものは、前述のように土師質を意図したものであり、須恵器窯跡で生産されていたことを示している。土師器焼成遺構から、煮炊具で出土していることは知られる（秋田県教育委員会1989a）が、今のところ丸底長胴甕の報告はない。つまり、土師器丸底長胴甕が須恵器工人と技術的に結びつきが強いのみならず、生産場所においてもそれが認められたわけである。

　これらの事例が、すぐさま土師器丸底長胴甕が須恵器窯跡で生産されたことを示す、と考えるのは早計であろう。8世紀後半から9世紀前半の、生産体制が整っていたと思われる時期に、数の少ないC類がB類と共に使用されている。この事象によれば、タタキとアテメを多用する須恵器工人が、わざわざ土師器工人の多用するケズリとハケメを取り入れたとは考え難いからである。したがって、B類が須恵器窯跡で専焼されていたことは理解されるが、C類は土師器焼成遺跡で生産された可能性があろう（望月1995）。

　今回の分類と成果は、出羽地方を対象としたものであった。今後は、東北一円の広範囲にわたった資料の検討が望まれるし、このことで律令期出羽国の様相がより具体化してくるものと思われる。資料の増加と併せて、将来の課題としたい。

註

（1）　第77回北陸古代土器研究会例会の『北陸の9世紀代の土器様相』と題したテーマで「秋田県の9世紀以降の様相」とした資料を作成して口頭発表を行った（於．富山県勤労者いこいの村．1996.6.）。

（2）　研究史の技法に関わる用語は、引用文との兼ね合いがあるため各研究者の用い方に準じている。
（3）　以下の文中で筆者が用いる調整手法は、カタカナで記載することにした。また、タタキメ・アテメ・ハケメ・カキメは厳密には痕跡状態を示したもので、手法名としては適切な用語ではない。しかし、現在適当な用語を示せないので、しばらくは慣用に従って使用することにしたい。また、木口の非ロクロ使用痕をハケメ、ロクロ使用痕をカキメとして記述する。
（4）　今泉隆雄は、越後との関係も示しながら出羽国の範囲を図化している（今泉1996）。
（5）　この資料は大館市の池内遺跡より出土した。現在、秋田県埋蔵文化財センターが整理作業を行っているが、担当の桜田隆のご好意で使用させていただいた。
（6）　出羽国のB類（後城遺跡資料）については、1979年段階で10世紀末〜11世紀の年代観が、岩崎卓也によって示されたことがあった（岩崎1979）。
（7）　佐渡を除く北陸地方のほかに、南は近江湖西地方、北は出羽の日本海沿岸地域の広がりがあるとしている。
（8）　なお、岩崎は前掲註（6）の中で、タタキメ・アテメをもつ土師器丸底長胴甕が、須恵器技法の借用であると早くに指摘している。
（9）　北野は、長胴甕を含んだ古代北陸の煮炊具について、Ⅰ〜Ⅴ期まで分け各国の様相を述べた。
（10）　小田和利は、豊前国で土師器丸底長胴甕が出土したことから、北陸地方からの専業工人集団の住居を想定している（小田1994）。

表6に対応する文献
1）秋田県教育委員会1991　3）山形県埋蔵文化財センター1996　4）小松市教育委員会1991　5）秋田県教育委員会1957　6）能代市教育委員会1978　7）秋田県教育委員会1988　8）秋田県教育委員会1984　9）秋田県教育委員会1996　10）秋田市教育委員会1976　11）秋田市教育委員会1984　12）秋田市教育委員会1986　13）秋田市教育委員会1990　14）秋田市教育委員会1991　15）秋田市教育委員会1992　16）秋田市教育委員会1993　17）秋田市教育委員会1976　18）秋田県教育委員会1976　19）秋田県教育委員会1990　20）杉渕馨1981　21）平鹿町教育委員会1988　22）秋田県教育委員会1976　23）秋田県教育委員会1986　24）山形県埋蔵文化財センター1994　25）山形県埋蔵文化財センター1996　26）山形県教育委員会1983　27）山形県埋蔵文化財センター1995　28）山形県教育委員会1990　29）山形県教育委員会1982　30）山形県教育委員会1983　31）山形県教育委員会1987　32）山形県教育委員会1984　33）山形県教育委員会1981　34）八幡町教育委員会1995　35）山形県教育委員会1982　36）山形県教育委員会1984　37）山形県教育委員会1989　38）山形県教育委員会1989　39）山形県教育委員会1986　40）山形県教育委員会1989　41）酒田市教育委員会1988　42）山形県教育委員会1987　43）山形県埋蔵文化財センター1994　44）山形県教育委員会1991　45）山形県教育委員会1992　46）山形県教育委員会1984　47）山形県埋蔵文化財センター1994　48）鶴岡市教育委員会1992　49）山形県教育委員会1980　50）山形県教育委員会1986　51）山形県教育委員会1986

第2節　平安時代東北の長頸瓶

1　はじめに

　7世紀の後半からフラスコ瓶に代わって出現する長頸瓶は、奈良・平安時代にかけて列島のほぼ全域から出土している。これらは高台をもち、体部にロクロの回転力を利用した横位のヘラケズリを伴うか、これの施されないロクロ・ナデのものが一般的で、地方域の視点からは少なくとも本州全域での広がりをもつ。ところが、東北地方から北海道にかけての平安時代には、無高台のものを含んで体部に非ロクロで不定方向のヘラケズリやコグチケズリ（器肉削除）を施す例が少なくないのである。

　本論では、片寄った分布領域を示す長頸瓶について、分布密度や出現・推移の状況を論じることとする。

2　技法の分類

　長頸瓶の製作は、ロクロ上で高台を除く全体の形が定まる成形の後、ロクロ盤から分離して乾燥を行い、胴部の器肉削除などの整形を経て、本格的な乾燥に移る。ここでは、製作技法のうち胴部整形（器肉削除）の有無やその在り方に注目して、東北以北から出土している長頸瓶の特徴を明らかにしたい。整形手法で、製作技法の根幹に関わる要素を大分類、それらが施される部位の相違や他の整形手法の組み合わせを小分類とし、列島出土の長頸瓶を整理する。図94には分類ごとに図を掲載してあるが、それらは報告文からの転載である。

　A類…ヘラケズリを施さずロクロのナデによる（1）。
　B類…ロクロ回転のヘラケズリを施す。
　　1　ヘラケズリが胴部下方にある（2）。
　　2　ヘラケズリが胴部上方より下に及ぶ（3）。

246 第5章 系譜・流通論

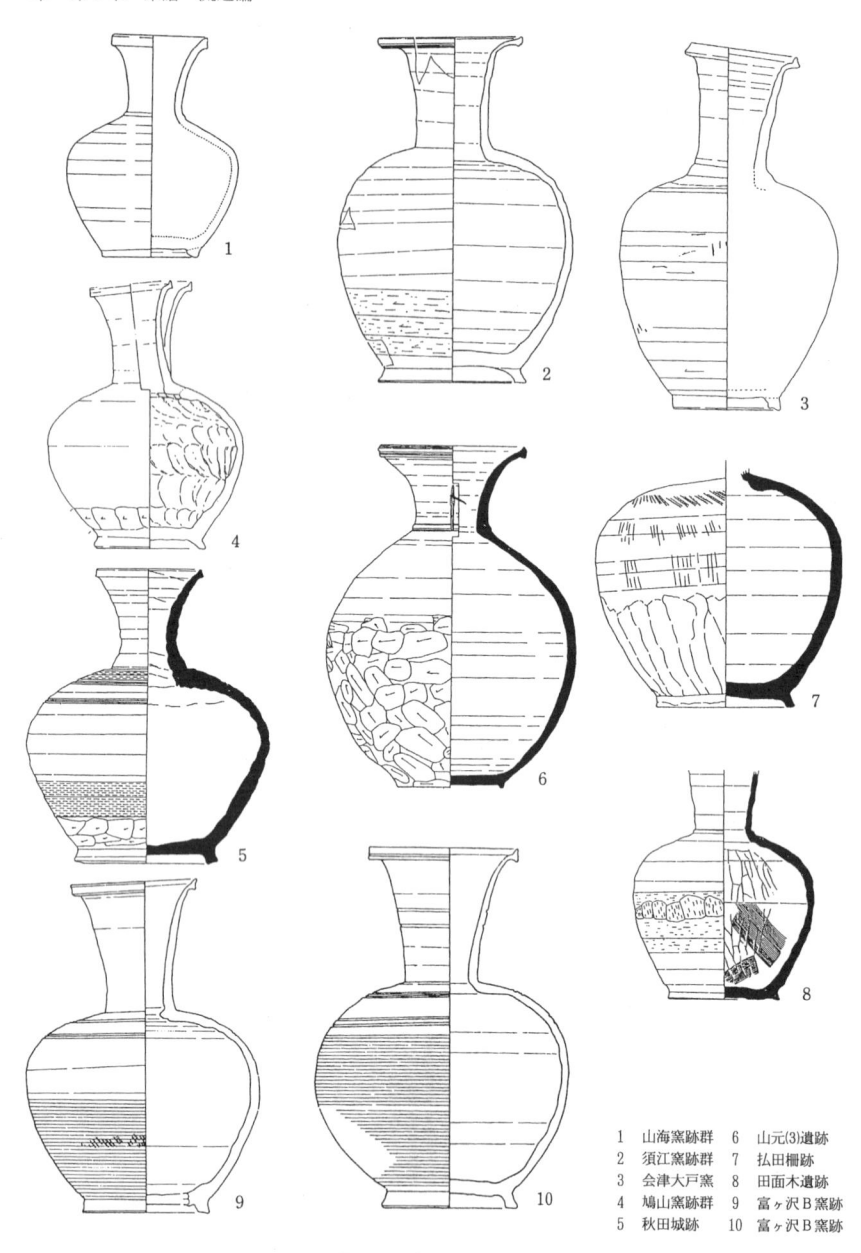

1	山海窯跡群	6	山元(3)遺跡
2	須江窯跡群	7	払田柵跡
3	会津大戸窯	8	田面木遺跡
4	鳩山窯跡群	9	富ヶ沢B窯跡
5	秋田城跡	10	富ヶ沢B窯跡

図94 長頸瓶の種類

C類…横位に、短い単位のヘラケズリを規則的に施す。
  1　ヘラケズリが胴部下方にある（4）。
  2　回転ヘラケズリも施す（5）。
D類…非ロクロのヘラケズリ、もしくは非ロクロのコグチケズリを施す。
  1　ケズリが胴部下方にある（7）。
  2　ケズリが胴部上方より下に及ぶ（6）。
  3　回転ヘラケズリも施す（8）。
E類…ロクロ回転のカキメを施す。
  1　カキメが胴部下方にある（9）。
  2　カキメが胴部上方より下に及ぶ（10）。

このうちE類のカキメは、本来的には器面調整と考えられるが、胴部下位の解釈ではケズリ・ナデの区別はつけ難い。以上よりA・B類は、出土量とその広がりから通有の長頸瓶と認識できるもので、特殊と見られるC類や不確定要素をもつE類を除くと、D類は東北以北に限定された在り方を示す（図95）。

3　分布の問題

東北以北の地域には、C—1類を除く長頸瓶が混在している。A・B類は秋田・岩手両県の南部以南に多く見られ、特に山形・宮城・福島県の東北南部で顕著である。これらは、8・9世紀が主体で7・10世紀のもは少ない。8世紀と考えられるC—2類は秋田城跡出土のみで、E類は9世紀と考えられ殿見遺跡（青森県八戸市）・富ヶ沢B窯跡（秋田県横手市）など類例が少ない。以下で述べるD類は9・10世紀のものがほとんどで、前述の分布領域と重なって存在する。

表7はD類出土の一覧で、管見に及ぶところでは103遺跡170個体を数える。これらの分布状況を2つの特徴で括ると、第一に山形・宮城両県の南部より福島県にかけての地域と道南の一部を除いた北海道では、分布がきわめて希薄なのに対して、東北北部を中心とした地域の分布密度が濃い点である。第二には後者における分布域が、山岳部を除いた内陸平野部と海岸部におよそ万遍

248　第5章　系譜・流通論

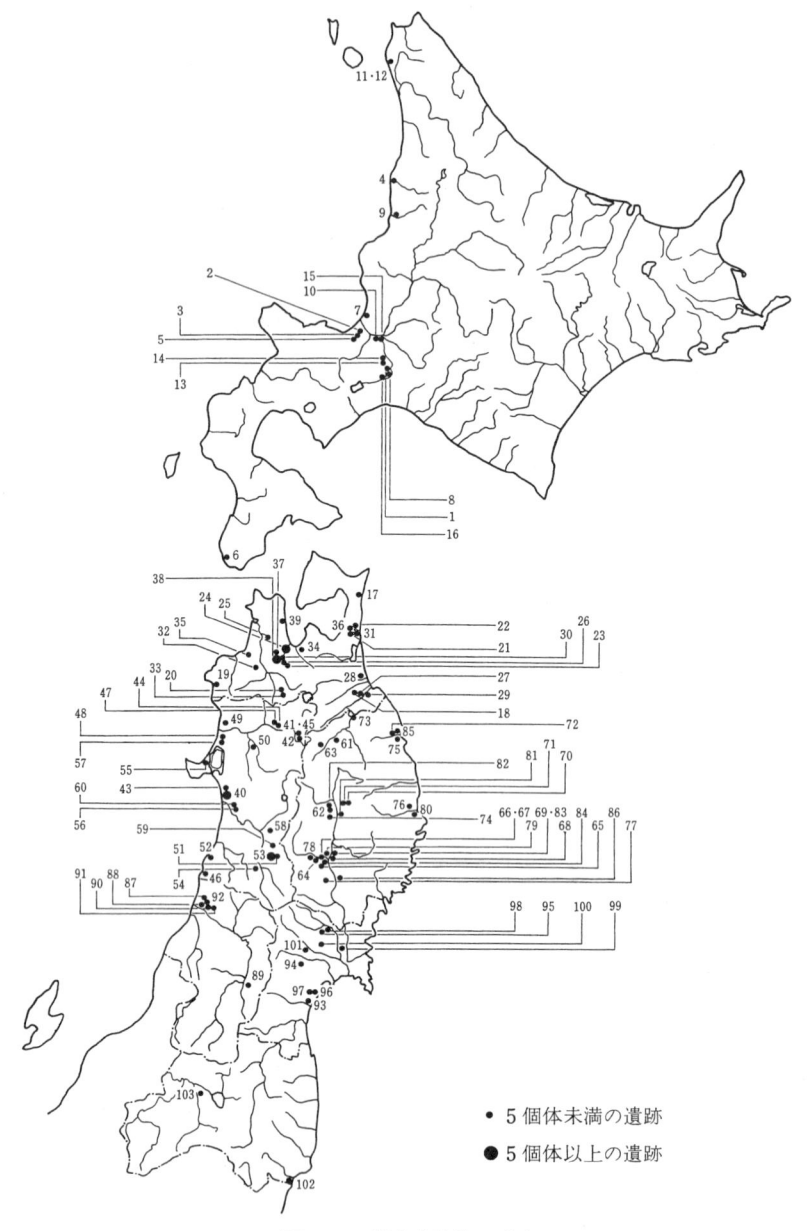

図95　D類出土遺跡の分布

表7　D類出土遺跡一覧

番号	遺跡名など	所在地	数量	番号	遺跡名など	所在地	数量
1	オサツ2遺跡	北海道千歳市	2	53	富ヶ沢B窯跡	秋田県横手市	6
2	K446遺跡	〃　札幌市	1	54	七窪遺跡	〃　羽後町	1
3	K460遺跡	〃　〃	1	55	西海老沢遺跡	〃　若美町	1
4	香川6遺跡	〃　苫前町	1	56	野形遺跡	〃　秋田市	2
5	サクシュコトニ川遺跡	〃　札幌市	1	57	福田遺跡	〃　能代市	1
6	札前遺跡	〃　松前町	1	58	払田柵跡	〃　仙北町	2
7	聚富土上遺跡	〃　厚田村	1	59	保土森火葬墓	〃　横手市	1
8	末広遺跡	〃　千歳市	3	60	湯ノ沢F遺跡	〃　秋田市	3
9	高砂遺跡	〃　小平町	1	61	飛鳥台地I遺跡	岩手県浄法寺町	2
10	町村農場	〃　江別市	1	62	一本松遺跡	〃　矢巾町	1
11	富里遺跡	〃　豊富町	1	63	上の山VII遺跡	〃　安代町	1
12	富徳遺跡	〃　〃	1	64	煤孫遺跡	〃　北上市	3
13	中島松5遺跡	〃　恵庭市	1	65	上大谷地遺跡	〃　〃	1
14	中島松6遺跡	〃　〃	1	66	上鬼柳I遺跡	〃　〃	1
15	萩ヶ岡遺跡	〃　江別市	1	67	上鬼柳III遺跡	〃　〃	1
16	蘭越遺跡	〃　千歳市	1	68	上川岸II遺跡	〃　〃	2
17	アイヌ野遺跡	青森県東通村	1	69	上川端遺跡	〃　〃	1
18	岩ノ沢平遺跡	〃　八戸市	1	70	上八木田III遺跡	〃　盛岡市	1
19	大野平遺跡	〃　岩崎村	1	71	上八木田IV遺跡	〃　〃	1
20	大平遺跡	〃　大鰐町	4	72	源道遺跡	〃　久慈市	3
21	沖附（1）遺跡	〃　六ヶ所村	1	73	駒焼場遺跡	〃　二戸市	1
22	上尾鮫(2)遺跡	〃　〃	1	74	杉の上窯	〃　紫波町	1
23	甲里見（2）遺跡	〃　黒石市	1	75	中長内遺跡	〃　久慈市	1
24	三内遺跡	〃　青森市	6	76	長根I遺跡	〃　宮古市	1
25	神明町遺跡	〃　金木町	1	77	西光田I遺跡	〃　水沢市	1
26	杉の沢遺跡	〃　浪岡町	1	78	八幡野II遺跡	〃　北上市	1
27	田面木遺跡	〃　八戸市	1	79	藤沢遺跡	〃　〃	1
28	中野平遺跡	〃　下田町	1	80	藤原・磯鶏地区	〃　宮古市	2
29	根城跡	〃　八戸市	1	81	星川窯跡	〃　紫波町	1
30	羽黒平遺跡	〃　浪岡町	1	82	湯沢B遺跡	〃　都南村	1
31	発茶沢（1）遺跡	〃　六ヶ所村	4	83	二子地区（遺跡）	〃　北上市	1
32	茶毘館遺跡	〃　弘前市	1	84	南館遺跡	〃　〃	1
33	古館遺跡	〃　碇ヶ関村	3	85	明神遺跡	〃　久慈市	1
34	蛍沢遺跡	〃　青森市	2	86	宮地遺跡	〃　江刺市	1
35	杢沢遺跡	〃　鰺ヶ沢町	4	87	北田遺跡	山形県酒田市	3
36	弥栄平（4）遺跡	〃　六ヶ所村	1	88	熊野田遺跡	〃　〃	2
37	山本遺跡	〃　浪岡町	3	89	境田C遺跡	〃　山形市	1
38	山元（3）遺跡	〃　〃	8	90	桜林興野遺跡	〃　平田町	1
39	蓬田大館遺跡	〃　蓬田村	2	91	山海窯跡群	〃　〃	1
40	秋田城跡	秋田県秋田市	8	92	手蔵田6・7遺跡	〃　酒田市	2
41	案内III遺跡	〃　鹿角市	1	93	今泉城跡	宮城県仙台市	1
42	一本杉遺跡	〃　〃	1	94	上新田	〃　色麻町	1
43	岩野山古墳群	〃　五城目町	1	95	佐内屋敷遺跡	〃　築館町	2
44	餌釣遺跡	〃　大館市	1	96	山王遺跡	〃　多賀城市	3
45	上葛岡IV遺跡	〃　鹿角市	1	97	新田遺跡	〃　〃	1
46	象潟町出土	〃　象潟町	1	98	糠塚遺跡	〃　志波姫町	1
47	山王台遺跡	〃　大館市	1	99	沼崎山遺跡	〃　豊里町	1
48	十二林遺跡	〃　能代市	4	100	東館遺跡	〃　高清水町	2
49	杉沢台遺跡	〃　〃	1	101	名生館遺跡	〃　古川市	2
50	諏訪岱遺跡	〃　森吉町	1	102	上ノ内遺跡	福島県いわき市	1
51	田久保下遺跡	〃　横手市	3	103	上吉田遺跡	〃　会津若松市	1
52	立沢遺跡	〃　仁賀保町	1				

なく分布している点である。このことは、安定した分布領域を形成していたということにほかならない。これら2つの特徴を踏まえ、さらに現時点における遺跡の集中度や10個体以上の出土量を考慮して、平野部と河川域を合わせた流域ごとに大きく捉えて検討してみる。

　北海道では、石狩平野の低地帯にあるK460遺跡やオサツ2遺跡など、主に札幌市から千歳市にかけての石狩・千歳川流域としてまとまりがある（①）。この流域には、多くの北海道式古墳が検出された江別市の後藤遺跡があり、奈良・平安時代でも注目される地域の一つである（後藤1981）。

　青森県では、青森市街地に近い南西部にある三内遺跡や津軽平野南部の浪岡町山元（3）遺跡を中心とした集落遺跡があり、岩木・新城川流域としてまとまる（②）。山元（3）遺跡に程近い北北西には、9世紀末葉から11世紀前葉期まで操業したと考えられている津軽五所川原窯跡群がある。この製品は、南は米代（秋田県）・馬淵川（青森県）流域から北は北海道全域まで流通しており、当該資料の多くはこの窯跡群から供給されている（三浦1995）。

　秋田県では、秋田平野の丘陵地にある8世紀創建の秋田城跡と、横手盆地の中山丘陵窯跡群の一角で9世紀中頃の富ヶ沢窯跡などの、城柵遺跡や生産遺跡から多く出土している。さらに、中間地帯には9世紀初頭創建の払田柵跡があり、雄物川流域としてのまとまりをもつ（③）。同窯跡群では、秋田城跡に供給された須恵器を確認しており、払田柵跡との関連性も強い（利部1995b）。

　岩手県では、水沢市から盛岡市にかけての北上盆地に、煤孫遺跡をはじめとする多くの集落遺跡がある。これらは、北上川中流域のまとまりをもち（④）、特に北上市域の遺跡が目立つほか同藤原遺跡では土師器の例もある。この地域は、9世紀前半に胆沢城（水沢市）をはじめとして北の紫波城（盛岡市）、これより南の徳丹城が、短期間に順次設置された所でもある（板橋1981）。

　山形県では、北西部の庄内平野で酒田市街地の東側に、北田遺跡・熊野田遺跡などの集落遺跡が立地しており、最上川下流域としてまとまる（⑤）。これらの近くには、9世紀前半の創建と考えられている城輪柵遺跡や官衙の八森遺跡がある。また、庄内平野東部の丘陵地には、泉谷地古窯跡群や願瀬山古窯跡群

と共に一大生産地を形成している9世紀中頃から後半の山海窯跡群がある（山形県教育委員会1991）。

　宮城県では、古川市から志波姫町にわたる大崎平野を中心とした地域に、名生館遺跡や左内屋敷遺跡などの城柵遺跡や集落遺跡が多く立地している。これらは、大きく江合・迫川流域としてのまとまりをもつ（⑥）。当地は、名生館遺跡をはじめ伊治城跡・宮沢遺跡など8世紀に築かれた城柵・官衙遺跡が集中しており、奈良時代から平安時代初期にかけて黒川以北十郡と一括呼称されてきた対蝦夷政策の拠点的地域である（桑原1992）。

　以上の流域のまとまりは、③～⑥が律令国家主導の城柵・官衙遺跡と重複するが①・②ではそれらが存在せず、①・②と③～⑥の明確な相違として現れている。そして、①・②は10世紀から11世紀までの資料が、③～⑥では10世紀を含みながら9世紀の資料が中心を占め、③～⑥からは今のところ明確な8世紀の資料は見出せない。また、①～⑥を除いた米代・馬淵川流域以北と、それより南側の各地域でも概ね同様の傾向を示している。すなわち長頸瓶D類は、主として9世紀に城柵が設置された地域から、より北方で10世紀の城柵や官衙遺跡の実態をもたない地域へ拡散したことになる。そして、山形・宮城両県の南部以南におけるD類の希薄な状態は、城柵やこれに関係する官衙遺跡と9世紀D類の有機的な関連性を窺わせる。

4　歴史背景

　東北地方の奈良・平安時代では、律令国家の呼称である蝦夷とその支配のために設置された城柵の問題は避けることができない。以下、東北古代史の解明を精力的に進めている熊谷公男の論文を中心に据え、長頸瓶D類について見ていく。氏は「蝦夷の居住地と境を接する地域に建てられた郡」を近夷郡とし、近夷郡を中央におく南と北の地域区分を行った（熊谷1992b）。すなわち、南は宮城県南部から福島県にかけての一帯と山形県の（庄内地方を除く時期もある）ほぼ全域（Ⅰ）、中央は城柵設置地域で、8世紀は宮城県北部一帯と秋田市以南の秋田県域、加えて9世紀では岩手県南部の北上川流域（Ⅱ）、北は近夷郡

より北の地域（Ⅲ）、と3つに区分した。先に、城柵・官衙遺跡と関連させて示したD類の分布状況とその推移は、氏の提示した3地域区分に一致する。

さらに氏は、Ⅰを通常の国郡制支配の及ぶ地域、Ⅱを蝦夷系と移民系の住民が雑居する地域、Ⅲを蝦夷の居住する地域とし、Ⅰの在来系豪族、Ⅱ・Ⅲの蝦夷系豪族、Ⅱの移民系豪族に区分した。つまり、D類の①～⑥のまとまりは、①・②で蝦夷系豪族が、③～⑥では蝦夷系豪族もしくは移民系豪族が強く関わった地域といえる。そして、D類は宮城・山形県南部から福島県にかけては希薄で、在来系豪族とそれとの関係が薄かったことを示している。このように見るならば、長頸瓶D類はⅡの地域で出現し、Ⅲの地域へ伝播したと解釈するのが妥当である。そして、津軽五所川原窯跡群の須恵器生産は、須恵器に刻まれている特異な箆記号を多用することからしても、蝦夷系豪族によって掌握されていたものと考えられる。

Ⅲの10世紀段階で、少なくとも須恵器生産が定着していることは、それ以前Ⅱの9世紀段階に蝦夷系住民が律令的な須恵器生産に関わっていたことを想定させる。しかし、D類を直接製作した須恵器工人が、蝦夷系か非蝦夷系か、さらには両系統を含んだ工人組織であるのかを、具体的にすることは難しい。ただし、Ⅰでは律令支配の傘下にあり律令的土器様式をもつ非蝦夷系住民が、Ⅲではその傘下にない非律令的土器様式の内容をもつ蝦夷系住民が、須恵器生産の主たる担い手であったと考えられる。したがって、Ⅲに須恵器生産技術がもたらされるためには、蝦夷系住民のⅡにおける技術習得が前提にならなければならない。よってD類は、この製作伝統をもともともたない非蝦夷系住民と蝦夷系住民の接触によって生じてきたといえよう。

ここで想起されるのが、桓武朝における対蝦夷政策の大変換である。宝亀5年（774）から長く続いた興亡は、律令国家に多大な損失をもたらした弘仁2年（811）に征夷の終焉を迎える。熊谷は、Ⅱの維持のために、従来の移民政策から蝦夷系豪族の支配力を基礎にした支配体制への変質を論じている。（熊谷1992b）。傾聴すべきであり、このことが蝦夷による須恵器生産の参画に、大きく拍車をかけたものと考えられる。

5 非ロクロ・ケズリの出現

　D類がA〜C・E類と異なる際立った特徴(2)は、整形が不定方向のケズリでロクロの回転力を用いていない点である。ロクロ盤分離後、ある程度の乾燥を経てから手持ちのケズリを施すが、ロクロ盤上に亀板があるとすれば、ロクロ分離後の亀板上で乾燥を経てから、亀板を外して手持ちのケズリを施すことになる（西1986）。D類と対峙されるB類では、この想定される2工程のいずれかの整形段階で、ロクロの回転力を用いたケズリを施すわけである。ここでは、D類が出現する技術背景の論点として2つを提示してみたい。

　一つは土師器との関連である。東北地方のロクロ土師器の出現は、律令国家の東北経営と強く関わることが指摘されている（仲田1994）。城柵設置地域においては、陸奥・出羽両国とも8世紀後半には出現し、9世紀以降は安定した在り方を示す（加藤1992、小松1992）。東北北部においても、非ロクロ土師器から須恵器製作で一般的なロクロ技術の採用されたロクロ土師器への転換が、9世紀以降徐々に広がりを見せていく。このような状況の下で、長胴甕などの非ロクロ土師器やロクロ土師器のヘラケズリ手法が、長頸瓶の製作に取り込まれた可能性がないであろうか。

　二つにはロクロの性能に関する問題である。分布で明らかなように、非ロクロ・ケズリのD類は城柵設置地域から北に広がりを見せる。これらの地域で、律令国家主導の須恵器工人が使用しているロクロと同様の性能をもつロクロが使用されていたとするなら、仕上がりの丁寧でない手持ちのケズリを採用する理由があるだろうか、という点である。つまりロクロによるケズリの抵抗力を充分に上回るロクロの回転力が、D類製作時のロクロに保持されていなかったとする可能性である。この場合、ロクロの性能と共に使用工具の問題もある。東北北部以北から出土する須恵器には、底部に砂の付着している例が比較的目立つが、これなどもロクロ盤分離の抵抗力を考慮した工夫と考えられる（利部1995a）。

　以上、一ではロクロ土師器が非ロクロ土師器とどのように関連するのか、二

ではロクロの回転力と抵抗力について考えてみたが、ロクロに関する技法の追求は常に念頭に置く必要がある。

　本論では、東北以北に独自な在り方を示す長頸瓶D類について、分布状態からその展開過程を中心に述べてきた。具体的には、律令的土器様式およびその工人組織が、変貌・消滅していく中で発生・展開してきたもので、東北地方における9世紀以降の須恵器生産体制を考える上で見逃すことのできない点である。その結果、律令国家と蝦夷との関係がわずかながら浮き彫りになったと思う。また、基本に据えた技法の分類では、分布域から細やかな動きを捉える視点として、あえて小分類の提示も行ってみた。今回詳しくは触れていないが、D—3類はD類でも古手に認められるなど、分類項目のそれぞれに残された問題点も少なくない。資料の増加が、今後の指針を明らかにしてくれるものと思う。最後に、D類の長頸瓶は、平安時代において城柵設置地域以北に分布が偏在し、かつ生産地が主として東北北部に限定されている。しかも、歴史的にも蝦夷との関わりが指摘できる特徴ある器といえる。よってこれを、広域的な観点から「東北北部型長頸瓶」と呼称することを提案しておきたい。

註
（1）　D類は、本来律令的土器様式に含まれていない技法を有する長頸瓶であり、Ⅱの非蝦夷系住民は元来律令的土器様式を携えた工人たちであった。
（2）　C類は横位のケズリで、その単位ごとに回転台としての機能を用いたものと考えられる。

第3節　東北以北の双耳杯と環状凸帯付長頸瓶

1　はじめに

　奈良・平安時代の東北地方以北における土器の生産と流通は、律令国家の城柵設置地域との関わり方が大きく影響している。したがって、城柵設置の有無による須恵器の窯業生産は、城柵設置地域より南の地域（A）、城柵設置地域（B）、城柵設置地域より北の地域（C）、と3つに区分することができる。各地域ごとの生産体制は、従来、例えば多賀城と関連している日の出山窯跡群などのように、近隣における需要と供給関係を基盤に置く、とする理解であった。
　ところが、福島県大戸古窯跡群のように多賀城やその周辺地域まで製品が流通するなど、AからBへの広域的な流通視点に立った解釈も必要になってきている。また、Cの青森県五所川原窯跡群では、北海道を視野に入れた独自の広域な流域機構をもつこともわかってきている（三浦1995）。いずれにしても、律令国家による城柵設置支配の推進に当たっては、主に8世紀はAの9世紀ではBにおける須恵器窯業生産とその流通機構の安定が、征夷展開の重要な施策の一つであったことは確かであろう。そしてCの須恵器生産は、地理的にBを境としたAの対局に位置するものであった。つまり、Cのそれが10世紀を中心としていることは、大局的には8世紀Aの北域に当たる9世紀Bを経た、窯業技術の漸移的伝播が想定されるわけである。これらのことは、東北地方の列島における律令期須恵器生産の末端状況をよく伝えている点で興味深い。
　以上を総体的に見れば、東北地方の窯業生産は、関東および北陸以西の生産・流通体制とはおのずと異なっていると考えられ、それが生産器種の在り方にも現れているものと予想される。このような観点から、以下に双耳杯と環状凸帯付長頸瓶（従来はリング付長頸瓶などと表記）の2種を取り上げ、東北地方と北海道における須恵器の生産と流通の一端を論じてみたい。

2 双耳杯の分布

双耳杯は、主に杯体部の相対する位置に一対の把手（耳）が付く須恵器の器で、奈良時代から平安時代にかけて認められる（図96）。この器種は高台のある例がほとんどであるが、東笠子遺跡群（同-2）や長岡京跡では無高台のものも見られる。把手は長い板状形態が多く、中には平城京跡の突起状のものや、杉山古墳（京都府大安寺旧境内）の環状把手など特殊な例も認められる（池田1993、木村・池田1994）。

双耳杯は全国的に出土例が少なく、畿内やその周辺での在り方も同様のようである。平城京や平安京をはじめ、猿投窯跡や湖西窯跡群など東海諸窯においても、管見資料で30例は見当たらないし、陶邑窯跡の報告例もない。中でも、岐阜県須衛窯跡群中の稲田窯跡においては5基11個の出土が報告されており（同-1）、このうち古いものは、双耳杯の中でも最も古い段階と考えられる8世紀中葉の年代観が与えられている（大江1983）。このように出土例のきわめて少ない傾向は、関東・北陸・中部の各地方においても同じである。[5]

これに反して東北地方では、双耳杯のややまとまった数の遺跡数が知られ、[6]北海道を含む東北以北の双耳杯について、以下分布状況を中心に述べていく。

管見に及ぶ双耳杯の出土遺跡数は51遺跡327点（表8）で、その内訳は北海道1遺跡1点、秋田県8遺跡53点、岩手県4遺跡7点、山形県14遺跡24点、宮城県17遺跡37点、福島県6遺跡205点である。表の点数は、主に報告されている実測図を数えたもので、未見の報告や掲載の不可能な資料も考慮すれば、さらに数は増す。また、出土遺跡は判明しているが詳細不明の場合は1にしてあり、杯の個体数のほか耳が出土している場合は、耳2点につき杯1個分を個体数として計算してある。したがって、個体の異なる二つの耳を1個体にしている場合もあり、点数は管見資料の最低個体数に近い数量を表していることになる。

各地の出土状況は以下のようである（図97）。

北海道では、石狩低地帯の江別市後藤遺跡より1点見つかっており（直井・

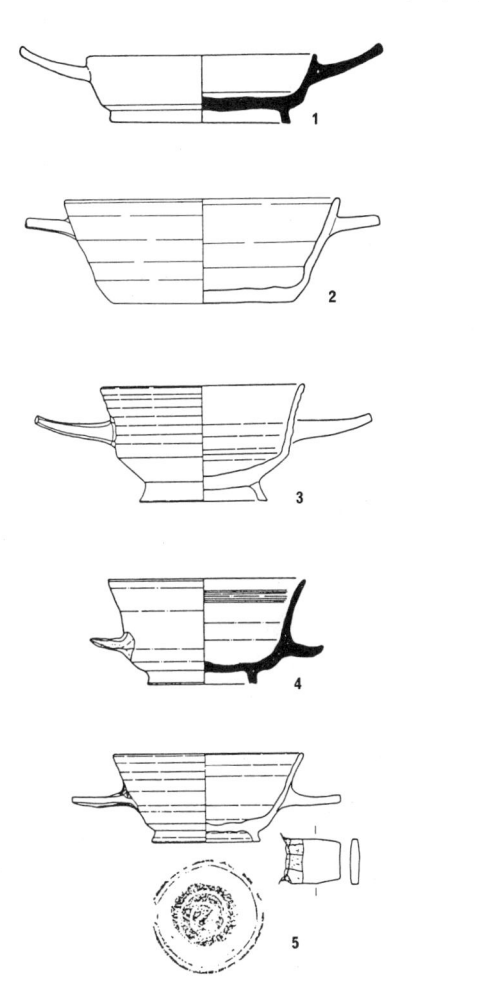

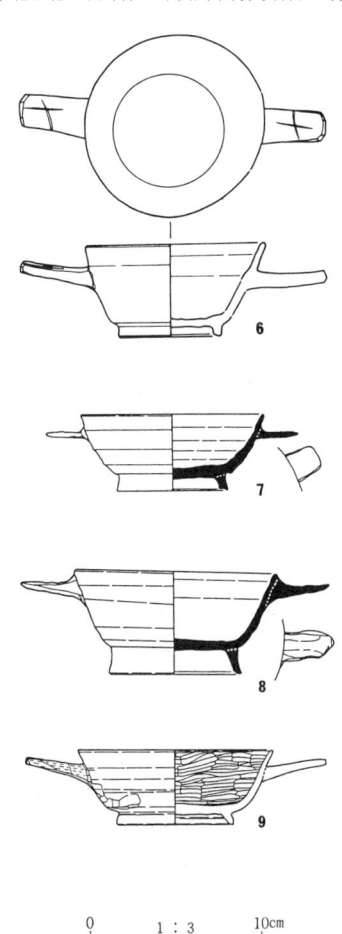

第3節　東北以北の双耳杯と環状凸帯付長頸瓶　257

1	稲田山第13号窯 （各務原市教育委員会．1983．）	5	多賀城跡SI2160A竪穴住居跡 （宮城県多賀城跡調査研究所．1993．）
2	東笠子遺跡群HK24地点Ⅱ号窯 （静岡県湖西市教育委員会．1983．）	6	富ヶ沢B窯跡SJ101・102灰原 （秋田県教育委員会．1992．）
3	伊治城跡SI－173住居跡 （築館町教育委員会．1991．）	7・8	大戸古窯跡群M－19灰原 （会津若松市教育委員会．1984．）
4	沼田遺跡SK230土壙 （山形県教育委員会．1984．）	9	上浅川遺跡KY49（確認調査） （米沢市教育委員会．1985．）

図96　双耳杯の類例

野中 1981)、ほかに出土例はない。ここでは、9世紀の北海道式古墳から出土している。東北地方では、青森県以外の5県から出土しており、秋田市と盛岡市を除く秋田・岩手の両県北域地域、三陸沿岸沿い、福島県浜通り地域では出土していない。山岳部とこれらの空白地域を除けば、およそ主要な平野部において確認できる。

　最も遺跡の集中している所は、多賀城市から仙台市にかけての地域で、8遺跡21個体が出土している。そして、5個体以上を目安にした小地域のまとまりを見ると、秋田県では秋田・横手市周辺地域（①・②）、山形県では酒田・山形・米沢市周辺地域（③・④・⑤）、宮城県では古川・仙台市周辺地域（⑥・⑦）、福島県では会津若松市周辺地域（⑧）、と8つの集中するブロック域が推測されてくる。さらに、これに追随する地域として、岩手県盛岡市周辺地域（⑨）、北上から水沢市周辺にかけての地域（⑩）、宮城県河南町周辺地域（⑪）などが挙げられる。これらの双耳杯出土地域は、①と⑨に接する本州北端の空白地域と対峙した在り方を示し、律令国家支配の及ぶ領域を双耳杯の分布範囲が明確に表している。

　次に律令支配の観点から、①〜⑪の双耳杯出土地域をかいつまんで説明する。

　①では、秋田城跡およびそれと関連する窯跡から出土している。②では、窯跡とそれに直接関連する遺跡が中心で、北側でこれと近い払田柵跡からも出土している。③では、城輪柵跡周辺遺跡の官衙関連遺跡から出土している。④では、窯跡と境田C遺跡など官衙関連遺跡から出土している。⑤でも、大浦B遺跡などの官衙と考えられる遺跡が目立つ。⑥では名生館遺跡・伊治城跡から出土しており、当地は城柵・官衙遺跡の多い地域でもある。⑦には、多賀城や郡山遺跡以外に周辺の官衙遺跡がある。⑧は、東北最大の窯業地で官衙とも関連する大戸古窯跡群から出土している。ここは、ほかの遺跡と比較して飛び抜けた出土量である。⑨では、紫波城や徳丹城の城柵跡から出土している。⑩では、胆沢城跡の城柵から出土している。⑪では、大規模な須江窯跡群の窯跡と官衙遺跡から出土し、近くに桃生城跡がある。このように、双耳杯の出土している遺跡は、

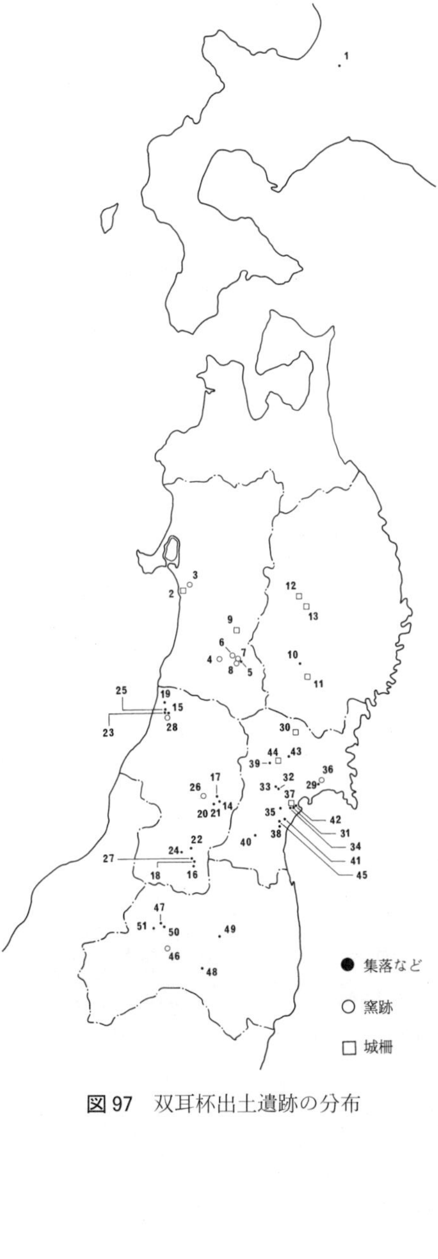

第3節　東北以北の双耳杯と環状凸帯付長頸瓶　259

表8　双耳杯出土遺跡の一覧

番号	遺跡名	所在地	点数
1	後藤遺跡	北海道江別市	1
2	秋田城跡	秋田県秋田市	5
3	古城廻窯跡	〃　秋田市	1
4	末館Ⅰ窯跡	〃　雄物川町	2
5	田久保下遺跡	〃　横手市	3
6	竹原窯跡	〃　平鹿町	2
7	富ヶ沢A窯跡	〃　横手市	4
8	富ヶ沢B窯跡	〃　横手市	35
9	払田柵跡	〃　仙北町	1
10	相去遺跡	岩手県北上市	1
11	胆沢城跡	〃　水沢市	2
12	紫波城跡	〃　盛岡市	3
13	徳丹城跡	〃　矢巾町	1
14	荒谷原遺跡	山形県天童市	1
15	生石2遺跡	〃　酒田市	4
16	大浦B遺跡	〃　米沢市	2
17	押切遺跡	〃　天童市	1
18	上浅川遺跡	〃　米沢市	1
19	北目長田遺跡	〃　遊佐町	2
20	境田C遺跡	〃　山形市	1
21	境田D遺跡	〃　山形市	1
22	沢田遺跡	〃　南陽市	1
23	関B遺跡	〃　酒田市	1
24	道伝遺跡	〃　川西町	2
25	沼田遺跡	〃　八幡町	3
26	平野山窯跡	〃　寒河江市	2
27	南原遺跡	〃　高畠町	1
28	山楯5遺跡	〃　平田町	1
29	赤井遺跡	宮城県矢本町	1
30	伊治城跡	〃　築館町	6
31	市川橋遺跡	〃　多賀城市	4
32	一里塚遺跡	〃　大和町	1
33	亀岡遺跡	〃　大衡村	1
34	山王遺跡	〃　多賀城市	1
35	神明社遺跡	〃　仙台市	1
36	関ノ入遺跡	〃　河南町	1
37	多賀城跡	〃　多賀城市	7
38	中田南遺跡	〃　仙台市	2
39	東山遺跡	〃　宮崎町	2
40	東山遺跡	〃　蔵王町	1
41	南小泉遺跡	〃　仙台市	2
42	水入遺跡	〃　多賀城市	3
43	宮沢遺跡	〃　古川市	1
44	名生館遺跡	〃　古川市	2
45	山口遺跡Ⅱ	〃　仙台市	1
46	大戸古窯跡群	福島県会津若松市	約200
47	上吉田遺跡	〃　会津若松市	1
48	笹目平遺跡	〃　矢吹町	1
49	広網遺跡	〃　郡山市	1
50	横沼西遺跡	〃　会津若松市	1
51	能登遺跡	〃　会津坂下町	1

図97　双耳杯出土遺跡の分布

● 集落など
○ 窯跡
□ 城柵

北海道の後藤遺跡を除けば城柵や官衙遺跡と強く関係しているといえよう。

3 環状凸帯付長頸瓶の分布

環状凸帯付長頸瓶は、体部と頸部の接合部分に断面が方形や半円状の凸帯が巡る長頸瓶で、奈良・平安時代にかけて主に認められる（図98）。この器種は、高台の付くのが一般的であるが、東北以北の10世紀およびその前後のものには、無高台の例もある。長頸瓶の器形は2つに大別されるが、渡辺一は肩衝壺型長頸瓶（長頸瓶A）と球胴長頸瓶（長頸瓶B）に分類している（渡辺1990b）。長頸瓶Aは、肩部と胴部の接点が角張り口縁が折縁のない形態で、長頸瓶Bは同接点が球胴を呈し口縁は折縁になる。A・Bの折衷的なものもある。

双耳杯同様、環状凸帯付長頸瓶も全国的には出土例が少なく、東海地方を含む畿内やその周辺でもきわめて希である。平城京や関西の諸国でいくつか確認されるほか、美濃国での出土がやや目をひく。管見資料では、前者に比べて後者に長頸瓶Bが目立つ傾向にあるが、未知数の部分が多い。これらのうち、奈良時代以降で最も古いものは8世紀前半と考えられる。このように出土例の乏しい状況は、関東・北陸・中部の各地方においても同様である[7]。

これに反して、東北地方ではまとまった数の遺跡数があり、北海道でもその数が増加している。特に東北地方での卓越した在り方は、双耳杯の場合と類似した在り方を示すもので、二つの器種の大きな共通点として注目しておきたい（ア）。以下、環状凸帯付長頸瓶の分布状況について述べていく。

管見に及ぶ環状凸帯付長頸瓶の出土遺跡数と数量は、200遺跡1,378点（表9・10）でその内訳は北海道16遺跡21点、青森県37遺跡107点、秋田県29遺跡58点、岩手県30遺跡47点、山形県19遺跡44点、宮城県23遺跡52点、福島県46遺跡1,049点である。表の点数は、主に報告されている実測図を数えたもので、同一個体も別個体として数えた可能性もある。また、中には広口壺とした方が相応しい器形もあり、頸部の高さが口径の長さ以上で、頸部付け根の窄まるものを長頸瓶の範疇とした。

各地の出土状況は図99のようである。

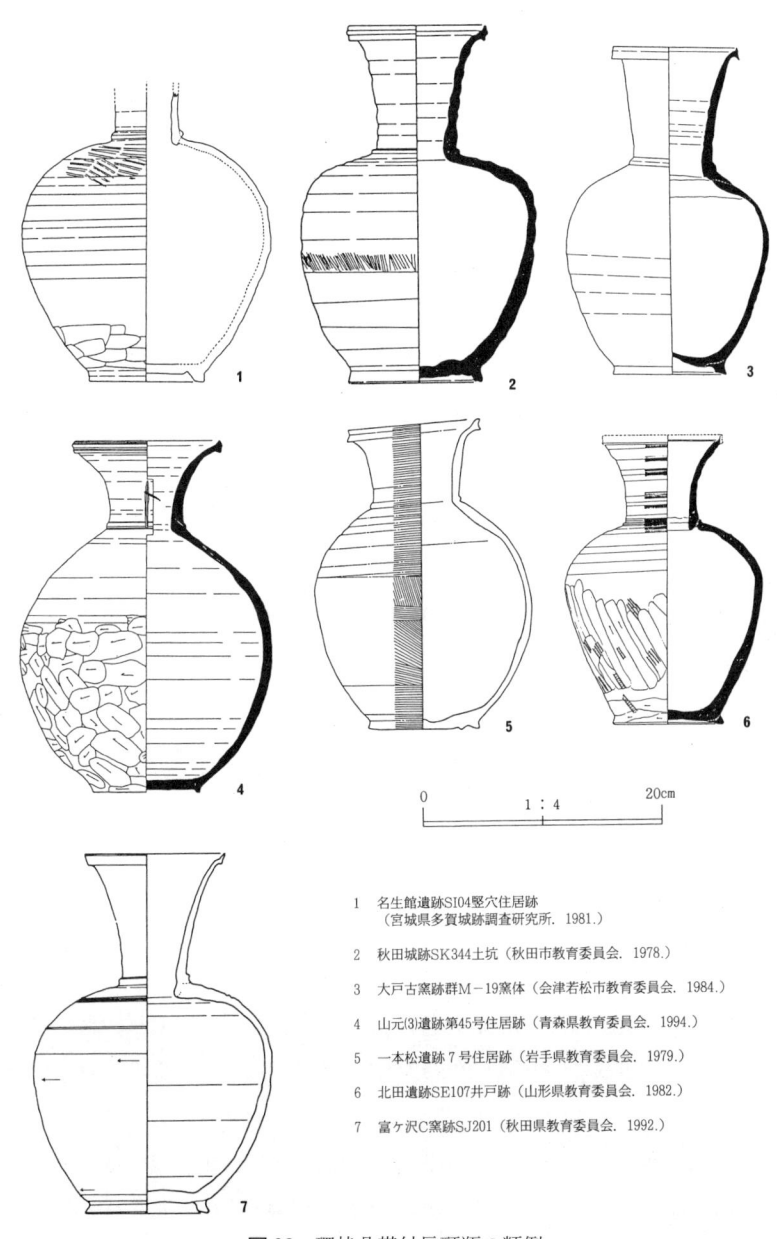

第3節　東北以北の双耳杯と環状凸帯付長頸瓶　261

1　名生館遺跡SI04竪穴住居跡
　（宮城県多賀城跡調査研究所．1981．）

2　秋田城跡SK344土坑（秋田市教育委員会．1978．）

3　大戸古窯跡群M－19窯体（会津若松市教育委員会．1984．）

4　山元(3)遺跡第45号住居跡（青森県教育委員会．1994．）

5　一本松遺跡7号住居跡（岩手県教育委員会．1979．）

6　北田遺跡SE107井戸跡（山形県教育委員会．1982．）

7　富ケ沢C窯跡SJ201（秋田県教育委員会．1992．）

図98　環状凸帯付長頸瓶の類例

北海道では、道南の石狩低地帯にまとまりがあるほか、日本海側の沿岸に点在する特徴がある。また、オホーツク海沿岸のトコロチャシ南尾根遺跡も注意され、これらは10世紀以降のものが多い。東北では、山岳部を除く岩手県から宮城県にかけての海岸部が空白であるが、内陸の主要な平野部はほとんど埋め尽くされている。環状凸帯付長頸瓶は出土遺跡が多く、双耳杯ほど明確に独立したブロックとしては捉え難い。

　しかし傾向を知るために、特に10以上の遺跡が集中している地域をやや広域な範囲で大雑把に拾い出してみると、青森県の青森市・浪岡町周辺地域、岩手県の北上・水沢市周辺地域、山形県の酒田市周辺地域、宮城県の多賀城市・仙台市周辺地域、福島県の郡山・須賀川市周辺地域が該当しよう。さらに、1遺跡で10個体以上の出土量がある遺跡は、青森県砂田窯跡、秋田県秋田城跡、岩手県胆沢城跡、山形県山海窯跡群、福島県大戸古窯跡群・上吉田遺跡が該当する。後者のうち、先の遺跡集中地域にすでに含まれている遺跡を除くと、秋田市周辺地域や会津若松市周辺地域も環状凸帯付長頸瓶が多く出土している地域と見なされ、特に大戸古窯跡群で卓越していることが注目される。

　青森県の例を除くこれらの地域は、①〜⑪の双耳杯分布地域と比較すれば、郡山・須賀川市周辺地域を除いて一致している。また、環状凸帯付長頸瓶の便宜的な集中地域からは外れている双耳杯出土地（②・④・⑨）においても、環状凸帯付長頸瓶の遺跡数や出土量は決して少なくないのである。したがって環状凸帯付長頸瓶もまた、分布域の南側（B・C）で城柵や官衙遺跡と強く関連していることが指摘でき、双耳杯と共通する2つ目の特色として捉えることができる（イ）。

　ところで、環状凸帯付長頸瓶は青森県でも多量に出土しており、北海道でも増加する傾向にある。これらは10・11世紀の時期が主体で、この時期のものは①・⑨より北へ分布領域が濃厚に拡大しており、これが双耳杯との比較において分布上最も異なる点である（ウ）。中でも青森市・浪岡町周辺地域のまとまりは、五所川原市の砂田窯跡・鞠ノ沢窯跡・持子沢窯跡を総称した五所川原窯跡群に近接しており、須恵器の需要と供給の関係が安定的に営まれたことの証左

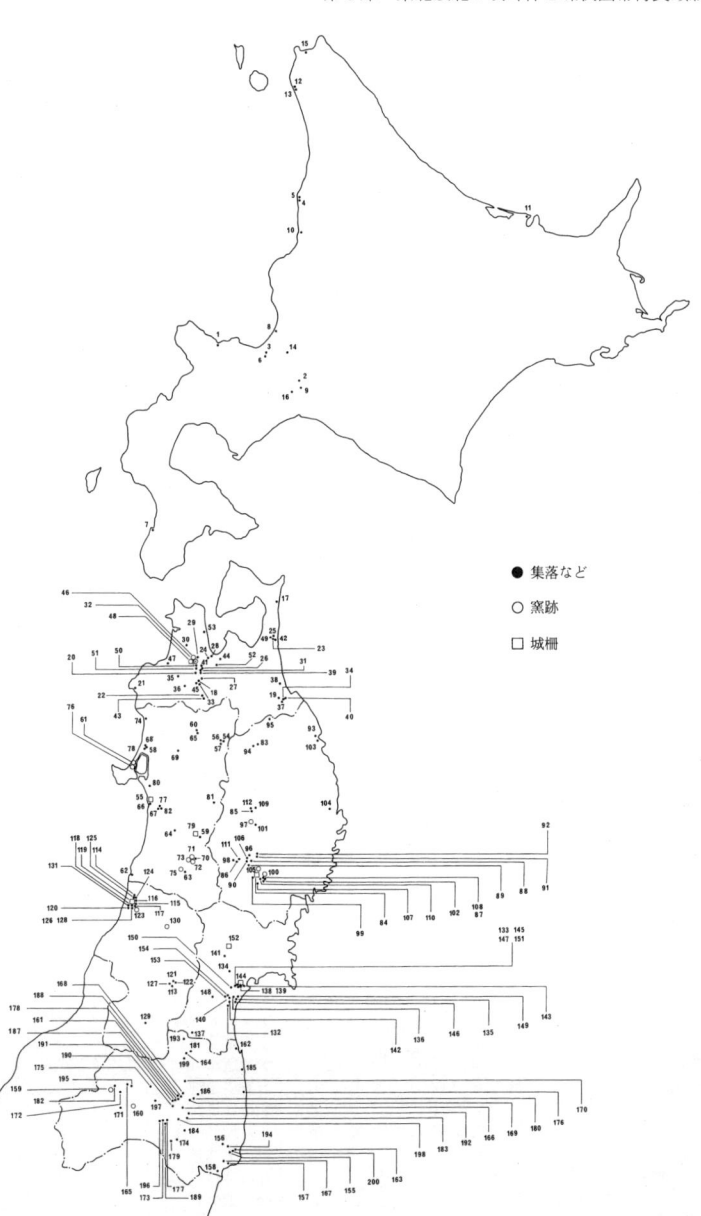

第3節　東北以北の双耳杯と環状凸帯付長頸瓶　263

● 集落など
○ 窯跡
□ 城柵

図99　環状凸帯付長頸瓶出土遺跡の分布

264　第5章　系譜・流通論

表9　環状凸帯付長頸瓶出土遺跡の一覧（1）

番号	遺跡名	所在地	点数	番号	遺跡名	所在地	点数
1	大川遺跡	北海道余市町	3	51	山元(3)遺跡	青森県浪岡町	9
2	オサツ2遺跡	〃 千歳市	1	52	横内(2)遺跡	〃 青森市	1
3	K460遺跡	〃 札幌市	1	53	蓬田大館遺跡	〃 蓬田村	1
4	香川三線遺跡	〃 苫前町	1	54	赤坂A遺跡	秋田県鹿角市	1
5	香川6遺跡	〃 苫前町	1	55	秋田城跡	〃 秋田市	13
6	サクシュコトニ川遺跡	〃 札幌市	1	56	案内III遺跡	〃 鹿角市	3
7	四十九里沢遺跡	〃 上ノ国町	1	57	一本杉遺跡	〃 鹿角市	1
8	聚富土上遺跡	〃 厚田村	1	58	上の山II遺跡	〃 能代市	1
9	末広遺跡	〃 千歳市	3	59	内村遺跡	〃 千畑町	2
10	高砂遺跡	〃 小平町	1	60	餌釣遺跡	〃 大館市	1
11	トコロチャシ南尾根遺跡	〃 常呂町	1	61	海老沢窯跡	〃 若美町	1
12	富里遺跡	〃 豊富町	2	62	オフキ遺跡	〃 象潟町	1
13	富徳遺跡	〃 豊富町	1	63	柏原古墳群	〃 羽後町	1
14	坊主山遺跡	〃 江別市	1	64	小出I遺跡	〃 南外村	1
15	幕別遺跡	〃 稚内市	1	65	山王台遺跡	〃 大館市	1
16	蘭越遺跡	〃 千歳市	1	66	下夕野遺跡	〃 秋田市	1
17	アイヌ野遺跡	青森県東通村	1	67	地蔵田A遺跡	〃 秋田市	1
18	浅瀬石遺跡	〃 黒石市	1	68	十二林遺跡	〃 能代市	1
19	岩ノ沢平遺跡	〃 八戸市	2	69	諏訪岱遺跡	〃 森吉町	1
20	大沼遺跡	〃 浪岡町	1	70	田久保下遺跡	〃 横手市	2
21	大野平遺跡	〃 岩崎村	1	71	富ケ沢A窯跡	〃 横手市	2
22	大平遺跡	〃 大鰐町	2	72	富ケ沢B窯跡	〃 横手市	3
23	沖附(1)遺跡	〃 六ヶ所村	2	73	富ケ沢C窯跡	〃 横手市	2
24	小三内遺跡	〃 青森市	1	74	土井遺跡	〃 八森町	1
25	上尾駮(2)遺跡B・C	〃 六ヶ所村	1	75	七窪遺跡	〃 羽後町	1
26	源常平遺跡	〃 浪岡町	7	76	西海老沢遺跡	〃 若美町	1
27	甲里見(2)遺跡	〃 黒石市	1	77	野形遺跡	〃 秋田市	1
28	三内遺跡	〃 青森市	8	78	福田遺跡	〃 能代市	1
29	真言館遺跡	〃 五所川原市	1	79	払田柵跡	〃 仙北町	9
30	神明町遺跡	〃 金木町	2	80	寺入III遺跡	〃 秋田市	1
31	杉の沢遺跡	〃 浪岡町	2	81	武蔵野堅穴住居址群	〃 田沢湖町	1
32	砂田窯跡	〃 五所川原市	10	82	湯ノ沢F遺跡	〃 秋田市	2
33	李平下安原遺跡	〃 尾上町	4	83	飛鳥台地I遺跡	岩手県浄法寺町	1
34	田面木遺跡	〃 八戸市	2	84	胆沢城跡	〃 水沢市	10
35	茶毘館遺跡	〃 弘前市	1	85	一本松遺跡	〃 矢巾町	1
36	鳥海山遺跡	〃 平賀町	2	86	岩崎台地遺跡群	〃 北上市	1
37	殿見遺跡	〃 八戸市	1	87	落合II遺跡	〃 江刺市	1
38	中野平遺跡	〃 下田町	2	88	鬼柳西裏遺跡	〃 北上市	1
39	浪岡城跡	〃 浪岡町	5	89	上大谷地遺跡	〃 北上市	1
40	根城跡	〃 八戸市	1	90	上鬼柳III遺跡	〃 北上市	2
41	羽黒平遺跡	〃 浪岡町	1	91	上川岸I遺跡	〃 北上市	4
42	発茶沢遺跡	〃 六ヶ所村	9	92	上川端遺跡	〃 北上市	1
43	古館遺跡	〃 碇ヶ関村	5	93	源道遺跡	〃 久慈市	2
44	蛍沢遺跡	〃 青森市	2	94	五庵I遺跡	〃 浄法寺町	1
45	前川遺跡	〃 田舎館村	1	95	駒焼場遺跡	〃 二戸市	1
46	鞠ノ沢窯跡	〃 五所川原市	2	96	下谷地A遺跡	〃 北上市	1
47	杢遺跡	〃 鰺ヶ沢町	5	97	杉の上窯跡	〃 紫波町	1
48	持子沢窯跡	〃 五所川原市	1	98	煤孫遺跡	〃 北上市	1
49	弥栄平(4)遺跡	〃 六ヶ所村	3	99	膳性遺跡	〃 水沢市	1
50	山本遺跡	〃 浪岡町	6	100	外浦洗田窯跡	〃 水沢市	3

第3節　東北以北の双耳杯と環状凸帯付長頸瓶　265

表10　環状凸帯付長頸瓶出土遺跡の一覧（2）

番号	遺跡名	所在地	点数	番号	遺跡名	所在地	点数
101	田頭遺跡	岩手県紫波町	1	151	水入遺跡	宮城県多賀城市	2
102	力石・兎Ⅰ遺跡	〃　江刺市	1	152	名生館遺跡	〃　古川市	1
103	中長内遺跡	〃　久慈市	1	153	山口遺跡	〃　仙台市	1
104	長根Ⅰ遺跡	〃　宮古市	1	154	六反田遺跡	〃　仙台市	1
105	長根山窯跡	〃　江刺市	1	155	久世原館	福島県いわき市	2
106	猫谷地遺跡	〃　北上市	1	156	石坂遺跡	〃　いわき市	1
107	林前遺跡	〃　水沢市	1	157	泉城跡	〃　いわき市	1
108	松川遺跡	〃　江刺市	1	158	上ノ内遺跡	〃　いわき市	1
109	南仙北遺跡	〃　盛岡市	1	159	大久保窯跡	〃　新鶴村	1
110	宮地遺跡	〃　江刺市	1	160	大戸古窯跡群	〃　会津若松市	約950
111	八幡野Ⅱ遺跡	〃　北上市	2	161	大根畑遺跡	〃　郡山市	3
112	湯沢(B)遺跡	〃　盛岡市	1	162	大森C遺跡	〃　相馬市	2
113	今塚遺跡	山形県山形市	1	163	小山遺跡	〃　いわき市	1
114	浮橋遺跡	〃　遊佐町	1	164	御山千軒遺跡	〃　福島市	3
115	上ノ田遺跡	〃　八幡町	1	165	上吉田遺跡	〃　会津若松市	13
116	後田遺跡	〃　八幡町	1	166	唐松A遺跡	〃　郡山市	1
117	生石2遺跡	〃　酒田市	2	167	岸遺跡	〃　いわき市	12
118	北田遺跡	〃　酒田市	3	168	北ノ内遺跡	〃　郡山市	1
119	城輪柵跡	〃　酒田市	1	169	光谷遺跡	〃　三春町	1
120	熊野田遺跡	〃　酒田市	5	170	郡山台遺跡	〃　二本松市	2
121	境田C遺跡	〃　山形市	2	171	腰巻遺跡	〃　会津高田町	1
122	境田D遺跡	〃　山形市	1	172	鷺沢道南遺跡	〃　会津高田町	2
123	山海窯跡群	〃　平田町	13	173	笹目平遺跡	〃　天栄村	1
124	地正面遺跡	〃　酒田市	1	174	左平林遺跡	〃　東村	1
125	下長橋遺跡	〃　遊佐町	2	175	三城潟家北遺跡	〃　猪苗代町	1
126	高阿弥田遺跡	〃　酒田市	1	176	鹿屋敷遺跡	〃　浪江町	1
127	達淨寺遺跡	〃　中山町	2	177	ジダイ坊遺跡	〃　長沼町	1
128	手蔵田6・7遺跡	〃　酒田市	2	178	清水台遺跡	〃　郡山市	1
129	道伝遺跡	〃　川西町	2	179	関和久遺跡	〃　泉崎村	1
130	福田窯跡	〃　新庄市	1	180	背上A遺跡	〃　三春町	1
131	興野遺跡	〃　山形市	2	181	台畑遺跡	〃　福島市	1
132	愛島東部丘陵遺跡群	宮城県名取市	2	182	田子畑遺跡	〃　新鶴村	2
133	市川橋遺跡	〃　多賀城市	6	183	田向F遺跡	〃　郡山市	3
134	一里塚遺跡	〃　大和町	1	184	兎喰遺跡	〃　玉川村	1
135	今泉城跡	〃　仙台市	6	185	長瀞遺跡	〃　原町市	1
136	郡山遺跡	〃　仙台市	1	186	仲ノ縄E遺跡	〃　船引町	3
137	子梁川東遺跡	〃　七ケ宿町	1	187	成田不動内遺跡	〃　郡山市	1
138	山王千刈田遺跡	〃　多賀城市	1	188	鳴神遺跡	〃　郡山市	1
139	山王遺跡	〃　多賀城市	5	189	新沢遺跡	〃　大信村	1
140	下ノ内浦遺跡	〃　仙台市	1	190	西前坂遺跡	〃　郡山市	1
141	色麻古墳群	〃　色麻町	1	191	東丸山遺跡	〃　郡山市	5
142	清水遺跡	〃　名取市	1	192	東山遺跡	〃　郡山市	1
143	高崎遺跡	〃　多賀城市	3	193	前原遺跡	〃　福島市	1
144	多賀城跡	〃　多賀城市	9	194	向山遺跡	〃　いわき市	1
145	燕沢遺跡	〃　仙台市	1	195	屋敷遺跡	〃　会津若松市	13
146	中田畑中遺跡	〃　仙台市	1	196	山崎遺跡	〃　天栄村	1
147	新田遺跡	〃　多賀城市	3	197	山ノ神遺跡	〃　郡山市	1
148	二本松遺跡	〃　川崎町	1	198	米山寺遺跡	〃　須賀川市	1
149	藤田新田遺跡	〃　仙台市	2	199	鎧塚遺跡	〃　福島市	1
150	枡江遺跡	〃　仙台市	1	200	龍門寺遺跡	〃　いわき市	2

となろう。この窯跡群の製品は、青森県内はもちろん周辺地域の秋田・岩手両県の北域や北海道にまで及び、五所川原窯跡群を拠点とする須恵器の一大流通網が指摘されている。このように、双耳杯の空白地帯から特に10世紀以降の環状凸帯付長頸瓶が多く出土し、8・9世紀を主体とする①・⑨以南のものより新しい段階に中心をもつことに注意する必要がある。

4 二器種の二律背反性

前項では、双耳杯と環状凸帯付長頸瓶の東北から北海道にかけての分布状況を検討してみた。その結果、分布から見た大きな共通性（ア）と異質性（ウ）が導かれ、また、①・⑨以南においては、城柵や官衙との繋がりが理解された（イ）。特にイの特質は、律令国家の蝦夷政策と連動していることを表しており、律令国家支配が及ぶ境界域での特徴を示したものである。また、両器種の東北以北における出現は、現在8世紀前半の資料はなく後半には安定的に出土するようである。このような状況下で、なぜアの共通性とウの異質性が生じてくるのであろう。以下、A～Cの城柵設置による区分と比較しながら見ていくことにしたい。

双耳杯と環状凸帯付長頸瓶は総体ではA～Cで多く認められ、この地方を除いた東国や畿内では非常に少なく、中央において希少価値のある器であることは理解されよう。そして貴重品と認識されるものであっても、双耳杯は耳のある杯で環状凸帯付長頸瓶は凸帯の付く瓶と、器としての機能は簡単な装飾を排除すれば一般的な杯や長頸瓶と変わらない。このことは逆に解釈すると、器の機能以外の役割も想定させるもので、関東以西では出土数量の少なさからしても、生産量にまた生産地域に制限の加えられていた特殊な器と見ることができる。したがって、これらは金属器などの模倣や呪術に関わるような、奢侈品もしくは儀器用品としての意味合いが強く、元来は限定された有力者や機関の所持品と考えられるのである。

それでは東北以北における二器種が、なぜ他の地方に卓越するのであろうか。双耳杯の出土時期である、8・9世紀のA・Bに焦点を当てれば、それは律

令国家の征夷と無関係ではあり得ず、城柵支配の責務を追う陸奥国・出羽国の関係として説明されるものと考えられる。熊谷公男は、Bへの一般公民によく移民政策について述べている（熊谷1992a）。そこでは、8世紀前半の組織的かつ強制的な方式から、神護景雲年間以降、優遇措置を講じて希望者を募る方式に変化したことを指摘した。また、延暦24年（805）の征夷の中止に関する「徳政相論」の前後に、東国などからの移民策は停止し、蝦夷支配の政策転換が計られたとしている。

このように、8世紀以降陸奥・出羽両国の城柵支配の負担が益々が大きくなっていく状況下で、特に双耳杯や環状凸帯付長頸瓶の特殊な器種が、移民政策に関わることや朝貢・饗給（今泉1986）などを含んだ城柵支配に役立ったものと考えられないであろうか。また熊田亮介は、非蝦夷系住民と蝦夷との間で私的交易の盛んだったことを朝貢との関連で指摘しており（熊田1992）、環状凸帯付長頸瓶が蝦夷社会に流布する一要因でもあり得た。これらのことは、特殊と見られる二器種が8世紀以降A・Bで多く出土することと矛盾しない。そして、この征夷に関わることが畿内のみならず東国との関係においても、東北地方に出土量が多いことの、最も納得のいく理由ではなかろうか。そして、双耳杯が多量に出土した富ヶ沢B窯跡やこれを大きく凌ぐ大戸古窯跡の出土状況、さらに膨大な量を誇る大戸古窯跡群産の環状凸帯付長頸瓶のA・Bへの流通は、それを象徴しているように思われる。双耳杯がCにおいてきわめて希薄なのは、征夷推進側に特に意味のある器であったからである。

一方、環状凸帯付長頸瓶のCでの広がりはどうであろうか。このCでの在り方は顕著で、A・Bで環状凸帯のある長頸瓶が、それのない長頸瓶より極端に少ない在り方と矛盾した現象を示す。また、出土時期も10・11世紀が中心で、律令体制が解体する時期以降に当たっている。このことは、8・9世紀A・Bの延長線上にあるものの、それらとは寧ろ隔絶したもので、A・Bも含んだ王朝国家期の在り方を表徴していると推測される。そして、この時期の環状凸帯付長頸瓶は、すでに環状凸帯のもつ特殊性は失われ純粋に装飾のある瓶としてのみ機能したものであろう。8・9世紀の環状凸帯が、総体的には丁寧でしっかり

した作りなのに対して、10世紀以降稚拙な作りが多いのは、この辺の事情によるものと考えられる。

以上、双耳杯と環状凸帯付長頸瓶について、分布を基にした広域的な視点で述べてきた。そのために、具体的な生産と消費の関係には触れないでしまった。しかし、律令国家期から王朝国家期にかけて、単なる二器種の生産と流通の問題に止まらない、内包する政治的背景をも予測することができた。この意味で、東北最大規模の大戸古窯跡群は、征夷の背後に控える陸奥国の須恵器生産地として重要な意味をもつと思われる。

註
（1） 例えば秋田県や岩手県の城柵設置域では、須恵器窯業生産の開始がそれら城柵設置時期と概ね重なるし、ロクロ土師器の導入もそれと関連することが指摘されている（仲田1994）。
（2） この地域区分は、熊谷公男が近夷郡を中心に据えた古代東北の3地域区分（熊谷1992b）に基礎を置き、氏の近夷郡の北辺に北海道を含めたものである。
（3） 陶磁器の考古・理化学分析研究会（吉岡康暢教授主催）の討論で、大戸窯跡群の製品が多賀城で出土していることが、石田明夫によって指摘されている（石田資料1995）。
（4） 後藤建一には、湖西窯跡群をはじめとする東海地方の様相についてご教示いただいた。
（5） 関東地方では、東京都南多摩窯跡群や茨城県浜ノ台窯跡（酒井清治より教示）の窯跡のほか、栃木県下野国分寺などや茨城県でいくつか出土している（大橋泰夫より教示）が数少ない。北陸地方では今のところ福井県小曽原古窯跡群と、富山県の梅檀野窯跡群や室住池Ⅴ遺跡6号窯（柿田祐司より教示）が知られている。中部地方では、長野県の芥子望主山窯跡群のみ（山田真一より教示）のようである。
（6） 中野裕平は、上述研究会において宮城県の集成資料を発表している（中野資料）。また、表8に掲載している遺跡の資料のうち、秋田城跡（2）、払田柵跡（9）、上浅川遺跡（18）、南小泉遺跡（41）、伊治城跡（30）、東山遺跡（40）からは、須恵器双耳杯を模倣した土師器の双耳杯が出土している。
（7） 管見では、埼玉県鳩山窯跡群や新潟県笹神・真木山窯跡の例を知るのみで、きわめて少ない出土であることは確かである。頸に環状凸帯が付く様相としては、むしろ水瓶の器種に認められる傾向がある。

第4節　長頸瓶の系譜と流通
　　　――北日本における特質――

1　はじめに

　東北地方の須恵器生産は、宮城県大蓮寺窯跡・福島県泉崎窯跡など5世紀中葉から6世紀初頭に考えられる窯跡や7世紀前半の福島県善光寺窯跡のごく少数の窯跡を除くと、7世紀後半以降に定着していく（伊藤博幸1995）。このことは窯跡が、対蝦夷政策に絡んだ古代国家の地方支配の拠点である城柵官衙遺跡に付随した形で移植され、それが地域に展開する形で定着したものであり、列島各地の地方窯成立様相とは根本的に異なる点であろう。7世紀中葉から8世紀初頭の渟足柵・郡山遺跡・出羽柵・8世紀前半の多賀城・秋田城、8世紀後半の桃生城・雄勝城、9世紀初頭の胆沢城・払田柵跡の設置は、律令国家が段階的に北日本の支配領域を拡大していく様子を如実に示している（進藤1991）。
　このような律令国家領域内の須恵器窯跡が、中央主導型もしくはその発展形態として経営されていく中、列島最北端の青森県五所川原窯跡群では、律令制下の郡制未施行地域にあって生産を継続し、国家と隔絶した独自の生産体制が確立していた（利部1997）。その生産は9世紀後半から10世紀に考えられており（工藤1998）、製品は青森県域を中心に南は秋田・岩手県北部、北は常呂川流域に至る北海道全域と広範に分布する。器種は杯・小鉢・壺・甕（大・中・小）を基本にしており、鉄鉢・硯・短頸壺などは無論のこと律令制下では普遍的に認められる蓋・有台杯・有台皿は生産されていない。五所川原産須恵器の基本的な器種として、律令制下においては蓋・杯・皿類よりも出土頻度が極端に少ない壺（長頸瓶）が安定して含まれていることに、以前から疑問を抱いていた。
　ところで、須恵器の杯・皿類は食器として、壺・甕類は保存・貯蔵容器としての役割を担う。長頸瓶は注ぎものとしての機能をもち、食膳具に添えられる。

つまり、長頸瓶は食膳具であると同時に貯蔵具でもあり、食膳と貯蔵場を日常的に繋ぐ役割を担った器である。また、漆などの高価な液体を運搬する上で重宝な器であり、宮都では貢納された地方の特産品を入れていた容器として出土している（巽1991）。

　古墳時代の長頸瓶は、宮都で使用されたり古墳・横穴墓に埋納されることが多く、一般集落から出土することは少ない。奈良時代においても宮都・官衙に集中し、一般集落に少ない傾向は変わらないが、平安時代では一般集落でも増加の傾向を示す。いずれにしても、杯・有蓋杯・皿などの常時使用する食膳具の在り方とは異なり希少価値があった。このことは長頸瓶が食膳具に含まれるものの、銘々器としての役割をもたないことに関係する。また、短頸壺や甕と比較すれば、胴部・口縁部・高台部の形態や沈線・凸帯・文様帯を加飾するなど多くのバリエーションをもつ。このことも、やはり食膳具として人の目に触れることと関係し、場合によっては優品を添えたりすることがある。

　以上のように、長頸瓶の特徴を捉えてこれを要約すれば、列島の各地から出土する器としてある程度一般性に富むが相対に希少価値が高く、移動性に優れ、形態変化や加飾性に富んでいる、といえよう。このことは、須恵器の生産地と消費地を追求するのに役立ち、その流通問題から歴史を構築できる可能性を秘めており、什器と共に研究俎上でもっと注目されてよい器種と考えている。この観点から、東北から北海道にかけての北日本における長頸瓶について、いくつかの論考を公にしてきた（本書第3章第3節、同第5章第2・3節）が、同地方における在り方に終始し、列島の中での位置づけが不十分であった。本文ではこの欠を補い、北日本の様相が中央集権政策とどのように連動し、また対峙するのか、以下で大まかな素描を試みたい。

2　変遷と分類

（1）変　遷

　長頸瓶の変遷に関する論考は少ない。1989年、後藤建一は湖西窯跡の須恵器編年のII期第4小期（6世紀末〜7世紀初頭）〜V期第1小期（8世紀中頃）の

長頸瓶と蓋付長頸瓶について論じた（後藤 1989）。長頸瓶は Aa～Ae・B・Ca～Cd・D・E 類まで分類したが、E は氏も述べているように広口長頸瓶として別器種とすべきで、A～D の最終段階のⅣ期第 3 小期（8 世紀第 2 四半期）までの変遷を示した。

　600 年頃の最も古い Aa 類は、体部の一面が球面、その対面が扁平な提瓶体部の形状に口頸部を装着する。Ab～Ac 類は、体部が球形（b）や断面が横長楕円形の形状で、いわゆるフラスコ形長頸瓶である。主にⅡ期第 5 小期～Ⅲ期第 3 小期（7 世紀第 1 四半期～7 世紀後葉）まで存続し、体部におけるロクロ目やケズリは縦方向である。Ad 類は、体部が球形で高台をもつもので、口縁端部はフラスコ形長頸瓶によく見られる断面が上下 2 つの三角形状を呈するものである。Ae 類は 1 と 2 に分けられ、Ae1 類は口縁端部の上下端に強い横ナデを施す違いだけで Ad 類と類似し、Ad・Ae1 類はⅢ期第 3 小期（7 世紀後葉）とりわけ Ae1 類を後出としている。

　C 類は口縁部がラッパ状に開き高台が付く。氏は特に述べていないが、後述する有衝型を呈し、文様の有無や高台の特徴から Ca～Cd 類に分けた。D 類は C 類から、高台を取り除いた形態である。これらはⅢ期第 3 小期後半（7 世紀末）～Ⅳ期第 1・2 小期、D 類は第 3 小期（730 年頃）まで存続しているとした。先の Ae2 類は、やはり有衝型の高台をもつ形態で、口縁部は Ae1 類と類似し、口縁端部を上下に引き延ばす。Ⅳ期（7 世紀前葉）としている。

　B 類は体部に言及せず、口縁部端を直立させる特徴があり、Ⅴ期第 1 小期（8 世紀中頃）とした。さらに C 類と並行して、高台をもち口縁部がラッパ状に開く大型長頸瓶を位置づけた。

　氏はさらに、蓋付長頸瓶の項目を設け Aa～Ae 類の分類と変遷を示し、脚付きから台付き、そして高台付きと脚部の退化する様子を論じた。この様子は列島で、高い台の脚付長頸瓶（Ⅱ期第 4 小期）から低い台の高台、またはそれのない長頸瓶が出現することを述べたもので、長頸瓶の出自を論じたことになろう。

　翌 1990 年、渡辺一は埼玉県鳩山町の報告書の中で長頸瓶の項目を設け、鳩山

窯跡における長頸瓶の変遷をⅠ期(8世紀前葉)～Ⅷ期(9世紀後葉)まで示し、美濃須衛窯跡・北陸(加賀)と対比させた(渡辺1990a)。ここでは、胴部最大径部が角張る肩衝壺型長頸瓶(長頸瓶A)と、それの丸い球胴長頸瓶(長頸瓶B)を各地方で系列化し、鳩山窯跡出土長頸瓶を、A(肩衝壺)・B(球胴壺で胴部が球状に張る)・C(球胴壺で胴部が長胴化する)・D(球胴壺で最大径が中位であり細胴化する)として、Ⅱ期A→Ⅲ期B→Ⅳ期C→Ⅵ期Dの変遷を示した。

また東海地方の美濃須衛窯跡では、長頸瓶Bの出現を南比企窯跡群と同じ8世紀前半に捉え、長頸瓶Aは8世紀を通して生産されるとしている。ここでは、湖西窯跡群の7世紀球胴型長頸瓶について特に触れられてはいない。猿投窯では、岩崎41号窯式700年頃に長頸瓶Bの出現する可能性を示唆しており、8世紀の後半には長頸瓶Bに統一されていく、とした。一方、北陸地方で長頸瓶Bの出現時期は、吉岡の「北陸固有の地域色の濃厚な平安朝様式の組成が定立する」とする考えより8世紀末から9世紀前半とし、両者の併存時間は短く、長頸瓶Bの統一は東海地方の様相に近いが、それより遅れるとした。

翌1991年、比田井克二は東京都多摩ニュータウンNo.513遺跡を対象にして論じる中で、畿内・尾張・美濃・湖西における長頸瓶の編年を7世紀第4四半期から8世紀第1四半期まで示し、これらとNo.513遺跡出土のものを比較した。湖西を除く3地域の長頸瓶は、有衝型で口縁部がラッパ状に開く形態で、特に肩部と脚部に注目した。その結果、No.513遺跡の脚部が「ハ」の字にしっかり開く形態は平城宮Ⅰ期に並行するとし、畿内地方にその系譜を求めた。また、同地域にある多摩ニュータウンNo.342遺跡の1号窯からは、7世紀後半の有衝型とフラスコ形の長頸瓶が共に出土し、鶴間氏が詳細に検討している(鶴間1996)。

以上三氏の論文によって、長頸瓶の変遷と各地の様子がより具体的になってきた。これらを短く総括すれば、脚付き長頸壺・瓶や提瓶に系譜をもつ長頸瓶が、7世紀前葉から生産される。それには、胴部が球胴と肩部が屈曲する形態があり、8世紀後半頃より球胴形態に統一されていく、とまとめられよう。[1]

（2）分 類

　器の分類に際して、大きな要素には形態・技法・胎土・加飾・法量などがあり、分類の目的や対象範囲の相異でこれら分類要素の異なる場合があるし、分類要素の細目を基準に据える場合などもある。いずれの場合にも、目的のための分類思考とそれを満たす分類条件が整っていれば、適切な分類操作といえるであろう。言葉を換えれば、目的に沿った分類基準を示すことが大切である。

　本文では、北日本から出土する長頸瓶と列島各地から出土する長頸瓶を比較・検討することが目的であり、そのための分類基準を示す。本文では、列島各地の長頸瓶を観察するのに形態・技法の二要素を中心にしているが、列島の長頸瓶を大きく分類するのに有効な要素として形態を基準に据えた分類を行いたい。

　長頸瓶の形態を規定している要素には、口縁部・頸部・胴部・底部・高台部など壺通有の部位がある。口縁部は直立・外反・内彎するもの、頸部は沈線の有無やラッパ状・断面が撥状を呈するもの、胴部は球胴・肩が強く張るものや長軸が縦位・横位にあるもの、底部は平底・丸底のもの、高台部は直立・ハの字・内屈を呈するものなど様々である。

　これらを分類項目に据えて、列島の長頸瓶を分類するのは煩雑きわまりないことであり、混乱を招くばかりである。対象範囲が広範囲に及ぶほど対象個体が膨大になるため、大局・包括的な分類基準を考えなければならない。本文では東北・北海道における広範な地域から出土する長頸瓶と、それ以南の長頸瓶の比較・検討を行うため、器自体の主体的部分で貯蔵としての機能面でも大きく関わる胴部に主眼を置くことにしたい。

　また、胴部上方の口頸部や下方の高台部を考慮すれば、前者は長頸瓶に必須の部位であるが、バリエーションに富みすぎ不適当である。ここでは、分類の単純化を目指すので後者の高台の有無を分類要素に組み込むことにした。また、北日本の長頸瓶に特有に認められる環状凸帯（本書第5章第3節）も分類要素の一つに取り上げた。環状凸帯をもつ長頸瓶の分類は、他の分類と整合性がなく別途の扱いとすべきだが、並立した表現とした。

274 第5章 系譜・流通論

図100 北日本以外の長頸瓶

第4節　長頸瓶の系譜と流通　275

　長頸瓶の胴部形態による大分類をアルファベットの大文字で、高台有無の小分類をアルファベットの小文字でそれぞれ表すことにした。また大部分では、類似形で隣り合い分類内容の境界際に含まれるものについては、厳密に区分できないこともあり予め断っておく。

A類…胴部上位に最大径があり、そこが角張ったいわゆる有衝型の形態で、胴部高が短めでやや扁平である。平底で環状凸帯がない。高台をもつ Aa 類とそれのない Ab 類に分ける。図100-1（以下図の番号だけを表記）は岐阜県老洞窯跡1号窯の Aa 類、2は滋賀県山ノ神遺跡灰原上層出土の Ab 類である（後藤・齋藤編1995、中村・藤原編1996）。

B類…A類と同様であるが、胴部高が長めで長胴である。高台をもつ Ba 類とそれのない Bb 類がある。平底で環状凸帯がない。3は愛知県岩崎41号窯跡の Ba 類、4は静岡県東笠子44地点窯跡の Bb 類である（後藤・齋藤編1995）。

C類…胴部の上位に最大径があり、丸みをもち肩部が強く張る。胴部高が短めでやや扁平である。胴部最大径の半分と、底部から胴部最大径までの高さがほぼ同じものもこの類に含む。平底で環状凸帯がない。高台をもつ Ca 類とそれのない Cb 類がある。5は大阪府陶邑光明池地区29号窯跡の Ca 類、6は静岡県原古墳群D-5号墳の Cb 類である（中村編1995、巽ほか1992）。

D類…胴部の中位から上位にかけて最大径があり、肩はあまり張らない。胴部高が長めで長胴である。平底で環状凸帯がない。高台をもつ Da 類とそれのない Db 類がある。7は東京都南多摩 G67窯跡の Da 類、8は京都府石原畑窯跡の Db 類である（八王子市南部地区遺跡調査会編2000、中村・藤原編1996）。

E類…胴部最大径に対して底径の割合が極端に大きかったり、底部およびその付近に最大径をもつもので、釣り鐘形状を呈する。平底で環状凸帯がない。高台をもつ Ea 類とそれのない Eb 類がある。9は岡山県寒風古窯跡群の Ea 類、10は奈良県平城宮跡の Eb 類である（池田・舟山・松本編

1996、巽ほか 1992)。

F類…胴部最大径が胴部中位にあり、その断面形が略楕円形を呈する。丸底で環状凸帯がない。高台をもつ Fa 類とそれのない Fb 類がある。11 は京都府隼上り 1 号窯跡の Fa 類、12 は石川県林オオカミダニ 2 号窯跡の Fb 類である（中村・藤原 1996、後藤・齋藤編 1995)。

G類…胴部最大径が胴部中位にありフラスコ形を呈する。断面形が縦に削りの入る略円形と楕円形それに半球と半扁平を併せもつものがある。丸底で環状凸帯がない。高台のない Gb 類がある。13 は静岡県西笠子 64 号窯跡の、14 も静岡県吉美中村遺跡 A 地点の Gb 類である（後藤・齋藤編 1995)。

H類…A 類の特徴に環状凸帯が付くもので、高台をもつ Ha 類がある。15 は広島県国重 1 号墳の Ha 類である（巽ほか 1992)。

I類…C 類の特徴に環状凸帯が付くもので、高台をもつ Ia 類がある。16 は長野県秋葉原 2 号墳の Ia 類である（巽ほか 1992)。

J類…D 類の特徴に環状凸帯が付くもので、高台をもつ Ja 類（図 101-10・13〜15）と、それのない Jb 類（同-11）がある（福島県教育委員会 1986、会津若松市教育委員会 1994、秋田市教育委員会 1978、青森県教育委員会 1982)。これらは北日本以外では認めがたい。

3 北日本の様相

東北・北海道における長頸瓶の在り方を、列島的な分類に当て嵌めて考える。

Aa 類には、宮城県田尻町金鋳神遺跡出土の例（図 101-1…以下図の番号だけを表記）がある（宮城県教育委員会 1992)。口唇部は縁帯を成し、高台部が欠落している。8 世紀前半の資料である。ほかに、秋田県秋田城跡の口頸部が欠落するが高台部をもつもの、宮城県多賀城跡の角が丸みをもつ小振りのものがあり、口頸部と高台部を欠落する。岩手県遠野市高瀬 I 遺跡からは、胴部がかなり扁平で強く角張った形態のものが出土している。Aa 類の類例はきわめて少

第 4 節　長頸瓶の系譜と流通　277

なく、すべて 8 世紀代と考えられる。(4)

　Ab 類には、福島県福島市台畑遺跡 1 号窯跡出土の例（2）がある（福島市教育委員会 1990）口頸部は胴部高と同じかやや長く、口唇部が縁帯をなす口縁部はラッパ状に大きく開く。北日本で唯一の資料である。7 世紀末～8 世紀初頭と考えられる。

　Ba 類には、宮城県岩出山町川北横穴群 4 号墓出土の例（3）がある（辻 1984）。8 世紀初頭頃と考えられる。口縁部が縁帯状に引き出されるものに、宮城県三本木山畑横穴群 15 号墓、同矢本町矢本横穴群 13 号墓、同松山町亀井囲横穴群 4 号墓、同色麻町色麻古墳群第 71 号墳などの資料がある。青森県八戸市丹後平古墳 15 号墳からも出土し注目される。宮城県北部の墳墓などからの出土が目立ち、8 世紀前半代が主体である。

　Bb 類は今のところ確認できない。

　Ca 類には、福島県相馬市善光寺 7 号窯跡出土の例（4）がある（伊藤・酒井編 1995）。口頸部は欠落するが、肩が丸みをもって強く張り高台部が「ハ」の字状に開く。7 世紀後半である。ほかに、山形県高畠町味噌根 2 号墳、小振りだが宮城県涌谷町追戸横穴群の 3 号墓、秋田城跡などの類例が見られる。7 世紀後半から 8 世紀代まで認められる。

　Cb 類の三角形状を呈するような典型は認められないが、肩が強く張らない例として山形県高畠町味噌根 2 号墳出土の例（5）がある（川崎 1999）。7 世紀末～8 世紀初頭に考えられるが、この形態は全国的にも珍しい。

　Da 類には、福島県会津若松市大戸窯跡群南原地区 33 号窯出土の例（6）がある（会津若松市教育委員会 1994）。ほかに、北海道札幌市 K446 遺跡・青森県浪岡町野尻（4）遺跡・秋田県横手市富ヶ沢 C 窯跡・岩手県久慈市明神遺跡・山形県平田町山楯 3 遺跡・宮城県築館町佐内屋敷遺跡と道南や東北全域から出土するが、福島・山形・宮城県の東北地方南部で主体的に出土する。8 世紀後半～9 世紀代に認められる。

　Db 類には、青森県青森市三内遺跡出土の例（7）がある（青森県教育委員会 1978）。ほかに、同大鰐町大平遺跡、秋田県峰浜村湯ノ沢岱遺跡など、類例は少

278　第5章　系譜・流通論

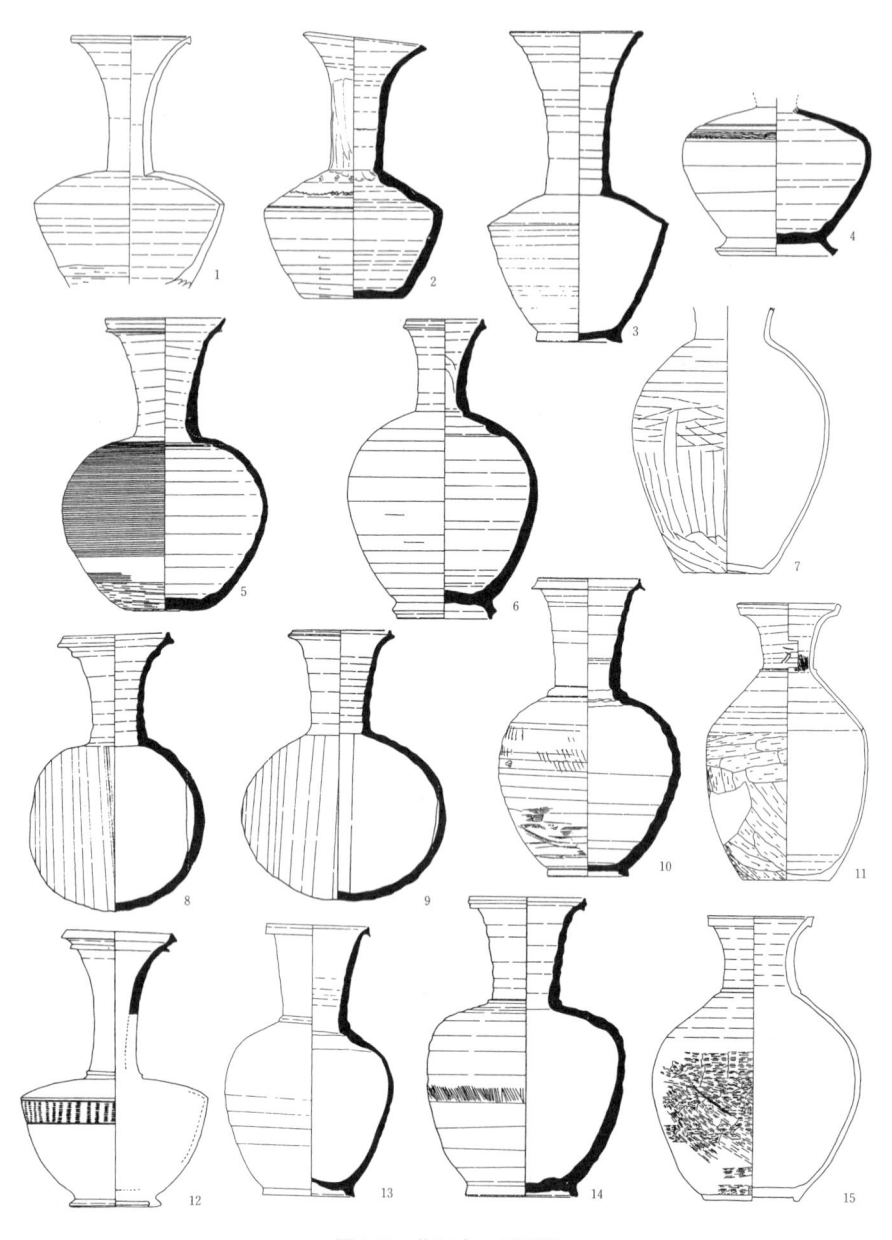

図101　北日本の長頸瓶

ないが東北地方北部で希に出土する。9～10世紀に認められる。

　Ea・Eb・Fb類は今のところ確認できないが、Fa類は、宮城県色麻町色麻古墳群106号墳から出土している。大振で口縁部がラッパ状に開き、胴部最大径部に2段の文様帯がある。北日本では唯一の例であろう。

　Gb類には、宮城県松山町亀井囲横穴群7号墓（胴部断面が略円形）出土の例（8）や同矢本町矢本横穴群28号墓（胴部断面が楕円形）出土の例（9）がある（辻1984）。ほかに、前者では同岩沼市引込横穴墓群4号墓・福島県東村笹内古墳群34号墳、後者では青森県八戸市鹿島沢古墳群B号墳・宮城県三本木町青山横穴群2号墓などがある。胴部が半球と半扁球を併せもつ例は、宮城県色麻町色麻古墳群第48号墳から出土している。宮城県の太平洋側での出土が目立つ。

　Ha・Ia類は今のところ確認できない。

　Ja類には、福島県玉川村兎喰遺跡出土の例（10）がある。9世紀前半である。ほかに、札幌市サクシュコトニ川遺跡・青森県浪岡町山本遺跡・秋田県秋田城跡・岩手県水沢市胆沢城跡・山形県酒田市城輪柵跡・宮城県多賀城市多賀城跡など、北海道日本海側から東北地方全域にかけて顕著である。9～10世紀にかけて認められる。

　Jb類には、青森県五所川原市犬走窯跡出土の例（11）がある（五所川原市教育委員会1998）。9世紀末葉頃である。ほかに、北海道豊富町豊里町遺跡・秋田県鹿角市案内Ⅲ遺跡・岩手県北上市煤孫遺跡など東北地方北部から北海道にかけて出土し、青森県に中心がある。

　以上、北日本以外の長頸瓶と北日本のそれを比較すると、7～8世紀のAa・Ab・Ba・Ca・Cb・Fa・Gb類はBa類やGb類の一部が青森県から出土するものの、東北地方南部では北日本以外の列島各地と類似した様相を示す。また、8世紀後半～10世紀のDa・Db類では、前者は東北一円から出土するものの東北地方北部では数が極端に少なく、後者は逆に東北地方北部から北海道日本海側にかけて多く分布する。Ja類とJb類は、前者が東北一円と北海道日本海側に濃い分布を示し、後者はやはり東北北部から北海道日本海側にかけて分布す

る（図102）。

　このように、7・8世紀の東北南部における長頸瓶は、北日本以外の様式が概してそのまま伝播してきたものと捉えられる。これに対して、9・10世紀の北日本はJa類やJb類が主体を占めるようになり、北日本以外の地方におけるDa類主体の在り方とは大きく異なる様相が見られる。[7]

4　北日本の独自性

　Ja・Jb類が、列島の中で偏在した在り方を示すのはなぜであろう。

　筆者はかつて、東北地方と北海道における環状凸帯付長頸瓶について述べ、管見に触れた出土遺跡数をまとめたことがある（本書第5章第3節）。それによれば、1995年末段階で200遺跡1,378点が確認でき、東北一円と道南を中心にした日本海側に多く認められた。これらの中で胴部の知れるものは、すべてJa類もしくはJb類でありHa・Ia類は認められない。北日本以外の列島では、兵庫県札馬36号窯よりJa類と考えられる資料が出土しているが、ほかにJa・Jb類は認めがたくHa・Ia類が県域単位でわずかに点在する程度である。

　はじめに、列島から出土しているHa・Ia類の広がりを瞥見する。Ha類は、先に示した広島県国重1号古墳のほかに岡山県取木遺跡2号・和歌山県鳴滝2号墳・岐阜県稲田山古窯跡第14号窯で出土しており、高台の有無が確認できないH類は広島県小山池廃寺・岐阜県稲田山古窯跡群11号窯などで見つかっている。Ia類は先の長野県秋葉原2号墳以外には認めがたいが、高台部の有無が確認できないI類として岐阜県稲田山古窯跡群第12号・同市立古窯跡群第1・2号窯・同天狗谷窯跡群4号窯などの例がある。稲田窯跡群と天狗谷窯跡群からは、環状凸帯が付く長頸瓶が複数の窯跡から確認されており、特に天狗谷窯跡4号窯からは数多くの個体が見つかった。H・I類を共に出土した稲田山古窯跡群第11号窯は、特に注目される。[8] このように、環状凸帯の有無だけを列島全域に照らしてみれば、Ja・Jb類の北日本における偏在した在り方が理解されよう。

　また列島に照らして、北日本域で特徴的な在り方を示すのに胴部の調整手法

がある。筆者はかつて、乾燥後の最終段階で施される胴部調整（整形）手法について述べたことがある（本書第5章第2節）。それは、ロクロ回転によるヘラケズリ・コグチケズリ（カキメ）の列島的な手法に対して、東北北部・北海道を中心に非ロクロ回転のヘラケズリ・コグチケズリが多用されるという対称性であり、後者が東北北部を中心に濃厚な分布を示すことからそれを東北北部型長頸瓶と呼称した(9)ものである。列島的に北日本が環状凸帯長頸瓶の特色で括られる中、東北北部型長頸瓶がより狭い範囲で分布することは、環状凸帯付長頸瓶と環状凸帯を多用する東北北部型長頸瓶とが、胴部調整手法の相違はあるものの不可分の関係にあることを示唆している。以下、環状凸帯付長頸瓶を胴部調整手法の相違によって分類する。その際、環状凸帯付長頸瓶をR（リング）で表記する。

　R1類…ロクロ回転のヘラケズリ・コグチケズリ・ナデを施す。
　R2類…ロクロ回転のヘラケズリ・コグチケズリと非ロクロ回転のヘラケズリ・コグチケズリを併せもつ。
　R3類…非ロクロ回転のヘラケズリ・コグチケズリを施す。
　これらR1・R2・R3類は、長頸瓶を列島的に分類したうちのJ類に該当する。また同様に、高台の有無をa・bで表記する。

　図102は、R1・R2・R3類の出土遺跡の分布状況をまとめたものである。ここでは、胴部の状態と高台を含む底部・頸部の観察可能な資料に限定してあり、管見に及んだ資料は74遺跡82個体である。口頸部・胴部・底部などの個別資料は、膨大な数に及んでいるため実体を直截的に表現できないが、限られた資料を通じて分布領域の分析を試みたい。

　R1a類は福島県の全域から出土し、宮城県の仙台平野南半・山形県庄内平野・岩手県北上盆地・秋田県横手盆地南半や秋田平野北半・青森県八戸地域に集中する。これらは、福島県域や八戸地域を除けば、多賀城・城輪柵跡・胆沢城や志波城跡・払田柵跡・秋田城跡の存在した地域である。R1a類は、城柵設置地域の南側・城柵設置地域・城柵設置地域を逸脱した八戸地域に分布領域をもつと、まとめられよう。

282 第5章 系譜・流通論

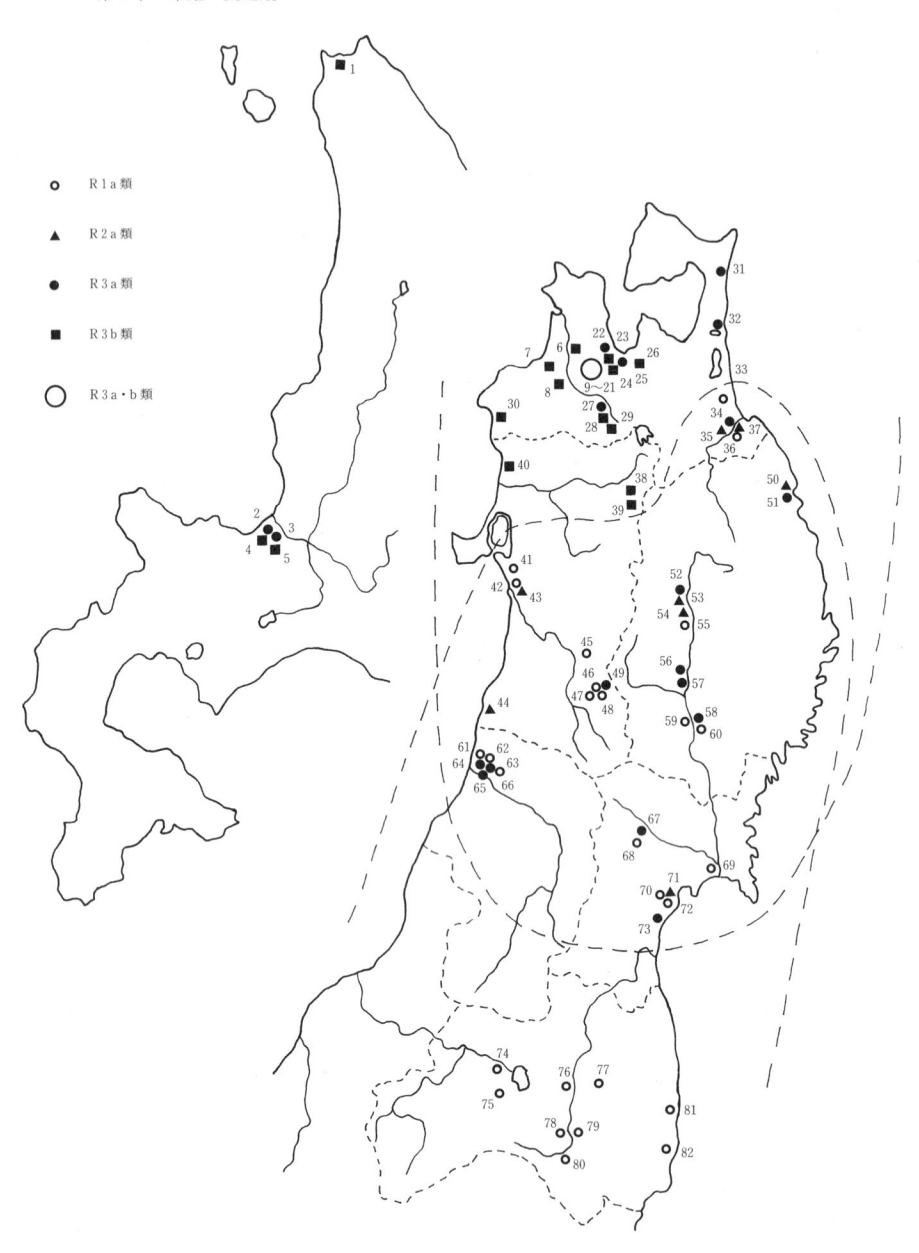

○ R1a類
▲ R2a類
● R3a類
■ R3b類
○ R3a・b類

図102 環状凸帯付長頸瓶の分布

表11 環状凸帯付長頸瓶の類例

No.	地域	遺跡	分類	No.	地域	遺跡	分類
1	北海道	幕別遺跡	R3b	42	〃	秋田城跡	R1a
2	〃	サクシュコトニ川遺跡	R3a	43	〃	〃	R2a
3	〃	K446遺跡	R3a	44	〃	向山遺跡	R2a
4	〃	K39遺跡	R3b	45	〃	払田柵跡	R1a
5	〃	K460遺跡	R3b	46	〃	富ケ沢A窯跡	R1a
6	青森県	鴻ノ巣遺跡	R3b	47	〃	富ケ沢B窯跡	R1a
7	〃	杢沢遺跡	R3b	48	〃	富ケ沢C窯跡	R1a
8	〃	山ノ越遺跡	R3b	49	〃	田久保下遺跡	R3a
9	〃	犬走窯跡	R3b	50	岩手県	源道遺跡	R2a
10	〃	隠川(2)外遺跡	R3a	51	〃	中長内遺跡	R3a
11	〃	〃	R3b	52	〃	上鬼柳III遺跡	R3a
12	〃	隠川(3)遺跡	R3b	53	〃	湯沢(B)遺跡	R2a
13	〃	隠川(4)遺跡	R3a	54	〃	一本松遺跡	R2a
14	〃	〃	R3b	55	〃	田頭遺跡	R1a
15	〃	山本遺跡	R3a	56	〃	上川端遺跡	R3a
16	〃	〃	R3b	57	〃	上川端II遺跡	R3a
17	〃	山元(3)遺跡	R3a	58	〃	宮地遺跡	R3a
18	〃	〃	R3b	59	〃	胆沢城跡	R1a
19	〃	野尻(1)遺跡	R3b	60	〃	力石・兎I遺跡	R1a
20	〃	野尻(4)遺跡	R3a	61	山形県	城輪柵跡	R1a
21	〃	羽黒平遺跡	R3a	62	〃	上ノ山遺跡	R1a
22	〃	三内遺跡	R3a	63	〃	北田遺跡	R3a
23	〃	〃	R3b	64	〃	熊野田遺跡	R3a
24	〃	朝日山(1)遺跡	R3b	65	〃	手蔵田6・7遺跡	R3a
25	〃	野木遺跡	R3a	66	〃	山海窯跡群	R1a
26	〃	蛍沢遺跡	R3b	67	宮城県	名生館遺跡	R3a
27	〃	李平下安原遺跡	R3a	68	〃	色麻古墳群	R1a
28	〃	大平遺跡	R3b	69	〃	須恵窯跡群	R1a
29	〃	古館遺跡	R3b	70	〃	多賀城跡	R1a
30	〃	大野平遺跡	R3b	71	〃	〃	R2a
31	〃	アイヌ野遺跡	R3a	72	〃	山王遺跡	R1a
32	〃	発茶沢(1)遺跡	R3a	73	〃	今泉城跡	R3a
33	〃	中野平遺跡	R1a	74	福島県	上吉田遺跡	R1a
34	〃	岩ノ沢平遺跡	R3a	75	〃	大戸古窯跡群	R1a
35	〃	〃	R2a	76	〃	鳴神遺跡	R1a
36	〃	殿見遺跡	R1a	77	〃	仲ノ縄E遺跡	R1a
37	〃	田面木遺跡	R2a	78	〃	上宮崎B遺跡	R1a
38	秋田県	案内III遺跡	R3b	79	〃	兎喰遺跡	R1a
39	〃	一本杉遺跡	R3b	80	〃	左平林遺跡	R1a
40	〃	湯ノ沢岱遺跡	R3b	81	〃	上本町D遺跡	R1a
41	〃	待入III遺跡	R1a	82	〃	大猿部遺跡	R1a

　R2a類は数が少なく、どれほど実態を反映するかは不明だが、宮城県多賀城跡・秋田県秋田城跡・岩手県志波城跡から徳丹城跡付近・岩手県久慈市を含む青森県八戸地域などで出土する。

　R3a類は福島県を除いた東北・北海道と、城柵設置地域やそれより北へ大きな広がりをもつ点に特色がある。R3b類は、青森県津軽地域を中心に秋田県米

代川流域・北海道の日本海沿岸地域に分布し、城柵設置地域より北の北方域に広がりをもつ。

以上の分布領域を確認できたが、R2a類、R3a・R3b類は筆者が規定した東北北部型長頸瓶であり、R2a類が少数なのに比べてR3a類・R3b類はその主体を占めている。平安時代の東北北部型長頸瓶に対して、同時代のロクロ調整で仕上げる長頸瓶を仮に律令型長頸瓶を呼ぶならば、宮城県・山形県・岩手県・秋田県の東北中央域を主体とする城柵設置地域を混在地域として、南域の律令型長頸瓶と北域の東北北部型長頸瓶に分けられる。このことは、体部調整手法の相違で列島の平安時代長頸瓶を北日本の中で二分したことでもある（図102の分布領域図）。R2a類はこれらの混在地域に分布領域をもち、城柵設置地域と結びつきの強い点が指摘できるし、城柵設置地域より南側のR1a類と同北側のR3b類は対称的に存在するといえる。

R1a類の出現は、現存する資料では9世紀前葉に考えられており、R3b類は高台付長頸瓶の退化形態で9世紀末頃〜10世紀代が思考される。一方、R2a類の調整手法はR3a類とR1a類の折衷タイプであり型式学的には、R2a類→R3a類の推移が辿れる。R2b類が存在しないことも、R2a類がR3a類より相対に古いことを示唆している。小地域間の逆転現象も見られるであろうが、これらを総合すれば類型の出現はR1a類→R2a類→R3a類→R3b類と推移し、漸移的な型式変化を遂げながらR1a類の分布領域である城柵設置より南の福島県域から、R1a・R2a・R3a類分布領域の城柵設置地域と八戸地域、そしてR3a・R3b類分布領域の秋田県米代川流域・津軽地域・北海道日本海沿岸地域へと、より北域に環状凸帯付長頸瓶の分布領域が拡大していく様子が理解できる。

また分布領域による特色として、五所川原窯跡群を擁する津軽地域と同じ北奥で括られる八戸地域との対照性が注目される。津軽地域はR3a類は少なく、R3b類が濃厚な分布領域を示すのに対して、八戸地域はR3a類のほかにR1a・R2a類が分布するだけでなくR3b類を含んでいない。このように比較すると、津軽地域と八戸地域とでは大きなヒアタスが感じられ、より一層八戸地域と城柵設置地域との関連性が強調されるであろう。[10]

5 まとめ

　7世紀半ば頃の中央勢力は、日本海側では新潟県北部地域における渟足・磐舟柵の設置、太平洋側では仙台郡山遺跡の第Ⅰ期官衙の開始によって、これより北の蝦夷社会と対峙した。7世紀前半の長頸瓶は、福島県笊内34号墓などの横穴墓にごく希に認められる程度である（Gb類）。宮城県では、古川市名生館遺跡のように多賀城設置（8世紀初頭）以前の政府の出先施設が大崎平野に確認できることから、7世紀末までの国域は仙台平野北域までと考えられている（工藤1998）。この半世紀余りの時代に、福島県や宮城県域の特に海岸部には多くの横穴墓が営まれ（池上2000）、長頸瓶が急激に増加するが（Ba・Ca・Gb類）、それらには東海系のものが顕著に認められる（後藤1989）。8世紀以降には、城柵官衙遺跡や窯跡における出土が目立ち、それまでの資料に比べると爆発的に増加する。そして、9世紀前葉以降に環状凸帯付長頸瓶（Ja・Jb類）が東北地方から北海道にかけて広範囲に分布し、東北より南の地方と日本列島を大きく二分する特徴を示すようになる。

　北日本の長頸瓶が、分布領域を拡大しながら古墳・奈良・平安時代を通じて導入・定着・展開の道筋を辿ったことが、他の文化要素と共に改めて理解される。特に、新たな展開の指標となる環状凸帯付長頸瓶は、律令期の末端にある城柵設置地域より南の陸奥国から派生し、最終的には城柵設置地域より北の郡制未施行地域で量産される。環状凸帯の付く長頸瓶は、もともと金属器模倣など奢侈品もしくは儀器用品としての価値が想定され（桜岡・神谷1998）、8世紀には美濃国に見られるように、その生産は限定されていた。9世紀には東北地方に突発的に普及し、分布域を拡大する。北日本の環状凸帯付長頸瓶は、生産の時期と量の多さから見て東北地方最大の窯業地である福島県会津地域の大戸窯跡群で発生したと考えられるが、同製品は福島県域のほか、多賀城でも多く見つかっている（宮城県教育委員会1997、石田1999）。9世紀の東北一円に環状凸帯付長頸瓶が広がる現象は、中央政府が8世紀の高圧的征夷から9世紀以降の柔軟路線に政策転換する中で、陸奥国が打ち出した蝦夷懐柔政策に関わる、

いわば政治的意図が契機になったと考えられる。環状凸帯をもつ東北北部型長頸瓶が、環状部のしっかりした作りで、削り調整など全体が整っている形態から、環状部が形骸化し稚拙な作りのものに大きな変化を遂げるのは、官人層から一般庶民層へとその普及を広めたことによる質的変化を伴ったことにほかならない。また、そのことはロクロ・非ロクロの製作面における差異など、ロクロ保持に関わる技術的な側面からも無視できない。

　大戸窯跡に9世紀前葉から出現してくる環状凸帯付長頸瓶が、製作技法の変化を伴いながら、津軽地域の五所川原窯跡で9世紀後葉から10世紀にかけて量産されていく。そして、環状凸帯長頸瓶のうち平底無高台のR3b類は、津軽地域に濃厚な分布領域をもち北海道への広域な広がりをもつ。五所川原窯跡の生産品種類の主体は、杯・小鉢・壺・甕類であり、郡制施行地域における8・9世紀の器種の豊富さに比べ生産器種が極端に限定される。壺の平底化と生産器種の淘汰は、中世の皿・擂り鉢・壺・甕を中心とする器種構成と類似し、その魁的な様相を示している。また、津軽地域と八戸地域の隔絶性も見過ごせない点であり、R1a・R2a類とR3b類の分布域が偏在し、古代史上の「津軽」と「都母村」・「爾薩体村」などの勢力範囲との関連を示唆するものであろう。近年話題になった防禦性集落と考えられている高屋敷館遺跡の存在も（青森県教育委員会1998）、近くにR3b類を量産している五所川原窯跡群を擁する津軽地域の独自性の中で理解されるものである。[11]

　本論では、北日本における長頸瓶が日本列島の中でどのように位置づけられるかを論じてみた。列島のごく限られた資料を大まかに分類し、北日本のものとの比較を通した展開を図ったが、足下のおぼつかない感があるのは否めない。しかし、環状凸帯付長頸瓶の分布領域の特異性を表現するには、列島における長頸瓶との比較は避けられず、あえて愚考を呈することにした。大方の批判と指導を請う次第である。

註
（1）　最近では、各地における長頸瓶の高台形態に着目した津野の問題提起がある（津

野 1997)。
(2) 近年、須恵器を全国的な視野で論じる気運が高まり、『須恵器集成図録』・『古墳出土須恵器集成』などの書籍が出版されたり『須恵器窯の技術と系譜』など各種のシンポジウム資料が公にされている。本文ではこれらを参考にした。
(3) ここでは、頸と胴部の接合部に見られる環状凸帯を有する長頸瓶を取り上げ、きわめて希な胴部に環状凸帯をもつものは扱わない。また子持ち長頸瓶も分類に含めない。
(4) 秋田城跡の例は日本海側、高瀬I遺跡の例は太平洋側における列島最北端の資料であり、律令制の浸透度をよく表している(秋田市教育委員会1991、佐藤2000)。
(5) 口縁部がラッパ状に開くBa類と口唇部付近が弱い逆「く」の字状を呈するGb類が、玄室から共に出土した。ほかの古墳や横穴墓から出土する長頸瓶の内容と比較して傑出した部類といえる(高橋・村田1996)。
(6) 表の湯ノ沢岱遺跡の資料(40)は、頸と胴部の境に2本の沈線があるが、環状凸帯を強く意識していると考えられるため、その傍系と捉え分類に含んである。
(7) 福島県域のJ類が分布領域として安定していることを示すには、境をなす茨城・栃木・群馬・新潟県域の在り方を検討することが大事である。その結果、管見に及んだのは群馬県鳥羽遺跡や矢田遺跡、新潟県馬神窯跡などきわめて僅少である。
(8) 稲田窯跡群と天狗谷窯跡群は隣接しており、美濃須衛窯跡と一括呼称される地域に含まれる。美濃須衛窯跡は中央との結びつきが強く、奈良時代に環状凸帯付長頸瓶の生産が特に許された窯跡の一つではなかったであろうか。
(9) 列島を二分する東北北部型長頸瓶の分布域に重なる技法の特色として、ほかに底面に放射状痕跡をもったり(本書第3章第3節)砂を付着したりする手法がある(利部1995a、本書第4章第3節)。
(10) 八戸地域では、森ヶ沢遺跡から5世紀代の須恵器や阿光坊遺跡・鹿島古墳から7世紀代の平瓶・フラスコ形長頸瓶などが出土し、7世紀以前の須恵器が出土していない津軽地域に比べ、城柵設置以前にも東北南部以南との交流の強さが推し量られる(阿部1998、八戸市博物館1991)。
(11) 工藤清泰は、五所川原窯跡群は王朝国家側から蝦夷村に打ち込まれた楔と考えている(工藤1994)が、筆者は冒頭で述べたように蝦夷の系譜にある津軽地域の首長による主体的な操業と考えている。

引用・参考文献一覧

会津若松市教育委員会　1994　『大戸古窯跡群発掘調査報告書』遺物編
青森県教育委員会　1975　『近野遺跡発掘調査報告書』
　　　　　　　　　1976　『黒石市牡丹平南遺跡・浅瀬石遺跡発掘調査報告書』
　　　　　　　　　1978　『三内遺跡』
　　　　　　　　　1979　『羽黒平遺跡発掘調査報告書』
　　　　　　　　　1980　『古館遺跡発掘調査報告書』
　　　　　　　　　1982　『下北地点原子力発電所建設予定地内埋蔵文化財試掘調査報告書』
　　　　　　　　　1987　『山本遺跡発掘調査報告書』
　　　　　　　　　1991　『中野平遺跡―古代編（第2分冊）―』
　　　　　　　　　1994　『山元（3）遺跡』
　　　　　　　　　1998　『高屋敷館遺跡発掘調査報告書』
秋田県教育委員会　1964　『羽後町足田遺跡発掘調査概報』
　　　　　　　　　1967　『足田遺跡発掘調査概報』
　　　　　　　　　1974　『中藤根遺跡』
　　　　　　　　　1975　『城土手遺跡緊急発掘調査報告書　海老沢窯跡緊急発掘調査報告書』
　　　　　　　　　1976a『下藤根遺跡発掘調査報告書』
　　　　　　　　　1976b『成沢遺跡発掘調査報告書』
　　　　　　　　　1976c『能代・山本地区広域農道建設に伴う発掘調査報告書』
　　　　　　　　　1976d『払田柵跡―昭和50年度発掘調査概要―』
　　　　　　　　　1981　『藤木遺跡、内村遺跡、桐木田遺跡、杉沢台遺跡、竹生遺跡発掘調査概報』
　　　　　　　　　1984　『三十刈Ⅰ・Ⅱ遺跡発掘調査報告書』
　　　　　　　　　1985a『払田柵跡Ⅰ―政庁跡―』
　　　　　　　　　1985b『広沢山遺跡発掘調査報告書』
　　　　　　　　　1986　『カウヤ遺跡第2次発掘調査報告書――般国道7号小砂川局改計画路線に伴う埋蔵文化財発掘調査―』
　　　　　　　　　1987　『秋田県遺跡地図（県南版）』
　　　　　　　　　1988　『一般国道7号八竜能代道路建設事業に係る埋蔵文化財発掘調査報告書Ⅰ―寒川Ⅰ遺跡・寒川Ⅱ遺跡―』

290　引用・参考文献一覧

秋田県教育委員会　1989a『一般国道 7 号八竜能代道路建設事業に係る埋蔵文化財発掘調査報告書Ⅱ―福田遺跡・石丁遺跡・蟹子沢遺跡・十二林遺跡』
　　　　　　　　　1989b『払田柵跡調査事務所年報 1988　払田柵跡―第 74～78 次調査概要―』
　　　　　　　　　1990a『東北横断自動車道秋田線発掘調査報告書Ⅳ―下田遺跡・下田谷地遺跡―』
　　　　　　　　　1990b『東北横断自動車道秋田線発掘調査報告書Ⅴ―手取清水遺跡―』
　　　　　　　　　1991a『東北横断自動車道秋田線発掘調査報告書Ⅹ―上猪岡遺跡―』
　　　　　　　　　1991b『東北横断自動車道秋田線発掘調査報告書Ⅺ―竹原窯跡―』
　　　　　　　　　1991c『七窪遺跡発掘調査報告書』
　　　　　　　　　1991d『払田柵跡調査事務所年報1990　払田柵跡―第84～87次調査概要―』
　　　　　　　　　1992a『秋田外環状道路建設事業に係る埋蔵文化財発掘調査報告書―待入Ⅲ遺跡―』
　　　　　　　　　1992b『秋田ふるさと村（仮称）建設事業に係る埋蔵文化財発掘調査報告書』第 1・2 分冊
　　　　　　　　　1992c『国道 103 号道路改良事業に係る埋蔵文化財調査報告書Ⅴ―山王岱遺跡―』
　　　　　　　　　1996　『秋田外環状道路建設事業に係る埋蔵文化財発掘調査報告書Ⅳ―片野Ⅰ遺跡―』
　　　　　　　　　1999　『払田柵跡Ⅱ―区画施設―』
　　　　　　　　　2000　『十二牲 B 遺跡―県営ほ場整備事業（金沢地区）に係る埋蔵文化財発掘調査報告書―』
　　　　　　　　　2007　『虚空蔵大台滝遺跡』
秋田考古学協会　1975　『手形山窯跡』
　　　　　　　　1977　『野形遺跡』
秋田市教育委員会　1976　『秋田城跡』昭和 50 年度秋田城跡発掘調査概報
　　　　　　　　　1978　『秋田城跡』昭和 52 年度秋田城跡発掘調査概報
　　　　　　　　　1981　『後城遺跡発掘調査報告書』
　　　　　　　　　1984a『秋田市　秋田臨空港新都市開発関係埋蔵文化財発掘調査報告書』
　　　　　　　　　1984b『秋田城跡』昭和 58 年度秋田城跡発掘調査概報

秋田市教育委員会　1986　『秋田城跡』昭和60年度秋田城跡発掘調査概報
　　　　　　　　　1990　『秋田城跡』平成元年度秋田城跡発掘調査概報
　　　　　　　　　1991　『秋田城跡』平成2年度秋田城跡発掘調査概報
　　　　　　　　　1992　『秋田城跡』平成3年度秋田城跡発掘調査概報
　　　　　　　　　1993　『秋田城跡』平成4年度秋田城跡発掘調査概報
　　　　　　　　　1996　『秋田城跡』平成7年度秋田城跡調査概報
　　　　　　　　　2002　『秋田城跡―政庁跡―』
浅田智晴　2006　「付章　防御性集落と林ノ前遺跡」『林ノ前遺跡Ⅱ』青森県教育委員会
阿部義平　1968　「東国の土師器と須恵器―多賀城外の出土土器をめぐって―」『帝塚山考古学』No.1
　　　　　1998　「本州北部の続縄文文化―森ヶ沢遺跡を巡って―」『考古学ジャーナル』436号　ニュー・サイエンス社
安藤　寛　1992　「Ⅶ　平成3年度調査のまとめ」『国分寺・国府台遺跡―発掘調査報告書―』磐田市教育委員会
池上　悟　2000　『日本の横穴墓』雄山閣出版
池田榮史・舟山良一・松本敏三編　1996　『須恵器集成図録』第5巻　雄山閣出版
池田裕英　1993　「9　平城京出土の須恵器について」『古代の土器研究―律令的土器様式の西・東2　須恵器―』古代の土器研究会
石郷岡誠一　1986　「湯ノ沢F遺跡」『秋田新都市開発整備事業関係埋蔵文化財発掘調査報告書』秋田市教育委員会
石田明夫　1998　「(1)大戸古窯跡群の概要」『会津大戸窯跡　大戸古窯跡群保存管理計画書』会津若松市教育委員会
　　　　　1999　「東北南部の須恵器窯」『須恵器窯構造資料集1』窯跡研究会
板橋　源　1981　「Ⅰ　紫波城の歴史的考察」『紫波城跡Ⅰ』盛岡市教育委員会
一戸町教育委員会　1981　『一戸バイパス関係埋蔵文化財報告書Ⅰ』
伊藤玄三　1968　「末期古墳の年代について―東北地方末期古墳出土遺物を通して―」『古代学』第14巻3・4号　古代学協会
伊藤武士　1977　「出羽における10・11世紀の土器様相」『北陸古代土器研究』第7号　北陸古代土器研究会
　　　　　2003　「(2)出羽北部―秋田県―」『中世奥羽の土器・陶磁器』高志書院
伊藤博幸　1989　「陸奥国の黒色土師器―岩手・宮城地域」『東国土器研究』第2号
　　　　　1995　「第3章　主要窯跡と須恵器」『須恵器集成図録』第4巻　雄山閣出版
伊藤博幸・酒井清治編　1995　『須恵器集成図録』第4巻　雄山閣出版
井上和人　1983　「「布留式」土器の再検討」『文化財論叢』奈良国立文化財研究所

引用・参考文献一覧

井上辰雄　1978　「6　近習隼人」『熊襲と隼人』教育社
井上雅孝　1996　「岩手県における古代末期から中世前期の土器様相（素描）」『中近世土器の基礎研究』Ⅺ　日本中世土器研究会編
今泉隆雄　1986　「蝦夷の朝貢と饗給」『東北古代史の研究』吉川弘文館
　　　　　1996　「大化の改新と東国」『東アジアにおける古代国家成立期の諸問題』国際古代史シンポジウム実行委員会
岩崎卓也　1979　「東日本の土師器」『世界陶磁全集2』日本古代　小学館
岩手県教育委員会　1981a『東北縦貫自動車道関係埋蔵文化財調査報告書Ⅹ』
　　　　　　　　　1981b『東北縦貫自動車道関係埋蔵文化財調査報告Ⅺ』
　　　　　　　　　1982a『東北縦貫自動車道関係埋蔵文化財調査報告書ⅩⅣ』
　　　　　　　　　1982b『東北縦貫自動車道関係埋蔵文化財調査報告書ⅩⅦ』
岩手県埋蔵文化財センター　1982　『金ヶ崎バイパス関連遺跡発掘調査報告書（Ⅱ）水沢市膳性遺跡』
岩見誠夫　1972　「南秋田郡若美町海老沢出土の須恵器に関して」『秋田考古学』第30号　秋田考古学協会
　　　　　1977　「第1集　若美町の遺跡」『若美町史資料』若美町役場
岩見誠夫・船木義勝　1985　「秋田県の須恵器および須恵器窯の編年」『秋大史学』32　秋田大学史学会
上田　睦　1991　「寺を建てた氏族たち―摂・河・泉」『古代の寺を考える』帝塚山考古学研究所
氏家和典　1957　「東北土師器の型式分類とその編年」『歴史』14号　東北史学会
　　　　　1967　「陸奥国分寺跡出土の丸底坏をめぐって―奈良・平安期土師器の諸問題―」『柏倉亮吉教授還暦記念論文集　山形県の考古と歴史』山教史学会
宇田川　洋　1994　「北方地域の土器底部の刻印記号論」『日本考古学』第1号　日本考古学協会
宇部則保　1989　「青森県における7・8世紀の土師器―馬淵川下流域を中心として―」『北海道考古学』第25号　北海道考古学会
江刺市　1981　『江刺市史』第5巻　資料編　考古資料
遠藤勝博・相原康二　1983　「岩手県南部（北上川中流域）における所謂第Ⅰ型式の土師器・前期土師器の内容について」『考古学論叢Ⅰ』芹沢長介先生還暦記念論文集刊行会
及川　司・杉沢昭太郎　2003　「(3)陸奥北部1―岩手県―」『中世奥羽の土器・陶磁器』高志書院

大江　傘　1983　「第四節　古代・中世の古窯跡」『各務原市史―考古・民俗編』各務原市
大川　清　1983　『古代窯業の実験研究（1）』日本窯業史研究所
大館市教育委員会　1990　『山王台遺跡発掘調査報告書』
大村　裕　1994　「「縄紋」と「縄文」」『考古学研究』第41巻第2号　考古学研究会
大和久震平　1963　「平鹿郡雄物川町末館窯址発掘調査報告」『横手郷土史資料』第35号　横手郷土史研究会
岡田茂弘・桑原滋郎　1974　「多賀城周辺における古代杯形土器の変遷」『研究紀要』1　宮城県多賀城跡調査研究所
男鹿市教育委員会　1982　『脇本埋没家屋第4次発掘調査報告書』
小川貴司　1979　「回転糸切り技法の展開」『考古学研究』通巻101号　考古学研究会
荻野繁春　1981　「第V章　出土遺物の検討―3技術論―」『老洞古窯跡群発掘調査報告書』岐阜市教育委員会
小笠原好彦　1988　「古墳時代末期の土器」『季刊考古学』第24号　雄山閣出版
小田和利　1994　「豊前出土の北陸系土器について」『九州歴史資料館研究論集』19　九州歴史資料館
利部　修　1987　「炭焼遺構の分類」『東京・太陽の丘遺跡』創価大学出版会
　　　　　1989　「第3章　B区の調査の記録」『東北横断自動車道秋田線発掘調査報告書Ⅲ』秋田県教育委員会
　　　　　1992a「秋田県」『古墳時代の竈を考える』第2分冊　和歌山県文化財センター
　　　　　1992b「秋田県・横手地方の須恵器編年」『東日本における古代・中世窯業の諸問題』大戸古窯跡群検討会
　　　　　1995a「砂底須恵器の一考察」『研究紀要』第10号　秋田県埋蔵文化財センター
　　　　　1995b「横手盆地の古代遺跡と払田柵跡」『第21回　古代城柵官衙遺跡検討会資料』古代城柵官衙遺跡検討会
　　　　　1997　「北部日本海側における須恵器生産の特質」『日本考古学協会1997年度大会研究発表要旨』日本考古学協会
　　　　　2001a「横手盆地の須恵器窯跡とその製品」『秋田歴研協会誌』第18号　秋田県歴史研究者・研究団体協議会
　　　　　2001b「列島北域の長頸瓶」『古代の土器研究―律令的土器様式の西・東6須恵器の製作技法とその転換―』古代の土器研究会
　　　　　2004　「出羽北部の須恵器窯」『須恵器窯構造資料集2―8世紀中頃から12世紀を中心にして―』窯跡研究会

角田市教育委員会　1997　『住社遺跡』
加藤道男　1989　「宮城県における土師器研究の現状」『考古学論叢Ⅱ』芹沢長介先生還暦記念論文集刊行会
　　　　　　1992　「宮城県の土器様相」『第18回　古代城柵官衙遺跡検討会資料』古代城柵官衙遺跡検討会
河南町教育委員会　1993　『関ノ入遺跡―陸奥海道地方最大の須恵器生産地―』河南町文化財調査報告書第7集
上磯町教育委員会　1990　『矢不来3遺跡―津軽海峡線上磯・茂辺地間信号所新設工事に伴う埋蔵文化財発掘調査報告書―』
神谷裕子　1996　「赤坂総合公園予定地内発掘調査概報―郷土館窯跡と郷土館D遺跡の土師器焼成遺構」『窯跡通信』第6号　窯跡研究会
川崎市教育委員会　1954　『川崎市菅寺尾台瓦塚廃堂址調査報告』
川崎利夫　1999　「出羽南半における律令制成立期の土器様相」『山形考古』第6巻第3号　山形考古学会
　　　　　　2004　「序論　出羽の古墳とその時代」『出羽の古墳時代』高志書院
川西町教育委員会　1981　『道伝遺跡発掘調査報告書』
岸本雅敏　1982　「Ⅷ　東江上遺跡」『北陸自動車道遺跡調査報告書―上市町土器・石器編―』上市町教育委員会
北野博司　1996　「古代北陸の煮炊具」『古代の土器研究―律令的土器様式の西・東4　煮炊具―』古代の土器研究会
　　　　　2001a「須恵器の成形技法」『北陸古代土器研究』第9号　北陸古代土器研究会
　　　　　2001b「須恵器の風船技法」『北陸古代土器研究』第9号　北陸古代土器研究会
　　　　　2001c「須恵器成形技法研究の現状と課題」『古代の土器研究―律令的土器様式の西・東6　須恵器の製作技法とその転換―』古代の土器研究会
　　　　　2003　「須恵器長頸瓶の成形技法とその展開」『歴史遺産研究紀要』創刊号
木村　高　1999　「東北地方北部における弥生系土器と古式土師器の並行関係―続縄文土器との共伴事例から―」『研究紀要』第4号　青森県埋蔵文化財センター
木村泰彦・池田裕英　1994　「1　平城・長岡・平安各宮・京出土の猿投産須恵器について」『古代の土器研究―律令的土器様式の西・東3　施釉陶器―』古代の土器研究会
草間俊一　1958　「第九　土師器文化・先史期」『盛岡市史』盛岡市役所

工藤清泰　1994　「古代末・中世初期の北奥―考古学資料からの考察―」『歴史評論』通巻535号　歴史科学協議会
　　　　　　1998　「第2節　五所川原産須恵器の集落供給と開窯年代」『犬走須恵器窯跡発掘調査報告書』五所川原市教育委員会
工藤雅樹　1998　「第1章　初期の柵とコホリ」『蝦夷と東北古代史』吉川弘文館
　　　　　　2000　『古代蝦夷』吉川弘文館
久保田正寿　1989　『土器の焼成1』
熊谷公男　1992a 「10　古代東北の豪族」『新版古代の日本』9　角川書店
　　　　　　1992b 「平安初期における征夷の終焉と蝦夷支配の変質」『東北文化研究所紀要』24　東北学院大学東北文化研究所
熊田亮介　1992　「蝦夷と古代国家」『日本史研究』第356号　吉川弘文館
　　　　　　1996　「蝦狄と北の城柵」『越と古代の北陸』名著出版
桑原滋郎　1976　「東北北部および北海道の所謂第Ⅰ型式の土師器について」『考古学雑誌』第61巻第4号　日本考古学会
　　　　　　1992　「8　城柵を中心とする古代官衙」『新版古代の日本』9　角川書店
小井川和夫　1982　「Ⅳ．考察」『東北自動車道遺跡調査報告書Ⅵ』宮城県教育委員会
神戸市立博物館　1993　『銅鐸の世界展』神戸市スポーツ教育公社
湖西市教育委員会　1983　『東笠子遺跡群発掘調査概報』
小島瓔禮　1990　「3　海上の道と隼人文化」『隼人世界の島々』小学館
五所川原市教育委員会　1998　『犬走須恵器窯跡発掘調査報告書』
児玉　準　1993　「秋田県払田柵跡発掘調査の近況」『日本歴史』第539号　吉川弘文館
後藤建一　1989　「湖西古窯跡群と須恵器の窯構造」『静岡県の窯業遺跡』静岡県埋蔵文化財調査研究所
　　　　　　2001　「湖西窯跡群の須恵器製作工程について」『古代の土器研究―律令的土器様式の西・東6　須恵器の製作技法とその転換―』古代の土器研究会
後藤建一・齋藤孝正編　1995　『須恵器集成図録』第3巻　雄山閣出版
後藤和民　1980　「Ⅲ　土器づくりの技術」『縄文土器をつくる』中公新書
後藤寿一　1981　「1．江別遺跡の今昔」『元江別遺跡群』北海道先史学協会
小林　克　1991　「農耕社会に南下した狩猟採集民―秋田県能代市寒川Ⅱ遺跡の事例」『考古学ジャーナル』341号　ニュー・サイエンス社
小松市教育委員会　1991　『戸津古窯跡群Ⅰ』
小松正夫　1977　「秋田県の土師器について」『考古風土記』第2号
　　　　　　1978　「秋田県の土師器・須恵器について」『歴史時代土器の研究Ⅰ』歴史時代土器研究会

小松正夫　1989　「8、9世紀における出羽北半須恵器の特質」『考古学研究』第36巻第1号

1992　「秋田城とその周辺地域の土器様相（試案）―第54次調査の木簡・漆紙文書伴出土器を中心にして―」『第18回　古代城柵官衙遺跡検討会資料』古代城柵官衙遺跡検討会

1996　「秋田県の7世紀以前の土器」『日本土器事典』雄山閣出版

小森俊寛　1994　「2　平安京出土の灰釉陶器」『古代の土器研究―律令的土器様式の西・東3　施釉陶器―』古代の土器研究会

1996　「近畿北部の煮炊具―但馬・丹後・丹波・山城・大和・近江・伊賀・伊勢・志摩―」『古代の土器研究―律令的土器様式の西・東4　煮炊具―』古代の土器研究会

埼玉県教育委員会　1974　『関越自動車道関係埋蔵文化財発掘調査報告Ⅲ』

斎藤　忠　1989　「第2節　渦巻文の新たな発達」『壁面古墳の系譜』学生社

酒井清治　1989　「古墳時代の須恵器生産の開始と展開―埼玉を中心として―」『研究紀要』第11号　埼玉県立歴史資料館

坂井秀弥　1989a　「3　奈良・平安時代」『新新バイパス関係発掘調査報告書　山三賀Ⅱ遺跡』新潟県教育委員会

1989b　「北陸型土師器長甕の製作技法」『新潟考古学談話会会報』第3号　新潟考古学談話会

1996　「日本海側の古代城柵と北方社会」『考古学ジャーナル』411号　ニュー・サイエンス社

寒河江市教育委員会　1984　『平野山窯跡第14地点発掘調査報告書』

坂口　一　1991　「土師器型式変化の要因―群馬県における出現期の須恵器模倣土師器の様相―」『研究紀要』8　群馬県埋蔵文化財調査事業団

酒田市教育委員会　1988　『手蔵田6・7遺跡』

坂詰秀一　1972　「津軽・持子沢窯跡の調査」『考古学ジャーナル』76号　ニュー・サイエンス社

桜井清彦　1958　「東北地方北部における土師器と竪穴に関する諸問題」『館址』東京大学出版会

桜井清彦・小岩末治　1956　「岩手県水沢市権現堂遺跡調査報告―その伴出土師器の占むる位置について―」『考古学雑誌』第41巻第2号　日本考古学協会

桜岡正信・神谷佳明　1998　「金属器模倣と金属器指向」『研究紀要』15　群馬県埋蔵文化財調査事業団

桜田　隆　1977　「青森県における土師器第一型式の分類と編年の問題点」『考古風土器』第2号
　　　　　　1982　「(13) 底面に砂粒を付着させる甕形土師器とその分布範囲について」『日本考古学協会第48回総会』日本考古学協会
　　　　　　1993　「『砂底』土器考」『翔古論聚―久保哲三先生追悼論文集』
　　　　　　1997　「底面に砂粒を付着させる土師器とその分布範囲について」『蝦夷・律令国家・日本海―シンポジウムⅡ・資料集』日本考古学協会1997年度秋田大会実行委員会
桜田　隆・鈴木初男　1987　「第4章　検出された遺構と遺物」『西海老沢遺跡発掘調査報告書』若美町教育委員会
札幌市教育委員会　1979　『K446遺跡』
佐藤浩彦　2000　「高瀬Ⅰ遺跡・下」『遺跡は語る』岩手日報社
佐藤敏幸　1993　「3. 須江窯跡群における須恵器の変遷（案）」『関ノ入遺跡―陸奥海道地方最大の須恵器生産地』河南町教育委員会
柴垣勇夫　1995　「装飾須恵器の特徴とその分布」『装飾須恵器展』愛知県陶磁資料館
柴田陽一郎　1996　「横手盆地の古代遺跡」『十文字町史』十文字町
島田祐悦　2006　「大鳥井柵跡と清原関連遺跡」『清原のかわらけ―大鳥井柵跡を中心として―』横手市教育委員会・後三年合戦（役）史跡検討会
白石太一郎　1982　「畿内における古墳の終末」『国立歴史民俗博物館研究報告』第1集　国立歴史民俗博物館
白鳥良一　1980　「多賀城跡出土土器の変遷」『研究紀要』Ⅶ　宮城県多賀城跡調査研究所
新谷　武　1981　「五所川原市周辺の須恵器窯跡出土の長頸瓶について」『弘前大学考古学研究』創刊号　弘前大学考古学研究会
新地町教育委員会　1978　『三貫地　田丁場A地点調査報告　田丁場B地点調査概報』
進藤秋輝　1991　「城柵の設置とその意義」『北からの視点』日本考古学協会1991年度宮城・仙台大会実行委員会編
新野直吉・船木義勝　1990　「5　創建時代の検討」『払田柵跡の研究』文献出版
杉渕　馨　1981　「物見窯跡について」『秋田地方史論集』みしま書房
杉本　良　1991　「東京都八王子市石川天野遺跡出土の黒色土器の系譜」『東京考古』9　東京考古談話会
鈴木俊男　1988　「第5章　検出遺構と遺物」『七窪遺跡発掘調査報告書』羽後町教育委員会
関　豊　1981　「二戸市内馬渕川段丘上の集落址出土の土師器について（奈良時代を中心に）」『中曽根Ⅱ遺跡発掘調査報告書（本文編）』二戸市教育委員会

仙台市教育委員会　1982　『栗遺跡』
多賀城跡調査研究所　1973　『宮城県多賀城跡調査研究所年報 1972　多賀城跡―昭和 47 年度発掘調査概報―』
高槻市教育委員会　1981　『昭和 53・54・55 年度　高槻市文化財年報』
高橋誠明・村田晃一　1996　「陸奥国における 7 世紀の様相」『飛鳥・白鳳期の諸問題 I』国際古代史シンポジウム実行委員会
高橋　学　1989　「第 2 章　調査の記録」『一般国道 7 号八竜能代道路建設事業に係る埋蔵文化財発掘調査報告書 II』秋田県教育委員会
田嶋明人　1988　「古代土器編年軸の設定―加賀地域にみる 7 世紀から 11 世紀中頃にかけての土器群の推移―」『シンポジウム北陸の古代土器研究の現状と課題』報告編　石川考古学研究会・北陸古代土器研究会
　　　　　1992　「北陸諸窯にみる土器生産と地域色―加賀・能登・越中を中心に―」『東日本における古代・中世窯業の諸問題』大戸古窯跡群検討会
辰巳和弘　1992　『埴輪と絵画の古代学』白水社
巽　淳一郎　1991　「12　都の焼物の特質とその変容」『新版古代の日本』第 6 巻　角川書店
巽　淳一郎ほか　1992　『平城宮・京出土須恵器の分類と産地同定』平成元年度～3 年度科学研究費補助金（一般研究 C）研究成果報告
田中　琢　1967　「(4) 畿内」『日本の考古学　VI』歴史時代（上）　河出書房新社
田中広明　1991　「古墳時代後期の土師器生産と集落への供給―有段口縁坏の展開と在地社会の動態―」『埼玉考古学論集―設立 10 周年記念論文集―』
田辺昭三　1981　『須恵器大成』角川書店
玉田芳英　1992　「平城宮の土器」『古代の土器研究―律令的土器様式の西東―』第 1 回シンポジウム古代の土器研究会
築達栄八編　1987　『魅惑の仏像 18　聖観音』毎日新聞社
千歳市教育委員会　1985　『末広遺跡における考古学的調査（続）』
辻　秀人　1984　「宮城の横穴と須恵器」『宮城の研究』考古学編　清文堂
　　　　　1989　「須恵器生産窯の同定について―考古学的方法によるアプローチ―」『考古学論叢 II』芹沢長介先生還暦記念論文集刊行会
津野　仁　1997　「須恵器技術・工人編成と系譜」『東国の須恵器―関東地方における歴史時代須恵器の系譜―』古代生産史研究会
鶴岡市教育委員会　1992　『荒沢窯跡・玉林坊遺跡分布調査報告書』
鶴間正昭　1996　「小山窯（多摩ニュータウン No. 342 遺跡 1 号窯）の成立をめぐって」『研究論集』XV　東京都埋蔵文化財センター

東北歴史資料館ほか　1985　「24　平安初期の情勢」『多賀城と古代東北』宮城県文化財保護協会
豊島　昂　1960　「土師器・須恵器の編年」『秋田県史考古編』加賀谷書店
栃木県教育委員会　1988　『下野国府跡Ⅷ土器類調査報告』
富山県教育委員会　1982a『小杉流通業務団地内遺跡群　第3・4次緊急発掘調査概要』
　　　　　　　　　1982b『上野赤坂A遺跡―県民公園太閤山ランド地内遺跡群発掘調査報告（1）―』
直井孝一・野中一宏　1981　「Ⅲ　後藤遺跡」『元江別遺跡群』北海道先史学協会
仲田茂司　1994　「東北地方におけるロクロ土師器の受容とその背景」『考古学雑誌』第79巻第3号
永田英明　1992　「東北古代史図Ⅳ（律令時代）」『新版古代の日本』第9巻　角川書店
中村明蔵　1993　『隼人と律令国家』名著出版
中村　浩　1985　「須恵器による編年」『季刊考古学』第10号　雄山閣出版
中村　浩編　1995　『須恵器集成図録』第1巻　雄山閣出版
中村浩・藤原学編　1996　『須恵器集成図録』第2巻　雄山閣出版
納谷信広　2001　「西目町宮崎遺跡出土の土師器について」『秋田考古学』第47号　秋田考古学協会
奈良国立文化財研究所　1978a『飛鳥・藤原宮発掘調査報告Ⅱ』
　　　　　　　　　　　1978b『平城宮発掘調査報告Ⅸ』
　　　　　　　　　　　1982a『平城宮発掘調査報告Ⅺ』
　　　　　　　　　　　1982b「水落遺跡」『飛鳥・藤原宮発掘調査概報12』
　　　　　　　　　　　1990　『西大寺防災施設工事・発掘調査報告書』
楢崎彰一　1961　「須恵器」『世界考古学大系4』平凡社
奈良修介　1967　「土師器・須恵器編年」『秋田県の考古学』郷土考古学叢書　吉川弘文館
　　　　　1977　「第三節　土師器・須恵器の編年」『秋田県史考古編』加賀谷書店
奈良修介・豊島　昂　1960　「平鹿郡末館窯址」『秋田県史』
新野直吉・船木義勝　1990　『払田柵の研究』文献出版
西　弘海　1979　「西日本の土師器」『世界陶磁全集2』日本古代　小学館
　　　　　1982　「土器様式の成立とその背景」『考古学論考』小林行雄博士古稀記念論文集　真陽社
　　　　　1986　「平底の土器・丸底の土器」『土器様式の成立とその背景』真陽社
西村正衛・桜井清彦　1953　「青森県森田村附近の遺跡調査概報（第2次調査）」『古代』第10号　早稲田大学考古学会

西目町教育委員会　1987　『宮崎遺跡発掘調査報告書』
二戸市教育委員会　1981　『中曽根Ⅱ遺跡発掘調査報告書（図版編）』
沼山源喜治　1976　「陸奥北半における末期群集墳の性格」『北奥古代文化』第8号　北奥古代文化研究会
能代市教育委員会　1978　『大館遺跡発掘調査報告書』
野末浩之　1995　「特殊須恵器の器種と特徴」『装飾須恵器展』愛知県陶磁資料館
萩原秀三郎　1990　「第3章　舟を浮かべ鼓をたたき祖を祀る」『図説　日本人の原郷』小学館
長谷川　厚　1987　「古墳時代後期土器の研究（1）―斉一性と地域性について―」『神奈川考古』第23号　神奈川考古同人会
　　　　　　1991　「関東」『古墳時代の研究』第6巻　雄山閣出版
八王子市南部地区遺跡調査会編　2000　『南多摩窯跡群Ⅲ』
八戸市教育委員会　1987　『八戸新都市区域内埋蔵文化財発掘調査報告書―田面木平（1）遺跡―』
　　　　　　　　　1988a『史跡根城跡発掘調査報告書Ⅹ』
　　　　　　　　　1988b『八戸新都市区域内埋蔵文化財発掘調査報告書Ⅴ　田面木平遺跡（1）』
　　　　　　　　　1990　『八戸市西霊園整備事業に伴う埋蔵文化財発掘調査報告書―見立山（2）遺跡―』
八戸市博物館　1991　「八戸周辺の古墳」『八戸の古代―むらの人びとのくらし―』
八幡町教育委員会　1995　『図説　八幡町史』
服部久美　1997　「出土遺物」『南多摩窯跡群』八王子市南部地区遺跡調査会
　　　　　2001　「3　須恵器の製作技法」『南多摩窯跡群―八王子みなみ野シティ内における古代窯跡の発掘調査報告―Ⅳ』八王子市南部地区遺跡調査会
鳩山町教育委員会　1990　『鳩山窯跡群Ⅱ―窯跡編（2）―』
東松山市　1981　『東松山市史　資料編Ⅰ巻』
東松山市教育委員会　1964　『冑塚古墳』
樋口知志　2004　「第2節　『出羽山北主』清原氏」「第3節　前九年・後三年合戦と清原氏」『秋田市史』第1巻　秋田市
菱田哲郎　1996　『須恵器の系譜』講談社
菱田哲郎・奥西藤和　1990　「八代宮ノ谷窯跡出土の須恵器」『鬼神谷窯跡発掘調査報告』竹野町教育委員会
比田井克仁　1991　「一地方窯成立の史的契機」『研究論集』Ⅹ　東京都埋蔵文化財センター

日野　久　1976　「秋田城跡出土土器（2）」『秋田考古学』第33号　秋田考古学協会
平泉町教育委員会　1994　『特別史跡中尊寺境内金剛院発掘調査報告書』
平尾政幸　1996　「畿内の土師器甕の製作技法」『古代の土器研究―律令的土器様式の西・東4　煮炊具―』古代の土器研究会
　　　　　　2001　「須恵器製作技法の検討にむけて」『古代の土器研究―律令的土器様式の西・東6　須恵器の製作技法とその転換―』古代の土器研究会
平鹿町教育委員会　1988　『年子狐地区遺跡詳細分布調査報告書』
昼間孝志ほか　1989　「北武蔵における古瓦の基礎的研究Ⅲ」『研究紀要』第6号　埼玉県埋蔵文化財調査事業団
福岡町教育委員会　1965　『堀野遺跡』
福島県教育委員会　1986　『母畑地区遺跡発掘調査報告21』
福島市教育委員会　1990　『台畑遺跡』
藤原弘明　2003　「第8章　まとめ」『五所川原須恵器窯跡群』五所川原市教育委員会
藤原　学　1991　「3 須恵器の編年　A 畿内」『古墳時代の研究』第6巻　雄山閣出版
船木義勝　1985　「1　横手盆地の須恵器窯」『払田柵跡Ⅰ』秋田県教育委員会
　　　　　　1986　「秋田城跡についての一考察」『秋田県埋蔵文化財センター研究紀要』第1号　秋田県埋蔵文化センター
　　　　　　1990　「考古資料」『秋田県立博物館ニュース』No.82　秋田県立博物館
古川一明・白鳥良一　1991　「2 土師器の編年　8 東北」『古墳時代の研究』第6巻　雄山閣出版
星野恭子　1992　「須恵器甕の製作」『南多摩窯跡群　東京造形大学宇津貫校地内における古代窯跡の発掘調査報告書』東京造形大学宇津貫校地内埋蔵文化財発掘調査団
本荘市教育委員会　1978　『葛法窯跡分布調査報告書』
間壁忠彦　1993　「吉備の特殊器台」『考古学の世界』第4巻　ぎょうせい
町田甲一・岩崎和子　1993　『仏像の知識百科』主婦と生活社
三浦圭介　1991　「古代における東北地方北部の生業」『北からの視点』日本考古学協会1991年度仙台大会実行委員会
　　　　　　1995　「〈2〉津軽地方で生産された須恵器」『新編弘前市史―史料編Ⅰ（考古編）』弘前市
三浦良隆　2001　「第10節　弥勒山地区分布調査」『埋蔵文化財詳細分布調査報告書2』由利町教育委員会
水口由紀子　1989　「いわゆる"比企型坏"の再検討」『東京考古』7　東京考古談話会
水沢市教育委員会　1977　『胆沢城跡―昭和51年度発掘調査概報―』

宮城県教育委員会　1979　『伊治城跡Ⅱ―昭和53年度発掘調査報告―』
　　　　　　　　　1981　『東北自動車道遺跡調査報告書Ⅴ』
　　　　　　　　　1987　『硯沢・大沢窯跡ほか』
　　　　　　　　　1991　『山王遺跡―仙塩道路建設関係遺跡平成2年度発掘調査概報―』
　　　　　　　　　1992　『金鋳神遺跡ほか』
　　　　　　　　　1994　『藤田新田遺跡―仙台東道路建設関係遺跡調査報告書―』
　　　　　　　　　1997　『山王遺跡Ⅴ―第1分冊（八幡地区）―』
三好美穂　1994　「古代土師器甕の検討―大和・山城型甕の製作技術を中心として―」『文化財論集』
村越　潔・新谷　武　1974　「青森県前田野目砂田遺跡発掘調査概報」『北奥古代文化』第6号　北奥古代文化研究会
毛利光俊彦　1980　「日本古代の鬼面文鬼瓦―8世紀を中心として―」『研究論集Ⅵ』奈良国立文化財研究所
望月精司　1995　「望月報告の訂正及び概略と検討会雑感」『窯跡通信』第4号　窯跡研究会
　　　　　1996　「土師器焼成坑類型区分」『窯研通信』第6号　窯跡研究会
森　郁夫　1986　「Ⅲ、文様構成の変遷」『瓦』ニュー・サイエンス社
森　郁夫編　1996　『古代の土器研究―律令的土器様式の西・東4　煮炊具―』古代の土器研究会
盛岡市教育委員会　1981　『志波城跡Ⅰ　太田方八丁遺跡範囲確認調査報告』
　　　　　　　　　1984　『志波城跡―昭和58年度発掘調査概報―』
柳浦俊一　2001　「島根県東部（出雲）の切り離し技法と長頸壺頸部接合技法」『古代の土器研究―律令的土器様式の西・東6　須恵器の製作技術とその転換―』古代の土器研究会
山形県教育委員会　1980　『熊野台遺跡発掘調査報告書』
　　　　　　　　　1981　『境興野遺跡発掘調査報告書』
　　　　　　　　　1982a『北田遺跡第2次発掘調査報告書』
　　　　　　　　　1982b『三本木窯跡』
　　　　　　　　　1982c『地正面遺跡　前田遺跡　塚田遺跡　佐渡遺跡発掘調査報告書』
　　　　　　　　　1983a『宅田遺跡発掘調査報告書』
　　　　　　　　　1983b『豊原遺跡発掘調査報告書』
　　　　　　　　　1984a『新青渡遺跡発掘調査報告書』

山形県教育委員会　1984b『千河原遺跡発掘調査報告書』
　　　　　　　　　1984c『俵田遺跡第2次発掘調査報告書』
　　　　　　　　　1984d『沼田遺跡発掘調査報告書』
　　　　　　　　　1986a『達磨寺遺跡発掘調査報告書』
　　　　　　　　　1986b『手蔵田遺跡発掘調査報告書（2）』
　　　　　　　　　1986c『不動木遺跡発掘調査報告書』
　　　　　　　　　1987　『上曽根遺跡発掘調査報告書』
　　　　　　　　　1989a『大槻新田遺跡　手蔵田3遺跡　横代遺跡　熊野田遺跡発掘調査報告書』
　　　　　　　　　1989b『熊野田遺跡第3次発掘調査報告書』
　　　　　　　　　1989c『手蔵田5・6・9遺跡　本川遺跡発掘調査報告書』
　　　　　　　　　1990　『分布調査報告書（17）』
　　　　　　　　　1991　『山谷新田遺跡　山海窯跡群発掘調査報告書』
　　　　　　　　　1992　『山海窯跡群第2次　山楯7・8遺跡　山楯楯跡　国営農地開発事業鳥海南麓地区（2）』
山形県埋蔵文化財センター　1994a『西谷地遺跡発掘調査報告書』
　　　　　　　　　　　　1994b『升川遺跡発掘調査報告書』
　　　　　　　　　　　　1994c『山楯3・4・5遺跡発掘調査報告書』
　　　　　　　　　　　　1995　『大坪遺跡第2次発掘調査報告書』
　　　　　　　　　　　　1996a『北目長田遺跡　橇待遺跡　第2次発掘調査報告書』
　　　　　　　　　　　　1996b『富山2遺跡発掘調査報告書』
　　　　　　　　　　　　1996c『宮ノ下遺跡発掘調査報告書』
　　　　　　　　　　　　1998　『平野山古窯跡群第12地点遺跡第二次発掘調査報告書』
　　　　　　　　　　　　2001　『太夫小屋一・二・三遺跡発掘調査報告書』
山崎文幸　1982　「仙北町の遺跡紹介」『うもれ木』第9号　仙北町史談会
　　　　　1983　「第6章　第49次発掘調査」『払田柵跡―第46～52次発掘調査概要―』秋田県教育委員会
山本恵一　1989　「静岡県東部の古墳時代後期の土師器について」『沼津市博物館紀要』13　沼津市博物館
山本哲也　1984　「北海道出土の須恵器資料紹介」『うつわ』第2号　国学院大学第Ⅱ部考古学研究会
余市町教育委員会　1993　『1992年度大川遺跡発掘調査概報』
窯業史研究所　1969　『瀬谷子窯跡群緊急調査概報』

余語琢磨　1996　「近畿地方の5世紀の須恵器」「近畿地方の6世紀の須恵器」『日本土器事典』雄山閣出版
横手市教育委員会　1976　『郷土館窯跡』
　　　　　　　　　1984　『オホン清水―第3次遺跡発掘調査報告書―』
横山浩一　1966　「5　土器生産」『日本の考古学　Ⅴ』古墳時代（下）　河出書房新社
　　　　　1980　「須恵器の叩き目」『史淵』117号　九州大学文学部
吉岡康暢　1967　「土器の編年的考察」『加賀三浦遺跡の研究』石川県松任町教育委員会
渡辺　一　1990a　「第4章　成果と問題点」『鳩山窯跡群Ⅱ』鳩山町教育委員会
　　　　　1990b　「(6)　瓶類」『鳩山窯跡群Ⅱ』鳩山町教育委員会
　　　　　1992　「南比企窯跡群における須恵器生産の実態―鳩山窯跡を中心に―」『東日本における古代・中世窯業の諸問題』大戸古窯跡群検討会
渡辺博人　1988　「美濃須衛窯の須恵器生産」『古代文化』第40巻第6号　古代学協会
　　　　　2001　「美濃」『古代の土器研究―律令的土器様式の西・東6　須恵器の製作技術とその転換―』古代の土器研究会

初出一覧

第1章　器種・分類論
　第1節　出羽北半の須恵器器種
　　（同題名）『陶磁器の社会史』吉岡康暢先生古稀記念論文集、2006年
　第2節　出羽庄内地方の須恵器器種
　　（同題名）『歴史智の構想』歴史哲学者鯨岡勝成先生追悼論文集、2005年
　第3節　出羽南半山形盆地の須恵器器種
　　（同題名）『考古学の諸相Ⅱ』坂詰秀一先生古稀記念論文集、2006年
第2章　年代・編年論
　第1節　秋田の古墳時代土器とその遺跡
　　（同題名）『出羽の古墳時代』第2部4、高志書院、2004年
　第2節　下藤根遺跡出土土師器の再検討
　　（同題名）『秋田県埋蔵文化財センター研究紀要』第8号、1993年
　第3節　竹原窯跡の須恵器編年
　　（同題名）『秋田県埋蔵文化財センター研究紀要』第7号、1992年
　第4節　虚空蔵大台滝遺跡のかわらけ
　　（同題名）『列島の考古学Ⅱ』渡辺誠先生古稀記念論集、2007年
第3章　文様・擬似文様論
　第1節　払田柵跡の平瓦渦巻文考
　　（同題名）『秋田県埋蔵文化財センター研究紀要』第9号、1994年
　第2節　出羽北半・横手盆地の装飾を施した須恵器
　　（同題名）『地域考古学の展開』村田文夫先生還暦記念論文集、2002年
　第3節　北日本の須恵器についての一考察
　　（同題名）『考古学の諸相』坂詰秀一先生還暦記念論文集、1996年
第4章　技術・技法論
　第1節　出羽北半の土師器焼成遺構
　　（元題：第8節　東北西部―秋田県の事例と検討―）『古代の土師器生産と焼成遺構』
　　真陽社、1997年
　第2節　竹原窯跡における杯蓋の変化
　　（同題名）『秋田県埋蔵文化財センター研究紀要』第6号、1991年
　第3節　平安時代の砂底土器と東北北部型長頸瓶
　　（同題名）『考古学ジャーナル』No. 462、2000年

第4節　長頸瓶の製作技術とロクロの性能
　　（同題名）『考古学の深層』瓦吹堅先生還暦記念論文集、2007年
第5章　系譜・流通論
　第1節　出羽地方の丸底長胴甕をめぐって
　　（同題名）『秋田県埋蔵文化財センター研究紀要』第12号、1997年
　第2節　平安時代東北の長頸瓶
　　（同題名）『生産の考古学』倉田芳郎先生古稀記念、同成社、1997年
　第3節　東北以北の双耳杯と環状凸帯付長頸瓶
　　（同題名）『秋田県埋蔵文化財センター研究紀要』第13号、1998年
　第4節　長頸瓶の系譜と流通
　　（元題：須恵器長頸瓶の系譜と流通―北日本における特質―）『日本考古学』第12号、2001年

あとがき

　考古学に多少なりとも興味をもち始めたのは、同級生の大類誠君に展示遺物の説明を受けた山形県立新庄北高等学校時代の文化祭においてであった。その後、高校の教員を漠然と目指し駒澤大学に入学したのが昭和49年（1974）で、そこでの故倉田芳郎先生との出会いが、その後の進路を大きく変えることになったのである。

　先生は考古学と博物館講座の授業をもち、考古学研究室では当時千葉県の幕張で大規模な調査を行っていた。ここで私の本格的な修行が始まり、爾来先生に師事することとなった。右も左も分からない世界に、いわば盲目的な状態で飛び込み、先輩の言うがままの組織に従った。その中で、発掘調査技術を身につけさせ、渾身を込めて社会人を育て上げる先生の教育姿勢に感銘を受け、その結果、考古学を目指すことになった。

　卒業後は、研究室が順次行った千葉市上の台遺跡、町田市武蔵岡遺跡、八王子市石川天野遺跡、同創価大学太陽の丘遺跡などの調査と整理に加わったが、先生と調査した長崎県松浦市皿山窯跡と、小林敬先輩を訪ねて調査した北海道斜里町須藤遺跡は長く記憶に残る思い出深い発掘である。先生のかたわらにいて、多くの方を知り得たし、後輩の指導と授業の一部を任されたことは自己啓発に大いに役立つものであった。この間、立正大学の坂詰先生のところに行くよう薦めてくださったのも先生である。

　立正大学の考古学研究室で調査を行った、武蔵国分僧寺の五重塔再建に関わる八坂前窯跡瓦陶兼窯の発掘は特に印象深く、整理にも参加できた。坂詰先生からは、宗教考古学をはじめとする歴史考古学全般の理念と実践を学んだ。先生が講義を依頼された学外の諸先生方との交わりも楽しみであった。あるとき、先生から「土師器と須恵器」について、1頁『歴史公論』に書くよう勧められたことがある。今振り返ると、本書に辿り着く小さな出発点であった。

　昭和60年（1985）、地方の考古学を目指す、と倉田先生の思いを半ば押し切

るように帰郷し、秋田県埋蔵文化財センターに赴任した。以来22年になるが、この間に旧石器時代から近世に至る各時代の発掘調査と整理作業を任された。特に須恵器に関わる竹原窯跡の調査後、その報告書作りのために各地を奔走したことを懐かしく思い出す。本書に掲載した論文は、センター在職の16年余りに作成したものである。地方の考古学を目指す意味でも、自分で手掛けた遺跡から何かを得たいと常々考えていた。本書が形を成したのは、多くの経験と思索のきっかけを与えてくれた上司、先輩・同僚の賜と感謝している。

　本書をまとめるに当たって一つの思い出がある。平成17年（2005）10月21日、日本考古学協会福島大会の立正大学夜の懇親会で、談笑している坂詰先生から「今までの成果をまとめるように」と勧められたことがあった。以来そのことを肝に銘じてきたところではあった。翌日、倉田先生が石仏採集合宿中の信州から、わざわざ教え子に会うために会場に足を運ばれた。教育を本分とされていた先生のいつもの行動である。筆者は秋田の帰宅予定を変更し、夕方郡山の駅前で待ち合わせることとなった。その夜は、おでんを啄みながら久々に旧交を温めたのである。まさか、その夜が先生と酒を酌み交わす最後になろうとは、夢にも思わなかった。以上は、本書をまとめることの大きな切っ掛けになった福島での事柄である。筆者と両先生方との、巡り合わせの冥利を感じずにはいられない出来事であった。

　最後に、坂詰秀一先生に対しその学恩に深く感謝するとともに、本書に序文をお寄せ下さったことにお礼申し上げます。また、常日頃の暖かい教導を惜しまれない飯島武次先生をはじめとする池上悟、酒井清治、太田喜美子の諸先生方に対して、改めて感謝の意を表します。本書の編集を引き受けて下さった同成社の山脇洋亮氏にも心よりお礼申し上げます。そして、凡庸な筆者を今日まで育ててくれた故倉田芳郎先生のご恩に対し、少しでも報いることの証として、本書を先生の御霊前に献呈したいと思います。

　　　　平成20年2月

　　　　　　　　　　　　　　　　　　　　　　　　　利部　修

出羽の古代土器
         で わ こ だい ど き

■著者略歴■
利部　修（かがぶ　おさむ）
1955年　秋田県に生まれる
1978年　駒澤大学文学部歴史学科（考古学専攻）卒業
1983年　立正大学大学院文学研究科修士課程（史学専攻）修了
現　在　秋田県埋蔵文化財センター南調査課長
主要著作
『東京都町田市武蔵岡遺跡』（共著）1981年
『長崎・松浦皿山窯址』（共著）1982年
その他本書収載論文

2008年4月10日発行

著　者　利　部　　　修
発行者　山　脇　洋　亮
印　刷　熊谷印刷㈱
発行所　東京都千代田区飯田橋
　　　　4-4-8 東京中央ビル内　㈱同成社
　　　　TEL 03-3239-1467　振替 00140-0-20618

© Kagabu Osamu 2008. Printed in Japan
ISBN 978-4-88621-419-5 C3021